Aline Graf

Der andere
Niklaus Meienberg

Aline Graf
Der andere
Niklaus Meienberg

Aufzeichnungen einer Geliebten

WELTWOCHE-ABC-VERLAG

©
1998 Weltwoche-ABC-Verlag, Zürich
Alle Rechte vorbehalten
Umschlaggestaltung: Erhard Gonsior
Satz, Litho, Druck: Basler Zeitung
ISBN 3-85504-171-7

Inhalt

I	1984	9
II	1985	13
III	1986	15
IV	1987	34
V	1988	87
VI	1989	181
VII	1990	277
VIII	1991	368
IX	1992	392
X	1993	397
	Bildteil	405
	Fotonachweis	422

Für Emanuel Hurwitz

«Aber wenn schon nichts mehr übriggeblieben ist von der alten Vergangenheit, wenn die Personen gestorben und die Dinge zerbrochen sind, dann bleiben alleine der Duft und der Geschmack der Dinge übrig – zerbrechlicher, lebendiger, immaterieller, andauernder und treuer denn je zuvor. Sie werden daran erinnern, auf den Ruinen des Ganzen wachen und warten, und sie werden unnachgiebig im unerschütterlichen und nicht greifbaren Inneren ihrer selbst das riesige Gebäude der Erinnerung tragen.»

Marcel Proust «In Swanns Welt»

Kapitel I

1984

Kann man diese Begegnung Zufall nennen? Schicksal? Ich weiss es bis heute nicht genau.

Im Frühherbst arbeite ich in einer Versicherung in der Stadt Zürich, und die stellen ihren Mitarbeiterinnen in Paris, in der Nähe des Arc de Triomphe, eine kleine Wohnung zur Verfügung. Mit einer Kollegin zusammen beschliesse ich ein paar Tage dort zu verbringen. Wir fahren mit dem Nachtzug. In Basel muss umgestiegen werden. Auf dem Perron kommt mir ein Mann mit auffallend wallenden Haaren und korpulenter Statur entgegen. Es fährt mir durch den Kopf, dass mir diese monströse Erscheinung bekannt ist. Unlängst sah ich ihn in der «Weltwoche» abgebildet. Ich lache und meine zu meiner Begleiterin, dass sie diesen Mann bestimmt kennen würde. Ich lache wohl etwas zu auffällig – auf jeden Fall steht dieser gewaltige Mann plötzlich im Zug wieder vor mir. Naiv frage ich ihn, ob er M. sei – er schaut mich hypnotisch an, mit seinen einsaugenden Augäpfeln, und bejaht. Er fragt mich, was ich hier mache. Ich antworte: «Ich bin auf den Spuren von Baudelaire.» – Flirrende Momente, er schaut meine Kollegin an, prüfend. Er kommt zu uns ins Abteil. Irgendwann hole ich mein kleines Notizbüchlein hervor, in das ich manchmal meine Gedankenblitze notiere. Ich lese ihm vor: «*Ist denn alles mit einem Schrei behaftet? – In sich diese Bremsen, die sie spürte. Seit Geburt wurden ihr diese Bremsen eingebaut. Die Nächte gehören nicht ihr. Sie sind nur gemietet. Stundenweise in Pacht genommen. Von den Vermietern in allerkleinste Dimensionen zerlegt. Die Nächte gehören dem Oberaufseher. Die Welt ist unbestimmbar und kann niemals uns gehören.*» Beim letzten Satz: «*Jedes Organ hat sein Pseudonym»*, horcht M. merklich auf und nickt. Und so parlieren wir denn über Leute, die wir kennen ... Er möchte mehr über meine mitreisende Kollegin wissen. Er erwähnt die Caroline von Monaco, von der er meint, die hätte eine schöne Haut, mediterran. Ein französischer Schriftsteller, den er persönlich kenne, habe mit der Caroline geschlafen, die hätte sich aber im Bett überhaupt nicht bewegt. Irgendwann, sehr spät – es ist bestimmt schon gegen Morgen – quetschen wir uns in die oberste Zugspritsche, er beginnt an mir *herumzugrapschen*. Er meint, dies sei nur eine Vorahnung von dem, was noch auf mich zukommen würde ...

Völlig zerknittert kommen wir frühmorgens in Paris an. Draussen frägt er mich nach meiner Adresse und Telefonnummer in Zürich – und wir verabreden uns für den selben Tag um sechs Uhr abends am Place Saint Michel, beim Brunnen. Weg ist er.

Meine Begleiterin und ich nehmen ein Taxi und lassen uns in die Kombüse der Versicherungsgesellschaft fahren. Bis über beide Ohren bin ich von diesem mystischen M. enthusiasmiert. Ich nehme nicht einmal mehr meine Kollegin richtig wahr, die verständlicherweise wütend wird und Paris noch am selben Tag Richtung Schweiz verlässt.

Mit einem braunen Hosenanzug und «Zoggeli» erscheine ich pünktlich um sechs Uhr am vereinbarten Platz; er ist schon da, schwingt mich in seine starken Arme, zieht mich mit sich fort. Ich geniesse den anonymen Schutz der Fremde, meine Pantinen klimpern neckisch auf dem Asphalt. Jung bin ich, stürmisch, verliebt und gierig nach den surrealsten Begegnungen. Plötzlich hält er in der Mitte einer Gasse an, ein Männerkopf schaut aus einem Fenster; ein Wortwechsel. Der Mann kommt nach unten. Zusammen gehen wir in eine nahegelegene Pinte. M. stellt mir den Mann vor, Fred Müller, Journalist in der DDR für den *«Tages-Anzeiger»*. Sie debattieren über seine Ex-Anstellung beim *«Stern»*, er verdonnert dieses Organ, ächzt über Hamburg. Ich spiele die euphorisch Unbekümmerte, umarme und küsse ihn vor seinem Berufskollegen, mache die Femme fatale.

Nachher in seiner Wohnung sagt er zu mir, das sei ein feiner Typ, dieser Fred Müller.

Die Behausung von M. hat etwas Tropfsteinhöhlenartiges; ein einziges Bildchen, das da an der Wand hängt und Rimbaud zeigt; so ähnlich habe ich mir die Unterkünfte von Baudelaire imaginiert. Alles andere denn luxuriös, aber dieses Logis passt vorzüglich zu M. Herausgeschnitten aus einem Autorenfilm. Der Boden ist mit unebenen Kacheln belegt, etwas Unfertiges, Improvisiertes haftet allem an, ich fühle mich da sofort zu Hause, gerate in einen orgiastischen Zauber. Plötzlich befinde ich mich mit ihm in der Badewanne, er ist auf Spiele mit der Brause geradezu versessen. Eine unbeholfene Angelegenheit. Auffallend: Wie ein rastloser Tiger durchforstet er die Räume, jetzt, wo er sich sexuell entladen hat.

Nachher besuchen wir eine Pizzeria. Ich übernehme die Kosten, er macht so einen «abgerissenen» Eindruck. Am Schluss hat er einen Zusammenprall mit dem Kellner, da dieser die Bezahlung nicht sofort entgegennimmt. Er wütet draussen weiter und meint, er müsse seine Arbeit auch seriös erledigen. Er meint dann, ich könne nicht mehr länger bleiben, er erwarte eine alte Freundin.

Wie betäubt gehe ich weg, mein ganzes Ich ist durcheinandergeraten. Ich gehe in mein Logis und falle in einen bleiernen Schlaf.

Anderntags gehe ich auf den Montmartre und betäube mich mit einem afghanischen Maler. Nur nicht in Traurigkeit versinken, ein Abenteuer im nächsten ertränken; Tag und Nacht das Einzigartige, das Schillernde umarmen, dem Sterben, dem Tod die Stirn bieten – es gibt keinen Tod in Paris.

Zu diesem Zeitpunkt wohne ich an der Winterthurerstrasse in Zürich.

Gleich nach meinem Paris-Aufenthalt muss ich mich im Krankenhaus Sanitas einer Operation unterziehen. Ich sage M., er könne mich im Spital besuchen. Danach diverse Anrufe von ihm. Trotzdem ist er noch nicht wirklich in meinen Lebenskreis eingetreten. Da telefoniert jemand, wie aus einer Bärengrotte brummelt seine Stimme am anderen Ende.

Und dann höre ich nur noch sehr selten von ihm. Ich rufe ihn nie an, suche ihn nicht, finde Paris lediglich ein amüsantes Erlebnis, weiter nichts ...

Im Winter ruft er einmal sehr spät an – er komme gleich vorbei. Ich schliesse ihm unten in meinem rosa Nachthemd die Haustüre auf. An dieser Schnellstrasse wohne ich im obersten Stock, und nie werde ich vergessen, wie grauenvoll renitent er da geschnarcht hat. Ich stupse ihn immer wieder an, wenn er zu seinem wilden Gekrächze ansetzt – er seinerseits bekommt gefährliche Wutanfälle, weil ich es wage, ihn in seinem Schlaf zu stören. Am Morgen sage ich ihm anklagend, ich hätte wegen seines nächtlichen Konzerts kein Auge zugetan. Er verlässt das Haus früh mit seinem legendären Töff-Helm in der Pranke. Wirft den Schlüsselbund in den Briefkasten statt in den Milchkasten, so dass ich gezwungen bin, jemanden zu holen, der mir meine Schlüssel wieder rausfischt.

Kapitel II

Im Frühling 1985

Standortveränderung an die Kanzleistrasse. Die neu bezogene Wohnung weist einen modernen Grundriss auf: Da ist nur ein grosser Raum, die Küche abgewinkelt, ein zusammenklappbares Eisenbett, schmal, und jedesmal wenn M. draufplumpst, Angst, die ganze Wohnung würde in sich zusammenkrachen ... Er ruft selten an. Eigenartigerweise meldet er sich manchmal ab, wenn er ins Ausland geht, nach England zum Beispiel. Ich registriere es und fahre auf sein Geheiss auch schon mal mit dem Taxi nach Oerlikon in seine Wohnung, wo ein kreatives Durcheinander herrscht. Manchmal schlafe ich auch da, unterlasse es aber meistens, da mich sein Schnarchen enerviert. – Er empfängt mich wie ein ungezogener Junge, in seinen Socken steht er da und liest mir Texte vor, ungebeten, wie ein Panther im Käfig hin- und herjagend, zwischendurch an einer Gauloise gelb ziehend.

Es ist eine unwiederbringliche Zeit, meine Mädchenzeit, eine unendlich lieblich-weltentrückte, aufregende und spannende Zeit voller Überraschungen.

Ich jobbe als Sekretärin bei einem Wissenschafter. Überschneidungen der Sphären: Ich schreibe an einem Briefroman, beende den Sekretärinnen-Job Ende August und reise nach Madrid, um meine Spanischkenntnisse zu verbessern. So bin ich gezwungenermassen aus der Gefahren-Zone von M. heraus.

Wieder in die Schweiz zurückgekehrt, arbeite ich vorerst im Rheintal in einer Lokalzeitung als Korrektorin, finde aber bald darauf eine Stelle in der Nähe von Zürich, und M.

meint vorwurfsvoll, ich sei alles in allem doch recht lange weggewesen. Im Spätherbst 1985 sehen wir uns erstmals wieder, und er fordert mich auf, über sein kürzlich erschienenes Buch «*Der wissenschaftliche Spazierstock*» eine Rezension zu schreiben. Sie erscheint dann im «*Rheintaler*». Er meint, warum ich in dieser Zeitung nicht als Redaktorin arbeite. Ich frage ihn, ob *er* Lust hätte, im «*Rheintaler*» zu schreiben?

Er erkundigt sich beschützerhaft nach meinem Briefroman und sagt, wenn ich noch keinen Verlag gefunden hätte, könne er mir jederzeit helfen.

Keine Kontinuität unserer Zusammentreffen kann ich zu dieser Zeit feststellen, es wundert mich vielmehr, dass er sich immer wieder bei mir meldet.

Kapitel III

1986

1. Februar

Er ruft an und meint, er müsse mir einen Artikel zeigen, der über ihn in der «*Süddeutschen Zeitung*» erschienen sei. Das sei eben schon ein «anderes Niveau», wie die über ihn berichten würden. Das sei nicht ganz so provinziell.
Lola ist bei mir zu Besuch. Alle drei in meiner kleinen Wohnung. Alle drei besoffen. Er findet Lola sehr schön, ist fasziniert von ihr. Ich bin eifersüchtig. Von jetzt an registriere ich, dass ich einem inneren Zwang nachgebe und mir von irgendwoher eingegeben wird, alles zu notieren. Ich kaufe Schulhefte und beschliesse, meine Zusammenkünfte mit M. aufzuzeichnen.

17. Februar

Auf ein Telefonat von M. fahre ich um viertel vor neun Uhr abends zu ihm nach Oerlikon. Ich schenke ihm das Buch «*Boheme*» von Goya. Mir fällt auf, wie melancholisch er ist und entdecke mit Besorgnis seine schon etwas ergrauten Haare. Ich habe das erste Mal das Gefühl, dass er sowas wie zärtliche Gefühle mir gegenüber in sich aufkommen lässt. Kein Stier-Gebaren heute – dafür mache ich Bekanntschaft mit der männlichen Impotenz. Ich versuche mir eine ernsthafte Krise von M. vorzustellen. Unheimlich. Da wird er in Abgründe hinabgeschickt, die niemand mehr nachvollziehen kann! Er fragt mich, was ich jeweils machen würde, wenn ich melancholische Schübe hätte? Ich mein', ich steige dann in den Zug, reise beispielsweise nach Lausanne oder Genf, quatsche da wildfremde Menschen an. Voilà. – Mit seinen glubschigen Augen durchfiltert er mich. Der dreidimensionale Blick. – Beleidigt und erregt sage ich ihm, er sei ein Psychopath, da er sexuell nichts zustande bringe – er schreckt auf und meint drohend, ich müsse aufpassen, wie ich mit ihm rede ... Er gibt dann zu, dass er längere Zeit nicht habe schreiben können. Wir unterhalten uns über Schweizer Schreibende, und er meint, seine zwei bevorzugten Schriftstellerinnen seien Eveline Hasler und Laure Wyss. Eine enorme Antipathie habe er gegen Blatter, Nizon, Muschg, Otto F. Walter und den Filmer L.

Ich will wissen, weshalb er mich immer wieder sehen möche? Er meint resümierend, da sei eine unterirdische Verbindung von Geist und Sex bei mir auszumachen; für ihn sei ich die schöne Hexe. Er erwähnt unser erstes surrealistisches, exterritoriales Zusammenprallen in der französischen Hauptstadt. Er proklamiert: «Etwas ist zwischen uns, vielleicht bist du auch zu verrückt – eigentlich sollte man sich nur mit ‹braven› Personen abgeben.»

Während unser Gespräch um Balzac, *George Sand* und Flaubert kreist, betrinken wir uns heftig mit Veltliner. Ich mache ihm unter anderem klar, dass ich eine der letzten noch lebenden Boheme-Frauen der Schweiz sei. Zu seiner Person sage ich: Müsste ich ein Buch über ihn schreiben, würde ich es «*Der verletzte Engel*» betiteln. Er meint darauf, dieser Titel wäre nicht schlecht gewählt.

Schleppend schwer die Kommunikation. Ich beschliesse daher, nicht allzulange zu bleiben.

24. Februar

Jetzt denke ich tagsüber manchmal an ihn. Weinen könnte ich. Momentan ist er der einzige Mensch in meinem Leben, den ich zutiefst verstehe, den ich zu kennen glaube. Ich weiss, irgendwie, unsichtbar, steht er permanent neben mir und hält seine schützende Hand über mich. Beruhigend wirkt er auf mein Leben, obwohl gerade er die beunruhigendsten Ideen in seinem Hirn herumträgt.

«*Drei Tage mit James Joyce*», fotografiert von Gisèle Freund, möchte ich ihm gerne schenken. Wahrscheinlich hatte dieser Schriftsteller eine ähnlich gestörte Beziehung zur Fotografie wie M. Und Joyce ist einer seiner Lieblingsautoren. Ihm etwas zu schenken ist schwierig. Möchte er überhaupt beschenkt werden? Wie mit dem nie angekommenen Märchenbuch von Oscar Wilde, das ich ihm zusenden liess! Ob es tatsächlich als Postsendung verlorengegangen ist?

7. März

Warum Motorrad-Fahrer? Ja, das kann nur der wissen, der in einer solchen *Bären-Physis* wie M. steckt. Seit dem 17. Februar hat er sich nicht mehr gemeldet. – Vielleicht hat ihn eine Schreibwut befallen, ist er in irgendein Land gereist für eine Reportage.

12. März

Er kommt heute um zwei Uhr bei mir vorbei und teilt mit, dass er jetzt Theaterstücke schreiben werde. – Lobt mein «französisches Kleid», meint, die weissen Streifen oben am Hals würden das Ganze «herausputzen». Wieder betont er, dass er mir behilflich sein würde, einen Verlag für meinen Briefroman zu finden, und zwar zuerst einen Schweizer Verlag. Er will Frau N. von mir erzählen ... von der «verrückten Hexe».

Wir vertiefen uns dann ins *Hemingway-Buch* von Fernanda Pivano und führen «Selbstmordgespräche». Er schlägt mir vor, die *Hemingway-Biografie* vom Rusconi-Verlag ins Deutsche zu übersetzen. – Er meint, wenn er nicht schreiben würde, wäre er kriminell geworden ... und er glaube heute, dass er sich nicht umbringen würde.

25. März

Ich bin aus Deutschland zurück, M. ruft an. Wie konnte er wissen, dass ich wieder da bin? Zum erstenmal spüre ich seine sexuelle Abhängigkeit von mir. Ich spüre Angst in mir hochkriechen. Angst, mich ernsthaft in ihn zu verlieben.

In seiner Wohnung sind zwei Matratzen positioniert: eine als Lesematratze im Zimmer mit den vielen verstreuten Büchern, die andere als Liebesmatratze im Schlafzimmer. – Ich schenke ihm das Fotobuch von *Gisèle Freund* mit Aufnahmen von James Joyce. Er freut sich und betont immer wieder, wie gut diese Fotos seien.

29. März

M. ruft von einem Restaurant in Oerlikon an und meint, ich solle um zwölf Uhr bei ihm vorbeikommen. Ich gehe hin und frage ihn, wer er sein möchte, wenn er drei Minuten lang eine andere Person sein könnte. – Er meint, er wäre am liebsten Kennedy ... Ich vertraue ihm an: «Caroline von Monaco.» Ich bringe ihm den Verriss seines «Heidi-Artikels» im «*Sonntags-Blick*», datiert vom 23. Februar. Er zitiert mörderisch-anklagend: «*Wenig aufregendes Opus.*» – Ich konstatiere, dass ich bei ihm heute eine sagenhafte Leere spüren würde. Er bestätigt das. Wir erörtern meine Rezension seines «*Wissenschaftlichen Spazierstocks*».

Er registriert, wir hätten beide etwa den selben Grad an Verrücktheit, und das sei etwas Gefährliches. Während er das sagt, zieht er schwarze Handschuhe an, grinst und meint, jetzt sei er der Würgemörder, als ich ihm sage, ich möchte mein Leben zum Eklat führen. Ich betone, dass ich geliebt werden möchte – unendlich – von den verschiedensten Menschen.

Zum krönenden Abschluss besuchen wir die «Waage», essen einen Bündnerteller und lesen Zeitungen. Wir wundern uns über einen Chauffeur, der praktisch sein Leben lang beim *«Tages-Anzeiger»* angestellt war, und können so etwas nicht verstehen.

Ich möchte ihm zuschreien, wir sollten einander doch in Ruhe lassen. Dumpf spüre ich, dass ich eine schreckliche Schicksalsverbindung mit einem Menschen eingehe.

1. April

Ich rufe ihn an und frage ihn, was er mache. Ich sei in einer halben Stunde bei ihm, und er solle bitte «das Weisse» anziehen – le dessous. Er ist verwirrt. Ich will es genauso handhaben wie er; spreche nur Französisch. Er entgegnet, das gehe jetzt nicht, er müsse eine Reportage in der Chemischen Fabrik in Uitikon machen. Brummelt: «Je suis en train de partir.» Ich gebe mich geschlagen, meine: «Alors, je te laisse.» – Ein grimmiger Bär. Gut, dass er wenigstens arbeiten kann.

21. April

Er kommt nach zehn Uhr vom Hauptbahnhof, wo er Zeitungen geholt hat, bei mir vorbei. Ich stelle fest, dass er für mich immer noch keinen Verlag gefunden hat. Eine kurze Gemütserregung überkommt ihn; er befiehlt, ich solle ihm ein Stück Papier geben, und schreibt sofort eine Empfehlung an jemanden vom *Diogenes* Verlag. Er behauptet, ich könne nicht sagen, er würde mich nicht unterstützen. Ich entgegne, er sei es, der sich anerboten, ja geradezu aufgedrängt habe, mir behilflich zu sein.

12. Mai

Der Tag, an dem ich seine Freundin kennenlerne, Loris Scola, Mathematikerin. Der Peitschenhieb ins Gesicht! Ich gestehe mir ein, dass ich infernalisch eifersüchtig bin. Es versetzt mich nachgerade in eine Art Koma. Raffiniert ist er, er spricht von einer Dolmetscherin, die sei intelligent, die liebe er und kenne sie schon sehr lange.

Wichtig ist es, M. lange zu kennen. Darauf legt er grossen Wert. Warum möchte ich denn ein Kind von ihm? Obwohl er fast kein Geld hat? Bevor er heute in mich eindringt, schreie ich ihn an: «Ich hasse dich!»

Er schenkt mir sein neu erschienenes Buch *«Heimsuchungen»*. In der «Annabelle» erscheint ein Artikel über ihn. Das freut ihn unbändig.

Da er für mich zusehends eine Art geistiger und physischer Übervater wird, verdamme ich ihn aller seiner Liebschaften mit anderen Frauen.

15. Juni

Es ist Sonntag, halb zwei Uhr. Mehr als einen Monat lang hat er sich jetzt nicht gemeldet. Ich bin hilflos; gerade jetzt, da mein Manuskript bei Diogenes und im Limmat-Verlag liegt. Am 12. Mai hatte er mir gesagt, dass er nach Paris gehen würde. Sein Wegbleiben empfinde ich als überdurchschnittlich lang.

21. Juni

Er telefoniert und meldet sich für 10 Uhr morgens an. Wir diskutieren über den Schiller-Preis, er meint, er habe das nicht verfolgt. Ich rapportiere ihm, welche Leute für den

Preis vorgeschlagen sind, möchte ihn trösten, indem ich sage, schliesslich könne ein so wortgewaltiger Mensch wie er überhaupt nicht ausgezeichnet werden. So ähnlich wie Baudelaire.

Ich frage ihn: «Wie heisst du?» Er sagt: «Markus.» Er fragt mich dann, wie ich heisse. Ich erwidere: «Geraldine.» Ich frage ihn, warum er mich nicht liebe? Er meint, ich würde ihn ja auch nicht lieben ... Ich necke ihn, ich wüsste, warum er immer vom Bellevue aus anrufe. Wegen dem Kreis acht. – Die Geschichte mit dieser Loris kann ich mir noch nicht richtig zusammenreimen. Ich sage ihm aber, ich wisse jetzt, dass er eine Italienerin liebe. Er geht nicht darauf ein, sondern meint: «Wenn schon Spanierin.»
Ich weiss nicht, wie ich ihm meine Liebe zeigen soll. Ziemlich bleich ist er heute – er lamentiert, dass er unheimlich schwitzen würde. Ich rate ihm, er solle doch ins Wasser springen. Er meint, er würde mal kurz in die Limmat tauchen.
Damit ich nicht auf die Idee komme, «es» nochmals zu wollen, steigt er schnell wieder in seine Hosen.

Auf jeden Fall bin ich erleichtert, dass er sich erneut gemeldet hat.

30. Juni

Von Zug ruft der Verrückte an, in dreiviertel Stunden sei er bei mir, er käme direkt mit seinem Motorrad. Perplex ist er über meine Bräune und erkundigt sich, ob ich mit Kashoggi zusammen war. Unverkennbar M. Schallendes, zischendes Gelächter. Ich antworte: «Am Gardasee.» Eine Karte von Norditalien liegt am Boden. Schnippisch fragt er, ob ich da die Kopps besucht hätte – das ist für ihn eine unvermeidliche Frage. Manchmal will M., und meistens, wenn die Geschichte konstruiert ist, alles haarklein wissen.

Was ich bereitwillig herausplaudere, ist für ihn aber von geringem Interesse. Ich erzähle, dass ich auf den Flügeln eines Schmetterlings dahinflog; er will wissen, ob mit dem Auto oder mit was sonst? Welches Beförderungsmittel man benutzt, hat für ihn einen besonderen Informationswert.

Das erste Mal beklagt er sich darüber, wie hart das Geldverdienen mit Schreiben sei.

12. Juli

M. ruft um 13.30 Uhr vom Bellevue an. In der Würstchen-Bude hätte er gegessen. Ein deftiger Intellektueller, denke ich. Und wieder Standort Bellevue. Warum telefoniert er so oft aus dieser Gegend?

Er trägt heute ein hellblaues Hemd; ich sage ihm, ich hätte genau das gleiche, nur ohne Löcher ... – In meiner Bibliothek entdeckt er Pieke Biermann: «*Wir sind Frauen wie andere auch*» – ein schlechtes Buch, findet er ... Ich lobe seinen Artikel in der «*Weltwoche*» über die Löwen an der Bahnhofstrasse. Die «*WoZ*» solle ich kaufen und da einen besonders guten Fabrik-Bericht lesen. – Wie ich ihm zu Trinken anbiete, lehnt er ab, anscheinend hat er es heute besonders eilig, in seine eigenen vier *Bidonville-Wände* zu kommen ... Manchmal glaube ich, er ahnt, dass ich begonnen habe, über unsere Beziehung Notizen zu machen. Eigenartig zugeknöpft ist er heute. Ich gebe ihm meine Kurzgeschichte «Stillzeit» zu lesen. Er verbessert einen Fallfehler und meint, er würde sich noch als Korrektor eignen.

In keiner Weise ist ihm heute beizukommen.

15. Juli

Ich sitze im «Au premier», bestelle einen Salat, hole die «*NZZ*» – plötzlich höre ich eine Männerstimme mit St. Galler Dialekt insistent reden. Voilà – c'est lui! Ganz hinten, im Fenster-Foyer sitzt er. Er erkennt mich, spricht dann leiser.

Nach dem Verspeisen des Salates verlasse ich das Lokal fluchtartig.

12. August

Telefon um 13 Uhr. Für 14.30 Uhr meldet sich M. an.

In Neapel sci er gewesen. Kulturreise. Genau einen Monat sah ich ihn nicht, erstaunt, dass er obligate Ferien macht, zu Sommer-Zeiten wie alle andern. Er ist überhaupt nicht braun, nicht sexy. Urmännlich aber durch seinen Tabakgeruch! Er attestiert mir «den schärfsten Hintern von ganz Zürich».

Ich eröffne ihm, ich würde jetzt nach Gstaad ziehen und Tennislehrerin werden. Trocken meint er, dann würde ich ja in Zukunft zur «upper class» gehören. Lachend sage ich, das wäre doch ideal, dann könne ich ihm neues Material für seine Reportagen liefern, Roger Moore etc. Erstaunt meint er: «So, lebt der auch dort?» Ich zeige ihm den Tennisschläger und den Tennisjupe. Besonders reizvoll findet er daran die Farben-Zusammenstellung. Und überhaupt, sage ich, ich liebe einen Tennislehrer und werde ihn heiraten. Er solle nicht glauben, ich sei eine Masochistin und würde mein ganzes Leben wie Baudelaire mit der Schreibmaschine in der Klause sitzen. Er besänftigt mich und meint: «Nicht das ganze Leben, aber doch die Hälfte.»

M. lügt mich an, indem er sagt, er sei mit dem Tram gekommen. Am Schluss sucht er verzweifelt die Autoschlüssel, es stellt sich heraus, dass ihm jemand ein Vehikel geliehen hat.

27. August

Um 14 Uhr ruft M. an. Ich frage ihn, wo er sei; er sagt: «Sternen», beim Bellevue, er unterhalte sich mit einem Literaturprofessor. Gegen drei Uhr telefoniert er nochmals, beginnt von *Else Lasker-Schüler* zu erzählen, die hätte ihren Körper beschrieben – das könnte ich doch auch ... Ich halte ihm vor, er nehme mich nicht ernst, da er mit mir permanent von «körperlichen Angelegenheiten» rede!

28. August

Morgens um ein Uhr steht er da, etwas müde, mit seinem Motorrad-Helm. Ich mache ihm den Vorwurf, dass wir immer noch nirgendwo zusammen hingefahren seien. Er entgegnet, nun sei es zu kalt, im Frühling dann ... Ich meine, diese ewigen Verschiebungen würden mein Nervensystem belasten und frage ihn, warum er eigentlich immer vom Bellevue aus telefoniere ... M. sagt leichthin, das sei die Mitte der Stadt, deshalb.

Gierig stürzt er sich auf den *Suhrkamp*-Kalender, da ist auch eine Anita Pichler zu sehen, ich empfehle ihm diese Frau, und er meint, für ihn wären noch viele Frauen gut ... Ich spreche ihn auf Nizon und die heftige Diskussion in der Roten Fabrik an. Warum er sich überhaupt wegen solcher Lappalien aufrege? Und das alles wegen des Suhrkamp-Verlags und seines abgründigen Hasses auf Herrn Unseld ... Wir stellen fest, dass Silvio Blatter im Suhrkamp-Kalender wie ein Modeschöpfer aussieht, Typ Lagerfeld. M. regt sich erneut masslos auf über ein paar Sätze, die Blatter zu seinem neuen Buch *«Wassermann»* äussert.

Dann schnabuliert er ein Joghurt, findet es köstlich, der Milch widersetzt er sich kategorisch. Er widmet sich dann meiner Kurzgeschichte *«Amsterdamer Todeshüllen»*, zerliest sie geradezu. – Ich beginne mit ihm über sein häufiges Ausbleiben zu streiten; als Ausrede sagt er, er hätte nun soviel über den Tod hier in meiner Geschichte gelesen ... ich halte ihm vor, er habe sowieso den Sommer mit anderen Flittchen verbracht. Das stellt er kategorisch in Abrede.

10. September

M. im *Zischtigs-Club* mit Jean Ziegler, Bütler von der «*NZZ*», der Poch-Frau Labhardt, dem Bankier Vontobel und anderen. – Ziegler meint, die Bundesräte seien kontemplative Mönche – wenn es eine Altersrente von 720 Franken in diesem Land gibt, lebten die Verantwortlichen für dieses Malaise im Dschungel; überhaupt: «Gnägi und all diese Philanthropen», und in der Schweiz herrsche ein Ideologie-Defizit. Das Wort Manchester-Liberalismus fällt. M. versucht ein paarmal auf kollegial-männlicher Ebene mit Ziegler Wortgefechte anzuzetteln, was dieser aber geschickt ins Leere verpuffen lässt. Im speziellen nimmt er sich aber seines «Lieblings» Bütler von der «*NZZ*» an, zu dem er in kindischer Art und Weise meint, seine (Bütlers) Wohnung sei ihm genau geschildert worden ... Auf die Frage, warum M. sich denn überhaupt noch in der Schweiz aufhalte, meint er: «Wegen der Motorrad-Unterlage, dem Motorrad-Fahren über die Pässe und wegen der Vielsprachigkeit.» Auf die Frage «Fühlen Sie sich geliebt?», antwortet er: «Es kommt drauf an von wem.»

12. September

Es geht mir mies. Er ruft am Abend an und erkundigt sich mit seiner warmen Bärenstimme: «Comment ça va, qu'est-ce-que tu portes sur toi?» Ich sage, ich friere ganz erbärmlich, habe wahrscheinlich Fieber, trage drei Sommerleibchen und ein altes, warmes Nachthemd meiner Mutter. Das ist ihm wohl zuviel, zumindest begreift er, dass die Wetterlage nicht wie sonst ist. Er hat eine Ader, ein Gefühl dafür, «wenn nicht gut Kirschen essen ist». M. wird dann unsicher und distanziert sich. Ich ächze dann noch: «Am liebsten würde ich mich umbringen.» M. meint, ich solle ihm vorher aber noch anrufen, ich entgegne, dass unsere Leben nie gross miteinander verwickelt sein werden. Nur zufällig hätten wir uns im Zug getroffen ... Kleinlaut ist er und gibt all meinen Statements recht. Was bleibt ihm anderes übrig, will er seine Frequentierungen bei mir fortsetzen.

Er überlegt sich, ob er an diesem Abend nicht doch noch bei mir vorbeikommen solle, um mir, wie er sagt, «eine Spritze zu geben» ...

16. September

Um 2.30 Uhr ruft M. an. Zuerst verspüre ich keine Lust, sage, ich sei müde, der tellurische Rheumatismus plage mich. Er hingegen ist in glänzende Worte gekleidet, in *«Tausend-und-eine-Nacht-Worte»:* Er spricht wie in einen Traum hinein, ich kann es nicht mehr französisch wiedergeben. Phantasiert etwas von seinem «Moto» und «la lumière» und «Baudelaire»; sein Motorradlicht würde durch die ganze Stadt bis zu mir leuchten. Wahrscheinlich vergisst er unsere erste Begegnung im Zug nach Paris nie, als ich ihm zuraunte: «Ich bin auf den Spuren von Baudelaire.» Er kommt also und meint, um mich zu sehen, habe er jetzt die halbe Stadt durchquert, ich frage, wo er denn gewesen sei, er sagt, in Oerlikon; er hätte sich mit Polizisten in einem Lokal unterhalten und dies sei sehr interessant gewesen.

Obwohl ich diese Nacht Lust zum Streiten verspüre, lege ich meinen Kopf auf seinen Unterleib; Liebe zwischen Schlaf und Wachsein, ganz mit ihm verwoben, er sagt wieder einmal, ich sei die beste Liebende *(«tu sais bien sucer»)* – ich frage ihn, ob er das jeder sage ... Er meint, ich müsse unbedingt die *«WoZ»* lesen, er habe über die amerikanische Botschafterin in Bern geschrieben. Beginnt von Kennedy zu erzählen, was der für ein Leben geführt hätte, dass der Nizon aber bestimmt der grössere Aufreisser sei wie er ... Das Fast-Einschlafen auf seinem Unterleib ist ein schönes Gefühl für mich, er sagt, ich solle so liegenbleiben.

Am Schluss meint er über seine Person: «Meine Stärke ist meine Verrücktheit, und jemanden in meiner Art findest du nicht so schnell.»

Tatsächlich schaffe ich es noch nicht, M. zu widerstehen.

26. September

Meldet sich zu einer äusserst ungewohnten Zeit an: gegen 18 Uhr. (Eigenartig, am 27. September verreise ich an den *Lago di Garda*.) Wie wenn er dies geahnt hätte. Er meint verheissungsvoll: «J'ai une surprise pour toi, un petit cadeau.» Er klagt wegen Übermüdung, über zuviel Arbeit und berichtet von einem Interview mit einem Bankier. Na ja, diese Neuigkeiten ... er werde gegen acht Uhr nochmals anrufen, wenn ich vom Essen zurück sei.

Dann ruft er gegen viertel vor acht Uhr nochmals von Oerlikon an und kommt mit einem Buch von Ursula Gaillard: *«Paysage arrêté»*, mit der Widmung *«Pour Aline: de la part de son Baudelaire ... (de Zurich)–»* – Müde und angegriffen sieht er aus, rote Augen, fast hätte ich gefragt, ob er geweint habe! Dieser Abend gestaltet sich spannender als auch schon, er attestiert mir, dass ich seine geistige Heimat beziehungsweise seine Person verstehen würde. Und beharrt darauf, mich verrückte Hexe zu nennen. Er ist beleidigt, dass ich seinen Artikel über die amerikanische Botschafterin noch nicht gelesen habe.

Als er beim Akt plötzlich innehält, erklärt er hypnotisch, jetzt sei der Hamlet wieder dazwischengekommen; ob ich nie von Hamlet bedrängt würde? Zuerst verstehe ich das nicht und möchte wissen, ob er sich wie Hamlet fühle; er meint, in diesem Moment, in dem die hamletschen Gedanken kämen, müsse er immerfort an ihn denken. Dies ist ein neuer Aspekt seiner inneren Welt, der sich für mich auftut ... Nachher fragt er, ob ich nicht Ophelia sein möchte? M. ist blockiert, ich sage resolut: «Hamlet ist krank, schon bei Geburt, er ist zu sehr eingesponnen in seine Abkapselung, sein Untergang ist programmiert.» Er bestätigt das. Dann beginne ich von meinen Rollen an der Schauspielschule zu erzählen; vor allem vom Strindbergschen Fräulein Julie ... – Dann fragt M., ob ich BHs trage, und wenn, ob ich nicht einen anziehen könne. Ich gebe seinem Wunsch statt, meine aber widerborstig, wenn ich ihn nicht kennen würde, würde ich denken, er sei ein Unterwäsche-Fetischist. Laut dem «*Annabelle*»-Interview hat er in jüngeren Jahren mit erwachender Lust BHs in den Schaufenstern angeschaut – unentblätterte Geschichten, Illustrierungen reizen ihn, er sehnt sich nach Verkleidungen der Frauen: Wie eine wohl aussieht, in dieser oder jener Ausstaffierung?

Plötzlich überkommt mich eine abgrundtiefe Welle der Trauer, der Gedanke, dass er nicht mehr leben würde. Er erscheint mir exotisch, wie ein Überlebender einer alten, geistigen Aristokratie.

11. Oktober

«Obwohl ich Dir von hier eine Karte sende und mich wieder mit dem Tennisspielen bemerkbar mache, leide ich in Voltino di Tremosine unsäglich. Was heisst unsäglich? Dieser Klub, in dem ich mich befinde, ist unmöglich. Diese tennisspielenden Menschen sehr verabscheuungswürdig, sie spritzen fortwährend Gift. Ich habe nicht gewusst, dass es so bösartige Menschen gibt. Nervlich kann ich mich nicht erholen; meinte wohl zuerst, diese Luft und die sanatoriumsähnliche Abgeschiedenheit gäben mir eine gewisse Ruhe. Ich leide unter Illusionen und meine, ich könnte mich anpassen, arrangieren mit den Menschen und sei es auch nur sportlicher Art. Ich merke

dann, wie weit ich mich von der sogenannt normal-vegetierenden Säuge-Spezies entfernt habe –, und ich weiss, es gibt keine Rückkehr in ihre Welten.

Meine Lachmuskeln reizen mich, wenn ich mir vorstelle, Du wärst jetzt hier! Eigentlich bist Du im Moment der einzige Mensch, der mich beruhigt, wenn ich im Geiste an Dir hängenbleibe. Ich stelle mir vor, wie Du Tennis spielen würdest, dies ist aber so komisch, dass ich dieses Bild sofort wieder wegschiebe ... Denke an Deinen Hamlet, und ich weiss, Dein Leben ist, wenngleich einzigartig in seiner Art, tragisch. –

Hier in Tremosine, wo ich distanzmässig weiter von Dir weg bin, bist Du mir gefährlich nahe. Jeden Moment könntest Du in die Hoteltüre eintreten und Gebrauch machen von meiner Präsenz, von meiner Labilität ... Wenn Du wüsstest, dass ich nun das Abendessen aufs Zimmer bekomme und der Chef de service mir meine Hand küssen wollte, und ich es ihm erlaubte, auf dem Balkon. (Der Gardasee hat dabei schwer geatmet.) Wenn Du wüsstest, dass ich mich alles andere denn sexuell fühle, dass ich leide am Gardasee und voll bin von meinem unerfüllten Leben. Wenn Du wüsstest, dass dieses Klima mir hier wie in der Wüste vorkommt, tagsüber heiss, und gegen Abend zittere ich erbärmlich, ziehe mir Winterpullis an. Geheizt wird um diese Jahreszeit in Italien noch nicht. – Gestern machte ich einen Ausflug nach Malcesine, sass an der Sonne. Deutsche Sportler-Invasionen!»

12. Oktober

«Bin in einer Residenz in Peschiera sul Garda mit einem mittelmässigen Deutschen gelandet: Unausstehlich ist er nicht, nur unsicher. Er ist nett, bezahlt mir das Zimmer. Du würdest wieder Deine Sache denken, wenn Du mich in dieser Residenz sehen würdest. – Das Hotel ist noch zu neu und daher zu perfekt und strahlt eine norditalienische Kälte aus. – Habe heute am See eine vorzügliche Fischspeise gegessen und besuchte nachher den Sigurtà-Park: Die *klassische Musik in diesem fast japanisch anmutenden Park-Ambiente hat etwas unwirklich Paradiesisches!»*

28. Oktober

Von der Spaghetti-Factory ruft M. an, nachdem er es etwa zwölfmal versucht habe, da ich mich gerade mit Frau Grossmann unterhielt. – Ich plaudere von Bakunin, er grinst leise und fragt, ob ich bemerkt hätte, dass er Bakunin gleiche. M. bedankt sich für die Mitteilungen aus Italien und kündigt sich innerhalb von 10 Minuten an. Er bringt mir den Artikel, den er über Furgler geschrieben hat, und ermahnt mich, unbedingt das *Max-Frisch-Interview* zu lesen, das während meiner Abwesenheit erschienen sei.

Aussergewöhnlich aufgeräumt ist er. Biografisches zieht an mir vorbei: Ich beginne über meine Praktikums-Zeit auf dem Chaumont zu erzählen, meine Arbeit in der geriatrischen Klinik in Liestal, von den Schauspielschulen. Plötzlich wird mir bewusst, dass er ein phantastischer Zuhörer sein kann. Zuerst will er aber alles von meinem Aufenthalt in Italien in Erfahrung bringen.

An seinem Hals registriere ich violettrote Knutschflecken, mache ihn darauf aufmerksam; er reagiert nicht, wechselt das Thema.

Ich lasse verlauten, dass ich umziehen wolle, er sagt, er würde mir helfen, eine geeignete Wohnung zu finden. Ich lache und sage: «Okay, aber nicht in der Nähe von Oerlikon!» Er sagt: «Nein, in Wollishofen.» Das sei entgegengesetzt zu Oerlikon.

Wir verabschieden uns draussen beim Lift, er ruft noch, er würde mir sein Theaterstück für das Neumarkt-Theater senden, und die *Fabrik-Reportagen* würden als Buch erscheinen.

4. November

Telefoniert morgens um zwei Uhr vom Bellevue (von der Kreis-acht-Frau), ich bin durcheinander, stamle im Halbschlaf: «C'est déjà le soir», er entgegnet: «C'est même déjà le matin.» Ich säusele: «Je suis hors de temps», damit ist er einverstanden und schnaubt vernehmlich durchs Telefon, auch er befinde sich «hors de temps» ... Nachher fallen wir übereinander her ohne die obligate Spiegel-Zeremonie. Er versichert mir, ich sei noch nie so «heiss» gewesen; er hat sogar den Power, zweimal in mich einzudringen!

Ich zeige ihm mein Gedicht «Vorgeburt». Es gefällt ihm, aber es sei auch schwierig. M. versichert, sein Theaterstück komme nun mit den *Fabrik-Reportagen* heraus. Auch ich würde noch «gross herauskommen», in meinem Alter habe er überhaupt noch nichts publiziert gehabt.

Ich zeige M. ein Foto von meiner Orient-Express-Reise; er resümiert, ich hätte da einen wahnsinnig fatalistischen Gesichtsausdruck, wie Hildegard Knef.

Dann erwähnt er Bundesrat Egli, verlangt einen französischen *Dictionnaire,* den *Larousse* und das *Fremdwörterbuch.* Sein Problem: Ob der Egli-Fisch und der Barsch derselbe Fisch seien? M. meint, er hätte ein Gedicht über Egli komponiert, sei extra um sechs Uhr morgens aufgestanden, und deshalb sei er so müde und angegriffen. Will mich in ein Gespräch über den Gardasee und Tennis verwickeln. Ich jedoch will von all dem nichts mehr wissen; er erwähnt Steffi Graf, die würde er gerne sehen ... überhaupt, die Frauen in ihren Tennisröcken! Ich sage gelangweilt, vom Gardasee und von Tennislehrern wolle ich nichts mehr hören, und überhaupt, das sei eine besondere Spezies, diese Tennislehrer, die den Tennisball für die Weltkugel halten würden ...

M. will, dass ich ihn an die Lift-Türe begleite.

18. November

M. meldet sich und teilt mit, dass er bei «*Dreizack*» engagiert sei, natürlich nur als Beobachter. Der Tag beginnt demzufolge nicht allzu verheissungsvoll. Er fordert mich auf, zu ihm nach Oerlikon zu kommen; er erwarte mich da.

Nachdem ich die Weltreise mit dem Tram hinter mir habe, empfängt mich ein sehr müder M., er habe die Nacht über im Heu geschlafen. Ich trage ein Seidenkleid und erzähle ihm, es sei das Geschenk eines Seiden-Industriellen, er doppelt gleich nach und meint: von Lyon, dort sässen die ... Ich bin speziell wollüstig heute, eine erstaunlich potente Geschichte gegenüber anderen Tagen. Ob «*Dreizack*» Hunger macht? – Dann beginnen wir zu streiten, zuerst harmlose Wortspielereien – ich fauche ihn an, er könne mir diese «Bellevue-Kreis-acht-Frau» einmal vorstellen, er lügt mich an, er habe eben viele Freundinnen! Ein unerträglicher Gedanke.

Wir beruhigen uns dann, er zeigt mir einen Leserbrief aus dem «*Tages-Anzeiger*», wo einer schreibt, mit Initialen, er, M., könnte sich von einem anderen Schreiber eine Tranche abschneiden und sich ein Beispiel daran nehmen, wie der schreibe etc., er, M., sei sowieso nur ein Masturbator. Ein Schwein sei das, sagt M., nicht einmal seinen Namen könne der richtig schreiben, und überhaupt, den würde er noch gerichtlich belangen ... ausserdem müsse er morgen in die Luft, und man wisse nie, darum wollte er mich nochmals sehen und schenkt mir von Rolf Hochhuth die «*Atlantik-Novelle*».

22. November

Information von Freunden: Am Donnerstagabend habe M. einen Auftritt im Fernsehen gehabt. Er wurde gefragt:

«Herr M., warum sehen wir denn Sie hier? Wir dachten doch, Sie sind Armeegegner?» Darauf M.: «Ich wollte noch einmal in meinem Leben die Schweizer Armee anschauen – vor der kommenden Abstimmung über die Militär-Abschaffung in der Schweiz, das heisst, bevor sie abgeschafft wird.»

Kapitel IV

1987

5. Januar

Um elf Uhr morgens M. am Telefon. Ich frage, wo er sich befinde, er sagt «Central». Ich spöttisch: «Tu as changé de station?»

Er wünscht mir ein gutes neues Jahr. In etwa dreiviertel Stunden kündigt er seinen Besuch an. Unten an der Sprechanlage benimmt er sich sehr nervös. Alt scheint er mir heute. Er küsst mich für seine Verhältnisse zärtlich, zieht seine Schuhe aus (ich beobachte, dass M. noch «richtige Männer»-Schuhe trägt) wie eine schwere Last, geht gleich auf die Toilette. Wie er wieder reinkommt, offeriere ich ihm einen Remy Martin. Ich wundere mich ob seiner Zuvorkommenheit heute. Dann bestaunen wir mein neues Bild von Rothko: Er findet es gut, obwohl, von bildender Kunst versteht er nicht viel.

Dann nähert er sich mir, wie immer, ich wehre ab, das sei jetzt nicht mehr so einfach, ich hätte Angst wegen Aids, und er verehre ja so viele Frauen. Nun fühlt er sich zu einem Geständnis gezwungen: «Ja, aber jetzt auch nicht mehr, schon lange nicht mehr» – er verkehre mit zwei verheirateten Frauen, und die seien sehr seriös. Trotz meiner Aids-Phobie wühlen wir uns ineinander hinein, grossspurig meint er, er könnte ja eigentlich auch Aids von mir bekommen!

Er ächzt und meint, dieser Januar schaffe ihn immer, im Dezember, ja, im Dezember fühle er sich manchmal recht gut. Ich sage bewundernd, sein «Dreizack»-Artikel hätte mir gefallen, nur den Feldmann am Schluss, das hätte er nun doch nicht so versöhnlich schreiben dürfen! Er meint entschuldigend, sogar bei Manövern wie *«Dreizack»* gäbe es vereinzelt gute Leute.

Dann ist die Preisverleihung an Federspiel im Schauspielhaus auf dem Traktandum, er empört sich und moniert, der Wagner hätte nie auch nur ein einziges Buch von Federspiel gelesen, das sei einfach verrückt, und so einer übergäbe Preise ...

Dann unterhalten wir uns über das Buch von Robert Neumann: «Vielleicht das Heitere, Aufzeichnungen aus einem anderen Jahr.» Ich lasse M. eine Passage über einen gewissen Kaduk lesen, *«der seinen Opfern für nichtigste Vergehen (Mütze nicht schnell genug gezogen) einen Stock quer über die Gurgel legte und, sich hin und her wiegend, auf beide Enden trat («Kaduk-Krawatte») – aber es war komisch, der hat nur zweimal die Beine hochgeworfen, dann ist er schnell gestorben, schon nach sieben Minuten. Ein anderer, der ‹spritzte sie ab›, bis zum Tag seiner Verhaftung war er ein Krankenpfleger und sehr beliebt.»* Und der Scheusslichkeiten so fort. M. will dieses Buch lesen.

Nachdem er gegangen ist, durchfährt es mich, ob diese zwei verheirateten Frauen sich wohl auch Notizen über M. machen?

6. Januar

Ich weiss, dass ich das, was ich ertragen muss, nicht imstande bin zu ertragen. Schon lebe ich mit diesen fernen Todesgerüchen. Wenn ich jeweils seinen weissen, unförmigen Körper küsse, weiss ich, dass er stirbt, einmal – und das werde ich niemals überstehen können. Sein Körper, so engerlingshaft, kennengelernt in der Durchfahrt, als Rimbaud- und Baudelaire-Gestalt, warum nur ist das denn so unendlich, so über alle Massen traurig?

Ich flüchte mich in die Phantasie, wie es wohl wäre, hätte ich M. nicht kennengelernt?

14. Januar

Ich rufe M. an, es entwickelt sich eine gewisse Gesprächigkeit zwischen uns, er sagt, er würde eine französische Münze aufwerfen, und wenn es Kopf sei, solle ich noch bei ihm vorbeischauen. Es zeigt Kopf – ich habe eine wilde Lust, eine Löwinnenlust auf ihn und mache mich per Taxi zu ihm auf.

Wie ich in seine Wohnung eintrete, spricht er am Telefon mit jemandem und berichtet dieser Person, er habe heute einem Südafrikaner hundert Franken in den Briefkasten gelegt, da dieser die Telefonrechnung nicht habe bezahlen können, erzählt weiter horrorartige Begebenheiten bezüglich dieses Südafrikaners, wie der flüchten musste und nun hier in der Schweiz Belästigungen ausgesetzt sei ...
Wir betrinken uns mit Whisky, den M. geschenkt bekommen hat. Er liest mir dann ein Fontane-Gedicht vor und bekennt: «Ja, das ist schon ein wenig kitschig, aber das muss sein.»

So gut wie heute haben wir es seit Paris nie mehr gekonnt – ich schreie befreit, Lust- und Frustschreie, abertausend Mücken stechen mich.

M. beschenkt mich mit drei Büchern: Loetschers *«Die Papiere des Immunen»*, Dürrenmatts und Charlotte Kerrs *«Rollenspiele»*, und Anna Keels *«Bilder und Zeichnungen mit einem Vorwort von Federico Fellini»*.

Bevor ich gehe, gibt er mir einen Brief zu lesen, in welchem eine Frau mit fader Schrift zu bedenken gibt, dass er, M., die Jugend aufwiegle und linken Faschismus betreibe ...

30. Januar

Fragt um 3 Uhr nachts, ob ich schon schlafe? Berichtet, er sei an einer Lesung in Fällanden gewesen, organisiert von der SP, sei die ganze Zeit mit diesen Leuten zusammen gewesen, «bouffer» etc., jetzt sei er in Oerlikon und mit dem Taxi in zwanzig Minuten bei mir. Wie ich ihn zu nächtlicher Stunde empfange, bemerkt er aufmerksam, wie schön ich heute die Wohnung aufgeräumt hätte. Wir geraten nicht richtig in Fahrt, ich bin übermüdet, er angespannt und erledigt vom SP-Abend.

Dann echauffiert er sich über *Frau Kopp,* erschiessen könnte er die, und der *«Tages-Anzeiger»* schreibe nichts Kritisches über diese Frau, das hätten wir alle Studer zu verdanken, und schon seit zehn Jahren dürfe er da nicht mehr schreiben. Ich frag' ihn, wie lange dieses Verdikt gegen ihn noch daure, und er meint: «Nach oben unbegrenzt.» Er resümiert, früher hätte ihn das noch anders getroffen, da hätte er den *«Tagi»* noch als ein wichtiges, interessantes Gefäss für ihn angeschaut.

Dass ich bald eine Wohnung von der Stadt Zürich in seiner Nähe beziehen werde, kommentiere ich mit dem Satz: «Das Schicksal ist unberechenbar.»

In das Buch von Anna Keel kraxelt er mit unbeholfener Schülerschrift hinein: «Pour ALINE, artistiquement! Baudelaire.» M. sagt, ich dürfe es erst lesen, wenn er weg sei: «Tu vas voir, c'est une surprise.»

11. Februar

Hässlich und müde fühle ich mich, möchte niemanden sehen, und wie er anruft, sage ich ihm, ich hätte Fieber. Er fragt gleich nach wie hoch, ich erwidere gegen Abend würde das gegen 39 Grad steigen ... Er berichtet mir, dass er demnächst in der «*WoZ*» über Niklaus Manuel Deutsch schreiben werde.

In zwanzig Minuten würde er bei mir vorbeikommen und mir «eine Spritze verpassen» – es geht dieses Mal etwas länger, und wie er leibhaftig vor mir steht, meint er erstaunt, ich würde überhaupt nicht krank aussehen in meinem Kaschmir-Mantel (bodenlang) und dem ziemlich langen, weissen Seidenhemd mit den kindlich-bunten Sommer-Shorts. Irgendwo will er seine Zigarette ausdrücken; die Suche nach dem Peschiera-Aschenbecher beginnt, er mokiert sich, was das denn für ein Haushalt sei? – Ich offeriere ihm ungarischen Wein und rufe: «Alles Schlechte kommt von den Männern, und wir haben dann darunter zu leiden. Der Krieg kommt von euch, und dann werden wir auch noch vergewaltigt.» Er erlaubt sich keine Widerrede, betont jedoch, sein Penis sei personifiziert, wobei ich ihm lachend entgegne, ich hätte schon schönere gesehen. Ich hüpfe in meinen Shorts umher, fühle mich sehr jung und meine, ich würde nie alt ... spontan meint M., dies sei auch bei ihm der Fall, seine Mutter sei aber einmalig in dieser Beziehung, und fragt: «Du könntest eigentlich ein Interview mit meiner Mutter machen?» Ich erwidere zurückhaltend: «Zuerst muss ich wissen für welche Zeitung?» Wir diskutieren dann über den Fall Tiedemann und den ehemaligen «WoZ»-Redaktor *Jan Morgenthaler.* M. findet diesen Fall kindisch, kindisch, dass *Morgenthaler* wegen dieser bourgeoisen Geschichten mit den Frauen sich gezwungen sah, die «WoZ»-Redaktion zu verlassen!

Heute raucht er mit altväterischem Gestus die Marke Meccarillos, 20 Ormond, mild.

Ich zeige ihm mein einwöchiges Visum für die DDR, anberaumt für Anfang März. Er meint, wenn ich nicht nur für so kurze Zeit gehen würde, hätte er mich gefragt, ob ich in einem Dorf in der DDR eine Recherche für ihn machen könnte, die er für eine Reportage benötige. Geschmeichelt fühle ich mich über dieses Angebot.

Den unruhigen Schritt hat er heute wieder drin – den Schritt des «walkenden Bären»; hundertprozentig sicher bin ich mir dieses Mal, dass M. mit einem Fuss den andern Fuss an den Fersen hinten ankickt beim Gehen, ich überlege mir, ob dieser «Bärenlauf» bei ihm von unbewussten Mechanismen gesteuert werde ...

In der aufliegenden *Lenin-Biografie* sehen wir uns die vielen imposanten Köpfe an – beide fühlen wir uns von Alexandra Kollontais magischen Augen angezogen; diesem Blick auf dieser Fotografie auf Seite 96 ist nicht auszuweichen. 1915 teilt Lenin dieser Frau seine Vorstellungen von der Politik der Linken mit.

Er würde in nächster Zeit auf die Fidschi-Inseln verreisen – ich bin belustigt über diese Destination und sehe ihn im Geiste schon zwischen gebräunten Touristen herumpilgern. – Ich unterbreite ihm, ich würde dieses Jahr auch noch den indischen Kontinent bereisen; heimlich wundert er sich über meinen Finanzhaushalt.

9. März

Erschlagen, kaputt und deprimiert bin ich eben von meiner einwöchigen DDR-Reise zurück. Zuviel habe ich begriffen. Das KZ Sachsenhausen wird allgegenwärtig. Er ruft an: «Comment vas-tu?» Er bedankt sich für die Karte, meint, das habe er stark gefunden, und ich weiss nicht, meint er damit das Kriegs-Mahnmal von Leipzig oder meinen Satz: «Das Rosa ist besser als das Schwarz, aber sie stimmen zusammen.» In zwanzig Minuten sei er bei mir.

Vielleicht möchte M. bulgarischen Wein, er schaut mich prüfend an, ich fange an zu heulen, versuche es vehement zu unterdrücken, er sagt: «Komm, heul dich bei mir aus, heul einfach!» Ich sage nein, verklemme es und schluchze: «Wenn ich einmal richtig damit anfange, kann ich nicht mehr aufhören!» Er versucht mich zu trösten: «Schau, das habe ich alles auch durchgemacht, drei Monate war ich in der DDR filmen. Dieser latente Faschismus steckt doch in uns allen.» Er hätte väterlicherseits auch eine deutsche Vergangenheit zu bewältigen, und einfach sei das nicht gewesen.
Ich schenke M. zwei mitgebrachte Bücher: *«Das Gewissen Europas», Band 1,* von Romain Rolland, und *bulgarische Lyrik,* die ihm sehr gut gefällt.

M. beginnt dann vom Auftrag zu erzählen, den er vom Neumarkt-Theater erhalten hätte; mit diesem geplanten Stück würde er den Coninx vom *«Tages-Anzeiger»* erledigen ... Ob ich mir ein Familien-Grab von einem Verleger vorstellen könne, das sei Sarkophag-ähnlich! – Fordert mich auf, im *Diogenes-Katalog* Bücher anzustreichen, die ich gerne hätte – meine Stimmung ist ihm zu dunkel, zu schwarz, er sagt noch, ich solle mich gut erholen und ausruhen ... irgendwo hätte ich mich gerne versteckt und tage- und nächtelang nur geheult.

Zusätzlich paralysiert und unfähig, irgend etwas in meiner Beziehung mit M. zu verändern.

28. März

Im *«Tages-Anzeiger»* lese ich über M., er kurve jetzt mit einem Jaguar herum und nicht mit einem Rolls-Royce Silver

Shadow, wie er dem «*TA*» fälschlicherweise suggerieren wollte. Sie vermuten etwas von einem geheimen Zweck, der den Töff-Fan auf den Jaguar gebracht haben soll. Ich denke mir, endlich gelangt sein frühkindlicher Buben-Traum einen «dicken Wagen» zu fahren, zur Erlösung. Geheimer Zweck hin oder her.

4. April

Er ruft nach etwa 12 Uhr mittags an und ist verblüfft, dass ich die Wohnung gewechselt habe: Ich sage ihm, ich bräuchte jetzt Ruhe, da ich einen grossen Roman schreiben wolle, er meint leichthin, das sei schon gut, aber ich solle ihm doch mitteilen, wo ich denn jetzt wohne. Die neue Telefonnummer habe er über die Tonband-Durchsage auf der alten Nummer erfahren. Ich buchstabiere ihm Saatlenzelg, er notiert sich das und sagt; er wäre gleich bei mir. Ich warne ihn, alles würde noch herumstehen, ein totales Chaos. In Oerlikon angekommen, an der neuen Adresse, ist er erneut erstaunt, dass dieser Umzug so schnell vonstatten ging. Der Kronenhalle-Wirt hätte ihm geholfen, diese Strasse anhand eines Stadtplanes zu finden ... Er legt gleich los und meint grimmig, der «*Tagi*» hätte heute schon wieder über ihn geschrieben, ekelhaft, dieser Jaguar sei schon alt und hätte ihn nur 4000 Franken gekostet. Ich überlege, warum sich die Leute dermassen über seinen Wagen erhitzen? Muss er denn sein Leben lang mit einem Motorrad durch die Gegend brausen?

Er geht auf mich los wie ein Bär; es kommt nicht von ungefähr, dass er sich im letzten «*Magma*»-Interview als Bär bezeichnete.

Im Kühlschrank sichtet er Tomaten, die ich diesen Abend unbedingt für den Reis benötige, ruft aus: «Oh, du hast ja Tomaten» – isst sie gierig und schnell auf, sieht Truman

Capotes *«Frühstück bei Tiffany»*. Wir sind uns einig darin, dass es ein faszinierendes Stück Literatur ist, vor allem der mystisch unbestimmte Anfang. Zieht dann aus meinem Büchergestell die Anthologie *«Tintenfisch»*, 1969, hervor, wo er bei Max Frischs Darlegung *«Überfremdung»* und bei den von mir unterstrichenen Stellen stehenbleibt, unter anderen: «Man hat Arbeitskräfte gerufen, und es kamen Menschen.» Einer der treffendsten Sätze von Frisch, die ich liebe!

An meine bevorstehende Lesung im Schauspielhaus-Keller kann M. nicht kommen, er müsse für eine Recherche nach Deutschland. Er scheint heute etwas wortkarg und müde. Ich resümiere lakonisch, das könne man nun als Schicksal bezeichnen, dass ich so nahe bei ihm wohnen müsste ...

Gefährlich sich abzeichnende Abhängigkeit: M. ist mein störendstes Gewissen, ich will ihn loswerden, diesen umherströmenden Geist in Reisezügen!

13. April

Von der *«Weltwoche»* ruft M. gegen 18 Uhr an, er sei in etwa 20 Minuten bei mir. In Deutschland sei er gewesen und hätte mit Weizsäcker gesprochen. – Ich sage, ich sei nicht einverstanden mit der Kritik, die die *«NZZ»* anlässlich meiner Schauspielhaus-Lesung schrieb.

Heftig schütte ich Wein in mich hinein, rauche hypernervös Zigaretten. Ich empfange ihn in meinem gelben Pijamadress, darüber den braunen Kaschmir-Mantel. – Die sexuelle Angelegenheit ist heute nicht besonders lustvoll; wir treiben es nur einmal von hinten!
Grau und müde sieht er aus, legt sich aufs Bett, will die Zeitungs-Kritiken über mich lesen. Weitaus am besten findet er den Befund im *«Landboten»*. Die Kritik im *«Tages-Anzei-*

ger», gezeichnet von Züfle, regt ihn masslos auf, M. meint: «Dieser hat nichts zu sagen und würde besser nicht schreiben.» Aufgebracht lamentiere ich über die unqualifizierte Kritik von Reinhardt Stumm in der «*Basler Zeitung*», M. beruhigt mich, der Stumm sei eben launisch, schreibe einmal gut und dann wieder regelrecht «daneben». So habe er beispielsweise über die «*T.-Mary*» von Federspiel eine total unangebrachte Kritik geschrieben.

M. klagt über allgemeine Körperschmerzen, meint wiederholt, dass eine Badekur angezeigt wäre. – Er fordert mich auf, die vor meinem Fenster parkierte weisse Luxus-Karosse zu bestaunen. Verärgert lässt er verlauten, Studer habe ihn als einen «*Edelproleten*» bezeichnet. Ich meine resolut: «Für mich bleibst du der, der du bist, mit oder ohne diese Karosse.» –

4. Mai

M. ruft gegen halb zwei Uhr morgens an und fragt, wo ich so lange gewesen sei. Weil ihn das nichts angeht, erzähle ich ihm irgendeine Geschichte. Er meint betörend, sogar um halb zwölf Uhr hätte er es versucht. In zehn Minuten werde er bei mir sein!

Sofort treiben wir es auf dem Bett. Es fällt mir aber auf, dass er heute eigenartig verschlossen und müde wirkt. Nach mehreren Anstrengungen meinerseits, irgendeinen sinnvollen Gesprächsstoff zu finden, endet alles in einer Verstocktheit seinerseits.

Ich fühle mich zutiefst frustriert, versuche M. beim Anziehen zu hindern, er schiebt mich resolut zur Seite. Er sei «geschafft», hätte für das Neumarkt-Theaterstück die ganze Zeit nur aus historischen Protokollen herausgeschrieben. Ich bin beleidigt, setze mich aufs Bett und schmolle. Er nähert sich mir, küsst mich auf die angezogenen Knie, ich bleibe aber unnahbar. Bedauernd, wenn auch beiläufig meint er: «Das mit dem *Ammann*-Verlag, da kann ich nichts dafür, mit dem Ammann versteh' ich mich einfach nicht.»

Er geht in den Zwischengang, wünscht mir eine gute Nacht, flüstert noch etwas. Für einen kurzen Moment strahlen von draussen seine Autoscheinwerfer in mein Zimmer herein, und weg ist er. Ich bin so verzweifelt, dass ich nicht einmal genügend Energie zum Heulen finde. Ich lasse etwas Zeit verstreichen, dann greife ich zum Hörer, wähle seine Nummer, und wie er sich meldet, sage ich: «C'est Aline encore une fois. Du, wie du jetzt gegangen bist, musst du nie wieder gehen. Bitte geh nie wieder so weg.» Er sagt: «Ja, aber ich habe wahnsinnig viel ‹zu bügeln›», entschuldigt sich dann für sein abruptes Weggehen, es sei ihm «nicht gutgegangen im Kopf».

Irgend etwas hat er erneut in mir zerstört, etwas, was schon einmal kaputtgegangen ist.

19. Mai

Ärgerlich erzählt er, dass er im Limmat-Verlag vom Fernsehen *ARD* interviewt wurde. Die hätten saublöde Fragen gestellt, zum Beispiel, ob er sich auch als das *«enfant terrible»* sehe. Daraufhin habe er geantwortet, er glaube, dass man in seinem Alter nicht mehr von *«enfant terrible»* sprechen könne ... und ob er sich bewusst sei, dass er mit seiner Art, in der er Reportagen und Journalismus betreibe, sich nicht nur Freunde geschaffen habe, sondern auch viele Feinde? Wir müssen beide herzhaft lachen! Als ob es darum ginge, sich mit dem Schreiben Freunde zu schaffen! Er ereifert sich nochmals und meint: «Ja, und dass man für solche blöden Fragen den ganzen Limmat Verlag hat ausleuchten müssen ...» M. macht eine angewiderte Miene und meint, dieses Interview werde irgendwann im Juli ausgestrahlt!

Dann wird der Beatrice von Matt telefoniert. M. interessiert sich für den Inglin-Nachlass. Das ist ein kurzes, konzises Telefongespräch!

Bevor er geht, meint er noch, ob er wegen meines «*Deutschland*»-Gedichts bei der «*WoZ*» etwas sagen solle? Ich meine: «Ja, bitte»! Die Hilflosigkeit der kleinen Tochter tut ihm so wohl!

29. Mai

M. meldet sich um halb drei Uhr mittags an: Er würde mir heute etwas mitbringen; drei Seiten aus der «*Weltwoche*»!

Vorerst, wie er reinkommt, will ich ihm aus der Schlinge gehen, kann ihm entwischen, und so geht die Entblätterung nicht gleich vonstatten. Erstaunlich potent ist er heute: einmal von hinten und einmal von vorne und ich noch einmal auf ihm. Plötzlich durchfährt mich wieder der Schreckens-Gedanke an Aids. Er meint, ich solle ruhig sein und es einfach «geniessen», er hätte es nur mit «kontrollierten» Frauen zu tun ... Ich will wissen, ob er sich denn selber schon kontrolliert hätte, er meint: «Nein.» Ich schreie, den schrecklichen Aids-Tod möchte ich nicht erleben ... ich würde ihn erschiessen, wenn er mich mit dieser Seuche ansteckte! Erneut will er wissen, was ich denke, wenn er in mir «drin» sei. Ich lakonisch: «Nichts.» Da fragt er nicht mehr weiter.

Er zeigt mir also diese drei «*Weltwoche*»-Seiten: «*Die Welt als Wille und Wahn, Naturgeschichte eines Clans (1), (Das Leben auf dem Gut Mariafeld).*» – Ich lobe erfreut, das sei genial geschrieben; besonders affiziert bin ich von der Foto mit den Frauen, Schwiegertöchtern und Töchtern. Auch amüsieren wir uns aufs köstlichste über die Foto «*Mariafeld 1909: Vater, Söhne und Schwiegersöhne*». Ich frage, ob er noch keine Schwierigkeiten mit den Willes hätte? Ich registriere, dass dieser «Wille»-Eklat ihn vollends auslaugt.

Nach Solothurn an die Literaturtage gehe er nicht mehr, äussert sich verächtlich zu dieser Veranstaltung. –

Von meiner Ex-Freundin Getti entdeckt er eine Foto, sie halbnackt im Wald-Farn-Gestrüpp stehend. «Chthonisch» sei diese Foto. Verärgert und ungläubig schaut er mich an, als ich ihm sage, ich wisse ihren vollständigen Namen nicht mehr genau. Es scheint mir, er schaue «Löcher» in diese Getti-Fotografie hinein; verbrecherisch und schamlos tierisch!

2. Juni

M. teilt mir gutgelaunt mit, er hätte auf dem Hirzel gut gespiesen. – Er beginnt an meinen delikaten Blusenknöpfen herumzunesteln, und schon liegen wir wie zwei blutrünstige Tiere am Boden. Ich meine, am Boden sei es sowieso archaischer, und er ist derselben Meinung, findet den Zusammenhang phantastisch. Er meint wieder einmal, ich hätte die schönsten Brüste und Beine von ganz Zürich ... (nicht Europa). Ich gehe dann in die Küche, genehmige mir einen Pastic. Wie ich wieder zu ihm reinkomme, hängt er am Telefon mit dem Keller vom Drumlin-Verlag und legt ihm ausführlich seine «*Wille*»-Story dar. Er meint, er müsse genauestens recherchieren, da ihm in dieser Angelegenheit «auf den Zahn» gefühlt werde. Er preist Keller mein Manuskript an mit den Worten, dies sei etwas Besonderes, «einmal etwas anderes». Wie dem auch immer sei, Keller verspricht M., er werde es unverzüglich lesen. – M. verlangt auch nach einem Pastic, wird dann sehr müde, schläft ein und beginnt sehr laut zu schnarchen. –

Ich decke ihn zu, ziehe die Vorhänge, schliesse die Tür hinter M., setze mich in die Küche und schreibe über ihn. – Nach einer Weile kommt er hastig heraus und meint, jetzt müsse er sofort nach Hause, um an der «*Wille*»-Story weiterzuarbeiten.

10. Juni

Wie M. in meine Klause hereinstapft, mit dem Helm in der Hand, frage ich ihn, ob er den Jaguar verkauft habe. Er verneint. Mit dem Helm in der Hand ist er für mich M. pur.

Er startet ein Telefon; natürlich ist das Thema seine wilde *«Wille»-Story*. Zu diesem Jemand an der andern Leitung meint er, sie hätten ihn als *«Borkenkäfer der Nation»* betitelt und überhaupt, Meilen, diese Gold-Küsten-Gemeinden dort, lacht dabei sein Lachen, wenn er vor Schadenfreude fast aus den Nähten platzt. Er stellt dann klar, diese *«Wille»*-Story sei ja überhaupt nicht prinzipiell gegen die Armee gerichtet. Auf diese Anschuldigungen, dass er eben gegen die Generäle und die Armee schlechthin sei, darüber wünsche er sich schon noch eine öffentliche Diskussion. Und der Bonjour habe ihm berichtet, man hätte ihm gesagt, sicher hätte M. diese Briefe gefälscht, aber er, Bonjour, hätte das abgestritten, denn, so sagte er wörtlich: «Das wäre ja M.s Untergang.» – *«Briefe des Generals an seine Frau»* – alle Leute hätten dieses Buch nur von aussen angeschaut, und nur wegen des beachtlichen Volumens hätten sie es herausgegeben, also um zu zeigen, wie fleissig der General geschrieben habe! Im *«Echo der Zeit»* hätte Wille einen Auftritt gehabt und das Ganze verharmlost. Der Braun und der Zumstein hätten nicht gewagt, dieses Buch anzuschauen. Der Feldmann hätte ihm einen Brief geschrieben, worin stand, es hätte wegen dieser *«Wille»*-Story Wirbel gegeben. Weiter erzählt M., der Wille-Clan möchte einen Prozess gegen ihn anstrengen; sie wüssten jedoch vorläufig noch nicht, was machen, und warteten auf die «nächste Ladung».

Nachdem er aufgehängt hat, frag' ich ihn, mit wem er sich da am Telefon so ausführlich besprochen habe. Er antwortet: «Mit dem Peter Frey vom ‹*Tages-Anzeiger*›.»

4. Juli

M. am andern Ende, fragt, wie es geht, und das Unvermeidliche: «Qu'est-ce-que tu portes sur toi?» – Widerspenstig lasse ich verlauten: «Ein Männerhemd, und meine Haare stehen troubliert in alle Himmelsrichtungen.» Er fragt vorsichtig an: «Tu ne mets pas le noir?» Ich gelangweilt: «Non c'est superficiel, toujours le noir.» Er lässt nicht locker, stellt altväterisch fest: «Du warst nicht zu Hause, warst du wieder Tennis spielen?» Ich gebe zur Antwort: «Non, j'étais en montagnes, à Celerina.» Nervös ist M., ich höre, wie er am andern Ende an seiner Zigarette saugt. Dieses enervierende männliche Zigaretten-Saugen!

In zehn Minuten taucht er auf. Es hat nichts von anderen explosiven Zusammentreffen heute, er trägt rote Shorts mit weissen Streifen auf den Seiten, fussballmässig! Stürzt sich auf das Buch von Isolde Ohlbaum: *«Fototermin»*. Bösartige Bemerkungen über gewisse Köpfe darin kann er sich nicht verkneifen. Die Pedretti und die Leutenegger, was die so schreiben würden, die könnten gar nicht schreiben! Den Kopf von Manès Sperber hingegen findet er einmalig, auch Kempowski und Peter O. Chotjewitz findet er interessante Figuren. Wie er hingegen den Nizon und den Burger sichtet, stöhnt er vernehmlich, und den Hans Magnus Enzensberger betitelt er als «ältliches Fräulein», obwohl er ihn gut mögen würde.

Hitzige Juli-Temperatur, wir lassen unseren Geist Phantasien begehen, ich schlage M. vor, wir könnten doch mal ein Trio veranstalten. Wir checken diverse Personen durch, die in Frage kommen könnten. Er ist jedoch nicht sicher, ob die von mir vorgeschlagenen Personen so libertin wären ...

Ich begleite M. an seinen weissen Jaguar und sage ruhig: «Das ist ja ein ganz gewöhnliches Auto, was soll daran Besonderes sein?» Eben, das meint er auch.

15. Juli

Eine heisse Sommerzeit – in jeder Hinsicht. M. kündigt sich auf halb zwei Uhr an. Wir unterhalten uns über seine letzte *Wille*-Publikation, über Annemarie Schwarzenbach. Er behauptet, die hätte etwas von meiner älteren, heiligen Schwester. Er bedauert, wie früh die gestorben sei! Die hätte die Welt bereist zu einer Zeit, in der das unüblich war, journalistisch hätte die Substanz gehabt, und er erwähnt vor allem ihren Bericht vom Schriftstellerkongress in Moskau. Ich will wissen, wie seine nächste Aktion, nach dieser *Wille*-Aktion, aussieht? Sehr introvertiert meint M., jetzt müsse er sich zuerst erholen, und beklagt sich über das schwüle Wetter. Er bedient sich dann des schottischen Whiskys und wird von einer plötzlichen Müdigkeit befallen.

Ich decke ihn zu, M. stülpt sich die Decke ganz eigenartig über sein Gesicht. Wie ein unschuldiges Engelein schläft er, fühlt sich wohlig, die Beine angezogen, schwarze Söckchen. Wie er so fortschläft, registriere ich, dass dieser Mann völlig ausgelaugt ist. – Ich gehe in die Küche, schreibe und reflektiere über die *Wille*-Geschichte: Sie bedeutet nicht einfach eine Lächerlichmachung dieses Generals, sie ist eine Chance, wichtige Aspekte der damaligen Schweizer Geschichte nochmals sorgfältig unter die Lupe zu nehmen. – M. schläft immer noch, selig oder unselig – das weiss ich nicht. Die Decke hat er nun zurückgeschlagen und schläft auf dem Rücken, den rechten Arm nach rechts ausgestreckt, macht sich also ziemlich breit und fühlt sich als kleiner König ...

Um viertel vor drei Uhr steht M. plötzlich vor dem Küchentisch und bittet mich, eine Foto von meiner Schwester aufzutreiben, die sei wie die Annemarie Schwarzenbach gewesen, die am Schluss auch religiös geworden sei. – So wie er gekommen ist, geht er wieder, mit dem Helm in der Hand und seiner schwarzen Lederjacke.

21. Juli

Ich komme um 1.30 Uhr von einer Zusammenkunft in Lenzburg nach Hause. Der Physiker P. begleitet mich; ich führe über die Wissenschaft im allgemeinen eine wilde, aufgeregte Diskussion, beginne mit ihm zu streiten. Das Telefon klingelt: M. am andern Ende. Er sagt ganz ruhig: «Bonsoir.» Ich presse auch ein «Bonsoir» hervor, bin aber durch das Streitgespräch mit P. irritiert, ich lege den Hörer nicht auf, sondern debattiere mit dem Physiker weiter im Hintergrund. Als P. dann endlich die Wohnung verlässt, nehme ich den Hörer wieder auf, anscheinend hat M. noch nicht aufgehängt. Aber es ist Funkstille am anderen Ende. So lege ich auf und bin sehr froh, mich nach diesem anstrengenden Abend schlafen legen zu können.

22. Juli

M. meldet sich und fragt, was gestern in meiner Wohnung mit diesem Jemand vorgefallen wäre. Ich erzähle von den Zusammenkünften in Lenzburg, von diesem Zirkel, wo sich jeweils die verschiedensten Menschen treffen würden. Gestern sei eine Brasilianerin dagewesen, die über die Eingeborenen, die «Inschus», informiert hätte, und wie greulich der brasilianische Staat gegen die vorgehe! Ich bin eben mit Grillieren für Freunde beschäftigt und sage, ich müsse gleich wieder nach Lenzburg an ein Kolloquium und käme erst gegen Mitternacht wieder nach Zürich ... Er lässt verlauten, er wolle dann nochmals telefonieren, ich solle aber auf keinen Fall mehr einen Physiker mitnehmen, und auch keinen Chemiker! – M. kabelt also gegen elf Uhr abends nochmals, ich sage, es sind Leute da: «Je suis pas seule.» Er resümiert, ich sei nicht in Lenzburg gewesen, und später werde er nochmals anrufen. Er ruft das dritte Mal tatsächlich an, meine Freundin geht ans Telefon und meldet sich mit «Atahualpa». M. denkt, ich sei am Apparat, da diese Person denselben Dialekt spricht.

Er kommt und ist relativ «aufgeräumt», wundert sich, dass ich heute Unterhosen anhabe, und das brave gelbe Hemd gefällt ihm sehr. Heute widmen wir uns meinem Fotoalbum aus frühester Jugendzeit. Auf einer Fotografie sieht man mich im Bikini im Strandbad Vulpera. Dazu kommentiert M.: «Wie Claudia Furgler.» Und noch eine andere Aufnahme, da reisst er das Album ganz nah an sich: «Ja, wie die Claudia Furgler.»

Aufgrund seiner *«Wille»*-Story hätte die *«Weltwoche»* viertausend Exemplare mehr verkauft als üblich. Er hätte diese Ausgabe der *«Weltwoche»* gekauft, und eigentlich sei es nichts Besonderes, was da drinstehe ... Er meint trocken, eine Sendung über ihn und andere Schriftsteller sei im Fernsehen ausgestrahlt worden; von Hänny hätten sie gemeint, er sei eine Kultfigur, und das sei ja wohl etwas übertrieben! – Er jammert und meint, er bräuchte dringendst eine Kur, physisch fühle er sich schlecht; ob er nach Vulpera gehen soll, oder was ich ihm sonst empfehlen könnte. Ich muntere ihn auf, in die Berge zu verreisen, nach Scuol/Tarasp oder Vulpera oder dann ans Meer, zum Beispiel nach Ischia. Beim Stichwort Ischia wird er hellhörig, das findet er eine gute Idee. Ich bin nun sicher, dass er jetzt verreist.

Beim Verlassen meiner Wohnung meint er altväterisch: «Und nicht jeden Abend an diese physikalischen Veranstaltungen!»

24. Juli

Das sirenende Geräusch des Telefon-Apparats schreckt mich aus meinem Nachmittagsschlaf auf, ich säusle: «Je dormais», und er fragt naiv, ob er mich aufgeweckt hätte. Ich immer noch schlaftrunken: «Ja, so ähnlich.» Am frühen Morgen war ich schon beim Coiffeur gewesen und hatte mir die Haare leicht blondieren lassen; er registriert das, wie er hereintapst, lässt aber dazu nichts verlauten. Ich denke, er werde sich über den Brief und das Manuskript von Schaufelberger vom Historischen Seminar äussern, welches ich ihm von der «*Zürichbieter*»-Redaktion zugespielt habe. Vom Flughafen Kloten am Donnerstagabend sandte ich ihm dies zu, ich dachte, so würde das schneller bei ihm ankommen. – Er hält mir aber den Brief eines Joseph P. Specker aus Solothurn vor die Nase, welcher sich frech, sehr inkompetent und äusserst beleidigend bezüglich der «*Wille*»-Story auslässt; er hätte die einsame Annemarie Schwarzenbach gekannt und auch den Wille (obwohl das nicht sein Umgang gewesen sei) – ereifert sich weiter wegen des sanktgallischen «Specker-Mettler» und etwaiger Verwandtschaften in irgendwelchen Graden. Alles in allem einfach höchst lächerlich! Dann aber zieht M. auch noch einen Brief vom Historischen Seminar aus der Tasche, welchen ihm die «*Weltwoche*» gab. Herr Bächtold lässt in einem Schreiben an M. offen, ihn zu veröffentlichen oder nicht ... Sofort verlangt er dann meine Schreibmaschine, er ist sehr aufgebracht. Ich lasse verlauten: «Ich verstehe das nicht, dass dieses Manuskript noch nicht bei dir ist, das vom Flughafen» – und er schreit mich an, ich schreie aufgebracht zurück! Alles in allem, dieser Brief von Herrn Schaufelberger sei für einen Historiker, geschweige denn für einen «denkenden Menschen», recht peinlich ... hackt in die Maschine hinein, in Rage, zuerst dem Specker, nur etwa drei Zeilen, worin er ihm klarmacht, dass es sich nicht lohnen würde, ihm mit mehr als mit drei Zeilen zu entgegnen ...

Ganz verquollene Augenlider hat M. und brummelt: «So eine Arbeit, diese «*Wille*»-Story, und dann so ein Resultat, derartige Anfeindungen!» Ich frage ihn, ob er etwas anderes erwartet hätte? Und er solle doch gleich eine neue interessante geschichtliche Enthüllung starten. Sich auf jeden Fall nicht kleinkriegen lassen, denn das wollten sie ja, ihn kaputtmachen. Er beschwert sich, das Niveau sei schrecklich, solche Professoren wie etwa der Schaufelberger. Das sei so dumm, die Schweiz hätte solche Individuen hervorgebracht. Er spekuliert mit dem Gedanken, auszuwandern, wegzuziehen! Um ihn von seinem Groll etwas abzulenken, mache ich ihm einen Kaffee.

Er beruhigt sich etwas, macht sich hinter das Buch von Doris Dörrie, schnödet zuerst, meint dann aber, die Geschichte «Mitten ins Herz» sei ganz gut. Er spricht dann fast nichts mehr, ist sehr in D. Dörries Buch vertieft. Und er ist so verletzt wegen dieser Briefe – das kann sich niemand vorstellen! Wie er meine Bluse öffnen will, meine ich: «Nein, heute nicht!» – Er ist fast lahm, insistiert auch nicht, richtig unmännlich.

Dann beklagt er sich über Bauchschmerzen, das kenne ich auch, diese «psychischen Bauchschmerzen». Ich tröste ihn: «Nicht weiter verwunderlich bei deinen flatternden Nerven.» Plötzlich meine ich, ich hätte eine Abmachung verpasst, es sei ja schon halb acht Uhr, und er gesteht, er hätte auch etwas verpasst. Er fragt mich wo, mit wem, ich antworte: «Das sage ich dir nicht, du sagst mir auch nicht, wo du deine Frauen triffst!»

25. Juli

Professor Dr. Schaufelberger, Professor für allgemeine und schweizerische Militärgeschichte, schreibt unter dem Titel: «*Unsaubere Geschichtsschreibung: Zu M.s Wille-Serie ‹Die Welt als Wille und Wahn›*», unter der Rubrik «*Zu Gast im ‹ZB/ZU›: Originelle Einfälle, gefälliger (bis selbstgefälliger) Stil und taktlose ‹Recherchen› machen noch keinen Historiker aus, böswillige Tendenz und legerer Umgang mit den Fakten schon eher das Gegenteil.*» ...

28. Juli

Ich bin froh, ist er zweieinhalb Wochen *landesabwesend*, so komme ich zu etwas Ruhe: Meine jetzige geografische Lage ist doch allzu günstig für M.

31. Juli

Mit seiner tiefen, schönen, ruhigen Stimme meldet er sich wie üblich; ich werde aus dem Schlaf gezerrt. Er gibt sich erstaunlich aufgeräumt; anscheinend hat er sich von Specker und Schaufelberger einigermassen erholt! Ich zeige ihm den «*Zürichbieter*» mit dem beleidigenden Beitrag von Schaufelberger. Er nimmt es einfach zur Kenntnis. Da dieses Organ keine allzu grosse Verbreitungswirkung hat, beunruhigt ihn das nicht weiter, meint nur, die «*Weltwoche*» hätte das zurückgewiesen, und diese Land-Zeitung würde sowas halt drucken ...

Ich zeige mich interessiert an den Lebensläufen seiner Geschwister. Er teilt mit, seine älteste Schwester sei in Kanada, zu der hätte er sehr wenig Kontakt, dann käme jene, die ins Kloster ging, die sei jetzt Sozialarbeiterin in Dijon, dann habe er noch einen zwölf Jahre älteren Bruder in der Wirtschaft (Textilmaschinen), der in Opfikon-Glattbrugg wohne. Er erwähnt dann lobend den Zweitjüngsten, den Missionar Hildebrand, und zuletzt kommt die kleinste Schwester dran, die in Büren an der Aare lebt. Die hätte er am besten gemocht: «Weil die so lustig war, und mit der habe ich mich einfach am besten verstanden.»

M. will mehr von meinem Rom-Aufenthalt wissen, und ich vertraue ihm meine wilden Ausflüge und Abenteuer an. Zwölf Jahre sei er insgesamt in Paris gewesen, da hätte er auch viele Abenteuer mit Französinnen gehabt. Im ersten Moment bin ich ein bisschen erstaunt, weiss aber nichts zu entgegnen. Offensichtlich hat auch er einen verflixten Tag erwischt: Auch ihn «stachen die Mücken» – Mücken von irgendwoher – Mücken von überall, mit denen man nichts anzufangen weiss, die einen nur unnötig belästigen. – Natürlich bin ich jetzt sehr beleidigt! Er sagt dann, als Entschuldigung, er möge keine Markierungen. Ich tobe: «Oh, du machst ganz andere Markierungen; zerreisst einem fortwährend die Unterwäsche, und dann hast du was gegen dieses Rote.» Wir stehen bei dieser Auseinandersetzung beide in der Küche, M. und ich, beide wieder angezogen, eine explosionsartige Vermischung zwischen Liebe und Hass spielt sich nun ab. Verständlich, das, nur das kann sich aus einer solchen Verbindung entwickeln. Ob er wohl jemals geliebt hat? Wirklich geliebt? – Ich schreie ihn an, er würde mich als Sexobjekt missbrauchen, er rufe permanent an, ich sei ihm dermassen ausgeliefert, er würde mich nicht ernst nehmen und sowieso nur warten, bis ich in die Klapsmühle eingeliefert werde, und enerviere mich nochmals vehement: «Aber den Gefallen tu ich dir nicht!» – «Ausgerastet» stehe ich da! Erschöpft wende ich ein: «Da ich Literatin bin, erlaube ich nun mal diese Situation, mein absurdes Leben, aber sonst ... – niemals.» Er versichert, er wolle gar nicht immer telefonieren, das sei mein Fehler, da ich nie telefoniere ... In Zukunft soll ich telefonieren.

Mit weit abwesendem Blick murmle ich: «Weisst du, V. ist für mich tot, da sie nicht mehr selbständig denken kann, wenn jemand nicht mehr klar denken kann, ist er wie erledigt.» Er geht auf mich ein, meint, er verstehe diese Situation, wird milde und versucht mich «abzudämpfen». – Heimtückisch, denke ich, eigentlich gestaltete sich unser heutiges Treffen anfangs durchaus freundlich.

12. August

M. am andern Ende, der es erneut wissen will: «Qu'est-ce-que tu portes sur toi?» Ich gebe eine ausweichende, diffuse Antwort und revoltiere gleich, ich möchte wieder mal in seine Wohnung, er schwafelt etwas von diesem langen Weg zu ihm. Ich hake nach: «Pourquoi, c'est dangereux chez toi?» Er entgegnet: «Oui, il y a des bombes ici.» Er kündigt sich in zehn Minuten an.

Wie M. in die Wohnung schreitet – schwarze Schuhe mit weissen Schuhbändeln – finde ich das intuitiv lustig, aber je länger ich ihn kenne, desto weniger scheinen die Dinge an ihm «komisch»! Am Anfang unserer Zusammentreffen hatte ich das Gefühl, einem Ausserirdischen zu begegnen, zunehmend glaube ich jedoch zu spüren, dass dieses Lustige an ihm in Wahrheit etwas Tragisches ist. – Er läuft heute auf vollen Touren, ist sehr «giggerig» und schenkt meinem Busen besondere Aufmerksamkeit. – Ich will etwas mit ihm besprechen, er aber stürzt sich auf mein Büchergestell, verkriecht sich in *«Das Leben Robert Walsers»* von Robert Mächler. Den darin von mir unterstrichenen Satz: *«Niemand ist berechtigt, sich mir gegenüber so zu benehmen, als kennte er mich»*, entgeht M. nicht. Walsers Schwester Lisa (1874 bis 1944) findet er auffallend hübsch, ich sage dazu trotzig: «Nein!» – Er meint, Walser hätte schon früh eine Faszination auf ihn ausgeübt, ich sage, er könne das Buch auch mitnehmen.

Er erzählt dann, er hätte heute im Café, wo er jeweils hingehe, im *«Tages-Anzeiger»* gelesen, dass sich der Alexander Ziegler umgebracht hätte. Ich erkundige mich, ob er sich noch nie habe umbringen wollen, er erklärt, doch, aber es wäre ihm immer etwas zu umständlich gewesen. Ich weiss genau, dass es ihm nicht gut geht; dass er eine heikle Zeit durchmacht. Er beschäftige sich mit seiner Überarbeitung der *«Wille»*-Story für den Limmat-Verlag. Mit dem Stück fürs Neumarkt-Theater gehe es «harzig», er könne einfach keine rechte Lust am Schreiben dafür entwickeln.

Beim Hinausgehen wundert er sich, dass es schon zehn vor ein Uhr sei, und ermahnt mich, heute noch zu arbeiten. Wie ein besorgter Vater sagt er das jeweils. Ich bekomme sogar die Erlaubnis, ihn heute mit dem rosa aufgetragenen Lippenstift auf die Lippen und den Bart zu küssen. Leise und geschlagen lächelt er.

18. August

Vom Bahnhof Zürich ruft er an. Er hätte in Basel eine Lesung gehabt, vor allem Gewerbeschüler und Journalisten seien dagewesen, und für so eine Lesung bekäme er fünfhundert Franken.

Ich will dann von ihm wissen, welche Männer er in seinem Leben als wirklich gute Freunde bezeichnen würde? Zuerst schaut M. mich misstrauisch an, immer bei solch gearteten Fragen, dann antwortet er: «Ein intelligenter Ökonom in Paris, der Dramaturg Hitz, mit dem ich das Gymnasium besuchte und der seit einem Jahr im Schauspielhaus ist, dann natürlich der Fotograf Gretler und der Spiess vom *Limmat*-Verlag.»

Er liest meine Buchbesprechungen für den Stäheli-Katalog und findet alles sehr gut «zusammengefasst» – Die heutige Unterhaltung enthält etwas Leichtes, wenngleich Trauriges; etwas Unbestimmbares. Er verspricht mir heute, dass wir ans Meer fahren würden, an irgendein Meer ...

Draussen regnet es; Blitze zucken, Donner grollen. Als er die Wohnung um halb zwei Uhr verlässt, ruft er in den Donner, der dem taghellen Blitz folgt: «Schön!» Und weg ist er.

21. August

Es geht eine gewisse Leichtigkeit von M. aus. Eine riesige, gewaltige, erpresserische Welle nähert sich mir, wir spielen das Spiel; er steht hinter mir und will, dass ich mich aufs Bett zubewege, ich stemme mich dagegen, aber nie lange ...

Es ist sehr schön, ein bisschen brutal, ein bisschen sanft; da wäre ich bereit gewesen für ein Kind, ich spreche ihn darauf an, er weicht aus: «Nein, das ist schwierig, da müsste man genau darüber reden.» Ich flösse ihm ein: «Du kannst trotzdem weiterschreiben, es geht alles weiter wie bisher.» Ich mache ihm sogar den generösen Vorschlag, dass hauptsächlich ich für das Finanzielle aufkommen würde, da ich noch Reserven im Hintergrund hätte. M. wehrt sich gegen diese Vorstellung, da hätte ich dann fast keine Zeit mehr. Ausgeprägt klassisch, seine Vorstellung von Mutter und Kind, fährt es mir durch den Kopf ... und er gibt zu, er würde das Schreiben dem Leben vorziehen, dringt in mich ein und sagt: «Du doch auch, oder?» – Ich gestehe: «Ich bin manchmal nicht mehr sicher – das möchte ich einmal erleben, ein Kind, das anfängt zu wachsen in meinem Bauch, wie das kribbelt ...» Ich gebe zu, dass ich «neben mir» stehe mit dieser Idee vom Kind und sie ja auch kindisch finde. M. begrüsst, dass ich fähig bin, diese Idee zu reflektieren. – Er führt Eveline Hasler ins Feld und sagt, das funktioniere nur in besonderen Konstellationen; süffisant behauptet er, der Päuli, ihr «Kronprinz», sei ihr, Eveline, hörig, also in einem gewissen Sinne untergeben, und die hätte eben wegen ihrer Kinder-Belastung lange nur Kinder-Geschichten geschrieben.

Ich merke: Dieser M. wäre ein Alibi-Vater! Warum soll ich die Wahrheit verschweigen? – Einen Mann zu «haben», zu heiraten, bedeutet, eine ständige, unheimliche physische und psychische Präsenz zu erdulden. Auf jeden Fall versteigt M. sich, indem er sagt: «Ein Kind von uns, das wäre ein doppeltes Genie, das ist schon gefährlich.»

Diese Bücher, all diese aufeinanderfolgenden Blätter und Buchstaben, Arsenal des Toten und Papierenen, letztlich pervers und nichtssagend: Daraus lässt sich keine Welt begründen. Zumindest irgend etwas Physisches ist zu hinterlassen. Er ist damit einverstanden, ich plädiere: «So viel hast du nun schon mit Frauen herumgemacht, nun ist es an der Zeit, etwas zu materialisieren!»

M. anvertraut mir, zur Abwechslung werde er schon noch mal was ganz «Bürgerliches» veranstalten. Etwas fast Bedrohliches und Unheimliches geht von diesem Statement aus. Ist da der Jaguar nur der Vorläufer?

Den Tiroler «Sonnpergel» haben wir heute ziemlich hektisch leergetrunken. Nie merkt M., ob ein Wein teuer ist oder nicht.

Er bemerkt, dass Schlimmste an der Schweiz sei, dass sie nicht einmal zum Faschismus fähig sei, also zu nichts wirklich, das sei immer ein Lavieren zum «Günstigsten» hin.

Um halb zwei Uhr verreist er, fordert mich auf, mir einen Helm anzuschaffen, dann würden wir eine Töff-Tour machen.

29. August

M. klagt über Unwohlsein und fragt mich, ob ich seine momentane Situation nachvollziehen könne: er hätte die Spalten der *«Wille»*-Story zu lesen und zu korrigieren. Am liebsten möchte er alles nochmals neu schreiben, umschreiben, anders machen. Verzweifelt tönt das!

Nachdem wir es zweimal praktiziert haben, widmet er sich dem Buch *«Karriere mit Schreiben»* und meint, das sei gefährlich, wie da versucht werde, die Journalisten zu normieren. Wir kommen auf Benita Cantieni zu sprechen, die er ein wenig vulgär findet; diese Rubrik mit den Schriftsteller-Interviews, die sie im *«Blick»* betreute, sei jedoch gut gewesen und für den *«Blick»* eigentlich ungewöhnlich. Von sich eingenommen, erzählt M., mit der Benita wäre er auch ins «Bett gestiegen», aber zu der Zeit hätte er eine schönere gekannt!

Und im übrigen würden diese Leute von der «*Schweizer Illustrierten*» permanent versuchen, ihn zu belangen. Allen voran der Glogger. Er hätte nun aber einmal entschieden, dass er sich mit denen nicht einlassen würde.

Ich frage ihn, ob er die Brigitta Furgler in der «*Züri-Woche*» gesehen hätte, die sähe auf dieser Foto wie ein Mann aus. Es ist ihm unangenehm, er weicht aus, er hätte ein Verhältnis mit der Schwester unterhalten.

Ich gestehe ihm heute die «himmelschreiende Tatsache», dass ich bei ihm noch nie einen Orgasmus erlebt hätte. M. nimmt es zur Kenntnis ...

Er resümiert dann, ob ich mich wohl wieder auf irgendwelchen Tennisplätzen herumgetrieben habe, weil er mich die vergangenen Tage nicht erreichen konnte. Eigenartig, dass er nicht auf die Idee kommt, dass ich manchmal Geld verdienen muss.

Für unsere immer noch in Planung begriffene Töff-Tour mache ich ihm den Vorschlag, an einen konservativen Ort zu fahren: «Nach Uri zum Beispiel.» Er entgegnet, dort sei es im Moment «kaputt», wir könnten aber nach Schwyz fahren ...

31. August

Wenn M. so daliegt, ist er ein anderer M., nichts von links oder rechts: Wie ein Kind will er sein, einfach seine Ruhe haben. Diese unheimliche Melancholie, die ihn heute umgarnt. – Die Seele des andern so genau zu kennen, plus die schriftliche Arbeit; diese enge Verwandtschaft zwischen uns: ein Balance-Akt der besonderen Art!

Den Wein verweigert M. heute, trinkt nur Mineralwasser.

Er eröffnet mir heute, heiraten wolle er nie. Ich frage, warum er mich immer wieder anrufe? Er meint: «Weil du so offen bist.» Wir amüsieren uns aufs köstlichste, wie wir uns vorstellen, er würde ganz traditionell heiraten, mit Schleier etc. Die Brüder von der «*WoZ*» würden bestimmt kommentieren: «*Wir wussten schon immer, dass er abtrünnig wird.*»

Dann studiert M. die *Bakunin-Biografie,* die herumliegt. Wir diskutieren über Terrorismus, ich frage ihn, ob er in den Untergrund gehen würde? Er räsoniert: «Heute nicht mehr, das ist alles zu überwacht, da hat man keine Möglichkeiten mehr, aber zu Bakunins Zeiten schon. Da der Staat sofort filtriert, hat der Terrorismus keine Wirkung mehr.» – Ich meine dann, sein Schreiben hätte eine grössere Wirkung, das wäre auch «legal», und das eben mache die Schweizer nervös an seiner Arbeit. – Ich meine, seine «*Wille*»-Arbeit sei sein Meisterstück; er solle jetzt diese Korrektur-Fahnen so durchlesen, wie wenn der Text von einer fremden Person geschrieben wäre; mit der nötigen Distanz. M. bejaht, das wäre wohl das einzig Richtige.

Der Punkt der Neutralität ist überschritten: Gefühls- und gewohnheitsmässig ist er nun völlig von mir abhängig. – Die Biografie über *Bakunin* will M. mitnehmen. Als er gegen elf Uhr die Wohnung verlässt, fühlt er sich hundeübel. Obwohl er Tabletten prinzipiell ablehnt, stecke ich ihm zum Abschied eine in Stanniol gewickelte «Panadol»-Tablette in seine Jakkentasche.

4. September

Er stöbert in meiner Bibliothek rum, sichtet ein Buch von Tankred Dorst und bemerkt, der hätte ein Verhältnis mit der Frau von Max Frisch gehabt, wundert sich, dass ich Dorst lese. Dann vergräbt er sich in das Buch von Robert Merle: «*Der Tod ist mein Beruf*». Er will das lesen. Wir kommen auf

Robert Neumann zu sprechen, M. meint, der müsse schon Geld gehabt haben, hätte aber gut geschrieben, hätte den Schriftsteller Remarque gekannt, der auch im Tessin lebte. *«Im Westen nichts Neues»* findet M. hervorragend.

Er anvertraut mir, Christa Wolf würde demnächst an die Uni Zürich kommen. Ich flechte ein, ich würde es eigenartig finden, dass die Wolf als DDR-Autorin so stark im Westen eingeführt sei. Wir diskutieren über Sarah Kirsch und Brigitte Reimann – die Gedichte von Kirsch findet er sehr gut, und alle diese Autorinnen seien allemal besser wie die Ulla Hahn. Auf diese Frau ist er überhaupt nicht gut zu sprechen.

Er trinkt dann den Pfefferminztee in einem Zuge leer. Ich bemerke: «Du trinkst so schnell wie ein Bär.» Er fragt, ob ich wisse, wie die Bären trinken würden, ich entgegne, ich hätte das oft im Zoo beobachtet. – Wegen seinen immer wieder auftretenden Magenbeschwerden ermahne ich ihn, doch den Arzt zu konsultieren. Er verspricht, es zu tun. – Die *«Wille»*-Story würde ihn vollends aufwühlen, es gäbe Passagen, die er ganz neu schreiben wolle. Ich beschwichtige ihn und rate ihm wieder, er solle versuchen, diesen Text mit einer gewissen Distanz zu lesen.

10. September

Bedeuten halluzinatorische Störungen den Preis für den *«Wille»*-Eklat?

Er sei also zum Arzt gegangen, und der hätte gemeint, seine Magenbeschwerden seien eindeutig auf seine innere Nervosität zurückzuführen. Folgenschwer, niedergeschlagen und traurig vermerkt er: «Ich sollte den Beruf wechseln.» Da ist jedoch keine Koketterie dahinter – und das trifft ins Schwarze. Kann man sich M. ohne seinen Beruf überhaupt vorstellen? Da ich diese Tage auch ungewöhnlich durcheinander bin, signalisiert diese Resignation für mich die äusserste Verzweiflung ... Ich sage bestimmt und laut: «Ich bewundere, dass du diesen Mut und die Nerven für ein solches Leben, wie du es führst, aufbringst.» Er gibt zu: «Ja, vor allen Dingen Nerven.» Dann, wie er still neben mir liegt, überkommt mich Elend, eine grausame Verlassenheit, weil, wenn dieser Mann weggeht, wird er so schnell und unauffällig weggehen, wie er mich jeweils abrupt verlässt. Ich bin immer mehr davon überzeugt, dass er seine «Liebe» einer weiblichen Person gegenüber nicht anders gestalten kann als auf diese Art.

Wie er um zehn nach zwei Uhr beschliesst zu gehen, entschuldigt er sich, dass er mich aufgeweckt habe.

16. September

Er teilt mir mit, der *Drumlin*-Verlag in Deutschland hätte Konkurs gemacht – ich bin wütend und meine, das hätte er mir besser nicht gesagt, jetzt würde ich wieder für eine Woche in einer Depression darniederliegen, wie lange ich doch schon für dieses Manuskript gekämpft hätte, es gipfelt darin, dass ich ihn anschreie, auch in seinem Verlag, im *Limmat*-Verlag, hätte er nichts für mich getan – er wird noch heftiger als ich, schreit zurück ... Morgen sei er mit den «*Wille*»-Korrekturen fertig, dann müsse er noch etwas für die Buchgestaltung suchen, ich schlage ihm eine Generals-Karikatur vor – damit ist M. nicht einverstanden. Dann beginnt er wieder über Bauchschmerzen zu klagen, das Schlimmste sei nun aber, ein neues Thema zu suchen, nachher ginge alles wieder besser ... Ich rate ihm, die Schweiz für einige Zeit zu verlassen; Tapetenwechsel, Distanz nehmen. Mit einer noch nie von mir beobachteten Hilflosigkeit moniert er: «Ja, aber wohin?»

Wie er sich um zehn nach zwei Uhr anschickt, zu gehen, meint er beim Hinaustreten: «Da sind Bahnarbeiter am Arbeiten» – und weg!

18. September

Karin und ich fahren mit dem Taxi nach Wallisellen an die Lesung in der «Kaserne». Wie wir das Gebäude betreten, hat sich schon eine Unmenge von Leuten versammelt. M. in seinem St. Galler Dialekt reden zu hören, mutet einen, oder vielmehr mich, plötzlich komisch an. Meine Freundin konstatiert, es seien alles SP-Leute hier, wenige Individuen von «seiner Gilde» – und ich, ich bewege mich auf äusserst unsicherem Terrain, es ist das erste Mal, dass ich einer Lesung von ihm beiwohne. M. liest aus der *«Weltwoche»* seine *«Wille»*-Story vor. Im Getümmel der Leute plazieren wir uns zuhinterst. So werden wir von ihm nicht gesehen. Da ist meines Erachtens kein anderer M. auszumachen als sonst, abgesehen davon, dass er ununterbrochen liest und sich gesprächig zeigt. Er ist bereit, Rede und Antwort zu stehen, und die Fragen sind natürlich bezüglich Wille ausschliesslich politischer Natur. Einer fragt, warum er nicht aktualisiere, M. wird leicht aggressiv; natürlich merkt dass nur jemand, der ihn gut kennt. Jemand anders möchte wissen, ob er meine, dass sich mit dieser *Wille*-Veröffentlichung konkret etwas ändern könnte? Geschickt, wenn auch manchmal etwas ungehalten, weiss er auf alle Herausforderungen zu reagieren. Er blendet dann ein, wie hart die schriftstellerische Arbeit sei; niemals mit physischer Arbeit zu vergleichen. Bei den Recherchen sei er sich zeitweise wie in einer Isolationshaft vorgekommen. Er erklärt dann vor versammelter Runde, er möchte mal was ganz anderes tun als schreiben: «Zum Beispiel auf den Bau arbeiten gehen!» Wie soll man Menschen, die nicht schreiben, klarmachen, was für ein aufwendiger und schmerzhafter Prozess das Schreiben ist. Er gibt zu, dass auch sein Umfeld darunter zu leiden hätte, er hat das Bedürfnis, dem Publikum irgendwie klarzumachen, dass ihn diese *«Wille»*-Story aufgesogen hätte – das sei so weit gegangen, dass er dem General schon in seiner Küche begegnet sei. Er verdeutlicht noch mehr, indem er bekennt, er sei auch nicht einer jener Schriftsteller, der sich jeden Tag von morgens acht Uhr bis zwölf Uhr kontinuierlich an den Schreibtisch setzen könne ... Es kommt dann die Rede auf den Schwarzenbach, und M. führt aus, der hätte sich enorm runterlassen müssen, der schreibe jetzt im *«Bülacher Blatt»*; arbeite also eng mit dem Graf von Bülach und der Autopartei zusammen. Also solche Typen vom Schlage Schwarzenbachs würden immer versuchen, im Hier und Jetzt, die Leute unter Repression zu setzen: im Namen von «Wohlstand, Freiheit und Unabhängigkeit». Die Tendenz dieses Abends zielt klar auf SP-Kurs; diese Leute wollen von M. konkrete Rezepte und Vorstösse, was gegen solche *«Wille-*Unholde» zu unternehmen sei. – Zum erstenmal höre ich die Geschichte von M.s Grossvater, der sich der Militär-Maschinerie in Deutschland verweigerte. Und so würde es sich nachgerade aufdrängen, seine Familiengeschichte zu erzählen, zu recherchieren. Ich erfahre einige Neuigkeiten, Bezüge aus seinem Schaffen, die er mir in den eigenen vier Wänden nicht in dieser Art vermittelte. Wenn eine seiner witzigen, also typischen M.-Floskeln daherkommen, lachen alle in einstimmiger Art und Weise; es wird mir bewusst, dass er keine kleine «Fan»-Gemeinde hat. Wenn er sich jeweils wieder dem *«Weltwoche»*-Text zuwendet, schlägt er bisweilen den Ton eines Lehrers vor seinen Schülern an, der bekanntgibt, er würde nun weiterlesen. Bei irgendeiner Gelegenheit erwähnt er prompt: *«Meine italienische Freundin»,* und bei einer andern Gelegenheit spricht er wieder von *«meiner Freundin».* – Karin und ich schauen uns im selben Moment ziemlich befremdet an – wir diskutieren nachher darüber, spontan meint Karin, also das sei ein eigenartiger Bruch in seiner Person, wenn er diesen Leuten von *meiner Freundin* erzählt. Das sei auch nicht das typische Vokabular der 68er-Generation. – Ich lande also wieder bei Loris Scola – mein Gott, was soll ich nur tun? Ich weiss oder glaube zu wissen, dass er keine wirklich feste Freundin hat, dass er zeitweise darunter leidet, und genau deshalb in der Öffentlichkeit sagen muss: *«Meine italienische Freundin.»*

Alles in allem also ein konzentrierter, geballter Informations-Abend, M. verausgabt sich regelrecht, er erntet heftigen Beifall. Gegen elf Uhr ist Schluss.

19. September

Was uns fortan verbindet, ist eine nicht eingestandene Hassliebe bis auf den letzten Blutstropfen; ich frage langsam: «Warum hasst du mich?» Er weicht aus: «Nein, ganz im Gegenteil.» Es wird mir spätestens heute klar: Wenn M. von *Freundinnnen* spricht, müssen das noch lange nicht seine Bettgenossinnen sein. Möglich, dass er mich einfach als «seine verrückte Hexe» ansieht, wobei er mich immer seltener «Hexe» nennt. – Ich spreche ihn darauf an, ob er sich vorstellen könne, dass ein Mann vier bis fünf Frauen habe, und er meint, wenn die Frauen das mitmachen, dann schon.

Er erzählt mir dann von seiner Lesung in der «Kaserne», was das für ein schönes Gebäude sei, ein umgebautes Bauernhaus. Über hundert Leute seien dagewesen, und als ich ihn frage, ob es mehrheitlich Leute von der SP gewesen seien, verneint er. Ich will wissen, was die Leute für Fragen gestellt hätten, und da ist er erneut das «private, verstockte Kind», meint murmelnd, jemand hätte etwas wegen «Aktualisierung» gefragt, ich will hören, was er darauf geantwortet habe, er meint müde, er sei ausgewichen, hätte gesagt: «Ja, das könnte man natürlich auch machen.» Ich frage, ob auch biedere Leute da waren, und er bestätigt das. Auf meine weitere Frage, ob auch «potentielle Revolutionäre» anwesend waren, meint er: «Ja, potentielle schon.»

Heute abend sei ich eine ganz besonders gute «Liebesdienerin», sagt er. Es amüsiert mich natürlich ungemein, dass er nicht weiss, dass ich mit Karin an seiner Lesung war. Ich erzähle ihm von der Buchhändlerin bei Orell Füssli, die ihm attraktiv erscheine und der er schon mal an einem Abend bei mir begegnet sei. Ich gebe ihm die Adresse dieser Frau, er verspricht mir dafür, mich mit Federstein bekanntzumachen ... M. ist einverstanden mit diesem Deal, fragt dann nach, ob diese Karin nicht erschrecken würde, wenn er sie anriefe. Sofort will er wissen, ob da etwas «drinliegen» würde – er habe an jenem Abend bemerkt, dass sie einen schönen Körper hätte ...

Ich frage ihn, ob ich mal an eine Lesung von ihm kommen solle – er sagt: «Ja, das musst Du mir vorher aber sagen.» Fragen stellen müsste ich dann, er würde mir schon sagen, was für welche, damit ich den ganzen Abend steuern könnte.
Von einer Kollegin bekam ich zwei Töffhelme; demnächst werde ich mit M. eine Tour machen.

22. September

Wie er reinkommt, sieht er die zwei Helme auf dem Boden, schwarz und rot; wie zwei Maulwürfe kuschen sie zusammen. Ich frage ihn, welchen ich anziehen soll? Er meint, auf jeden Fall den schwarzen, so würde man das Blut besser sehen ... und lacht diabolisch wie der Kinski ... Ich habe heute keine Unterhosen angezogen, das Blut fliesst nur so runter, aber Blut macht ihm nie was. – Minutiös putzt er mir den Lippenstift von den Lippen weg.
Wir spekulieren, an welchem Tag wir auf die Motorrad-Tour gehen sollten. Als Ausgangspunkt fixieren wir immer noch Schwyz, M. sagt, Schwyz gefalle ihm.

30. September

Ich denke an M. und leide, leide, weil ich nicht weiss, in welchem Bett er zurzeit liegt, es macht mich kaputt!

Das darf nicht so sein. Was ist wohl der Grund, dass ich mir derart unmögliche Männer-Beziehungen aussuche? Und warum erlaub ich M., Tag und Nacht zu mir zu kommen? Warum halte ich mich so leicht verfügbar? – Ist das ein typisches Frauenschicksal? Liesse ein Mann so etwas nie mit sich machen?

In meiner mottenden Ohnmacht lese ich eine Strophe des Gedichts «Zwischen den Inseln» von Erika Pluhar:

Ich schwimme zwischen den Inseln
und bin auf keiner zu Haus
meine Sehnsucht nach Hafen und Strand
bleibt geträumt,
auf Erden
unerfüllt.

2. Oktober

Eine heimtückische, aggressive Wut kocht in mir, weil M. die Initiative mit dem Motorrad-Fahren nicht mehr aufgreift.

5. Oktober

Er kommt rein, wir stürzen uns vehement aufeinander, liegen auf dem schönen Bett. Beide sind wir «zischend heiss» heute ... er will wissen, wer dieser Mann auf einer umherliegenden Foto ist, der sehe subtil aus, ich erkläre: «Das ist mein Freund.» Er sagt: «Aua, der Glückliche.»

Dann liest er mein kürzlich publiziertes Gedicht «*Gegenzauber*», gut findet er darin vor allem «die Schönlinge der Gartenkulturen» und «fliehen in eine Gummiwelt ohne Schall»! Ja, ich habe das Gefühl, er hat Zugang zu meinen Zeilen. Aber die Ohnmacht, diese ständig in mir wühlende Ohnmacht bleibt in mir verschlossen.

Das «*Wille*»-Buch hätte er nun fertig, das sei Gott sei Dank erledigt.

Wir kletten uns nochmals zusammen, von vorne, ich verführe ihn dazu, aber M. lässt sich gerne verführen! Bei ihm am Bein unten sehe ich plötzlich Schrunden, ich meine, die würden bestimmt von einer Frau herrühren, er wehrt das ab, indem er sagt: «Nein, die kommen vom Vita-Parcours.» Diese Vorstellung – er auf dem Vita-Parcours – finde ich höchst amüsant.

Heute ist er wichtig für mich, er strahlt eine gewisse Ruhe aus, sein Geruch: Der Geruch eines Mannes, der Hemingway-Männer, die aufpassen, dass ich auf der Erde bleibe, mir die nötige Schwerkraft verleihen. Dieses Stierhafte, Eberhafte, ja zutiefst Bodenständige hat mich heute in ein «gesundes Zentrum» gependelt!

Er schaut sich das Buch «*Fischer Film, Almanach 1984*» an, da ist auch Antonio Gadès zu sehen, M. ereifert sich, und meint, der Vater von Daniela Frey würde das überhaupt nicht gerne sehen mit diesem Flamenco-Tänzer – ich kontere, welcher Vater denn so etwas schon gerne sehen würde. Stöbert dann im Buch von Margarete Mitscherlich «*Müssen wir hassen?*» (über den Konflikt zwischen innerer und äusserer Realität) herum, meint, das sei doch eigenartig, dass diese Frau erst richtig berühmt oder vielmehr in Erscheinung getreten sei, nachdem ihr Mann gestorben sei.

Er meint dann, er hätte mir noch etwas Wichtiges zu erzählen, ich müsse aber die Luft anhalten. Den Burger würde ich doch kennen, ja, der hätte ein Stipendium beantragt, und wie es ihm abgelehnt worden sei, hätte der die Politiker «bekniet» und beteuert, er würde Selbstmord begehen, wenn es ihm nicht gewährt würde! – M. poltert, dass sei eine Unverschämtheit, dieser Sache würde er noch nachgehen!

Und wegen der geplanten Motorrad-Tour: Bestimmt gäbe es diese Woche noch schönes Wetter, und er würde mich anrufen.

Als er beschliesst zu gehen, drücke ich ihm einen «Güsel»-Sack in die Hand und bitte ihn, er solle ihn doch draussen in den Container werfen. Ohne Widerrede erledigt er das. Es ist etwa zwanzig nach zehn Uhr; heute trägt er eine schöne, herbstliche Maulwurfs-Jacke, nicht diese speckige, schwarz-penetrante, mit der M., seit ich ihn kenne, aufkreuzt.

6. Oktober

Am liebsten möchte ich ihn nie gekannt haben.

Wie er leibhaftig in meiner Datscha steht, muss er sich gleich meinen Traum anhören: Ich habe geträumt, ich sei verheiratet und würde in Genf wohnen; in diesem Traum sei Genf aber von einem Meer umgeben gewesen; M. meint trocken, in Genf wäre es jedoch sehr anonym ... Ich trage heute meinen Tennis-Jupe, und wie er ihn aufknacken will, warne ich ihn: «Das ist Haute Couture Monsieur.» –

Aussergewöhnlich «spitz» ist er, weshalb wohl? –

Nachher spüre ich, wie eine ungeheure «Aggressions-Welle» in mir hochsteigt, gegen M., eine längst fällige «Welle», alles wegen des Motorrad-Fahrens.

«Schau, für dich ist alles auswechselbar, du kannst wahrscheinlich gar nicht lieben – Kommen und Gehen, für dich ist das einerlei, das geht bei mir alles viel tiefer, hinterlässt viel tiefere Spuren.»

Und drehe nochmals auf: «Die Emanzipation hat nur in den ‹Blättern› stattgefunden, aber nicht im reellen Leben.» Er ist hilflos. Etwas leiser füge ich dann hinzu, es sei eigentlich schrecklich, einander so mit Worten zu verletzen, er hätte ja nebst all dem einen phantastischen Charakter, einen aussergewöhnlichen – aber die Beziehung, die wir unterhalten würden, die sei «krank» – und einer von uns würde daran wahnsinnig werden! – Beschwichtigend sagt er, ich sei doch eine starke Persönlichkeit. Ich schreie: «Du untergräbst meine Ehre, die Hauptsache ist doch, dass du in der «*Weltwoche*» schreiben kannst, dein «*Wille*»-Buch jetzt herauskommt», und was der Anschuldigungen mehr sind ...

Ich betone das Missverhältnis zwischen uns: er eine berühmte Persönlichkeit, ich eine so unbedeutende Person, er weicht aus, meint, das sei wieder eine andere Sache. Ich räsoniere spitz, ob man so einen eigenartigen Charakter bekomme, wenn man «*Wille*»-Geschichten schreibe? Das lässt er offen, etwas viel Schwerwiegenderes muss ihn zusätzlich bedrücken, geht es mir durch den Kopf!

Ich ziehe das Fazit, indem ich sage: «Such dir eine andere!» Er sagt, er würde sich nicht so beschimpfen lassen, er ertrage das nicht ... In Tat und Wahrheit versetzt es *ihn* in hellste Panik, wäre ich nicht mehr disponibel für ihn. Daran ersieht man, welch unangemessene Dimensionen unsere Beziehung angenommen hat. Der verrückte M. spielt mit dem Feuer; wenn ich ganz kühl und resolut mitteile, er brauche nicht mehr anzurufen, reagiert er mimosenhaft: Auf jeden Fall hat er sich dieser Attacke nicht «gestellt». Ich muss an Frisch denken, der in einem «*WoZ*»-Interview sagte, *er wisse nicht, ob er, unser M., nicht selber eine Mimose sei – andernfalls wäre er in der Tat ein einsamer Mann in der Literatur-Szene.*

7. Oktober

Verstehe nichts mehr; komme mir als lächerliche «Gespielin» vor! Zum erstenmal in meinem Leben entdecke ich in mir Mordgelüste, was mich erschreckt. Sehe M. plötzlich nicht mehr nur als den heroischen Schriftsteller, Historiker und Enthüllungs-Journalisten.

M. als «temporärer Spielkamerad». Mit einem wahnwitzigen Mutterkomplex – daher auch sein immer wieder durchdrückender Infantilismus.

24. Oktober

Er ruft an, und es entwickelt sich ausnahmsweise bereits am Telefon ein längeres Gespräch. – Ich erzähle ihm, den ganzen Tag hätte ich mit einem tschechischen Pianisten Schach gespielt, manchmal würde ich mit diesem Mann auch zum Billardspielen in das Restaurant «Schlauch» gehen. M. zeigt sich begeistert: «Das ist noch ein richtig altes Restaurant», und Dindo, der Filmer, sei oft da drin. Bezüglich des Schachspielens will er wissen, ob ich gewonnen hätte, ich berichte: «Nur einmal.» Er gibt zu, nicht Schachspielen zu können. Mein Wunsch wäre es, ganze Tage und Nächte Schach zu spielen.
Er teilt mit, er müsse an eine Zusammenkunft nach Nürnberg, sein Film vom «Landesverräter» werde da gezeigt, dann will er erfahren, was ich anhabe, ich habe aber «keinen Bock», darauf einzugehen, er tändelt spielerisch: «Laisse-moi deviner.» Er beginnt auf französisch was von Farben und Jupe zu erzählen: Er täuscht sich jedoch massiv, ich antworte: «Non, je porte des pantalons noirs de velours, comme une reine.» Er kündigt sich dann für die nächste halbe Stunde an, mit dem Taxi, betont M. Es wundert mich enorm, das er das hervorhebt ... Er erklärt, er müsse mir ein Buch vorbeibringen und meine Meinung darüber anhören. Aber er kommt dann mit dem Motorrad, ich frag' ihn, wo er seine «weisse Maschine» habe. Er brummelt: «In der Reparatur.» Das Buch, das er mitbringt, heisst «Rebell» von Otto Frei; wegen dieses untertrieben normalen Namens lachen

wir uns fast kaputt, zuerst beginn' ich zu lachen, dann stimmt er mit ein. – M. sagt in seiner hastigen Art, der sei Korrespondent bei der «NZZ» und schreibe daneben noch solche Bücher, fahre aber sehr zweigleisig und sollte sich eigentlich zu etwas bekennen, und Titel wie «Rebell» und «Du wirst noch tausend Jahre leben» seien halt einfach übertrieben. Und überhaupt, der Frei hätte einen *Vaterkomplex*, ich werfe schlagfertig ein: «Besser als einen *Mutterkomplex*.» Ich beobachte ihn abwartend interessiert, er weicht aus und gibt zur Antwort, das glaube er nicht!

Passagenweise fange ich an, im «Rebell» zu lesen, und wie M. meine Meinung hören will, bemerke ich: «Die Sätze scheinen mir etwas kurzatmig.»

Dann jedoch entdecke ich einen Absatz, der mich in Bann schlägt, eine Stelle, die ich tausendmal unterstreichen könnte: «*Nicht ich schreibe, die Sprache schreibt aus mir. Sie ist vorgegeben, sie war vor mir da, sie gehört zum Reich des Todes, sie kommt aus dem kalten Bezirk der Lettern, Ziffern, Metaphern. Sie ist das Starre, nicht Blut und Fleisch und Knochen, nicht Atem und Puls, sondern Tod als ewige Herrschaft. Aber sie schafft Blut und Fleisch und Knochen, Atem und Puls, Farben und Gerüche, doch damit wird sie auch schon hinfällig. Ich bin nur ihr Instrument, ein lächerlich kurzlebiges Ding. Warum habe ich mich auf die Schreiberei eingelassen?*»

Ich erkundige mich wie nebenbei, ob er das Stück für das Neumarkt-Theater nicht schreibe, jenes Stück über den «*Tages-Anzeiger*»? Er meint kurzangebunden, nun hätte er schon die Familie Wille geschlachtet, das sei doch mindestens so wichtig, wenn nicht bedeutender gewesen.

3. November

M. ruft nervös an, ob ich endlich zu Hause sei, wo ich gewesen sei, ich gebe ihm die lapidare Antwort: «Ich erinnere mich nicht mehr.» Wir beginnen sofort am Telefon eine

Diskussion über Gorbatschow, über seine kürzlich gehaltene Rede, dass er ein Verfechter des Leninismus sei, und M. bestätigt, im «Spiegel» sei ein interessanter Artikel darüber zu lesen. Er fragt an, ob ich definitiv Anfang Dezember nach Indien reisen würde. Ich spüre instinktiv eine Angst seinerseits.

Ich unterhalte M. über meine ersten «eigenartigen Begegnungen» mit Männern als junge Elevin an der Schauspiel-Akademie in Zürich. Insbesondere dieses Erlebnis mit Kaminski, diesem Kaminski, der plötzlich überall, an jeder Ecke in Zürich auftauchte, zu jeder Tages- und Nachtzeit – und ich in meiner mädchenhaften Unschuld instinktiv gespürt hätte, dass ich mir diesen «Vater» vom Leibe halten muss – obwohl er mich zu Anschauungszwecken in seinen Stunden an der Akademie immer wieder als Modell vor die versammelte Klasse rief! M. findet diese Erzählungen spannend, ermuntert mich, dies alles aufzuschreiben.
Ich frage, was er heute gemacht habe. Er gibt zu, dass er sich heute enorm gestresst gefühlt hätte, an drei Stellen hätte er sich besprechen müssen: mit dem Neumarkt-Theater, dem Schauspielhaus und einem gewissen Durrer, er vertraut mir an, dass die Germanistin und Journalistin *Lukesch* und der Autor *Durrer* ein Buch über ihn schreiben würden, schon seit einem Jahr daran wären, die würden die diversesten Stellen kontaktieren, wo er gearbeitet hätte, und Begebenheiten herausfinden, die er selbst gar nicht wisse über sich: «Eine Legende zu Lebzeiten» sei schon etwas eigenartig, befremdlich, er fühle sich nicht wohl dabei.

Die ganze Welt beginnt sich vor meinen Augen zu drehen.

Und dann beginnt die Kugel sich wieder langsamer zu drehen, M. stänkert: «Diese Theater möchten einfach, dass ich ein Theaterstück schreibe, ich habe aber keine richtige Lust dazu!»

Ich lese ihm heute eine Stelle aus der «Bhagavad-gita» vor, schwärme für den liebevollen Umgang dieser Kultur mit den Tieren. Ich lese ihm die Stelle über gewisse Regulierungen des Essens vor, er hakt da ein, sagt, er glaube auch, dass im Mittelalter die Menschen noch gesünder gegessen hätten, und M. will wissen, ob ich absolut kein Fleisch mehr esse, ich sage: «Höchstens aus Anstand, wenn ich eingeladen bin, und auf Fisch verzichte ich bis heute nicht.» Ich bringe ihm das Beispiel von der Ratte, das ich von einem Bekannten habe: «Immer wenn die Ratte Fleisch kriegt, beisst sie, wenn sie jedoch nur Gemüse erhält, ist sie das friedlichste Tier.»

An Reinkarnation will M. nicht so richtig glauben, ich versuche ihm klarzumachen, dass wir uns unter der Seele nichts vorstellen könnten, weil sie immateriell ist und der Körper materiell, diese permanente Identifikation des Selbst mit dem Körper sei jedoch eine Illusion. Längere Zeit betrachten wir das faszinierende Bild, unter dem steht: *«Als Krsna langsam seinen Mund öffnete, sah Mutter Yasoda darin alle beweglichen und unbeweglichen Wesen, das Weltall und alle Himmelsrichtungen.»*

M. sinniert laut, vielleicht sollte er anfangen, mönchisch zu leben, und sich zuerst mit dem Fleischverzicht bezähmen, er zieht das Fazit, dass wohl schlussendlich alles mit dem «tierischen wie weiblichen Fleische» zusammenhängen würde. –

Ich mache ihm klar, es gäbe nur eine «Rettung», und zwar jene über die Zeremonie, da wiederum bestätigt mich M. Ich mache ihm klar, Sex sei letztendlich etwas höchst Unerfreuliches, vor allen Dingen für Männer, sie seien ja Sklaven ihrer Triebe, das nähme nie ein Ende, denn nach der Lust kommt immer wieder die Lust; er ist beeindruckt von meinen Worten, spielt mit dem Wunsch, einmal enthaltsam leben zu können.

Ich spüre diese Nacht, dass wir nach denselben Dingen hungern und fiebern; es ist eine tief einschneidende

Erkenntnis, dass er ein durch und durch religiöser Mensch ist.

Am andern Tag bemerke ich, dass ihm beim Entledigen seiner Kleider zwei Visitenkarten von Autohändlern aus den Taschen gefallen sind – mit Bemerkungen hinten, wieviel das Entrosten des Jaguars kostet!

13. Dezember

Seitdem ich aus Indien zurück bin, 6. Dezember, nehme ich das Telefon unsicher ab, rätselnd, wer wohl am andern Ende sein könnte. Niemand sollte mir den Frieden, die innere Ruhe, die ich auf diesem subtropischen Kontinent gewonnen habe, stehlen können. Ich spüre eine zunehmende Desorientierung, seit ich Europa und Asien miteinander vergleichen kann. Aber zu vergleichen gibt es nichts – die Unterschiede zwischen den Ländern Schweiz und Indien sind so himmelschreiend, dass mir die Worte dafür schlichtweg fehlen.

M. will haarklein wissen, wie es in Indien war. Ermattet antworte ich: «Mon âme n'est pas encore arrivée, c'est difficile de parler de l'Inde, tu dois y aller toi-même.» Anfänglich, wie er telefoniert, sage ich entfremdet: «Pourquoi tu me téléphones?» und: «Qui t'a dit que j'ai retourné?» Er antwortet: «Niemand.» M. sagt hartnäckig: «Je veux te voir.» Insgeheim bin ich natürlich glücklich, ihn zu sehen und zu hören.

Bruchstückhaft erzähle ich ihm Begebenheiten von Indien, vom Lepra-Camp in Rajamundhry, von dem Mutter-Teresa-Buch, das ich einem indischen Lepra-Arzt schenkte, der sich in einer Weise darüber gefreut hätte, in der sich ein Europäer nie über ein Buch würde freuen können. Jeden Tag, wenn ich diesen Arzt wiedersah, erzählte er mir, welchen Abschnitt der Biografie er gerade wieder gelesen habe.

Er kommt mir «abgeschlafft» vor, er küsst mich hoheitsvoll auf die Stirn. Nach dieser Indien-Reise geht es mir «wie ein Licht» auf, dass M. mich auch *seelisch* braucht ... Er schiebt mich im blauen Zimmer an die Wand, küsst mich heftig und innig, hält mich so fest, dass ich fast keine Luft mehr bekomme. Ich witzle: «Du musst aufpassen, ich habe Amöben.» Einen Moment starrt er mich ungläubig an, wird dann aber durch mein Lachen befreit. Nachdem wir «Liebe gemacht haben», fragt er mich, ob ich wirklich nichts aufgelesen hätte. Ich meine: «Ausser Aids nichts!» Jetzt grinst M. und wiederholt: «So, nur Aids.» – M. entdeckt auf meinem Nachttisch die feinen, kurzen indischen Zigaretten, zettelt eine enervierende Diskussion über den Limmat-Verlag an: es sei unwahrscheinlich, die hätten nur fünftausend Exemplare seines Buches drucken lassen, aber morgen würden neue eintreffen. M. meint, Herr Küttel hätte schon recht gehabt mit seiner Prognose, dass seine Bücher wie «warme Weggli» über den Ladentisch gehen würden. M. poltert los, er könne das nicht mehr verstehen, schon beim «Wissenschaftlichen Spazierstock» hätten sie zuwenig gedruckt – und nun legt er sich mächtig ins Zeug wegen der Laudatio von Herrn Wilhelm im Stadthaus am Samstag, das sei schlicht und einfach eine Frechheit: er, M.: sechstausend Franken! Wenn man da an die andern denke, an einen Dante Franzetti, eine Margrit Schriber oder dann die Laure Wyss sogar mit 36 000 Franken, also das sei viel für die Schweiz! Aber am unwahrscheinlichsten sei, dass sie den Züfle und die Isolde Schaad mit 18 000 Franken bedacht hätten, und der Züfle, der hätte wirklich genug Geld, besitze ein Haus in Zürich und ein Schloss in Frankreich, und der Schaad, der hätte er in den Limmat-Verlag geholfen, ebenso der Laure Wyss! Allen dreien, dem Züfle, der Isolde Schaad und der Laure Wyss hätte er einen Brief geschrieben, weil eigentlich, so zürnt M., hätten sich die drei bei der Preisvergabe nach vorn stellen und fragen müssen, warum denn der M. nur 6000 Franken erhalte? In was für einem Verhältnis das denn stehen würde zu den andern? Ja, auch der Spiess, oder sonst jemand vom Limmat-

Verlag, hätte nach vorn gehen müssen und fragen, wie das zu verstehen sei, dass M. nur 6000 Franken bekommen würde! Schliesslich und endlich seien seine Sachen auf französisch übersetzt worden und würden an der Universität in Frankreich behandelt! Auch in Deutschland sei er anerkannt, verschiedenste Zeitungen würden da über ihn schreiben, ich flechte ein, bestimmt käme es noch so weit, dass sie ihn als «Volks-Helden» abfeiern würden. Aber zuerst müsse noch mehr gelitten werden, er resümiert, etwas ruhiger geworden: «Ja, wenn ich gestorben bin.» Ich ermahne ihn, sich doch nicht mehr so aufzuregen, das spiele sich sowieso alles nur in der Schweiz ab, und wenn er bedenke, was für einen kleinen Fleck die Schweiz auf diesem Planeten darstelle – der Planet selber immens gross; und es gäbe da so wunderschöne Plätze!

Diese Ansicht überzeugt ihn und stellt ihn weitestgehend ruhig, wenigstens für den Moment. Er hat sich so in Rage geredet, dass er anfängt, Schweizerdeutsch zu wüten, was ja in meiner Gegenwart eher ungewöhnlich ist, da wir meistens Französisch oder Hochdeutsch sprechen ... Er ist der Meinung, dieser Wagner wollte ihm einen Preis überhaupt verweigern, der Wilhelm hätte etwa drei Stunden aufgewendet, um ihn, Wagner, zu überreden, dass er, M., auch etwas vom Kuchen abbekommt. Er wendet dann ein, bei der Isolde Schaad sei der Fall etwas anders, die könne das Geld schon brauchen, die hätte fast nichts. Er ereifert sich noch einmal, indem er zu bedenken gibt, mit dem Dindo hätte man sich solidarisch gezeigt, aber so was würden die Schriftsteller für einen Schriftsteller wohl nicht zustande bringen. Ich rate ihm an, sich von diesen Schriftsteller-«Freunden» abzuwenden, denn eben in solchen Situationen würde sich herausstellen, wer die wirklichen Freunde seien. Ich rate ihm auch eindringlich, den Verlag zu wechseln, wenn diese Typen dort ihn nicht anständiger behandeln würden. Er vertraut mir an, er hätte schon Verbindungen und Angebote von deutschen Verlagen ... Er sagt triumphierend, sein Buch wäre auf der

Bestseller-Liste auf dem vordersten Platz, gleich hinter dem Titel von Gorbatschow. Ich freue mich echt mit ihm.

Er sieht, dass ich auf dem Tisch die Kultur-Seite vom *«Tages-Anzeiger»,* 10. Dezember, «Ein tragisches Kapitel der schweizerischen Literaturgeschichte?», aufliegen habe. Er regt sich nochmals auf, meint, die verwendeten Fotos hätten sie frecherweise einfach aus seinem Artikel vergrössert. Über die Besprechung des *«Wille»*-Buches hingegen hätten sie keine Fotos gesetzt; nur kurz rezensiert.

Indien ist wieder angesagt: M. fragt, ob er auch einmal nach Indien gehen sollte? Ich setze ihm auseinander, dass 100 *Rupien* 10 *Franken* bedeuten, und eine Übernachtung in einem indischen Hotel, also mit Wasser und Bad/Dusche, koste durchschnittlich nicht mehr wie etwa 110 *Rupien.* Natürlich könne das noch differieren, in was für einer Stadt man sich aufhalte. Die Leute wollten von mir immer wissen: «Where is your husband and how many children?», mit der Zeit hätte ich eine Notlüge erfinden müssen, indem ich das Thema mit folgendem Satz ad acta legte: «My husband is in Switzerland, he is very busy and I have two children, a boy and a girl.» So konnte man die Leute ruhigstellen, denn ich kann wirklich nicht erwarten, dass sie, diese Menschen dort, die nie aus Indien rauskommen, unsere Kultur nachvollziehen können! Ich erzähle auch, dass die Menschen dort normalerweise nicht scheiden würden, keine fluktuierenden Partnerschaften kennen würden, und öffentlich küssen sei sowieso verboten, ein Tabu ... Er zeigt sich darüber erstaunt, meint, dann wäre das also nichts für mich. – Was für eine Fehl-Interpretation, schwirrt es mir durchs Hirn, wenn M. wüsste, wie ich mich in den Hare-Krishna-Tempeln wohlgefühlt habe, so unbelästigt von den Männern!

Eigenartigerweise fragt er mich, ob ich an Weihnachten da wäre, ich weiche aus, ich würde es noch nicht wissen, er will den Fernseher anstellen, technisch leicht unbegabt; ich muss das für ihn erledigen, er will etwas in den Kultur-Nachrichten vom Sonntagabend sehen. Dass diese seine Aufregung wegen der Schriftsteller-Ehrung noch kommen würde, damit habe ich hundertprozentig gerechnet. – Er will von mir genaustens rapportiert bekommen, was da an der Ehrung über ihn gesagt worden sei, ich wiederhole: *«Deine witzige, pointierte und bissige Art»* ist honoriert worden ... Er steigert sich nochmals in eine masslose Wut hinein, poltert, diese Leute würden immer nur *das* von ihm erwähnen, ich versuche ihn zu besänftigen, dass es eben für «diese Leute» schwierig sei, sich in sein wirkliches Wesen einzufühlen, etc.

Beim Gehen, nach acht Uhr, sagt er nochmals, wie schön er es finde, dass ich wieder hier sei ...

14. Dezember

Ich nehme das Telefon ab, habe aber fast keine Stimme, er sagt ganz ruhig, ich solle im Bett bleiben und weiterschlafen; er komme ... Ich bin noch verstört, Indien, denke ich, und nun mit voller Wucht diese Probleme mit der «Literatur-Mafia»! Er bringt mir den Brief vorbei, den er an Laure Wyss, Züfle und Isolde Schaad absenden möchte. Er will meine Meinung dazu hören, ich finde ihn gut, gerechtfertigt, er zwinge diese Leute zu einer Stellungnahme. «Ja», versichert er, er wolle auch nicht mehr wie eine klare Stellungnahme von diesen Leuten. Die Rede kommt auf Laure Wyss, M. resümiert, diese Frau würde sich jetzt endlich frei fühlen, da sie nicht mehr im *«Tages-Anzeiger»* tätig sei, laboriere nun an ihren kleinen «Ausbruchsversuchen» herum, und auch das Buch *«Liebe Livia»* sei politisch nicht klar bis zum Ende durchformuliert worden, sie hätte es wegen der Linken nicht gewagt, den Terrorismus der Livia bis zum Schluss durchzuleuchten. Viele Stunden lang hätte er im *Limmat*-Verlag dieses Buch lektoriert, ebenso der Isolde

Schaad hätte er enorm geholfen, und wie schon gesagt, der Züfle könne halt einfach nicht schreiben.

Wir unterhalten uns kurz über die Publikationen im «*Tages-Anzeiger*» und «*NZZ*» über den Anlass am Samstag im Stadthaus, die «*NZZ*» meint: *Am meisten zu reden gegeben im Vorfeld dieser Vergabungen hatten die Ehrengabe für M. und dessen neueste Publikation «Die Welt als Wille und Wahn», eine stilistisch preiswürdige und historisch-wissenschaftlich unkorrekt aufbereitete und damit inhaltlich fragwürdige Darstellung von General Wille und dessen Familie.*»

Der «*Tages-Anzeiger*» lässt schreiben: «*Ehrengaben von je 6000 Franken für ihre neusten Werke gehen zudem an Hanna Johansen, Margrit Schriber, Claus Bremer, Iso Camartin, Serge Ehrensperger, Dante Andrea Franzetti, Peter Zeindler, den orte-Verlag sowie M. M. erhält damit endlich einen offiziellen Zürcher Preis; auf diese Entscheidung spielte der Präsident der Literaturkommission, Egon Wilhelm, an, als er Stadtpräsident Wagner dafür dankte, Einwände gegen einen Kommissionsentscheid nach Diskussionen zurückgenommen zu haben.*»

Plötzlich greift er zum Telefonhörer, stellt die Nummer des *Limmat*-Verlags ein – so habe ich ihn überhaupt noch nie reden hören, ich habe den Eindruck, ein Verkaufs-Manager steht in meiner Wohnung. Zuerst bezieht er sich auf einen Brief, den er anscheinend vom L.-Verlag bekam und in welchem stand, es sei ungewiss, ob die Honorare nächstes Jahr ausbezahlt werden könnten. Genau, aber ganz genau will er nun von denen wissen, wie die Lage sei. – Dann das Thema «Nachschub»: M. sagt trocken bissig, dieser Nachschub von Büchern sei heute nicht eingetroffen, und das passiere nun nicht das erste Mal, und das zu Weihnachtszeiten! Dann spricht er mit dem am Apparat von Autoren, im speziellen vom Krimiautor Claude Cueni, von dem hätten sie in der «*Sonntags-Zeitung*» berichtet – und M. betont mehrmals: «Extreme linke Tendenzen sind heute nicht mehr gefragt, mit

Büchern, die eine klar ersichtliche politische Aussage haben, stösst man viele ab.» Redet dann noch was vom Diogenes-Verlag, und «ob sie nicht einen Autor jenes Krimi-Genres in den Verlag nehmen könnten, man müsse doch nicht immer alles ghettoisieren» ... Er staucht diese *Limmat*-Verlagsperson am Telefon richtiggehend zusammen – betont jedoch, er wolle sie nicht «zusammenscheissen», er wolle die Sachen nur *klarstellen,* darüber müsse man reden, in nächster Zeit ein Brainstorming machen – natürlich wird noch über den verflixten Linsmayer geredet, wie der versuche, dem Roger Perret zuvorzukommen, das müsse unbedingt öffentlich skandalisiert werden. – Ich gebe ihm ein energisches Zeichen, den verkaufstechnischen Diskurs mit dem *Limmat*-Verlag abzubrechen.

Erschöpft lässt sich M. aufs Bett fallen: Er greift das Thema *Schwarzenbach* nochmals auf. Das, was der Howald im *«Tages-Anzeiger»* über die Annemarie Schwarzenbach veröffentlicht hätte, dazu müsse er sich zu Wort melden, er würde einen Leserbrief im *«Tagi»* erscheinen lassen.

Um elf Uhr verlässt er meine Klause. Ich beschenke ihn mit dünnen indischen Zigaretten, die viele Europäer nicht mögen, M. jedoch dankend entgegennimmt.

Plötzlich eine mich befallende Angst, es könnte ihm etwas zustossen, M. würde sich aus Verzweiflung über die Diskriminierung durch diese bitter ausgehandelten 6000 Franken etwas antun.

17. Dezember

Um zwanzig vor zwei Uhr kommt er angefahren mit Polemiken von Professor Schaufelberger über ihn.

M. liest bei mir den *«Klartext»:* «Wie in einer Quarantänestation», von Hans Jürg Deutsch, über *«Ringier»-Journalismus»* – M. flucht drauflos, diesem Deutsch würde es nicht um einen wirklich guten Journalismus gehen, sondern einfach um gut verkaufbare, leicht konsumierbare Ware – mit Ausdrücken wie *«Task Force»* operiert er, und prompt erwähnt er auch M., das wiederum regt ihn doppelt auf: «Dass sie mich immer noch erwähnen müssen.»

Die Liebes-Angelegenheit spielt sich heute auf weniger schöne Art und Weise ab, ich spüre Verweigerungs-Tendenzen in mir. – Interessiert ihn ausser den Brüsten und der Vagina überhaupt etwas am weiblichen Körper? Manchmal frage ich mich, ob ich noch bei Sinnen bin, mich und meinen Körper derart an ihn zu verschenken. Das ist schon mehr wie verschleudern. Der erste magische Zauber ist nach dem ersten Wiedersehen nach Indien ziemlich schnell zerstäubt worden. Und das vor allem wegen des penetranten Literatur-Kriegs, der da zurzeit im Lande wütet!

Endlich schreibt er mir in seinen Gedichtband: *«Für Aline, Indienfahrerin, freundlich, M.»* Ich zeige mich ob dieser Widmung nicht besonders begeistert, er resümiert entschuldigend, das *freundlich* sei eben «unterkühlt».

Über die *«Tagi-Dynastie»* schreibe er jetzt definitiv nicht mehr, diese Familie sei zu unbedeutend!

M. versucht dann verschiedene Anrufe zu starten, aber ohne Erfolg ... Er wird plötzlich von einer Schreibwut gepackt, verlangt meine Schreibmaschine, mokiert sich, dass ich eine elektrische Schreibmaschine hätte und sie nicht zu bedienen wüsste. M. schreibt drauflos, nein, er hackt wie ein Besessener.

Um fünf Uhr hört er auf zu schreiben. Er zeigt mir sein Produkt, einen Leserbrief für den *«Tages-Anzeiger»* gegen die

Rezension von Howalds Linsmayer-Besprechung. M. ist jetzt nicht mehr zu bremsen, das geht alles unheimlich schnell. Er greift zum Hörer, spricht eindringlich mit der Rutishauser von der Bibliothek im Kanzleischulhaus, befiehlt, den Linsmayer da auf keinen Fall auftreten zu lassen. Zwischenhinein zündet er sich irgendwelche halbverfaulten, abgestorbenen Zigaretten-Stummel an, mit einem Clochard vergleichbar, meint dann resolut, nun müsse er noch bei der «WoZ» vorbei. Er macht Anstalten zu gehen, will mich flüchtig und hastig küssen, ich lasse mich aber nicht küssen – und so geht er brummend; stürmt aber gleich wieder rein, er hat die Polemik über ihn vergessen – dann ergreife ich die Initiative, küsse ihn – so kommen wir trotzdem noch zu einem braven Abschied.

24. Dezember

Wie er meine Wohnung betritt, bemerkt er sofort, da sei indische Luft – Räucherstäbchen.

M. zeigt sich vorerst eher grimmig, sagt mir, seinen Leserbrief über den Linsmayer wegen der Schwarzenbach hätten sie nicht veröffentlichen wollen, sei ihnen eindeutig zu frech gewesen, auch die Laure Wyss hätte ihn angerufen, hätte sich wahnsinnig über seinen Brief in bezug auf die Preisverleihung aufgeregt und ihm, M., gesagt, er müsste natürlich nicht erwarten, Geld zu bekommen, wenn er die Behörden immer so beschimpfe. Aber M. gehe es nicht um die Behörden, sondern um sein literarisches Schaffen. Ja, und der Züfle hätte ihm einen Brief geschrieben, mit einem Briefkopf, den man wohl nicht mehr verwenden würde: «Dr. phil.» etc. Und der also, ausgerechnet der, hätte ihm geschrieben, er solle ihn mit seinen Geschichten in Ruhe lassen. Einzig Isolde Schaad hätte ihm gesagt, er hätte recht, dass er sich wehren würde!

Und der Spiess vom *Limmat*-Verlag hätte ihm doch tatsächlich gesagt, er hätte nicht den Mut gehabt, da nach vorne zu gehen und sich für ihn zu wehren, indem er gesagt hätte, es sei nicht gerechtfertigt, dass M. nur 6000 Franken bekomme.
Wegen dieser miesen Organisation im Limmat-Verlag würde er übrigens bald zu «*Luchterhand*» oder «*Suhrkamp*» wechseln. –

Er teilt mit, er wäre nun beim Arzt gewesen, Oertli würde er heissen, der hätte gesagt, er, M., sei schon gesund, er müsste in dieser Zeit nur sehr viel schlafen.

M. wird gesprächig, das «Baur au Lac» hätte ihn angerufen, ihm mitgeteilt, sie hätten fünfzig Flaschen Wein an ihn abzugeben, der Adressat wolle ungenannt bleiben, so hätte er denen gesagt, sie sollen es ihm einfach in den Gang stellen, falls er nicht da wäre. Auf dem geschriebenen Zettel, der dabeilag, hätte er aber sofort die Handschrift von Max Frisch erkannt: der Wein käme aus der «Herrschaft», dem gleichen Gebiet, wo sie beide herkommen würden ... M. meint geniesserisch, das seien fünfzig Flaschen vom besten Wein, der Frisch hätte natürlich diese Gemeinheit wegen der Preisverleihung auch mitbekommen.

Dann packt ihn die «Telefonitis», ruft nach Heimenhofen bei Andwil, Kanton Thurgau, an. Möchte mit dem Stefan Keller reden, der ist nicht da, der Stefan. Dann kabelt er nach Pfaffhausen, auch da meldet sich niemand. Dann sagt er verärgert, den Max Frisch müsse er aber unbedingt noch anrufen und sich bedanken, der ist im Telefonbuch in der Stadt Zürich unter Rudolf M. an der Stadelhoferstrasse 28 zu eruieren, auch der Max Frisch ist nicht zu Hause.

Trotz dem *24. Dezember* ist M. unruhig, oder vielleicht deshalb, wir schauen dann die indischen Fotos an, die ich sofort entwickeln liess, ich mache ihm den Vorschlag, er solle doch zu seiner Mutter gehen, nach St. Gallen, er sagt jedoch, die würde schon zum Bruder gehen. – Wir trinken Wein und paffen. Er meint, alle indischen Zigaretten hätte er schon aufgepafft. – «*In our time*» von Hemingway will er unbedingt mitnehmen. – Mein Porträt von Dissler gefällt M. plötzlich, am Anfang hätte er mit diesem Bild eher Schwierigkeiten gehabt. Traurig ist er heute, abgrundtief traurig verlässt er mich.

Am Abend lasse ich mich dazu überreden, mit Sara zur Familie Schweingruber zu gehen. Der Nizon ist da anzutreffen, dem fällt nichts anderes ein, als über die «vermaledeite Schweiz» zu lästern ... Unglücklicherweise muss ich direkt neben ihm sitzen. Leicht betrunken erzähle ich dem Mister Schweingruber, der M. auch kennt, mein Martyrium mit diesem Mann. Er ist ein Bewunderer von M., kommt ins Schwärmen, meint, seine Augen, die würden für so viel sprechen – wir wären ein Super-Paar und wie füreinander geschaffen ...

Kapitel V

1988

4. Januar

M. hält Einzug in meine Wohnung, springt zu mir ins Bett, schön, an so einem kalten Januar-Morgen einen Bären-Besuch im warmen Bett zu haben. Er beginnt vehement über die Schweiz zu schimpfen, was mir gerechtfertigt scheint, da er von der französischen Seite, von Paris, angereist kommt. Ich will wissen, was er da machte, er entgegnet, sich wieder einmal richtig ausgeruht, Spaziergänge gemacht und gelesen zu haben. Er betont ein paarmal, wie es in Paris trotz allem immer noch gut sei. Er hätte mir eine «*WoZ*» vom 23. Dezember 1987 kaufen wollen, aber am Kiosk hätten sie keine mehr gehabt: darin sein schneidend-bissiger Artikel über Vorgänge am Schweizer Fernsehen mit Leuten wie Bärenbold und Heiniger. Die Einstellung des «*Sonntagsblatt*» und deren Davidoff-Zigarren-schmauchender Chefreporter, vom Schriftsteller Bu. auf Schloss Brunsleben und dessen Geschichte mit dem Kulturpreis ... Überschrift: «*Dezembrisches, politisch-menschliches Medientagebuch bzw. Jahrbuch oder: Ährenlese im Biswind.*» Er nimmt mit Erstaunen wahr, dass ich das bereits gelesen habe. Ich möchte heute morgen wirklich nicht streiten, nein, denke ich, um Gottes willen, nur nicht das neue Jahr mit Streiten beginnen – aber ich moniere, er hätte in seinem «*Ährenlese im Biswind*»-Artikel schon wieder die *Freundin L.* erwähnt, er sagt einfach, das stimme nicht.

Ich trieze ihn, warum er sich schon wieder von Winterthur aus gemeldet hätte, das sei ja nicht das erste Mal, er streitet es ab, meint, das sei das erste Mal, er hätte da einen *Verwandten* hinbringen müssen, ich dopple nach: «Tu as un certain faible pour cette ville!» – Er meint herablassend, dieser Otto F. Walter würde jetzt einen Fortsetzungsroman in der *«SonntagsZeitung»* schreiben ... und der Pinkus betreibe eindeutig einen Personenkult, obwohl dieser das vehement abstreiten würde. Nun würde er den andern Kurs von Moskau auch befürworten, er benötige dazu Gorbi als Vorreiter, und im selben Atemzug posaunt M., es würde jetzt ein Buch über ihn, Pinkus, herauskommen. Und wie zu sich selber, in seiner monomanischen Art, sagt er, dass sie über ihn auch schreiben würden. Im *«Tagblatt der Stadt Zürich»* hätten sie auch über ihn schreiben wollen, das hätte er aber verweigert.

Dann sagt er resolut: «So, jetzt muss ich noch dem Max anrufen.» Zuerst weiss ich gar nicht, was für einen *Max* er meint. Erst als dieser Max dann am Draht ist, realisiere ich, dass er sich bei Max F. für diese fünfzig Weinflaschen bedanken muss. M. spielt zuerst einen Prokuristen vom «Baur au Lac» und sagt ärgerlich zu Frisch, ob er sich denn keinen andern Adressaten hätte aussuchen können für diese Weinflaschen, ausgerechnet diesen M., und so weiter. Es liegt im Verhältnis dieser beiden Männer, dass M. sich nur ironisch bedanken kann, er sagt dann noch zu Frisch, diese Weine würde man in einer normalen Weinhandlung gar nicht bekommen ... Er, Frisch, erzählt dann M., dass er erst gestern (Sonntag) nach Hause gekomen sei, dass er in Marbella war zum Abnehmen – Frisch gehe da immer hin zum Abnehmen, sagt M. Dann muss Frisch noch was von Afrika erzählt haben, dass man sich da wahnsinnig wohl fühle – sprechen in irgendeinem Zusammenhang vom Gourmet-Papst Rizzi und amüsieren sich brüderlich. Dann bekomme ich nur noch Gesprächsfetzen mit, seit meiner Indien-Reise leide ich unter einem Kräftezerfall, der sich besonders in mangelnder Konzentration manifestiert. Als ob

Frisch M. den Impuls gegeben hätte, zusammen essen zu gehen, meint M. sarkastisch: «Ja, ich werde dich demnächst ‹ausführen›». *Nur zu gut weiss ich, dass M. etwas unbewusst Geiziges, etwas ohnmächtig Ungeneröses an sich hat.*

Der *«Zischtigs-Club»* hätte ihn zum Thema «Sind wir Schweizer ein Volk von Langweilern?» eingeladen, da hätte er aber «schnell abgesagt». Ich sage, recht hätte er, schon allein dieses Thema impliziere ihre Langweiligkeit!

Ich merke nach meinem Indien-Trip, dass sich die Kluft zwischen der Ablehnung von M. als Person und meinem Interesse seiner «journalistisch-schriftstellerischen Tat» weitet. Die nächste Krisenwolke fühle ich bereits herannahen.

7. Januar

Ruft an und teilt mit, er komme in einer Viertelstunde. Er müsse mir unbedingt die *«Züri-Woche»* bringen, der Schaufelberger habe wieder was geschrieben. Er kommt also mit dieser *«Züri-Woche»,* da steht in fetten Lettern: *«Mit wahrer Geschichtsschreibung nichts zu tun»,* da ist also dieser Schaufelberger, der Walter, dieser Professor, Doktor und Militärgeschichtler am Historischen Seminar an der Blümlisalpstrasse 10, erneut auf den kriegerischen Plan gerückt. M. wettert, es sei einfach eine Schande für das ganze Land, dass ein solcher Typ Dozent an der Uni sei. Ich mache M. klar, dass das für die Uni bezeichnend sei, kann nur noch lachen, wie ich dieses Gymnasiasten-Gesicht sehe, und sage zu M.: «Du, der kommt mir vor wie einer, der jeden Tag in die Turnhalle geht, so richtig positiv beschwingt.» Auch M. lacht jetzt und doppelt nach: «Ja, du hast recht, ein richtiger ‹Turnhallen-Typ›!» – Ich glaube, dann herauszuspüren, dass ihn dieser Doktor Schaufelberger nicht gross irritieren kann, zu Recht, denn immerhin ist M. in den Bücher-Hits mit seinem *«Wille»*-Buch noch auf Platz zwei. Nach Gorbatschows *«Perestroika».* –

Er ist heute erstaunlich «giggerig» – er stürzt sich regelrecht auf meinen Körper. Von vorne zuerst, sehr schön und erotisch, er fordert mich immer wieder auf, ihm doch in die Augen zu sehen, in seine glupschig-schönen Blumen-Augen.

Er eröffnet mir, er sei im Theater Heddy Maria Wettstein eingeladen, mit Roger Cahn als Gesprächsleiter. Der sei doch eigentlich Jude ... Er macht mich darauf aufmerksam, dass die Charlotte Peter nicht mehr voll für die *«Züri-Woche»* arbeite, ich sage ihm, ich hätte angesichts ihres Alters andere Sachen gehört –, man hätte sie nicht mehr für «voll» genommen, er meint, ja, die *«Züri-Woche»* sei eben frauenfeindlich, aber die Peter wolle er damit nicht in Schutz nehmen, die habe blödsinnige Sachen über sein letztes Buch in der *«Züri-Woche»* geschrieben.

Er fragt an, ob er telefonieren könne, verlangt das Telefonbuch, ruft an die Uni den von Matt an, er meldet sich nicht mit «M.», sondern fordert diesen Literaturkritiker auf, er solle mal die *«Züri-Woche»* aufschlagen und lesen, was sein Kollege vom mittelalterlichen Dienst geschrieben hätte. Anscheinend hat das der von Matt nicht gesehen, so instruiert ihn M., er müsse nach der «halbblutten Kälin» aufschlagen, gleich dahinter sei er. M. initiiert das Spiel so, wie wenn der von Matt der Schaufelberger wäre, und so meint er ironisch, das habe der S. ja mal wieder gut gemacht, es diesem M. oder wie der heisse, gründlich gesagt zu haben, und das brauche dieser Nestbeschmutzer auch.

Er braucht auch gleich meine Kreation vom «Turnhallen-Typ». Sie lachen zusammen, diskutieren noch verschiedene andere Angelegenheiten, M. warnt von Matt, es würde wieder ein Buch von der Leutenegger «auf uns zukommen», von der Tessiner Alp, eine heisse Story, und dass jemand gesagt hätte, er, M., könne nicht arbeiten, wenn er zuviel Geld hätte ... Er macht den von Matt noch darauf aufmerksam, dass an der Uni eine Diskussion mit «seinem Freund» Feldmann stattfinden würde, dem Schaufelberger und der Anita Fetz von der Poch.

Er fragt, wie spät es sei, und wie er hört, dass es schon viertel vor zehn Uhr ist, sagt er hastig, nun müsse er sich beeilen ...

Im «*Tages-Anzeiger*» ist heute auf der «Leserseite» folgendes zu lesen:

«*A. Schwarzenbach: eindringliche politische Reportagen*

Wer sich je mit der Biographie von Annemarie Schwarzenbach auseinandergesetzt hat, muss entsetzt sein, wenn er sieht, wie Stefan Howald die fahrlässig geschriebene ‹Biographie› von Charles Linsmayer ohne wesentliche Kritik in den TA transponiert. Wie steht's denn mit der ‹eindrücklichen Materialfülle› von Linsmayer? Dieser erwähnt beispielsweise die Wagner-Sängerin Emmy Krüger, eine Schlüsselfigur für die Jugend von Annemarie Schwarzenbach, mit keinem Wort. Diese gewaltige Person, engstens befreundet mit Annemaries Mutter Renée, dominierte während Jahren nicht nur den Haushalt auf dem Schwarzenbachschen Landgut Bocken, sondern auch den dortigen Affekt-Haushalt. Annemarie musste ihr zu Ehren, auf einem eigens eingerichteten Hausaltar, Räucherstäbchen-Öpferli darbringen. Von Annemarie Schwarzenbach darf man unterdessen schreiben, dass sie lesbisch war, von Renée anscheinend nicht. Vor allem dann nicht, wenn man mit der Familie Schwarzenbach so gute Beziehungen unterhält wie Charles Linsmayer.
Es ist erschütternd, wie Annemarie S. von Linsmayer ideologisch in die Familie zurückgeholt wird, gegen die sie ihr Leben lang rebelliert hat. Sie wird jetzt zur ausgeflippten, depressiven Tochter degradiert, der es literarisch nicht ganz gelangt hat. Es ist ausserdem erhellend, dass Linsmayer die extreme Hitler-Begeisterung des Schwarzenbach-Clans nur beiläufig und fast schamhaft erwähnt – um die Familie, die ihn als Herausgeber eingesetzt hat, zu schonen? Ohne diese politischen Grässlichkeiten ist aber die Rebellion der Schriftstellerin nicht erklärbar.

Zu Annemaries Werk gehören, ebensosehr wie die Romane, über deren literarischen Wert sich allerdings diskutieren lässt, ihre Reportagen und die zirka 2000 Fotos in ihrem Nachlass. Zu den Fotos hat Linsmayer überhaupt kein Verhältnis; er beweist das durch die sagenhaft lieblose Aufmachung, die er ihnen im Buch angedeihen lässt. Das politische Werk kennt er anscheinend überhaupt nicht, sonst könnte er nicht derart inkompetent über Annemaries Aufsatz zur Lage der Schweiz im Jahre 1940 urteilen: ein brillantes Stück, das die Situation der totalen Abhängigkeit von den Achsenmächten auf den Punkt bringt. Nun sind aber gerade die politischen Reportagen und Essays dieser Schriftstellerin oft eindringlicher, spannender und manchmal sogar poetischer geschrieben als ihre literarischen Werke. Wenn man allerdings so auf die klassischen Formen fixiert ist wie Linsmayer, der Annemarie S. im Stil einer Staiger-Seminararbeit abqualifiziert, kann man das nicht merken.

Als postume Ohrfeige für diese antimilitaristische Schriftstellerin muss man im übrigen die Tatsache bezeichnen, dass sie nun im militaristischen Huber-Verlag erscheint, der fast alle Schriftsteller aus seinem Programm gestrichen hat; unter anderm auch die Autorin Laure Wyss. Besonders penibel ist ferner, dass der Schwarzenbach-Clan, der mindestens mitverantwortlich ist für die Zerstörung dieser Schriftstellerin, nun noch die Tantiemen für das neu aufgelegte Buch ‹Das glückliche Tal› einstreicht. Zynischer geht es wohl nicht mehr.

M., Zürich»

10. Januar

Ich telefoniere Karin und frage sie, ob sie in der Buchhandlung beziehungsweise im Verlag von M. beehrt worden sei? Sie muss lachen und sagt, ja, plötzlich hätte sie ein Telefon von der Zentrale bekommen, die hätten ihr M. angekündigt, sie hätte natürlich sofort gedacht, dass dieser Besuch mit mir in Zusammenhang stehen würde. Am Anfang hätte er von hundert anderen Dingen erzählt; in diesem «*Bücherpick*» (Das aktuelle Büchermagazin) hätte er auch mitgearbeitet beziehungsweise geschrieben, und im *Limmat*-Verlag, da würde es schon ein bisschen anders aussehen, worauf Karin antwortete, das könne sie sich vorstellen ... Also die Leute im Verlag hätten sie eigenartig angeschaut, dass sie diesen M. kennen würde. Und der Harry Heusser, Vertriebsleiter vom Verlag Orell Füssli, sagte ihr prompt, sie würde nun eine Lohnkürzung erfahren, wenn sie mit so linken Typen Kontakt hätte! Ironisch hätte er dies jedoch gemeint. Allerdings ist äusserste Vorsicht geboten: In einem derart bürgerlichen Verlag liegt wohl die Ironie und die Realität sehr nah beieinander. Da wäre ich nicht mal so sicher ... Nebenbei hätte M. dann gefragt, wann ich von Indien zurückkehren würde? Karin hätte wahrheitsgetreu gesagt, darüber sei sie nicht informiert – sie habe jedoch gespürt, wie er sich verloren gefühlt hätte: «Aus lauter Verlorenheit, weil du in Indien warst, ist er bei mir im Verlag aufgekreuzt.»

Warum ist er nicht zu seiner Freundin L. gegangen?
Diese Freundin L., die überall daran glauben muss?
Diese Freundin L., die er sich für die Öffentlichkeit konstruiert hat?

Die aber auch in der Realität existiert!

13. Januar

Ich liege unruhig im Bett, lese, warte sozusagen auf seinen Anruf – fällig wäre er. In der Nacht habe ich von ihm geträumt, sinnigerweise, da er schon so von meinem Leben Besitz ergriffen hat.

Und er ruft an, spricht rasant auf französisch, quasselt etwas von einer Werbeagentur, unbedingt müsse ich das sehen, er würde damit vorbeikommen. Ich frage, wo er sich befinde, er sagt: «Irgendwo in Wollishofen oder schon fast nicht mehr in Wollishofen.» Da ich, seit ich wach bin, schreckliche Kopfschmerzen spüre, fasle ich: «An der Grenze oder an der Schnittstelle oder am Rande von Wollishofen?» Er ist belustigt durch meine Wortspielerei und verspricht in einer halben Stunde bei mir zu sein. Ich schliesse die Türe auf. – Er klingelt, realisiert nicht, dass ich schon geöffnet habe. Ich bin bereits leicht betrunken, habe spritzigen Weisswein in mich hineingeschüttet. Oder bin ich nur «beduselt» von den starken Kopfschmerzen?

M. kommt also mit einer *«Schweizer Illustrierten»* angetrabt, ein für ihn ungewöhnliches Organ, das er da vor sich herträgt, zeigt mir den Schriftsteller Suter, der in ein paar Jahren erledigt sei, wenn er sich weiterhin so «verhuren» würde; zusammen mit dem Werber Aebi und anderen Gesellen ... Die Tätigkeit, die ein Mensch vierundzwanzig Stunden ausübt, bestimmt ja bekanntlich bei weitem die Ausstrahlung einer Persönlichkeit! Also wegen dieser Werbe-Typen kommt er extra von Wollishofen zu mir rüber. – Vom Weisswein und den Kopfschmerzen völlig an- und durchgekratzt – und treiben es trotz allem wunderbar *wild* zusammen.

Er meint, es sei schön, mich zu küssen, wenn ich vorher seinen Phallus geküsst hätte, mit meinem süssen Mund.

In der Küche entdeckt er dann «Melbrosia» (sehr zu empfehlen für alle geschwächten Menschen), nascht eines; überhaupt hat M. Hunger, ich frage, ob er schon gespiesen hätte, und biete ihm ein Joghurt an.

Dann zeige ich ihm die Fotos von Bhopal, M. ist sichtlich beeindruckt von der «Union Carbide». Das Denkmal für die Opfer, eine Mutter, die ihr Kind an sich drückt: *«No Hiroshima, No Bhopal, We want to live»*, findet er sehr gut, und ich meine, es sei schändlich von den Amerikanern, sich weigern zu wollen, Zahlungen und Abfindungen an die Inder zu machen, und das Argument an die indische Regierung, es sei sowieso verboten gewesen, Behausungen und Hütten so nahe bei der «Union Carbide» zu bewohnen, sei ein Zynismus sondergleichen, wenn man die indische Situation der Behausung, vor allen Dingen der *«Nicht-Behausung»*, kennen würde.

Er teilt mir mit, in der *«Züri-Woche»* würde nun von ihm eine Entgegnung, eine Gegendarstellung gegen den Schaufelberger abgedruckt, das müsse dann aber auch überall publiziert werden, so wie der Schaufelberger das an das *Farner-Büro* zur Verteilung delegierte. Nun müsse er noch telefonieren, mit dem Peter Wanner, mit diesem hätte er in Paris studiert, und da hätte dieser «nicht links genug sein können». Den Schaufelberger-Artikel hätte er aber nun doppelt so gross im *«Badener Tagblatt»* abdrucken lassen. Er telefoniert also diesem Renegaten, stellt zwei verschiedene Nummern ein, aber an beiden Orten ist der Wanner nicht zu erreichen.

Ich frage ihn, ob er sich vorstellen könne, wie ich mit fünfzig aussehen werde? Er meint ja, dann würde ich erst «richtig gut» aussehen. Ich witzle, meine, ob er sich selbst vorstellen könne, sich, M., mit achtzig Jahren? Ich fahre fort, ich würde bestimmt noch heiraten, wenn ich einen «schönen» Mann fände. Er jedoch meint, ich sei viel zu selbständig, um mich zu verheiraten, ich erinnere ihn, er hätte mir doch gesagt, er wolle einmal etwas ganz Bürgerliches tun, und ob das dann wohl seine, M.s Verheiratung sei? Er bleibt indifferent. Ich will von ihm wissen: «*Was findest du denn eigentlich an den Frauen besser als an den Männern, ausgenommen den Sex, den du bei den Frauen holst?*» Er meint, die Frauen seien schon intelligenter, einfach einfühlsamer, und könnten Sachen besser verstehen.

Angezogen legt er sich nochmals mit den braunen Manchesterhosen aufs Bett, jenen Hosen, die ich an ihm am meisten liebe – da wirkt er wie ein Junge, ein «flügger» Junge. Ich ermahne ihn, mir endlich die Kopie des Briefes, den er an Laure Wyss schrieb, zu senden. – Er weicht aus, sagt, er müsse dringendst die Wohnung aufräumen, er hätte ein heilloses Puff, und eigentlich könnte ich ihm helfen, aufzuräumen. Schlagfertig wehre ich mich, indem ich dagegenhalte, dass er dies von einer selbständigen, selbstbewussten Frau nicht verlangen könne, die ich ja nach seiner Meinung bin.

21. Januar

Ich warte gespannt auf das Telefon von M. Und schon ruft er um viertel vor sieben Uhr an. Aufgrund der Aktion im Frauenzentrum, Mattengasse 27, Zürich, befinde ich mich natürlich in einer Spannung! Und ob M. das Flugblatt, verfasst von Sara C., «*In Sachen Annemarie Schwarzenbach*», gesehen hat? – Heute morgen wäre es mir fast egal gewesen, wenn wir uns deswegen für immer getrennt hätten. – Das Gespräch beginnt er mit «Bonsoir». Zuerst bin ich ein wenig atemlos, «leicht sprachlos», er hingegen fragt nicht das Obligate, eine seiner lieblichen Dummheiten wie «Qu'est-ce que tu portes sur toi?» Er fragt konkret nach dem Allgemeinzustand. Beide sind wir im wahrsten Sinne des Wortes befangen. Ich wehre ab: «Il y a tant de confusion ici, comme jamais auparavant.» Er lenkt ein, dann müsse man das bereinigen, er wolle kommen und zum Rechten schauen ... Was mir sofort auffällt, dass er ausserordentlich ruhig ist, angenehm ruhig. Er meint süffisant, er müsse mir den Artikel von Stefan Keller «*Leb wohl, lieber Wald*», über Muschg und die St. Galler Waldhandschrift vorbeibringen. Ich sage, ich hätte das in der «*WoZ*» bereits gelesen. – Er aber lässt sich nicht beirren, fragt, ob es o.k. sei, wenn er gegen acht Uhr vorbeikommen würde. An vielen Sitzungen und Beratungen sei er gewesen – und verabschiedet sich mit «Salü».

Wie es draussen «schellt» und ich ihm die Türe öffne, steht er weiter weg als sonst. Mit seinen geschnittenen Haaren steht er da wie ein Kunsthochschuldirektor! In der Wohnung öffnet er dann gleich den Kühlschrank, und wir leeren den

«Veuve Clicquot Pousardin», stossen mit diesem quirligen Champagner an, heimlich denke ich: für die gelungene Schwarzenbach-Lesung. Wahrscheinlich denkt M., der Dienstagabend bedeute nur ein «flippiger Ausrutscher» meinerseits ... Natürlich bringt er die *«Züri-Woche»* mit seiner Entgegnung gegen den «Turnhallen-Typ» Schaufelberger mit: *«General Wille, autoritärer Polterer und Antisemit».* Auch das habe ich bereits gelesen. Ich sage, die Foto vom General wirke direkt human neben seiner, er sagt leicht ironisch, ich solle nicht frech werden ... Und tatsächlich, wenn ich ihn so auf dem Bild anschaue, dann kann ich mich einfach des Eindrucks nicht erwehren, dass da eine Wahlverwandtschaft sichtbar wird: Das rechte Auge, das alles verzeiht; die Güte, die Humanität einer Person, dann das linke; das hypersensible, das kritisch-kämpferische und hirndurchwühlende.

Natürlich ist momentan nur er mit seiner *«Wille»*-Geschichte wichtig. Er nennt mich heute wieder einige Male «freche Hexe», dieser Ausdruck ist wieder in ihm erwacht, diese magische Benennung, in die er alles mit einschliesst. Ja, am Dienstag, da war ich allerdings eine Hexe, eine verschworene, mit noch vielen anderen verschworenen ...

Wir treiben es heute sehr virulent, wobei ich das Ganze ankurble, er weiss, dass ich wegen des Bluts besonders scharf fühle.

Als er beschliesst zu gehen, sagt er leichthin «Mach's guet!» Ich entgegne: «Du auch.» Es verlockt ihn zu einem komischen Grinsen.

Ich beschliesse zu einem Psychiater nach Rapperswil zu gehen, um von M. loszukommen.

28. Januar

Das Telefonsignal zerrt mich aus dem Morgenschlaf: er, M., hätte in Langenthal eine Lesung gehabt, ehemalige Untertanen (Nachfahren) des Wille-Clans hätten geredet, aufschlussreiche, interessante Details hätten sich ergeben, er müsse sofort bei mir vorbeikommen, in einer halben Stunde, um mir alles zu rapportieren.

Ich gebe ihm eine Kopie des Artikels von Burkhard Müller-Ullrich im «SORTIMENT»: «*Annemaries Freunde, Eifersüchteleien um literarische Entdecker-Ehre*», da ist auch die Rede von M.: «*Dass man in diesen Kreisen einem Linken vom Schlage Perrets keinerlei Zugeständnisse machen wird, dürfte – nach M.s erst in der ‹Weltwoche› und inzwischen auch als Buch (bei Limmat) veröffentlichten Ermittlungen in Sachen Ulrich Wille umso klarer – auf der Hand liegen.*» Fürchterlich regt er sich über diesen Satz auf, er sagt, jetzt müsse er sofort dem Perret anrufen, ich suche ihm die Nummer heraus. Also Perret am Draht, M. fragt ihn, ob er diesen Artikel im «SORTIMENT» schon gelesen hätte. Perret schlägt M. vor, ihm doch nach Hause zu telefonieren, am Nachmittag sei er dort zu erreichen.

Dann hat er seine Telefonanrufe zu erledigen, fragt nach der Geschäftsnummer eines Willi Haller, und nachher ruft er noch einem Herrn Doswald in Bremgarten an, der hätte ein wunderbares altes Haus mit einem Kellertheater. Also dieser Herr Doswald verwickelt M. in eine aufregende Story. Amüsant zu hören, wie er sich mit seinen Verehrern unterhält. M.s Kommentare zwischenhinein: «Ja, haben Sie das erlebt, das ist ja wahnsinnig», lacht und meint: «Ja, das war auch so ein Rechtsextremer.» Wiederholt sich beständig: «Ist ja wahnsinnig, das ist ja hochinteressant.» Der Name von Erlach fällt und: «Ganzer Clan an einer Lesung», und dann der Vollbluthistoriker: «Da lesen Sie in keinem Geschichtsbuch etwas darüber!». Im Zusammenhang mit dem Namen Ernst Schrämli «rastet er fast aus», poltert: «Eine totale Sauerei und ein Skandal» – und da beginne die Vergangenheitsbewältigung ... Er sagt dann noch, dass im Herbst *über ihn* ein Buch rauskommen würde, und erzählt diesem Mann etwas in bezug auf die Plakat-Illustration von «*Golo Mann liest Gespenstergeschichten*» – M. gibt ihm dann die Adresse von der «*Züri-Woche*» und fordert Herrn Doswald auf, ihm unbedingt eine Kopie des Leserbriefes zu senden.

Wie er dann aufhängt, fragt er mich, ob ich diese Idee mit dem Plakat von Golo Manns «*Gespenstergeschichten*» gut fände. Ich zeige keine Begeisterung, bleibe relativ cool, bin im Moment zu müde, um den genauen Sachverhalt zu hinterfragen. Manchmal benötigt er meine ganze Zustimmung, wie ein kleines Kind, und wenn ich nicht gleich «Feuer und Flamme» bin, zieht er sich leicht enttäuscht zurück.

Er meint, das sei unwahrscheinlich gewesen, was ihm dieser Doswald erzählt hätte! Der hätte von Rudolf von Erlach berichtet, und dass der schon zu Lebzeiten sehr verhasst war. Seinen Leichnam hätten sie in einem Waggon nach Basel fahren sollen – irgend jemand hätte diesen Leichnam jedoch rausgenommen, denn wie sie in Basel ankamen, war er nicht mehr da drin, die Beerdigung wurde dann abgehalten und die Leute hätten nicht gewusst, dass sein Leichnam nicht da war. Also diese Story wolle der Doswald als Leserbrief der «*Züri-Woche*» zusenden ...

M. entdeckt dann das Buch von Katia Mann «*Meine ungeschriebenen Memoiren*», die von sich sagte: «*Ich habe tatsächlich mein ganzes, allzu langes Leben immer im strikt Privaten gehalten. Nie bin ich hervorgetreten, ich fand, das ziemte sich nicht.*» – (Über ihr Leben in der Familie Mann.) Er ist sehr neugierig darauf, meint, diese Katia Mann sei wirklich eine sehr schöne Frau gewesen, und je älter sie geworden wäre, desto edler, äussert sich dann aber trotzdem dahingehend, auf gewissen Bildern hätte sie gegen das Alter harte Züge bekommen. Ich meine resolut: «Das bleibt wohl niemandem von uns erspart.» Wie er so das Buch durchblättert, sagt er, der Nachlassverwalter von Mann, Prof. Wysling an der Uni Zürich, hätte herausgefunden, dass Thomas Mann seine eigene Tochter «gefickt» hätte, das könne man sogar aus gewissen Stellen herauslesen ... Wie ich ihn frage, wem er seinen Nachlass übergeben wolle, meint er: «Dem Coop» – wir lachen schrill. – Ich frage, wie er es fände, wenn *ich* das erledigen würde? Er räsoniert, in dreissig Jahren wäre es wohl soweit, dass ich seinen Nachlass verwalten könnte. Plötzlich merke ich, wie arrogant meine Frage war. Aus dem simplen Grund, weil er fast zwanzig Jahre älter ist als ich. – Wie banal und überheblich ich mir vorkomme! Ich, die ich andauernd von Todesadlern umflogen bin, meine, ohne nachzudenken, ihn zu überleben? Trotzdem bin ich erstaunt, wie hoch er seine Lebenserwartung ansetzt: achtzig Jahre, ich selber rechne allerhöchstens mit fünfundfünfzig. «Er wird mich noch überleben», schiesst es mir durch den Kopf! Rot wird Gelb und Schwarz wird Weiss ...

Gelangweilt erzählt M., am Montag würden die vom *«Blick»* in seine Wohnung kommen, würden da filmische Aufnahmen machen; er sehe sich nun gezwungen, Ordnung zu machen! Ich lache und entgegne ihm, das sei schön bürgerlich von ihm, wegen denen vom *«Blick»* aufzuräumen, er solle die doch «schocken» mit all seinem Papier und den herumliegenden Büchern. Er schaut mich süffisant an, abwartend, weiss nicht so recht, ob er meinen Ratschlag befolgen soll.

31. Januar

Gespräch mit Maria: Sie erzählt, sie habe das *«Wille»*-Buch passagenweise gelesen und Stellen drin gefunden, die unwahr oder zumindest ungenau sind. – Sie sei bei Cory Wille gewesen; da sei ein *«Wille»*-Buch von der Ines Bauer aufgelegen und folgende Widmung dringestanden: *«Herzlich und vielen Dank»*, unten die Unterschrift von *«M.»*. – Auf dem Gut Mariafeld würden heute etwa vier Familien woh-

nen, die Geld-Konzentration sei heute nicht mehr so enorm.
– Das «*Wille*»-Buch würde vor allem die High-Society kaufen; gewisse Leute seien nun richtig schadenfreudig, dass endlich die Familie Wille drankomme. –

Frau Bühler erzählt mir: Ully Wille (Sotheby), ein Neffe von Franz Wille, hätte das «*Wille*»-Buch gerichtlich verhindern wollen. Franz Wille (der Anwalt) hätte jedoch gesagt: «*Um Himmels willen, lassen wir die Finger davon, lassen wir es so, wie es ist; wir sind doch ganz gut weggekommen; so sauber ist auch nicht alles gewesen!*»

3. Februar

Ich leide, dass M. nicht eher wieder anruft, ungeduldig bin ich geworden.

Alfred A. Häsler hat in irgendeinem Zusammenhang den folgenden sehr guten Satz gesagt: «*In der Geschichte und auch im persönlichen Leben tritt eine Wende meist erst dann ein, wenn ein Ende sichtbar ist.*»

Noch ist hier kein Ende abzusehen! So süchtig, wie wir beide sind!

6. Februar

Aufgrund des überspäten Freitagabends, frühen Samstagmorgens, realisiere ich, dass M. seine wöchentliche Kost noch nicht bekommen hat, als ich das Telefon abnehme, bin ich hässig, unzufrieden und aufgebracht. M. kommt mir jetzt gerade «gelegen», aus unerklärlichen Gründen konnte ich gestern abend eine Frau nicht treffen ... Ich schreie ihn an: «Schön, dass du mit so vielen Frauen schläfst, ich habe Angst und möchte nicht an Aids sterben!» Er sagt seelenruhig: «Du weisst genau, dass es da nur noch die *polnische*

Krankenschwester gibt, und das zwischen uns läuft doch auf Vertrauensbasis, und das wegen Aids sollte klar sein.» Er wechselt sofort das Thema: «Ich war heute in Bern als Zeuge wegen der amerikanischen Botschafterin Whittesely» – und quasselt etwas wegen dem Sager vom Ostinstitut. Ich verstehe nichts, absolut nichts, bin total «verhangen im Kopf». Unmöglich kann ich noch irgendwelche Verbindungen im Kopf herstellen. Eine mottende, formlose Wut wegen des verpassten Rendezvous in mir ... In einer Viertelstunde sei er bei mir, ich interveniere: «Wir treffen uns nur noch in Hotels!» Er ist einverstanden, will nur noch das eine Mal bei mir in der Wohnung vorbeikommen, er müsse mir sowieso ein Gedicht zeigen.

Wie M. kommt, legt er sich gleich aufs Bett, und ich erzähle ihm vom Schizophrenen, den ich im Burghölzli besucht habe, der den signifikanten Satz äusserte: «*Das Geld den Reichen, die Polizei den Armen.*» – M. findet diesen Satz superb. Ich gebe aber zu, dass mich diese Besuche «dort oben» immer ganz müde machen würden.

Er ist der Ansicht, dass ich seit Indien geniesserischer und offener geworden sei. Er küsst meine beiden Brüste, zerrt sie mir fast ab mit seinen Zähnen; er behauptet, ich würde seine brutale Art lieben, die Zärtlichkeit enthalte.

Unerwartet kommen wir auf den Schwarzenbach-Abend an der Mattengasse zu sprechen, er behauptet, wir Frauen könnten nicht den Vorwurf erheben, dass jetzt Männer diese Frau in der Literatur entdeckt hätten, die Frauen hätten ja vorher kommen können, und diese *Spezies von Frauen* würden natürlich den Aspekt ausser acht lassen, aus was für einer Schicht die Schwarzenbach stamme. Die Schwarzenbach hätte überall herumreisen können, wenn man sich vorstelle: zu dieser Zeit nach Afghanistan, niemand sei zu dieser Zeit so weit gereist. Er sei sicher, an diesem Abend, an dem ich gelesen hätte, sei manch eine Frau von der *upper class* dagewesen und hätte nichts gesagt. Er behauptet, für diese Zeit sei die Schwarzenbach als Frau nicht unterdrückt gewesen, überall sei sie als Frau Schwarzenbach empfangen worden. Und warum die Annemarie, als Tochter des Schwarzenbach-Clans, diese politischen Reportagen über die Fabriken nicht in ihrer Clan-Heimat schrieb, sondern immer ins Ausland verlegte? Ich bin nicht einverstanden und frage ihn, M., ob er sich vorstellen könne, diesem Clan zuzugehören und die eigenen Fabriken in der Heimat anzuprangern? – Er hält daran fest, dass sie das hätte tun müssen. Und warum diese Frauen nicht die Renée angegriffen hätten, das sei die *grösste Lesbierin* gewesen, aber das gehe natürlich bei den Feministinnen nicht, *Frauen greife man nicht an.* «Diese Frauen» würden nur den weiblichen Aspekt sehen und alles andere ausklammern, aber das gehe natürlich nie gut, denn in dieser eingeschränkten Dimension könne man nicht denken. Er anvertraut mir, dass er auf der «*WoZ*»-Redaktion gehört hätte, jemand hätte «professionell» gelesen, und da hätte er sofort gedacht, das sei ich gewesen. Er will wissen, wieviel Frauen dagewesen seien?

Das Buch von der Katia Mann hätte er gelesen, sehr spannend sei das. – Ich sage ihm, dass ich geträumt hätte, er habe für sein literarisch-publizistisches Schaffen von der Stadt St. Gallen einen Preis erhalten. Er schaut mich entgeistert an und meint sinnierend, nur der R. Hilty hätte ihn bekommen ... Wie ich ihn auf das Gedicht anspreche, das er mir zeigen wollte, rückt er stattdessen eine Foto heraus und stellt mir die Frage, ob ich errate, wer das sei? Ich erkenne den 16-, 18jährigen Philosophen mit den auffallend schönen Augen und gleichmässigen Zügen nicht (Friedrich Nietzsche). Dafür zeige ich ihm zwei Gedichte von mir, eines aus meiner Rom-Zeit, das gefällt M. sehr gut, da sei ich sehr ursprünglich. Wir kommen dann auf das Gedicht zu sprechen, das ich vor einem halben Jahr der «*WoZ*» sandte, ich meine, es wäre eine Kleinigkeit für ihn gewesen, wenn er seinem «Freund» Simmen gesagt hätte, dieses Gedicht sollen sie nehmen – aber jetzt sei es mir egal, ich werde schon noch ohne seine Hilfe rauskommen. Höllisch aufpassen muss ich, dass ich in keinen meiner *Schreikrämpfe* verfalle.

Also die «*Rincoswiss*» vom «*Blick*» hätte seine Wohnung beehrt, wollten unbedingt ein Statement von ihm ... M. will jedoch nicht weiter von diesem Besuch erzählen. Der Schaufelberger hätte in der «*Züri-Woche*» wieder eine Entgegnung auf seine Entgegnung geschrieben, der müsse immer das *letzte Wort haben!* Wir schauen zusammen das «*Pro*» an, in welchem anlässlich Wallraffs Auftritt im Grossmünster ein linkisch dummer Artikel erscheint, «*Meienberg, Bichsel und alle nicht genehmen Pfarrleute*» angegriffen werden. M. regt sich natürlich über diese «*Provinz-Postille*» auf!

Ich mache ihn darauf aufmerksam: Wenn ich mir das mit der *polnischen Krankenschwester* durch den Kopf gehen lasse, sei das nicht schön für mich! Er erklärt, das müsse ich mir nicht im Kopf überlegen. Ich teile ihm mit, ich würde mich eine Zeitlang nach Wollishofen verlegen, ich würde ihm die neue Telefonnummer noch mitteilen, oder eigentlich auch nicht, er hätte ja seine *Krankenschwester.*

Um drei Uhr morgens verlässt er mich. Ich überlege, dass diese «*Wille*»-Story ihm trotz allem endlich den nötigen Boden unter die Füsse gebracht hat; er läuft nicht mehr so wie ein grimmig-verwahrloster Bär umher wie zu Pariser Zeiten.

11. Februar

Momentan wohne ich in Wollishofen, ich bin noch wach, hatte Besuch. Auf gut Glück versuche ich M. zu erreichen, siehe da, die Eisfeldstrasse ist noch erreichbar ... (Dem Bewohner der Wohnung, in der ich momentan hause, habe ich versprochen, M. nicht in die Wohnung hereinzulassen.) Ich kann nicht widerstehen! Er teilt mit, vor einer halben

Stunde hätte er auf der Autobahn versucht, mich zu erreichen, und ob ich in meiner Wohnung sei. Er komme eben von einer Lesung im Aargau. Ist das keine telepathische Verbindung? Ich erkläre ihm, wo ich mich befinde, erkläre ihm das genau, gebe ihm auch die Telefonnummer, er sagt, in dreiviertel Stunden sei er bei mir. Es dauert unheimlich lange, plötzlich klingelt das Telefon, M. sagt, er befinde sich auf der Höhe Morgental, bei der Kirche, und wisse nicht weiter. Es ist beruhigend für mich, dass auch andere einen schlechten Orientierungssinn haben ... Ich erkläre, dass er vis-à-vis der Post Wollishofen die Seitenstrasse rauf muss – er ist gereizt, ungeduldig. Ich hänge dann ein: Aber weit gefehlt, wenn ich denke, nun hätte er die Renggerstrasse gefunden, das Telefon klingelt noch einmal, er fragt nochmals die Nummer der Strasse, und jetzt würde er es bestimmt schaffen!

Als er zur Tür reinkommt, bemerke ich blitzartig, wie zivilisiert er angezogen ist, ein blau-weiss-gestreiftes Hemd, darüber ein braves blaues Gymnasiasten-Pullöverlein. Schuhe trägt er heute wie ein lässiger Werbetyp, und die Haare verdächtig gestutzt, wie wenn er eben das Doktorat geschafft hätte. Ich teile ihm mit, ich würde mich in dieser Wohnung wie in einem Hotel fühlen, das würde mich inspirieren. Ich bin heute nacht wild und süchtig nach dem Hemingway-M., auch er meint, es sei erotisierend wie in einem Hotel. – Wir treiben es im Bett des Wohnungsinhabers, ich zünde eine Kerze an, er holt eine Ständerlampe vom Living-room und steckt sie ein.

Um ihn zu später Stunde ein bisschen zu ärgern, zeige ich ihm ein Buch von Elisabeth Schnack: «*Grotesken*», und von Hermann Burger: «*Der Schuss auf die Kanzel*». Also da enerviert er sich dermassen über die Gewehr-Illustration vorne auf dem Umschlag, dass ich nachdopple: «Als ob wir nicht schon genug von diesen in den Schweizer Schränken hätten.» Also dieses Gewehr sei recht lieblos, und er solle das

Buch weglegen. M. stänkert, er fühle sich nicht wohl in dieser Wohnung, ich kontere: «Ja, das ist eben die Wohnung eines Junggesellen, und sechzig wirst du auch einmal.» Er behauptet, ich würde das hier nicht lange aushalten, das sei nicht gut für mich! M. gibt zu bedenken, dass er sich in dieser Umgebung nicht konzentrieren könnte, ich erzähle, ich könne plötzlich besser verstehen, wenn in der Zeitung stehen würde, jemand sei gestorben und man hätte fast nicht zum Toten vordringen können ob all der Gegenstände in der Wohnung. M. meint, *oder wenn ein Toter tagelang in der Wohnung liege ...*
Er schenkt mir eine Broschüre vom Limmat-Verlag: *«Lessing hätte nicht anders gehandelt, Heine ohnehin nicht – Eine Aufklärung.»*
Ich frage ihn, ob er sich vorstellen könnte, dass ich eine Prostituierte wäre und hier die Gäste empfangen und pro Person fünfhundert Franken verlangen würde? Er schaut mich gross an, ist nicht besonders angetan von meiner Phantasie.

Morgen müsse er nach Genf, er sei vom welschen Fernsehen eingeladen, es sei schon eine Schande, dass das Deutschschweizer Fernsehen ihn noch nie eingeladen hätte. Ich interveniere: «Sie haben es halt nicht besonders gerne, wenn du gegen *Leutschenbach* revoltierst!» Dazu murmelt er etwas. Er gehe morgen mit dem Zug, da könne er noch was arbeiten. Ich sage, ich hätte Marie José Kuhn wegen meines «*Wochengedichts*» nach Bern angerufen, und diese Frau sei also entgegen all seinen «Geschichten», die er von ihr erzählte, sehr nett und sympathisch am Telefon gewesen. Er räumt ein: «Ja, mit dir, aber mit mir nicht!» Ich denke mir: Hätte ich mich dummerweise nicht an ihm «festgefressen», wäre ich wahrscheinlich auch so mit ihm wie Marie-José Kuhn! (Wenn ich wüsste, dass morgen *«Züri-Hünd»* von M. in der *«WoZ»* erscheinen wird ... –)

Wir zwei, M. und ich, in dieser übervollen Wohnung, diese Tragikomödie ist schwer vorzustellen. Er sagt dann, er würde gehen, es ist ihm sprichwörtlich unheimlich in diesen vier Wänden, er verspricht, er komme mich wieder mal besuchen.

Hier oder in Oerlikon?

1. März

Ich komme eben aus Italien zurück, sobald ich den Fernseher anstelle, holen mich vereinzelte Sprachfetzen ein: heute im *Zischtigs-Club,* Korpskommandant und Schriftsteller ... Welcher Schriftsteller in diesem Land steht in Verbindung mit Korpskommandanten?

Seine Popularität geht mir auf die Nerven, ich hoffe, das hört irgendwann auf, ich bin richtig aggressiv. Bestimmt wird er mich heute nach der Fernseh-Sendung anrufen.

Im heutigen *Zischtigs-Club* folgende Leute: Gesprächsleiterin Isabel Baumberger, M., Schriftsteller, Journalist, Hans Conrad Peyer, Historiker, Martin Pestalozzi, Geschichtslehrer, Aarg. Vaterländische Vereinigung, Jakob Tanner, Historiker, Josef Feldmann, Korpskommandant FAK 4, Catherine Boss, Geschichtsstudentin.

Das muss man sich vorstellen, diese Zusammensetzung: Alle hierhingekommen wegen «Wille und Wahn». Und man muss sich vorstellen, dass die süsse, kleine Geschichtsstudentin Catherine Boss neben M. sitzt; auf einem Ledersofa und er auf einem Allerwelts-Stuhl. Das Amüsante am ganzen Abend ist tatsächlich, dass dieser Conrad Peyer M.s Namen nicht korrekt ausspricht – das tönt dermassen absurd, dass ich hätte schreien können vor Lachen. Von der verspielten Studentin Boss nimmt M. in der Sendung Zigaretten und Feuer, das bringt mich vor dieser Flimmerkiste dermassen in Rage ... vor lauter Verzweiflung hätte ich gleich losheulen können. Fast wie einen Heiligen schaut die Baumberger M. an, die Boss legt sich für M. «schwer ins Zeug», plädiert quasi für seine Art der Geschichtsschreibung. Sie spricht nicht schlecht, aber ihre Lebenserfahrung bezüglich Männer muss gleich Null sein, sonst hätte sie ihm notgedrungen als Frau auch kritische Fragen gestellt. Der Feldmann hat meines Erachtens intelligent geredet. M. und dieser Feldmann ... und ich registriere genau, wie er von allen «verhätschelt» wird. Der einzige, der ihn duzt, ist Martin Pestalozzi, M. jedoch spricht ihn mit «Sie» an ...

Es geht mir wieder durch den Kopf, dass der Wille trotz allem menschlicher als M. war, der hat seiner Frau wenigstens Briefe gesandt. Er hat mir noch nie etwas in schriftlicher Form zukommen lassen.

Wanda, meine Freundin in Rom, ist der Meinung, meine Notizen über den «rivoluzionario» kämen einer «vendetta» gleich!

Kann jemand behaupten, dass dies *vendetta* sei?

Hat M. den Film *«Fatal attraction»* gesehen – weiss er, was für Explosiv-Kräfte in der Frau schlummern?

Heinz Coubier schreibt über George Sand: «*Fast alle sind sie übersensibel, fragil. Sandeau, Chopin, Manceau sind schon bei der ersten Bekanntschaft vom Lungenleiden gezeichnet, Musset ein gefährlicher Neurotiker. Diese Männer sind an der mitgebrachten Krankheit zugrunde gegangen, nicht an ihr. George Sand hat sie unter ihre Obhut genommen. Sie muss pflegen, behüten, beschützen.*»
Ich aber möchte weder *pflegen* noch *behüten und beschützen*.

Ich möchte ein befreites Leben führen. Wie wäre das, würde ich M. töten? Tschanun hat *vier* Menschen umgebracht!

4. März

M. telefoniert und bedankt sich für die Karte aus Verona, fragt, ob ich schon wieder hier sei, ich sagte tonlos: «Non, je suis pas encore ici.» Ich eröffne ihm, ich würde jetzt definitiv heiraten, er sagt lakonisch: «Endlich.» Will wissen wen, ich meine trocken: «Einen Römer.» Ich frage M., ob er an die Hochzeit komme, welche im Tessin stattfinde. Er ist bereit teilzunehmen, ist ihm in der Summe sympathisch. Er meint, ob ich in einer halben Stunde noch da sei?

Sowie er am Saatlenzelg ist, fängt er an, vom grossen Auftritt an der Uni zu erzählen, ein totaler Erfolg sei das gewesen, das Auditorium berstend voll, ich sage schnippisch: «Wie bei mir im Schauspielhaus.»

Die Rede kommt dann auf meinen zukünftigen Mann, M. will wissen, ob er reich sei, ich erwidere mit einem abschätzigen Blick auf ihn, ich würde doch keinen armen Mann heiraten – er sagt, recht hätte ich, ich kontere jedoch: «Geld hat mir nie etwas bedeutet.» Er ist jedoch anderer Meinung, Geld sei immer gut, Geld könne nie schaden. –

Ich präsentiere ihm das Buch «Il poeta e il tempo», «meine» Schriftstellerin, die ich in Italien entdeckt habe: Marina Cvetaeva. Ich spreche ihn darauf an, die Medien würden jetzt einen *Star* aus ihm machen, das sei das Wesen des kapitalistischen Systems, es grassiere im Moment eine *M.-Sucht!* Auch er findet das und es ist auch in seinem «Volksrecht»-Interview nachzulesen.

Ich merke genau, dass ich ihm nicht ernsthaft böse sein kann, wegen nichts. Es fällt mir auf, dass er heute seinen einen Fuss wieder komisch hinten nachzieht ...

5. März

Wie er auftaucht, bin ich ziemlich «daneben» und spreche ihn darauf an, er solle mir endlich die vielen Bücher zurückbringen, die er von mir horte, allen voran die «Bakunin»-Biografie; und jenen berühmten Brief, den er an seine Schriftsteller-«Freunde» verschickt hätte, habe ich noch immer nicht. Er entschuldigt sich, einen ersten Schub hätte er in seiner Wohnung bereits aufgeräumt. – Ich frage, wie er das finden würde, wenn er mir ein *«Wille»*-Buch schenken würde? Er wundert sich, dass er mir noch keines überreicht hat.

Ich habe die Vorstellung, dass er heute so lange in mir drin bleibt, bis ich sterbe. Stürmisch ist er, intensiv prallen wir aufeinander.

Ich sage: «Tu es en train de devenir riche», und er könne doch eigentlich schlecht mit Geld umgehen. Er sagt ja, das stimme, da sei es eben schon etwas anderes, wenn man aus meiner Schicht komme und gelernt habe, mit Geld umzugehen, da würde ich wohl keine Schwierigkeiten haben. Ich streite das ab, meine, ich hätte mich von meiner Familie weitestgehend abgesondert, er würde ja sehen, in was für einer Wohnung ich hier lebe. Und überhaupt habe das nicht immer etwas mit der Schicht zu tun, es gäbe auch traditionell reiche Leute, die das «Geld zum Fenster rauswerfen würden». Trotz meiner Einwände muss er nochmals betonen, dass er sich seinen heutigen finanziellen Stand selber erarbeitet hätte, wir «Oberschichtler» jedoch könnten in jeder Situation nach Hause rennen!

Wir erörtern dann die *Zischtigs*-Club-Sendung, ich frage ihn, ob er es nicht mit der Geschichtsstudentin versucht hätte ... Er meint abwehrend, die sei ja so klein, der würde er nur was kaputtmachen. Dann schlage ich ihm die Isabel Baumberger vor, da reagiert er jedoch entschieden abweisend, das sei gar nicht sein Frauen-Typ!

Ich will wissen, wie der Bernhard-Theater-Abend mit der Marga Bührig gewesen sei, er gibt schlecht Auskunft, das heisst, ich muss ihm förmlich die Fäden aus der Nase ziehen – er sagt mürrisch, der Zeindler als Gesprächsleiter sei halt immer schlecht vorbereitet, dieses Buch von Marga Bührig über Religion sei jedoch sehr interessant, und die Leute hätten gute Fragen gestellt.

Beim Hinausgehen sagt er altväterisch, ich sei verschnupft, und das rühre bestimmt noch von der Italienreise her.

11. März

Die Popularisierung von M. schreitet voran: Morgen Samstag hat er mit *Ursula Koch am SP-Fest um 18.30 Uhr im katholischen Pfarreizentrum in Effretikon* seinen Auftritt. Und auch morgen wird auf *SW 3 unter dem Titel «Zürich» um 19.30 Uhr M.* zu sehen sein. Das SP-Fest beginnt eine Stunde früher wie die Fernsehsendung – es wäre praktisch möglich, wieder rechtzeitig vor der «Flimmer-Kiste» zu sitzen.

Kann sich jemand vorstellen, dass Rimbaud oder Baudelaire an solchen SP-Veranstaltungen geredet hätten? Das exquisit Besondere von M. nimmt mit dieser *«Wille»*-Vermarktung zunehmend ab. Natürlich hat er heute weitestgehend den Punkt erreicht, den er erreichen wollte. Natürlich glänzender erreicht als etwa mit dem geplanten Theaterstück über Coninx.

Es bleibt mir im Moment nichts anderes übrig, wie zu warten, bis dieser M.-Boom vorbei ist. Ist der Rausch erst mal verflogen, wird er erneut auf sein problembeladenes Ego zurückgeworfen. Und ich werde mir dann die neuen «Wehwehchen» anhören müssen.

14. März

Die Gedanken an Selbst-Tötung reissen nicht ab. Diese Schmach, als kleiner Wurm neben ihm zu existieren, ist belastend.

Ich frage mich, wofür ich mit einer solchen *Ausweglosigkeit* bestraft werde?

Wie eine Ertrinkende halte ich mich an *Mascha Kaleckos* Zeilen fest:

Geh dem Leid nicht entgegen, und ist
es da, sieh ihm ins Gesicht, es ist vergänglich
wie Glück. Sei klug und halte Dich an
Wunder: die sind lang schon verzeichnet im
grossen Plan.
Jage die Angst fort und
die Angst vor den Ängsten
Die Wunde in Dir halte wach (unter dem Dach)
zerreiss Deine Pläne.
Erwarte nichts, hüte besorgt Dein Geheimnis;
auch der Bruder verrät.

16. März

M. kündigt an, er würde schnell vorbeikommen und mir das «*Wille*»-Buch vorbeibringen, ich sage lässig: «Oh, ce n'est pas important, ce n'est pas le monde.» M. korrigiert: «Non, pas le monde, mais le demi-monde.» Ich lache eruptiv über sein Wortspiel. Wieder einmal habe ich genau wahrgenommen, welches Rollenspiel zwischen uns am Telefon jeweils abgeht: Ich bin zu Beginn die trotzige kleine Tochter, er der beruhigende, auf Ausgleich bedachte M.-Vater. Ich benehme mich also nonchalant, meine, diese ganze «*Wille*»-Story hätte ich schon im Sommer in der «*Weltwoche*» gelesen, ich wüsste eigentlich, um was es geht, er meint, nein, ich sei noch längst nicht über alles informiert, es hätte jetzt ein «supplément» ... Er würde jetzt sofort vorbeikommen! Erstaunlicherweise bringt er das Brecht-Buch mit, ich fühl' mich zerfahren, er hängt sich gleich an den *Kühlschrank*. M. sichtet einen Schafkäse, und siehe da, er ist weg ... wie ich bemerke, wie hungrig er ist, biete ich ihm Brot dazu an: Er ist des Lobes voll über den Schafkäse, fragt, von wo ich den hätte? Ich erkläre: «Mi ha portato un amico di Firenze.» Kleine, unbedeutende Lügen glaubt er meistens. Ich fordere ihn auf, mir eine von seinen «cigarillos» zu geben. Er ist leicht geblockt. Ich glaube, er ist sich seiner materiellen Engherzigkeit nicht bewusst, *trampelt einfach wie ein Kind durch die Landschaft* ... Er zeigt mir einen Brief von der Universität Bern, von Albert Tanner, der ihn über sein Vorgehen bezüglich der «Wille»-Arbeit lobt und mit ihm, M., einen Diskurs wünscht. Ein sehr ansprechender Brief, meine ich. –

Er beginnt von Hargitly und seiner neu lancierten Zeitschrift zu erzählen, der hätte ihn doch tatsächlich angefragt, ob er etwas schreiben könne, er hätte natürlich abgelehnt; wahrscheinlich auch, weil meine Freundin Evalina ihm entsprechende Geschichten von Hargitly mitgeteilt habe. Der hätte alle berühmten Schriftsteller, wie zum Beispiel auch den Federspiel, angefragt, und alle hätten abgelehnt: Nun würde eine Adrienne Theimer in die Bresche springen. Früher oder später richten sich die Untaten immer gegen einen selber.

Vielleicht täusche ich mich, wenn ich meine, mit seinem Erfolg würde er nun viel mehr Frauen bekommen. Bei M. ist die Dauer einer Freundschaft massgebend, vielleicht sind meine Emotionen und Ängste ganz einfach neurotisch und unberechtigt. –
Er stellt den Fernseher an, es ist etwa halb acht Uhr, da werden wir mit den unerfreulichsten Neuigkeiten konfrontiert: Michael Dreher mit seiner berühmt-berüchtigten Aussage, aufgrund welcher man ihn zur Auto-Partei ausschloss,

Brown Boveri mit dreitausend Entlassungen, und so weiter ... Ich registriere, wie gewisse Meldungen M. richtiggehend *erschüttern.*

Beim Hinausgehen bemerkt er, beim «Wille»-Buch müsse ich besonders hinten gut lesen, wer da alles aufgeführt sei, ja, und ich schaue wirklich. Eine masslose Wut überfällt mich, denn da steht auf Seite 220: *«Um die Erfassung und Auswertung dieser Fotos, etwa 1000 an der Zahl, welche den Zeitraum von 1902–1935 beschlagen, hat sich Loris Scola in wochenlanger Arbeit verdient gemacht, wofür ihr hier der wärmste Dank ausgesprochen sei.»* Und auf der hintersten Seite (Seite 230): *«Marie-Louise Bischofberger, die eine heikle Mission am rechten Zürichsee-Ufer übernommen hat.»*

Aufheulen hätte ich können; eignen sich die «Gespielinnen» wie ich nur zum Spielen und die andern, die «platonischen Beziehungen», speziell zum Auswerten von Fotos? – *Und was spielte die polnische Krankenschwester für eine Rolle bei der «Wille»-Foto-Bearbeitung?*

17. März

Trotzdem gehe ich heute in Oerlikon in eine Apotheke und kaufe für M. zwei Husten-Sirup-Flaschen (Tag und Nacht) gegen seinen unheimlichen trockenen Husten. Mit einem beigelegten Zettel lasse ich sie an ihn senden: «Wegen der Stimme und wegen dem Reden (Lesungen) A.»

18. März

Heute bin ich selber wieder krank, mit einem trockenen, *hässlichen Husten.* Ich lese die Biografie von Simone de Beauvoir. An einer Stelle steht: *«Mein eigenes Werk hat Studien, Entschlüsse, Ausdauer, Kämpfe, Arbeit von mir gefordert, Sartre hat mir geholfen, wie ich ihm geholfen habe. Ich habe aber nicht nur durch ihn gelebt.»*

22. März

Ich bin eben erwacht, da hupt das Telefon. M. will wissen, wie es mir gehe. Ich frage ihn, ob die Marie-Louise Bischofberger und die Loris Scola hübsch seien, er will wissen, wie ich auf diese Namen komme, ich meine, die wären hinten im *«Wille»*-Buch aufgeführt. Seine Auskunft: «Anders» – die seien einfach anders als ich ... Ich frage, ob er mit denen schon «geschlafen» hätte, er ist befremdet von dieser Frage, erklärt, man müsse nicht gleich mit allen Frauen, die man kenne, ins Bett. Im übrigen meint M., würden da noch andere Frauennamen drinstehen.

Ich will wissen, ob er den Sirup erhalten hätte, er verneint, aber jetzt wüsste er, was mit diesen gelben Zetteln los sei, er gehe nicht so gerne da auf die Post ... Ich ermahn' ihn, die Sirup-Sendung sofort abzuholen.

Ich frage, ob er Frau N. angerufen hätte, er meint, die wäre nie da, er würde es aber gleich nochmals versuchen, und beim Stefan Keller auch. Mit dem erörtert er dann *«Der Schuss von der Kanzel»*, von Burger – das sei ja schon ein überheblicher Titel, eine «mühsam gestelzte Scheiss-Sprache», und die Fremdwörter aus dem Wörterbuch derart «gschtrället», der Burger sei ein Kraftmeier ohne Kraft, gebläht, «Sprach-Blähungen». Dann kommt die Rede auf ihn, Keller, M. meint kumpelhaft, er sei jetzt ja fest angestellt, Clett Cotta, hätte der Patrik gesagt. Und ob er in Ravensburg bleibe? Er berichtet ihm auch vom Brief von Albert Tanner von der Uni Bern, der hätte ihn, M., gelobt, wie gut ihm diese Aufarbeitung gelungen sei; dieser Tanner sei halt ein intelligenter Typ. Im *«Widerspruch»* würde er diesen Brief veröffentlichen lassen. Ein wenig tantenhaft, schreckhaft wiederholt er im Gespräch mit Keller immer wieder: «Es muss wahn-sinnig sein.» Am Schluss fragt er ihn, was mit diesem Manuskript von mir eigentlich los sei, dieser verweist ihn auf einen gewissen Peter Renz vom *«Drumlin»*-Verlag. Belustigt erörtern sie dann noch etwas von einem *«Requiem»* – dahin müssten sie zusammen hingehen. Ich habe das untrügliche Gefühl, Männer würden einander eben immer helfen. Es verbindet sie eine Art *Geheimloge, Verbrüderungs-Loge.*

Wie er abhängt, meine ich, die Männer würden sich halt nie richtig für die Sache der Frau engagieren, oder einfach für Anliegen der Frauen. Dem widerspricht er heftigst. Ich schreie: «Ich weiss, dass die Männer *grössenwahnsinnig* sind.» Ich sage ihm, es würde so weit führen, dass wir Frauen alles boykottieren würden, was von den Männern kommt. Es ist ihm recht unwohl, wenn ich auf diese *feministisch-emanzipatorischen* Angelegenheiten zu sprechen komme. – Heute abend hätte er eine Lesung in Altstetten, ich merke, dass ihm der Standort nicht besonders sympathisch ist; er weiss nicht einmal genau, wo es ist, er greift nochmals zum Telefonhörer und erkundigt sich nach dieser Adresse.

Zum Abschluss unseres heutigen Treffens lese ich M. meine neusten Aphorismen vor, er meint, die würden ihm sehr gefallen, klängen wie indische Weisheiten; ich hätte aber sehr *kreative* Tage gehabt. Mir gefällt vor allem der Meister-Gedanke: «Wie willst du den Grund ausloten, wenn (solange) es stürmt?»

30. März

Das Telefon klingelt nach 23 Uhr, zuerst denke ich, das ist L., der nochmals anruft. Weit gefehlt, am andern Ende der Leitung meldet sich M. Er wundert sich, dass ich endlich zu Hause sei, drei Tage sei ich nicht erreichbar gewesen, wo ich mich denn aufgehalten hätte ... Wir sprechen auf dem französischen Kanal, ich antworte spitz: «Ça je ne te le dirai jamais.» Er jedoch interveniert und will es wissen. Heimlich hat er Angst, ich würde ihn heute nicht hereinlassen, also spricht er mit mir väterlich ruhig und psychologisierend, auf Konsens bedacht, er, der doch ein Konsens-Gegner ist! Er hätte jetzt den Sirup von der Apotheke bekommen, der sei wirksam (de l'herbe). Er faselt dann etwas von Indien, was ich anhätte, ich sage energisch: «Mes experiences de l'Inde, personne ne peut les comprendre.» Gerade weil die intensive Bilderwelt von Indien mich in letzter Zeit wieder vermehrt bedrängt, wenn es mir schlecht geht, will ich das auf keinen Fall heraufbeschwören, indem ich mich mit M. jetzt unterhalte. Und weiter belehre ich ihn: «Moi je suis une femme de lettre, pour ça je ne peux pas te dire ce que je porte», M. lenkt sofort ein. Ich steigere mich beinahe in einen Anfall hinein, indem ich höhne, er solle doch zu «seiner Loris Scola» gehen, zu seiner Mathematikerin, ich wisse, dass diese Frau bei ihm erste Priorität einnehme, atemlos fauche ich: «Comment tu te comporte avec moi!» Und ob er mich mit dieser Loris bekanntmachen würde – da ist M. jedoch nicht einverstanden. Ich brülle los, er hätte mir noch nie jemanden vorgestellt, er versucht sich zu wehren, indem er einwendet, in Paris hätte er mir den Fred Müller, der jetzt in der DDR sei, vorgestellt. Zu lächerlich für mich, dass er mich an diese kurzen paar Minuten erinnert, in denen wir mit diesem Journalisten etwas in der Spelunke getrunken haben! Ich will noch andere Dinge in Erfahrung bringen, plötzlich wehrt er ab, meint, ob er sich eigentlich in einer «enquête» befinden würde. Ich stelle klar, dass dies überhaupt keine «enquête» sei, aber er erlaube sich alles, verlange Anschriften von meinen Freundinnen, wolle alles in meinem Umfeld kennen; er versucht mich wieder ruhigzustellen – sagt, ich sei eine «folle», und was heute eigentlich wieder mit mir los sei. In einer Viertelstunde würde er vorbeikommen, ich ermahne ihn, die Biografie von Bakunin vorbeizubringen. Unerwartet schnell will ich am Schluss noch wissen: «Qu'est-ce-que tu portes sur toi?» M. erzählt: «Des pantalons, une chemise et des chaussettes.» Wir beginnen beide zu lachen, ich vor allem *schrill,* das Eis und mein stechender Hass auf ihn ist wieder einmal gebrochen.

Er kommt also, bringt mir nebst dem Kurz-Artikel *«Die Schonfrist»* noch *«Das glückliche Tal»* von Annemarie Schwarzenbach.

Ich warn' ihn, mich nicht zu berühren, da ich bald heiraten würde, und nun kommt wieder die absurde Idee mit dem Italiener aufs Tapet. M. warnt mich, das mit dem Italiener sei nicht interessant, die würden, sobald man verheiratet sei, kein Interesse mehr an den Frauen bekunden. Aber spannend wäre es natürlich, wenn wir uns dann heimlich treffen könnten. Er verspricht mir, an die Hochzeit zu kommen, wenn ich das wolle.

Nachdem die sexuelle Angelegenheit erledigt ist, meine ich zu ihm, ich sei eifersüchtig, wenn er so viele Frauen hätte – ich stehe zu meiner *Eifersucht*. Er wechselt abrupt das Thema, meint, ich müsse auf die Bademode-Reklame *TABOU* achten, die könne man momentan überall in der Stadt sehen, das Gesicht dieser Frau, das sei einfach faszinierend, natürlich nicht so wie das meinige, anders, wendet er ein ... Er schlägt vor, ich könnte doch auch Reklame für Unterwäsche machen. Ich empfinde das als eine Beleidigung! – Ich will wissen, wie das SP-Fest mit der *U. Koch* war – er sagt geheimnisvoll, sie sei zwar eine schöne Frau, aber völlig *unsexuell: «Das gibt es auch.»* Ich entgegne, bei diesem Posten auf dem Bauamt sei das wohl kein Kunststück! Und ob er, M., sich vorstellen könne, dass der Baudelaire an ein SP-Fest gegangen wäre? Er schlägt zurück: «Aha, du meinst eher an ein FDP-Fest?» – Wir «schallen» beide unbändig ...

Ich ergehe mich in Gedanken-Spielereien mit ihm, plaudere: «Also, wenn du gegen sechzig bist, bin ich vierzig, und wenn du gegen siebzig bist, bin ich fünfzig Jahre alt.» Ich komme wieder auf den Nachlass zu sprechen, frage, ob ich den zugesprochen bekommen würde? Er brummelt: «Welchen?» Ich donnere zurück: «Welchen? Den literarischen natürlich!» Er sagt gewitzt, er hätte gemeint, es gehe um Gegenstände, er hätte nämlich auch ein paar Möbelstücke ... Ich schlage ihm vor: «Wenn ich deinen Nachlass bekomme, bekommst du meinen.» Ich breche das Thema schnell wieder ab, sage entschuldigend, ich möchte nicht, dass er sterbe, ich würde bestimmt zuerst sterben, ich hätte ohnehin so schwache Nerven.

Kurz debattieren wir über das Interview in der «*WoZ*» mit den «zugezogenen» DDR-Menschen Jean und Ingrid Villain, das M. mit Simmen zusammen geführt hat.

Ich meine, es sei haarsträubend, dass mein «Deutschland»-Gedicht immer noch nicht erschienen sei – er meint, in dieser Redaktion hätte er keine Macht, eben, weil er denen da bei der «*WoZ*» zu mächtig sei! Es sei bemühend, beschwert er sich, vor allem mit gewissen Leuten dort wie der *Wysseier,* mit der verstehe er sich überhaupt nicht ... Und das «*Politische Tagebuch*» von der Rutishauser sei einfach schlecht!

Er versucht mir unbedingt klarzumachen, dass ich nach einem «indipendenten Sexbedürfnis» funktionieren würde, das sei intellektueller Natur bei mir, ich könne Sex, Liebe, Nähe und sogar Geist trennen, und damit stelle ich das Gegenteil vom Hausmütterchen-Typus dar. Dass es sich nicht so bei mir verhält, hat er nicht begriffen, sicher bin ich nicht der Prototyp einer bürgerlichen Frau, aber auf diese männliche, brutale Art, so wie M. das mit mir praktiziert, nämlich telefonieren, kommen und wieder gehen, so habe ich mir das wiederum auch nicht vorgestellt ...

Wie er geht, sagt er, er müsse nun bei sich in der Wohnung weiter aufräumen: Draussen leuchten die Scheinwerfer seines Wagens durch meine blauen Vorhänge hindurch, in mein Schlafzimmer herein.

5. April

Bezüglich unserer immer noch anstehenden Töff-Tour gibt er bekannt, im Moment hätte er das Motorrad eingestellt, aber er hätte nun einen zweiten Helm für mich. –

In das Buch von Annemarie Schwarzenbach kritzelt er mit kindlich verstellter Schrift hinein: «*für Aline zur Erinnerung an A. S.*»

9. April

Heute ist ein Anruf von M. fällig. Tatsächlich telefoniert er, wie ich von der Sauna zurückkomme und bereits an der Schreibmaschine sitze. Gewohnheitsmässig fragt er: «Tu dors encore?» Euphorisch-aggressiv rufe ich: «Non, je ne dors pas toujours!» – In zehn Minuten sei er bei mir.

Ich trage einen schwarzen Woll-Mini-Jupe, weisse Spitzen-Unterhosen; eigentlich fühle ich mich zu «reif» für einen solch kurzen Jupe. Er fragt, ob er meine Unterhosen zerreissen dürfe, ich willige ein, eine überbordende Lust auf exorbitante Aktionen spüre ich in mir, M. startet drei, vier Anläufe, bis sie zerrissen, zerfetzt sind. Eine unheimlich zerstörerische, prickelnd-erotische Lust nimmt Besitz von mir. M. und ich lachen ausgelassen diabolisch. Bizarr, surrealistisch, Paris-erisch, New York-erisch, römisch-heroinhaltig – jede Grenze überschreitend! – Er schlägt mir vor, die zerrissene Unterhose aufzubewahren.

M. hat eine Besprechung des Films «*Die unheimliche Leichtigkeit des Seins*» gelesen, er erwähnt das Spiegel-Spiel mit der Malerin, die wohl sehr sexy sein müsse. Ich springe sofort auf dieses Thema an, denn ich habe den Film schon in der Presse-Vision gesehen. Ich habe es im Kino fast nicht ausgehalten, so hat mich diese tschechische Malerin in Kunderas Geschichte an «meine Geschichte» erinnert; eine fast brennend-frappante Ähnlichkeit! Den «*Letzten Kaiser*» hätte er gesehen. – Wir nehmen dann das Wort «Fundamentalismus» unter die Lupe, er fragt, ob ich die «*WoZ*» regelmässig kaufe, ich verneine, dieses Journal mache mich so traurig. Ich äussere: «Ich weiss nicht, zu was ich mich bekenne, weiss auch nicht, ob es ein Leben nach dem Tod gibt oder ob das hier das einzige ist, ich bin nämlich noch nicht *hinübergegangen und wieder gekommen*» – M. sieht das ebenso. – Im Moment lese ich Friedrich Nietzsches *«Jenseits von Gut und Böse»*. Auf Seite 128 stosse ich auf einen absolut grässlich frauenverachtenden Passus über den Konflikt Mann/Frau. Allerdings bin ich mit Nietzsche einverstanden, wenn er von einem Grundproblem «Mann und Weib» ausgeht, und auch ich meine, man müsste von einer *«ewig-feindseligen Spannung»* sprechen, würden die Männer nicht irgendwann zur Räson kommen. M. pflichtet mir bei, dieser Nietzsche habe schon frauenverachtend gedacht.

Dann ist er weg, ich lese den Nietzsche-Absatz nochmals, empört mich erneut masslos, setze mich sofort hin, schreibe M. einen Brief bezüglich des SIEBTEN HAUPTSTÜCK (Unsere Tugenden) und trage ihn sofort auf die Post.

15. April

Ich lobe ihn, dass er immer noch auf Platz sechs sei, er ist auch froh darüber, meint: «Ja, nach soviel Monaten noch», obwohl die Bestseller-Liste kein Garant für gute Literatur sei. Ich kommentiere: «Deine ‹*Wille*›-Story ist zurzeit einfach gefragt» und zeige ihm die *«Wille»*-Buch-Besprechung in der *«Helvetischen Typographia»* und meine, jemand hätte sich in diesem Organ erdreistet, zu schreiben, es sei eine Frechheit, dass der Arnold Künzli so über E. Kopp schreibe, und es sei deprimierend, wenn so etwas in einer Gewerkschafts-Zeitung zu lesen sei. M. findet das ganz bedenklich! – Es stimme, was dieser Rezensent über ihn geschrieben hätte, nämlich, dass er keinen Anlass brauche, um über etwas zu schreiben. Blödsinnig, wie zurzeit jedermann über die Feiern in Österreich schreibe! – M. lässt wieder mal durchblicken, dass er mit dem L.-Verlag nicht mehr zufrieden sei, 18000 Bücher hätte er drucken lassen; die *«WoZ»* hätte pro Mal eine Auflage von 18000. Der Limmat-Verlag würde eindeutig zuwenig Publizitäts-Arbeit machen, beim Diogenes sei das schon anders. Es ist dann die Rede davon, dass eben auch gewisse Linke auf seinen Erfolg eifersüchtig seien ... Ich verwickle ihn in eine Grammatik-Diskussion, er schaut ein wenig unsicher, denkt, auf was ich wohl jetzt wieder hinauswolle. Ich behaupte, dass das Wort «Eidechse» im Duden falsch getrennt sei, denn dieses Tier hätte nichts mit einem Ei gemeinsam. Natürlich ist M. da sofort einverstanden. Ferner erörtere ich das Problem des Wortes Albtraum oder Alptraum, laut Duden: «Alb, unterirdischer Naturgeist in der germanischen Mythologie», unter Alp wiederum steht: «Gespenstisches Wesen, Alpdrücken»; ich meine, ich hätte mich geachtet, dass er bei der *«Wille»*-Story in der *«Weltwoche»* Alb benutzte. – Diese pedantische Korrektorinnen-Fachdebatte befremdet ihn, er fragt, warum ich das alles so genau wissen möchte.

Uwe Schmid von der *«FAZ»*, das sei ein guter Typ, der hätte alles von ihm gelesen; ist also regelrecht enthusiasmiert über ihn. Lange sei der mit ihm in Oerlikon in einem Restaurant gesessen und hätte sich mit ihm unterhalten. Der würde einen Artikel über ihn «machen». Und ob ich wisse, dass seine Sachen auch an amerikanischen Universitäten besprochen würden? Diesem hätte er dann auch geklagt, wie das hier in der Schweiz so zu und her gehe: Die Charlotte Peter schrieb: *«Der noble von Salis und der laute Meienberg.»* Und anlässlich der Schliessung des Theaters *«off Zürich»* hätte diese blöde Peter sogar seinen Spruch, den er dort ins Gästebuch schrieb, veröffentlicht, der sei aber absolut nicht für die Öffentlichkeit bestimmt gewesen.

Aus Heinrich Heines «Harzreise» lese ich ihm folgenden Satz vor: *«Keiner ist so verrückt, dass er nicht noch einen Verrückten fände, der ihn versteht»*, und meine damit einen wichtigen Punkt zwischen mir und M. geklärt zu haben. – Heute begleite ich ihn das erste Mal nach draussen an sein «Jaguar-Tier» – er befiehlt mir, Schuhe anzuziehen, es stehen ein paar blaue herum, deren Absätze jedoch dümmlich auf dem Pflaster klimpern. Ich ärgere mich: «Schrecklich, wie diese Absätze tönen.» M.: «Aber es ist dir doch egal, was die Leute von dir denken.» Ich lasse etwas Spöttisches über die Pflänzchen und Blümchen im Vorgärtlein verlauten, er findet es nicht ausgesprochen gravierend, kann aber fast nicht glauben, dass ich in der Umgebung, in der ich wohne, niemanden kenne ... Bei seiner «Luxus-Karosse» angekommen, zeigt er mir einen argen Rostflecken. Das macht mich so wütend, das setzt etwas Unaussprechbares in mir frei, dass unbedingt M., ausgerechnet M. diesen kleinbürgerlichen Gestus vollzieht!

23. April

Der Bär liegt neben mir, die gegenseitige Nestelei endet schnell in einem physischen Liebes-Gerangel. Mein Nachthemd findet er speziell schön. (Es ist eines der finnischen Art ...) Ich mag nicht viel reden, nein, benehme mich ruhig, er schnappt nach seinem Buch *«Heimsuchungen»,* stöbert darin umher, das macht mich nervös, er erklärt, er wolle nur nachsehen, was ich darin unterstrichen hätte. Ich sage gereizt, seine italienische Freundin sei bestimmt doppelt unterstrichen, werfe ein Kissen nach ihm, er sagt ganz ruhig, ich würde mich aber täuschen, die sei nicht italienischer Herkunft, sondern spanischer, hiesse Luisa und sei Flamenco-Tänzerin und wohne in Adliswil. Ich will wissen, ob sie schön sei? Überlegen gibt er von sich: «Vor allem ihr Name!» Was für aufregende Neuigkeiten an einem ganz gewöhnlichen Samstag! Er besuche diese Frau aber nicht mehr oft ... Prompt fängt er wieder mit meiner Heirat an, versichert mir, ich würde das dann schon noch bereuen, wenn ich seine Besuche nicht mehr hätte – ich frage, ob er dann Luisa wieder vermehrt die Ehre erweisen würde, er erklärt, das wisse er noch nicht. Auf jeden Fall würde er sich auch verheiraten, wenn ich das täte! Wir werweissen, wer wohl für ihn in Frage komme, er schlägt die Ursula Koch vor, das wäre ganz sicher eine Partie für ihn ... ältere Frauen seien oft interessanter und edler im Aussehen, das würden die Koch und auch Ursula Andress beweisen, die seien beide noch «straff». – Dann jedoch meint er resümierend, wenn er jemals heiraten würde, höchstens mit 95, und nur im äussersten Notfall, wenn er zum Beispiel die Situation finanziell nicht mehr verkraften könnte!

Ich glaube herauszuspüren, dass es mit der italienischen Mathematiker-Freundin nicht mehr so gut steht wie auch schon. Wie dem auch sei, er rät mir dringend ab zu heiraten, spekuliert, ich würde das nur machen wollen wegen der *George Sand,* aber die hätte sich nachher auch geschieden, und so würde ich das auch machen!

Das grosse Debakel fängt aber erst an: M. verlangt nach einer Tageszeitung, ich hole draussen im Briefkasten das «Tagblatt der Stadt Zürich», gottsträflich regt er sich auf, wie er liest: *«Journalisten-Preis wurde vergeben.»* Die Geehrten: Werner Catrina für seine Arbeit *«Liebe Sophie, lieber Willi, ihr habt es überstanden»* («*Weltwoche*»), Barbara Vonaburg für ihren Beitrag *«Berichterstattung über Supraleiter und Nobelpreis» (Tages-Anzeiger-Magazin).* Es bedeutet nur die «Spitze des Eisbergs» für M., dass sie ihn nicht berücksichtigten ... Sofort telefoniert er Jürg Ramspeck von der «Weltwoche», der befindet sich zu dem Zeitpunkt in der Badewanne, und diese Person am andern Ende (wahrscheinlich H. Schwaninger) verfängt M. in eine Diskussion über das Kino am Stauffacher, wo nun eine Bank aufgestellt werden soll! Das sei ein Skandal, meint M., es komme noch so weit, dass man die Kinos vor den Städten bauen würde, er sagt aber, er hätte da schon etwas unterschrieben gegen dieses Vorhaben, und das hätte natürlich noch der Fahrner auf dem Gewissen. Ramspeck kommt dann an den Apparat und berichtet M., der Kopp Hans Weh hätte natürlich zu verhindern gewusst, dass er keinen Preis bekommen hätte, denn er glaube schon, dass die *«Weltwoche»* das eingegeben hätte. (Muschg und Kopp sind in dieser Kommission.) M. hängt dann ab, jammert weiter, auch letztes Mal in St. Gallen hätten sie ihn nicht berücksichtigt, da sei der «Andere» drangekommen, aber diesem möge er es gönnen, der brauche dieses Geld dringend. Ich mache ihn darauf aufmerksam, dass es schon etwas schwierig sei, vom Kopp, seinem erklärten Erzfeind, zu erwarten, er würde ihn mit einem Preis beglücken ... Er widmet sich dann der *«Züri-Woche»*, liest da von den *«Wyberzouft»-Gründerinnen*, schimpft, die Gisela Blau sei bedenklich, würde immer pro-Militär schreiben, die *«Züri-Woche»* als solche würde schon ein breites Informations-Feld abstecken. – M. verfängt sich amüsiert in meiner Kurz-Geschichte *«Brände – meine Passion»* – zeigt sich erstaunt, dass eine bürgerliche Zeitung derart subversive Texte veröffentlicht. Aber natürlich hätte das viel mehr Wirkung, wie wenn es in der *«WoZ»* erscheinen würde, dort hätte es keine grosse Beachtung, da alles schon in diese Richtung gehe ...

Sein Gang zum Kühlschrank erinnert mich an Imhofs Film *«Reise»* – dort peilen 68er-Typen regelmässig diesen «kalten Schrank» an, wenn sie in irgendeine Wohnung «einfahren». Ist das bei M. auf seine geldlose Phase, Hunger-Phase, oder auf was, zurückzuführen?

Er geht dann. (Den Lachs kann ich vergessen!)

17. Mai

M. trabt um viertel vor zwei Uhr an, klagt über Zahnschmerzen – ich befinde mich in aggressiver Laune, ein Beamter hatte bei mir geklingelt und eine Energie-Rechnung vom September 1987 abgezapft, ich bin todmüde, da ich schon um vier Uhr morgens einer Krishna-Zeremonie beigewohnt habe ...

M. geht gleich aufs Ganze, ich lasse alles mehr oder weniger geschehen – einen kurzen Moment – wie er zum gewohnten Griff nach meinem Körper ausholt – fühle ich mich abgrundtief depressiv, mein Körper wird von einer Lähmung erfasst ... Er liest dann in Oskar Maria Grafs *«Die Flucht ins Mittelmässige»,* ich schenke zwei Gläser Wein ein, es regt ihn masslos auf, dass ich mit den Gläsern spiele und ihm seines vorenthalte – ich hätte ihm eine «runterkleben» können, ich meine erbost, er solle sich nicht so tierisch ernst verhalten und nicht so ein böses Gesicht machen! Künstlich versucht er «aufgeheitert» zu spielen. – Abrupt will er wissen, ob ich gesehen hätte, dass in der *«Basler Zeitung»* über ihn geschrieben wurde. Ich verneine; aus seiner «speckigen Töffjacke» (kommt zu Frühlings-Zeiten wieder mit dem Töff) zieht er den Artikel von der deutschen *Linguistik-Dozentin Luise Pusch:* «*Frau Pusch zerpflückte Herrn M. gründlich. – Die feministische Sprachwissenschafterin Luise Pusch nahm sich an einem Vortrag in der Kulturwerkstatt Kaserne das Frauenbild des Schweizer Journalisten M. vor – durchaus nicht zu dessen Vorteil: Bei M., so Pusch, kommen Frauen kaum vor – und wenn, dann bloss als Staffage.»* Ich schreibe es meiner totalen Übermüdung zu, dass ich M. gegenüber diese Sprach-Wissenschafterin nicht in Schutz nehme; in Tat und Wahrheit hätte ich innerlich losheulen können, diese Luise Pusch umarmen wollen, denn sie spricht mir nur allzusehr aus der Seele. Was sie bei den M.-Texten herausdestilliert, ist die gelebte Realität (nicht nur die geschriebene) die ich zu spüren bekomme! M. sagt klinisch trocken, er hätte schon mit der Journalistin dieses Artikels (sc.) Kontakt aufgenommen und sie gefragt, warum sie denn kein einziges Zitat aus seinen Texten gebracht hätte? Es ist mir klar, dass diese sich M. nicht richtig «stellen» kann und sich am Telefon demzufolge herauszureden versucht. Auf jeden Fall sagt M. zornig, dieser Pusch-Angelegenheit würde er nachgehen und eine Gegendarstellung bringen. Ich überlege, ob dieser nicht eben schmeichelhafte Artikel vom Donnerstag, 28. April, Wirkung gezeigt hat – so dass sein *«Wille»*-Buch nicht mehr auf der Bestseller-Liste steht?

Ich erzähle ihm dann von einer «besonderen Begegnung» in den Bergen: Ich machte die Bekanntschaft mit einem gewissen Peter Mäder in Mürren. Der hätte eine Österreicherin und mich zu einem Wein eingeladen, und abschliessend wollte er unbedingt, dass wir noch in seine Wohnung kommen würden. Dieser Mäder redete und redete; zeigte uns zwei wildfremden Frauen die ganze Wohnung. Das Haus sei vom Architekten Anderegg Hanspeter gebaut worden, der besitze auch eine Wohnung da. Dann im Verlaufe des Gesprächs, das von einer sehr freundlichen Grundstimmung getragen war, hätte sich herausgestellt, dass dieser Herr Mäder mit einer Schwester von Elisabeth Kopp verheiratet ist, die Suzanne heisst, an der Neptunstrasse wohnt und als Klavierpädagogin Japanerinnen trainiert. Er zeigt uns dann Fotos von diesen asiatischen Klavier-Schülerinnen. Er selber sei Designer, Architekt, liebe Corbusier und Botta über alles, sein Geburtstags-Datum sei der 17.7., Jahrgang 1913. Früher hätte er in Affoltern am Albis eine Firma gehabt, habe aber dann einen Hirnschlag erlitten und lange Zeit weder lesen noch schreiben können. In dieser Phase seines Lebens sei er nur in dieser Bergwelt umhergegangen. «Aber», und dabei hält er seinen Wohnungsschlüssel von Mürren in die Höhe: «Dies ist mein Paradies!» Das Absurde ereignete sich dann, indem er losplauderte: «Ja, das Elisabethli, die ist schon tüchtig, die macht das gut in Bern, aber der Hans, der ist ein Handikap für sie, allein wenn man bedenkt, was der da in diesem Rechtsanwaltsbüro gemacht hat, indem die Sekretärinnen ‹ihre Hosen runterlassen› mussten» – und er sie auf diese Weise bestraft hätte ... Ich musste mich schwer beherrschen, die Unwissende zu mimen, als ob ich dies alles das erste Mal hören würde. – Die andere Schwester vom Elisabethli sei in Bern Präsidentin vom «Roten Kreuz» und auch sehr tüchtig. – Dann fordert er uns auf, die Wohnung gegenüber anzuschauen, er sei der Schlüsselmeister, er hätte die Schlüssel für das ganze Haus! Und wie meine österreichische Freundin die Tessiner Stühle mit den drei Beinen lobt, geht er an diese Stühle ran, hebt sie verächtlich hoch und meint ärgerlich, diese Stühle seien absolut kulturlos, man merke genau, dass hier ein Geldmensch wohne (Max Kopp, Vize-Generaldirektor SKA). Es geht mir durch den Kopf, dass dieser Peter Mäder unendlich einsam in diesem Berner-Oberländer-Dorf sein muss, und er wird mir zunehmend sympathischer. Ich sage zu M.: «Möge er noch lange in diesem paradiesischen Mürren leben können!» M. meint, das sei ja sehr interessant.

Er zieht seine Hosen resolut an, meint, er hätte einen Interview-Termin, würde aber bald wieder zu mir kommen.

Ich bin ziemlich aufgelöst, wie er von dannen zieht ...

19. Mai

Ich werde mir allmählich bewusst, dass ich anfange, Tag und Nacht mit meinen Aufzeichnungen über M. zu leben. Hängen diese besessenen Aufzeichnungen mit meinem Vater zusammen? Mit meinem Vater, der mit seinen *russischen Sprachstudien* in unerreichbare Zonen entrückt ist?

26. Mai

Mit dem «*Demo-Hustenelixier*»-Sirup erscheint M. auf der Bildfläche. Folgsam bringt er mir sogleich in einem Glas den Sirup. Das sei aber noch nicht genug, meint M. mit Nachdruck, und bringt mir gleich nochmals eine Dosis.

Dann geht es los! Nochmals Luise Pusch! Richtiger Rassismus sei das, der gegen ihn betrieben würde, das sei etwa so, wie wenn man von mir behaupten würde, ich würde alle Tamilen hassen. Natürlich hätte er, M., Telefonate von Frauen bekommen, die auf seiner Seite stünden und ihn aufgefordert hätten, dagegen eine Erwiderung zu schreiben! Nun, er würde eine ganz andere Taktik anwenden und gar nicht darauf reagieren. Er beginnt sich vehement zu rechtfertigen: Zitate, die von ihm stammen würden, hätten sie ihm angelastet und als frauenfeindlich ausgelegt, das sei natürlich auch eine Taktik. Er holt sich sein Buch *«Reportagen aus der Schweiz»* aus meinem Büchergestell, blättert wild dadrin umher und beginnt zu lesen: *«Die Mädchen aus der Churer herrschenden Klasse, man geht aufs Gymnasium weil es sich gehört, die dort in der zweiten Bank links, ihr Fleisch immer in knapp sitzenden Blue jeans verpackt, und insofern adrett, wird zum achtzehnten Geburtstag ein Pferd geschenkt bekommen, oder die kindergesichtige rechts hinten, hat zum letzten Geburtstag ein Maiensäss erhalten, oder die hübsch Zuversichtliche mit den braunen Haaren, ihr Blick geht an mir vorbei durchs Fenster in die Bergwälder, die wird eine Weltreise machen dürfen, vom Vater bezahlt, wenn sie die Matura besteht.»* Solche Passagen seien als frauenfeindlich deklariert worden. Auch jene bezüglich des Mitarbeiters von Hans Weh Kopp, der meinte, man müsse die Frauen doch *«nicht auspeitschen»*, sondern *«direkt vergewaltigen»*! Wenn er, M., also jedesmal noch in Klammern schreiben sollte, das meine er ja nicht so, dies sei mit seiner Meinung nicht identisch, was das denn für einen Journalismus ergeben würde! Sartre hätte einmal an einer Stelle gesagt, man solle gewisse Sachen so schreiben, dass immer verschiedene Ansichten möglich seien. – Er beginnt dann von jenem Quartier in Paris zu erzählen, wo jeweils die Clochards und alten Araberfrauen herumsitzen, und da hätte er geschrieben *«die alten Vetteln»* da. Ja, aber da könne man nichts anderes darüber schreiben, denn die seien alt und hässlich, verkommen sei schon gar kein Wort dafür! Und überhaupt, warum die ihn denn «drannehmen» würden und nicht etwa den Blocher oder andere Typen aus der Wirtschaft, die wirkliche Frauen-Hasser seien. Natürlich ist mir klar, warum Frau Pusch ihn als Exempel genommen hat, weil Links-Sein noch lange nicht frauenfreundlich heisst. Bei Blocher noch etwas aufzudecken, wäre eine müssig-langweilige Angelegenheit ... Sie hätten ihm also vorgeworfen, seine Beziehung zur Frau würde beim Kopf aufhören, das stimme absolut nicht, ich und er beispielsweise würden jedes Mal über irgend etwas diskutieren, das mit mir sei keine rein sexuelle Angelegenheit. Das sei eine Verbindung von Geist und Sex! Die Pusch macht mir erst so richtig bewusst, wie widersprüchlich und schwierig mein Verhältnis zu M. ist!

Instinktiv spüre ich M.s unterschwellige Angst, die weibliche Komponente könnte ihm vollends entgleiten, in letzter Konsequenz nämlich seine St. Galler Übermutter, zu der er eine ungewöhnlich starke Bindung pflegt. Mir ist klar, dass sich bei diesem Konflikt vor allem klassenkämpferische Ansätze mit feministischen Denk-Kategorien kreuzen – und solchermassen eine Diskussion unfruchtbar bleiben muss. Es sei denn, ein schreibender Mann wagt sich dieser Problematik zu stellen. Ich lege M. nahe: «Je bekannter du wirst, desto mehr wird versucht, deine Person zu stürzen!» In resigniertem Ton sagt er: «In diesem Land wirst du entweder hochgejubelt, oder aber du hast nichts zu sagen.» –

Ob ich im übrigen wisse, dass er mit Alexander Kluge verglichen werde? – Ich erkundige mich, wie es der Isolde Schaad gehe? Er betont, die schreibe gut, hätte momentan jedoch Probleme mit Schreiben. – Unterdessen spricht M. auch von der Laure Wyss wieder gut.

Vom Hustensirup bin ich unterdessen so betrunken, dass ich nur noch die Hälfte dessen aufnehmen kann, was er sagt.

Mit der «*WoZ*» hätte er wieder Schwierigkeiten; das gesteht er mir, wie ich ihm erzähle, ich hätte gestern auf die Redaktion angerufen und mit dem Simmen wegen meines «*Deutschland*»-Gedichts geredet. Ärgerlich vermerkt er, die Suter und der Frischknecht würden bergsteigen, und ob das nicht zu ehrgeizig sei? Sara würde sagen «faschistisch».

M. meint, Tagebuch führen sei eine der schwersten literarischen Formen überhaupt, man müsse aufpassen, dass «der

Schuss nicht hintenhinaus» gehe, er schlägt vor, man sollte das in einer überhöhten Form tun, die Namen auswechseln, verfremden, dass niemand mehr merken könnte, dass es sich um jenen berühmten Maler handeln würde – wie ich ihm vom Verhältnis eines sehr bekannten Pariser Malers mit einer Basler Malerin berichte ... Oder die ganzen Unterlagen dieser Malerin seien auch als Roman-Unterlage zu verwerten ...

Beim Rausgehen meint er, er würde mir in den nächsten Tagen wieder anrufen, um zu schauen, ob es mir besser gehe – oder ob er noch etwas aus der Apotheke bringen solle ...?

Für M.-Verhältnisse erstaunlich fürsorglich!

31. Mai

M. will vorbeikommen, ich sage energisch, ich hätte ein Rendezvous mit einem Verleger vom Bertelsmann-Verlag und wäre vielleicht am Abend gegen acht Uhr wieder zu Hause. – Ich finde, das mit dem Bertelsmann-Verlag tönt zumindest interessant, und denke an Jean Cocteaus Ausspruch: *«Ich bin eine Lüge, die immer die Wahrheit sagt.»*

1. Juni

Das Telefon hupt und M. erkundigt sich, ob ich noch schlafe. Ich sage: «Non, je suis en train de réfléchir.» Er kündigt sich für die nächste halbe Stunde an; er schreitet daher mit dem Töff-Helm, die Jaguar-Zeit scheint endgültig vorbei zu sein. Eine Freundin im Seefeld teilt mir mit, M. sei wie ein Wahnsinniger immer wieder um ihr Haus gekurvt ... er bedauert, das Auto sei defekt, etwas an der Kupplung, und es sei zu teuer, um es zu reparieren, so hätte er es weggegeben ... Für eine Schweizer Deutschlehrer-Zusammenkunft müsse er heute um zwei Uhr in Zug sein;

er würde da vorlesen, was er über Zug geschrieben hätte. Ich frage ihn, warum er nicht mit dem Velo nach Zug fahren würde?

Wir stehen zuerst in der Küche, nachdem er vergeblich versuchte, Herrn Hitz zu erreichen. Er ist gierig heute, wir amüsieren uns, das Besteck liegt herum, er sagt, diese Szenerie hier erinnere ihn an «*The postman always rings twice*». Ich liebe es, wenn er mich «bärentatzig» anfasst, männlich, erdig; mich, die ich beständig ein paar Meter über dem Erdboden schwebe.

Nachher äugt er aus den blauen Vorhängen und werweisst, ob es wohl noch zu regnen anfange. Ich spüre, wie das Kodein nachlässt und mich eine abgrundtief depressive Stimmung überfällt: Ich fühle mich genau so, wie es momentan vor meiner Haustüre am Saatlenzelg aussieht; wirr und aufgezerrt, Männer, die graben, für was weiss ich nicht, mit Riesen-Kranen fungieren, die mein Bett fast aus den Angeln heben. – Jetzt wird die Pusch wieder erörtert, bestimmt wird das noch eine ganze Weile nicht abgeschlossen sein. Sie hätte jetzt auch an der Zürcher Uni gelesen, ein verschworener Kreis von ultralinken Feministinnen sei aufgetaucht; Fundamentalistinnen nennt er die. Der Peter von Matt hätte die Einführung gehalten, und als um Ruhe gebeten wurde, hätten sie «Männer, Männer ...» gerufen. Und die Pusch dürfte doch noch gar keine Lesungen halten, meint M., da ihr besagtes Werk noch nicht draussen sei, und man könnte sie gerichtlich sogar dafür belangen, und eigentlich hätte er hingehen sollen und sie zur Rede stellen. Die andern Frauen hätten ihr hübsch «aus der Hand gefressen». Pusch – in alle Ewigkeit Pusch! –

Sein Problem sei vielmehr, dass er sich zu stark zum weiblichen Geschlecht hingezogen fühle!

Aber die Marie-José Kuhn erwähnt er trotzdem: Der hätte er nun einmal gesagt, ihre Artikel würden ihm, M., nicht gefallen – und die würden das so interpretieren, weil er gegen Lesben sei –, und überhaupt, angemalt und «aufgetakelt» sei die, in einer Art, die ihm überhaupt nicht gefalle – und die versuche in Bern alles zu dirigieren.

Dann bricht er fluchtartig auf; er dürfe in Zug auf keinen Fall zu spät kommen.

Da er heute wieder über Zahn-Geschichten klagt, damit nicht mein Husten allzusehr im Vordergrund steht, gebe ich ihm Schmerztabletten mit auf den Weg. George Sand vermerkte dazu sehr gut: *«In wirklicher Gefahr wusste er seine zerstörte Gesundheit heldenmütig zu ertragen, aber bei unbedeutenden Leiden quält er sich aufs jammervollste. Dies ist übrigens die Geschichte und das Schicksal aller Wesen, deren Nervensystem übermässig ausgebildet ist.»* (Sand über Chopin, Seite 183, George Sand, *«Geschichte meines Lebens»*.)

3. Juni

Der Clou des Tages: In der *«Züri-Woche»* ist unter «Notizen zu Namen» die *«K+K-Story»* zu lesen. In dümmlicher Boulevard-Manier steht: «Auch Stadträte sind liebesfähig», es wird ein «Verhältnis» zwischen der Bauamts-II-Vorsteherin Ursula Koch und Finanzvorstand Willy Küng vermutet. Ich denke an M., finde es amüsant, mir vorzustellen, dass er sich, hätte er reelle Chancen bei U. Koch, nun gedulden müsste, bis der Küng wieder etwas in den Hintergrund gerät.

6. Juni

Um drei Uhr in der Früh überkommt mich eine schreckliche Wut-Welle auf M. Ich beschliesse, mit ihm zu brechen: Ihm alles zu sagen, was ich «auf Lager» habe, mit dem

Risiko, dass wir uns endgültig trennen. Ich spüre in letzter Zeit wieder vermehrt ungute Angstzustände, innere Bedrängnisse, wenn ich am Morgen erwache. Lebensunmut und Selbstmord-Gedanken. Warum bin ich nicht zu mehr Widerstand gegenüber M. fähig?

8. Juni

M. telefoniert, erkundigt sich, ob ich das Buch im Briefkasten gesichtet hätte, instinktiv spürt er, dass noch «dicke Luft» ist. Er sagt, er komme, ich gebe ihm zu verstehen, dass ich in ein Buch von Arlati vertieft sei, wie er letzten Freitag in den Foucault. Er wäre unansprechbar gewesen, hätte sich nicht stören lassen, und so sei die Situation jetzt bei mir. Und überhaupt immer diese Begegnungen in meiner Wohnung! Da lenkt er ein, ich solle doch in seine Wohnung kommen, er bezahle das Taxi ... Er fragt also: «Tu viens chez moi?» Ich störrisch: «Non.» – Er wechselt das Thema, er hätte ein Aufgebot gekriegt, er müsste Zivil-Dienst leisten, das koste ihn unheimlich Nerven, und er müsse schauen, was er da machen wolle ...

M. kommt.

Wie zwei wildgewordene Stiere gehen wir aufeinander los, ich sage ihm, heute würden wir es dreimal treiben. Er kommt also dreimal in mich hinein – ich einmal von oben, dann er von vorne und dann von hinten. M. findet es von hinten am Archaischsten. Bestimmt wie die meisten Männer, denke ich.

Warum wohl?

Da haben sie mehr oder weniger freie Verfügungsgewalt, vorne muss man schon diffiziler rangehen, vorne, da ist die ganze weibliche Differenziertheit und Verletzbarkeit.

Die Frauen und die Männer – die passen doch einfach nicht zusammen: Schaut man näher hin, passen sie wirklich nicht zusammen, vielleicht nur für explosionsartige Meetings, kurze Erleuchtungen zwischen auserwählten Individuen.

Aber um Himmels willen keinen Haushalt, keine Kinder und feste, unauflösbare Arrangements installieren!

Wir reden über Shirley McLanes Buch «*Zwischenleben*»; ich lese ihm die Passage vor, warum die Inder nie einen Kommunismus akzeptieren würden: «*Ich begriff, warum die Kommunisten sich nie an Indien herangewagt hatten. Es wäre unmöglich, die tiefe Geistigkeit des indischen Volkes auszumerzen. Die Menschen würden dem Staat nie verzeihen, wenn er sie zwänge, ihre geistige Philosophie zu verleugnen, auch wenn es bedeutete, mehr Nahrung zu bekommen. Ihre Glaubensformen waren die ältesten dieser Welt. Die Inder wurden, seit Krishna die Erde betreten hatte, dazu erzogen und ausgerichtet, mit ihrer geistigen Natur in Verbindung zu stehen.*» Und weiter Seite 232: «*Und wieder las ich, dass die Lehren Christi über die Reinkarnation während des Fünften Ökumenischen Konzils in Konstantinopel im Jahre 553 n. Chr. gestrichen worden waren. Die Katholische Enzyklopädie selbst schreibt über das Konzil, dass ‹jeder, der den Glauben an eine Vorexistenz der Seele aufstellt› unter den Kirchenbann fällt.*» – Herausfordernd will ich von M. wissen, wie er zur christlichen Lehre steht, er meint, er sei sich im klaren, dass im Laufe der Geschichte einiges umgedeutet und damit verfälscht wurde, aber trotzdem finde er die Bibel als solche, diese Sprache, doch sehr schön. Es wird mir wieder einmal bewusst, dass mein evangelischer Glaube eine sehr «flaue Sache» war, fast nicht existent. – M. erörtert das Buch «*Zehn Gründe, kein Fleisch zu essen*» von Volker Elis Pilgrim, er schätze diesen Autor und hätte auch die Publikation «Manifest für den freien Mann» gelesen. Zurzeit sei er am Lesen von Otto F. Walters umfangreichem Manuskript, das müsste ich dann auch unbedingt lesen.

Er will von mir wissen, was ich von der «*K+K-Story*» halte – engagiert sage ich, ich fände es gut, wenn *endlich* zwei in der Stadtverwaltung sich lieben würden, Mord und Totschlag hätten wir jetzt genug gehabt – M. meint kritisch, ja, wenn die sich wirklich lieben würden, wenn die ganze Story nicht einfach erfunden wäre ...

Er verschwindet, wie er gekommen ist.

20. Juni

Ich rufe ihn an, er solle den Brief, den ich ihm letzten Donnerstag absandte, in den «poubelle» werfen, er vermerkt: «*Tu étais folle et faible.*»

Er will wissen, was ich mache?

Henry Miller an seine fünfte Ehefrau, die japanische Schlagersängerin Hoki Tokuda, unter dem Titel «*Liebesbriefe*»: «*Ich kann nicht leugnen, dass ich Dich trotz allem liebe, aber ich lasse mich nicht als Vollidiot behandeln.*»

23. Juni

Ich komme sehr spät von einem chinesischen Nachtessen nach Hause. Unvorsichtigerweise habe ich einen zu starken Kaffee getrunken.

Gegen halb drei Uhr klingelt das Telefon, und es ist ... M.!

Er fragt, ob ich nicht mehr arbeiten würde, normalerweise würde ich doch sonst in der Nacht arbeiten. Ich präzisiere: «Pas toujours.» Ob ich schon geschlafen hätte, ich säusle: «Presque.»

M. ist zärtlich heute nacht, die Nacht, das Dunkle übt eine beruhigende Wirkung auf uns aus.

Ich meine anerkennend, ich fände das *«Wille»*-Buch gut und präzise übersetzt, er bemängelt: «Ja, schon präzise, aber zuwenig subtil!» – In ruhiger Stimmung teilt er mit, er würde jetzt an einem *«Familien»-Roman* schreiben – die Familie sei einfach wichtig, man hätte sich zwar abgewendet, und trotzdem stecke man tief in ihr ... In introvertierter Manier gibt mir M. zu verstehen, er arbeite sehr intensiv daran, das heisst er arbeite geradezu «abendländisch» und überhaupt nicht «indisch».

29. Juni

Er ruft an und sagt, er sei am Schreiben seines Familien-Romans. Ich möchte wissen, ob er an die nötigen Informationen herankomme, zum Beispiel an seinen Bruder in Glattbrugg, M. meint, das sei kein Problem, er bekäme alle Informationen, aber so richtig akzeptieren in seiner schreibenden Tätigkeit würden sie ihn erst, seit er «célèbre» sei. Er möchte wissen, an was ich am Schreiben sei – ich berichte M. von meinem *Gandhi-Bakunin-Projekt* und erinnere ihn bei dieser Gelegenheit daran, dass ich die Bakunin-Biografie wirklich benötigen würde. – Er meint väterlich: *«Je vais t'acheter une biographie et tu as tout à fait raison.»*

Ich wiederhole noch einmal, ich wolle nicht, dass er die Bakunin-Biografie kaufen geht – in seiner Wohnung müsste er sie doch finden.

Er ordnet an, wir würden jetzt beide noch weiterschreiben; so etwa gegen zwei Uhr würde er nochmals telefonieren; dann könnten wir uns treffen.
Jetzt mit seinem *«Familien»-Roman* ist er zu einem richtigen Nachtarbeiter avanciert.

2. Juli

M. ruft an, will wissen, ob ich nicht am Seenachtsfest sei – ich bin in gereizter Stimmung und meine, das hätte mir gerade noch gefehlt. Er meint besänftigend, er hätte diese Frage auch nicht «sérieux» gemeint, um alles in der Welt will er nicht schon am Telefon mit dieser «unberechenbaren Furie» einen Streit vom Zaun reissen. Er versichert, er würde in zwanzig Minuten bei mir sein, am Donnerstagmorgen hätte er nicht mehr kommen können, er sei plötzlich zu müde gewesen.

So taucht M. also auf, der einzige wirklich grössenwahnsinnige Mann, den ich kenne; grössenwahnsinnig auf seine Art. Er stützt seine Hand auf meine Schulter, wie ich so dasitze, es gefällt mir, es beinhaltet etwas Kameradschaftliches, ja fast Geschlechtsneutrales. Auf dieser Stufe möchte ich ihm öfters begegnen, ich ziehe Jeans und ein weisses Hemd an, das eher männlich wirkt und streng funktionale Linien aufweist. Es ist interessant zu beobachten, dass er sich mir anders nähert, wenn ich in dieser Weise angezogen bin.
– Er lobt dann das neue «tableau» von Andy Warhol, meint, dieses verspielt-kecke Porträt würde ihm besser gefallen als dasjenige mit dem melancholisch-nachdenklichen Blick. Ich gebe zu verstehen, schwermütig und melancholisch sei man eben auch, diese Seiten könne ich nicht unterdrücken. Er entgegnet fast geschwisterlich: Wem sagst du das!
Und die Fäden um das Spiel des Todes ziehen sich immer enger.

Ich anvertraue ihm, ich hätte angefangen zu fischen, M. will das nicht richtig glauben, fragt nach: «Ja, so richtig fischen, mit Rute und so?» – Ist es möglich, dass es für ein männliches Wesen schwierig ist, sich eine Frau vorzustellen, die riesige Fische aus den Gewässern zieht? Hat Ernest Hemingway zuviel Vorurteilsarbeit mit dem *«The Old Man and the Sea»*-Mythos geleistet?

Er sieht, dass ich einen Artikel von Michael Haller *«Die Sehnsucht nach dem eigenen Tod»* auf meinem Schreibtisch liegen habe, er vergräbt sich regelrecht dadrin. Er meint, den Haller hätte er im *«Wissenschaftlichen Spazierstock»* angegriffen, aber diesen Artikel hier finde er recht gut, er ist neugierig, warum ich den von Maria bekommen hätte, ob diese Frau oder ich todessehnsüchtig seien. Ich gebe ihm keine schlüssige Antwort darauf, dann bricht es aus ihm mit einer ungeschminkten Ehrlichkeit hervor: «Ich bin stark suizidgefährdet.» Ich gestehe, dass mir dieser Gedanke nicht fremd sei, breche diese Thematik aber abrupt ab und meine abwehrend, ich wolle das durch so ein Gespräch nicht noch potenzieren.

In diesem Moment fühle ich mich unwohl – M. sagt etwas sehr Schönes: «Falls du dich oder ich mich einmal umbringen möchten, telefoniert einer dem anderen vorher, weil es könnte ja sein, dass man solche Aktionen später bereuen könnte, und dann wäre es schon zu spät.»

Was sollte ich dazu sagen? Ein liebenswürdiger Vorschlag.

Er berichtet, er hätte schon dreissig Seiten seines *«Familien»-Romans* geschrieben. Aber das Schreiben sei eine schwere Arbeit, das gehe sehr langsam bei ihm. Ich räsoniere: «Wenn einmal die zündende Idee, der Funke da ist, schreibe ich wie besessen, aber wenn kein Funke da ist, weit und breit nichts, ist es schwierig, das Leben wird mühsam, und wenn ich dann noch diese wenig aufbauenden Oerlikoner Gesichter sehe, ist das Leben doppelt schwer.» Er gibt mir recht, dieses Oerlikon sei eine «schlimme Gegend». Ich habe gespürt, dass er, wenn er in einem Schreib-Prozess steckt, wenn etwas in der Geburts-Phase ist, viel schwermütiger und vielleicht noch eine Spur sensibler ist als sonst. Aber nach dem Erfolg des *«Wille»*-Buches, als er im Winter '87 diese Auftritte und Verpflichtungen hatte, erschien er mir manchmal wie ein Unternehmer, ein Manager; und dass er sich noch die Haare schnitt, das hat diesen Eindruck noch verstärkt.

M. moniert, jetzt seien diese *Juni-Festwochen* vorbei, und jetzt noch dieses Seenachtsfest, das sei grössenwahnsinnig, die könnten immer nur festen, und was für einen Lärm das mache. – Er meint damit natürlich den «Spiesser-Lärm» und nicht den ästhetischen, spanischen Lärm, der in meinem Blut liegt! Ich gebe ihm recht, das sei eine regelrechte Realitätsverdrängung, die Menschen «malochen wie verrückt und dann bombastisch festen», damit niemand in Verlegenheit komme, an die eigene Existenz erinnert zu werden. Er doppelt nach, das sei typische Zürcher Art! – Er will keinen Wein heute, meint, er müsse noch arbeiten.

10. Juli

M. meldet sich gegen halb zwei Uhr mittags, er hätte «une surprise». Ich bin neugierig: «Concernant quoi?» Den Max-Frisch-Preis hätte er gewonnen! Ich frage: «Tu as déjà mangé?» M. meint: «Oui, près du Bahnhof Oerlikon, dans un restaurant et je viens dans une demi-heure.» Er betont, dass er nun sehr viel mehr Macht hätte, mir bei der Verlags-Suche behilflich zu sein. Ich meine gelangweilt: «Mais je ne veux pas devenir écrivaine (femme de lettres), je veux devenir une sainte, comme Teresa!» An beiden Telefon-Enden ein hörbares Grinsen.

Wie er aufkreuzt, sitze ich bewusst in der Küche, rauche eine Zigarette; er freut sich unbändig über diesen Literatur-Preis.

Er zählt auf, in der Jury befänden sich der von Matt, der Bichsel, der Muschg und der Unseld; der von Matt hätte «überall die Finger drin». – Da er nun 30 000 Franken bekommen würde, müsse er sich wohlhabenderen Bekannten zuwenden, dann erübrige es sich, dass er bei mir vorbeischaue, sage ich schnippisch. Trocken erwidert M., ich hätte ja auch Geld.

Da ich mich müde fühle, erscheint mir das Liebes-Spiel wie ein Traum – ich will wieder und wieder hören, dass ich einen schönen Körper hätte ... *Majakowskij* hätte mich geliebt, wenn er zu meiner Zeit gelebt hätte – M. meint selbstbewusst: «Nun bin ich da und nicht er.»

Er will, dass ich den *«Meilener»-Wein,* 1986, Eigenkelterung, Riesling x Sylvaner, H. Schwarzenbach, Reblaube Obermeilen, öffne, proklamiert, den müsse man unbedingt trinken, wegen dem Wille. Immer noch ein tiefsitzender Groll gegen diesen General, denke ich mir, und wie er ihn, den *«Meilener»,* gierig leertrinkt, kommt es mir vor, als ob er Feindes-Wasser in sich hineingeleert hätte, indem er seinen Wein trinkt, den Feind auch im selben Moment «erledigt». Wir stossen auf den Max-Frisch-Preis an!
Und geraucht wird auch heftig ... schadenfreudig gibt er zu bedenken, der Wagner würde sicher toben, da auch ein Teil städtische Gelder im Preis enthalten sei!

Er setzt sich an den Küchentisch, erläutert, er hätte für einen Journalisten der *«Schweizer Familie»* im Zusammenhang mit der Publikation, die im Herbst über ihn erscheine, seine Biografie in Stichworten niederzuschreiben – da er Sämtliches chronologisch aufzuführen hat, will er von mir die Stichdaten und verlangt, dass ich in seinen Büchern, die ich von ihm in meiner Bibliothek habe, nachschaue. Bei den *«Heimsuchungen – ein ausschweifendes Lesebuch»,* kritzelte ich Bemerkungen über ihn hinein: *«Eine Frau ist für ihn ein Beiwerk! Das Beiwerk, das angenehm ist, wenn man es benötigt, und das man ohnehin noch literarisch verwerten kann. Auf jeden Fall die Frau literarisch gut behandeln. Die Realität ist ohnehin nur eine Stipp-Visite.»* Nach Duden heisst Beiwerk «Nebenwerk; auch für: Unwichtiges». Und unter Stipp-Visite steht: *«ugs. für: kurzer*

Besuch.» Ich protestiere, er müsse das nicht lesen, ich würde es ihm gleich selbst vorlesen! – Er meint, die nächste Arbeit könnte eigentlich ich über ihn schreiben ... Sofort kommt mir Marias Vermutung in den Sinn, dass er es insgeheim lieben würde, wenn ich über ihn schreiben würde! Ich sage siegesbewusst, das, was ich hier über ihn niedergeschrieben hätte, sei nichts als die Wahrheit; die nackte Wahrheit, und zeige mit blossen Fingern auf ihn ... Es durchfährt mich, dass es wohl ein absurdes Bild abgeben würde: Zwei Monster an einem Tisch in der Küche am Saatlenzelg 25; eine ungewohnte Situation, ich habe das untrügliche Gefühl, an diesem Schreibmaschinen-Tisch hätte er keine Möglichkeit zur Lüge oder Vertuschung.

Am Schluss seiner Biografie zählt er auf, welche Gefährte, Vehikel er bis jetzt gefahren ist: vom Motorrad zum Jaguar und nun zum Velo, ich sage belustigt, die Rollschuhe würden noch fehlen – prompt schreibt er im Zweifinger-Suchsystem auf meiner IBM-Maschine nieder: *«Rollschuh-Kauf in Vorbereitung.»*

Wie er die neuen Fotos von mir auf dem Kühlschrank sieht, bemerkt M. in einer resignativen Art, der Stauber sei nun endgültig mein Hof-Fotograf ...

Er sieht irgendwo in meinen Unterlagen ein Bild von Jeanne Hersch, er meint grimmig: «Die hat es auch nur geschafft, indem sie nach den Mechanismen der Männer gespurt hat!» Ich antworte angriffig: «Ihr zwei zusammen wären doch starke Persönlichkeiten, sie die Haare zurückgestrafft und du mit deiner gekrausten Marx-Mähne!» – Einfach zum Totlachen. M. findet es verständlicherweise nicht besonders lustig ...

M. verlässt meine Unterkunft – ich begleite ihn bis zu seinem BMW-Motorrad; wie ein Schuljunge auf einem grösseren Mofa ruft er mir zweimal «Tschüss!» nach ...

Noch am selben Tag schreibe ich ihm eine Karte mit folgendem Wortlaut: *«Lieber M.! Es freut mich sehr, dass Du diesen Preis gewonnen hast! Ich wünsche Dir alle Preise der Welt!*

Aline»

12. Juli

Ich habe mich schon aufs Ohr gelegt, um dann gegen Mitternacht nochmals aufzustehen und zu schreiben: Da hupt das Telefon, natürlich M. –. Er bedankt sich freundlich für die Karte, die ich ihm geschrieben habe. Wo ich mich umhöre, niemand gönnt M. diesen Preis! Er meldet sich in einer halben Stunde an und würde gerne lesen, was ich geschrieben hätte. Ich meckere: «Ça ce n'est pas pour tes oreilles», er meint gewitzt: «Mais peut-être pour mes yeux.» Der Wort-Jongleur weiss mir immer die Worte im Munde zu verdrehen. Er gibt bekannt, er hätte heute physische Arbeit geleistet (dans le bois, Vita Parcours). Ich hoffe nur, ihn nicht eines Tages auf meinem «alten Standplatz», der Buchegg-Sand-Finnenbahn, anzutreffen!

Ich wünsch' mir manchmal, dass er kommt und einfach ein Niemand wäre, oder ein Jedermann, und nicht die ganze Öffentlichkeit in meine Klause hineintrüge.

Wir debattieren über «bürgerliche» Beziehungen, er behauptet, die Furgler-Tochter zum Beispiel, mit ihrem Namen, die sei «geschlagen»; mit so einem Namen sei man «geschlagen», da könne man dann nichts mehr machen. Diese bürgerlichen Frauen, das würde er nicht aushalten: immer diese Auflagen! Und die hätten gerne mal zwischendurch etwas mit einem Linken, das gehöre schon fast dazu und sei «exotisch». Er versichert mir, wenn er mich nicht gut gefunden hätte, dann hätte er bestimmt nur einmal «mit mir geschlafen» und sich nie wieder blicken lassen ...

Ich mache ihm klar, mein Verhältnis zu ihm sei von starken Kompromissen geprägt. Er sagt, dessen sei er sich bewusst. Er halte mich auch nicht für bürgerlich. Er kommt nochmals auf die Furglers zu sprechen: für diese Leute, eben die Furgler-Tochter, sei die Schauspielerei, das Theater etwas Besonderes, dabei sei das gar nichts Spezielles. Und mit einer Frau zusammenzuleben, das sei tödlich, das hätte er nie ausgehalten, das gäbe Auseinandersetzungen und Streit. In einer bürgerlichen Beziehung, das würde sich schnell totlaufen, da würde nur von oberflächlichen Sachen geredet, da hätte er schnell genug ... Bei ihm, M., hätte man eben schon etwas anderes, da würde «immer etwas laufen». Das erste Mal, dass ich ihn dermassen fliessend über eine Sache sprechen höre, sonst habe ich oft das Gefühl, er ringe sich alles mühsam ab, artikuliere sich nur unter grössten Geburtswehen.

Wer weiss, was dieser «*Familien*»-*Roman* alles in ihm auslöst? Immer wenn er intensiv im Schreibprozess drinsteckt, kommt er häufiger, ist er lädierter; «geschlaucht». Was Wunder, der Akt des Schreibens ist eine derart verwundbare, zerstörerische, manchmal aber auch tröstliche Tätigkeit, wenn «es gut läuft» ... Ich will wissen, ob ihm niemand von «seiner Gilde» gratulierte, er stellt fest: «Niemand, das sind doch alles Neidhammel!» Er beklagt sich ausserdem, die Zeitungen hätten nur kleine, kurze Notizen angebracht, nur die «*Basler Zeitung*» hätte noch eine Foto zur Meldung veröffentlicht.

M. beim Hinaustrotten: «Das war eine richtige Sommer-Nacht-Fickerei.»

Ich singe leise vor mich hin: «*Ach wie gut, dass du nicht weisst, dass ich Rumpelstilzchen heiss!*»

28. Juli

Ich rätsle, ob M. es bei dieser Hitze in seiner Dachwohnung nicht mehr ausgehalten und sich irgendwohin verzischt hat. Was mir bleibt, sind Todesgedanken, eine Mattigkeit und eine nie dagewesene erschreckende Unlust. Ich fange an, mich von aussen zu beobachten. Zuerst hoffte ich, es würde mir eine gewisse Erleichterung verschaffen, M. nicht zu sehen, aber ich registriere, dass sich alles zu einem gespenstischen Albtraum ausweitet: M. selbst als Albtraum, als Mega-Monster. Zeitweilig versuche ich mir einzureden, es würde ihn gar nicht geben, sondern er spiele sich nur in meiner verrückten Phantasie ab – wie ich das Foto im *«St. Galler Tagblatt»* anlässlich des Max-Frisch-Preises anschaue, seinen spezifischen Blick, seine Augen, tönt eine Stimme in mir: dein persönlicher Mörder.

Verschmitzt lustige Ferien-Karten erreichen mich, vielleicht im genau richtigen Zeitpunkt. Ich werde ein wenig von der Todes-Schwelle weggerissen, abgelenkt – Lola schreibt aus Rovinj: *«Hier hat der Sonnenaufgang die Maulwürfe aus ihren Löchern vertrieben, jetzt naht die Sintflut!»* – Wie nah einem wirkliche Freundinnen seelisch sind, auch wenn sie sich im entferntesten Winkel der Welt aufhalten.

Der «Fischer»-Freund Piero sendet mir einen Gruss aus Alaska: *«A Princess and her King»* (Salmon). Diese Karte mit dem überlebensgrossen Fisch und dem entzückenden Mädchen ist so liebevoll, dass ich zumindest für einen Tag entschädigt bin ...

10. August

Ein Laie wird es nicht glauben: Heute habe ich mich in der Badi direkt neben die Loris gepflanzt. Sie kommt so ungefähr um halb elf Uhr. Sie schläft matt, und ich habe so die Möglichkeit, ihren Körper zu beobachten. Sie ist so gross wie ich, aber das Unförmige sind bei ihr die Hüften, sie hat keine Hüften. Also kein ausgesprochen femininer Körper. Dass Mathematikerinnen so viel freie Zeit haben ... ich entsinne mich nun, dass ich diese Frau schon früher oft hier sah, und ich dachte immer, die sei bestimmt Journalistin beim «*Tagi*» oder so. Die Badehosen der Scola sind nicht besonders originell und trotzdem besonders. Ich muss mich sehr überwinden, sie nicht zu fragen, ob sie die Loris Scola sei. Welche Blamage für mich, wenn sie es denn doch nicht ist! – Um die Augen ist sie violett geschminkt, ein apartes Violett. Jetzt nimmt die Loris Abstand von mir, wahrscheinlich hat sie gespürt, dass ich über sie schreibe. Bestimmt hat die coole Italienerin einen sechsten Sinn. Langweilig, aber zum Fotosortieren für M. geradezu prädestiniert. Mit so einem ruhigen Wesen ... Es erfasst mich plötzlich eine Angst, ich müsste jetzt diese Eintragungen immer fortführen, sobald ich im Sommer in der Badi Enge die Scola sehe. Ich frage mich ernsthaft, ob ich unter Entzugserscheinungen leide und diese Aufschreiberei mit Daten nun einfach auf eine M.-Verbündete übertrage.

Unheilvolle Visionen bedrängen mich. L. raucht und ist hundertprozentig eine überzeugte Einzelgängerin. Sie trägt eine feine Piloten-Brille. Ihr Gesicht jedoch ist nicht von feinen Zügen, eher von groben. Ich habe zunehmend das Gefühl, dass sie mein eigentlicher Anti-Typ sei. Jetzt wird mir doppelt bewusst, was M. aufgrund unserer Konversationen profitiert. Um so mehr, als die Loris bestimmt etwas spröde ist. Und bestimmt nicht diese Unterhaltung bietet, diese französische Leichtigkeit in Körper und Geist. Ha, gut das herauszuspüren! Das würde M. «grün und blau ärgern», dass es Bademöglichkeiten gibt, wo sich Bekannte von ihm treffen. Ich bin jetzt überzeugt, die Scola hat etwas von dieser coolen Italianità. Der Loris sind die Menschen egal, gleichgültig, man kann nicht einmal von Verachtung sprechen. Kommt das wohl von ihrer kühlen Disziplin? Wenn es stimmt, was M. gesagt hat, kann sie sich sogar wunderbar vorstellen, dass ein männliches Geschöpf mit Loris ein platonisches Verhältnis hat! Wenn platonisch, dann mit einer Frau wie L. Und ich gehe so weit und behaupte, M. hat die Scola missbraucht, um anhand von italienischen Einwanderern die schweizerische Fremdenfeindlichkeit zu demonstrieren. Und warum sollte da nicht die Freundin L. herhalten? Ein handfestes Beispiel aus nächster Umgebung. Könnte L. einen Mutterkomplex haben? Sie ist eine sehr starke, selbständige Erscheinung, etwas Ruhiges, Klares beherrscht ihr Wesen. Überhaupt nichts Verrücktes oder Hysterisches haftet ihr an.

Dass man sich da so unverhofft getroffen hat. Sogar ohne M.s Vermittlung.

Und L. ist wunderbar braun. So ein adriatisches, wunderbares Braun, ob M. sie wohl auch gefragt haben mag, ob sie sich diese Bräune bei Kashoggi geholt hätte ... Ich spüre eine Feindschaft von der Scola ausgehen, wahrscheinlich bilde ich mir das nur ein, und es wäre auch möglich, dass meine Fixierung, das müsse die Loris sein, vollständig abstrus ist. Ich könnte mir sogar vorstellen, dass sie an M. überhaupt kein sexuelles Interesse hat. Sie geht dann lange Zeit aufs Floss. Allerdings verstehe ich, dass M. L. liebt, sie hat eine besonnene Art. Steht sie wirklich so über den Dingen, oder spielt sie nur die italienische Nonchalance? Ich halte L. für intelligent. Aber ich bin peinlich berührt, wenn ich sie anschaue, ich habe das untrügliche Gefühl, sie sei über mich orientiert und delektiere sich an meinem Albtraum. Das Ganze fällt mir wie Schuppen von den Augen.

Dass Träume so intensiv wirken können, denke ich im Traum.

Verrückt, und das alles an einem heissen Augusttag im Jahre 1988.

Plötzlich entdecke ich eine gewisse Wahlverwandtschaft mit ihr, vor allen Dingen, was die Generosität betrifft. Dieser Halunke, M. weiss schon, mit wem er sich verbündet, ich denke, wie die L. wieder neben mir liegt, eine hübsche Person, keine Schönheit, einfach eine gute, sympathische Ausstrahlung.

Wie ich diese Frauen-Person dann tags darauf mit ihrer Mutter leibhaftig sehe, weiss ich nicht mehr, habe ich gestern geträumt oder ist das jemand anders ...

19. August

M. ruft an und fragt verwundert, wo ich denn die ganze Zeit gewesen sei.
Ich bin sprachlos. Nicht zu diesem Zeitpunkt habe ich seine Stimme erwartet. Zwischendurch sagt M. immer wieder «Hallo», weil ich wie benommen bin. Ich schwanke hin und her: Soll ich ihn anschreien oder das Gespräch abrupt beenden?

Da geht einer einen Monat weg, ohne sich vorher zu verabschieden, und fragt leichtfertig, wo *ich* denn die ganze Zeit geblieben sei.

Er selber sei in Süditalien in einem Hotel gewesen. Die grösste Neuigkeit ist jedoch, seine Putzfrau, die ihm den Augiasstall ausgemistet hat, hätte meine *Bakunin-Biografie* gefunden. Ich mache ihm klar, ich hätte eine Liste angefertigt, bürokratisch, mit allen Büchern, die er noch von mir hat: «*Ausgeliehene Bücher an M.*»

Er will wissen, ob ich morgen zu Hause sei, ich rufe energisch durchs Telefon: «Entweder kommst du jetzt diese Liste abholen oder nie.» Und überhaupt: das letzte Telefonat, das wir geführt hätten, sei nicht erbauend für mich gewesen.

Er meint, ich selber sei auch nicht erbauend gewesen. Und er hätte nicht gemeldet, dass er wegginge, weil ich mich auf unerbauliche Art benommen hätte. In einer halben Stunde komme er also, fragt, wie spät es sei, ich stichle: «Du mit deinen Preisen könntest dir endlich eine Uhr zutun!» M. brummelt etwas Unverständliches durch die Muschel.

Er kommt herein, möchte mich küssen, küssen, küssen ... irgendwie stösst es mich ab, ich habe mich psychisch in der Zwischenzeit wieder «aufgefangen», ich lege ein ziemlich resolutes Auftreten an den Tag, präsentiere ihm die Bücherliste; wenn ihm etwas peinlich wird, blinzelt er verlegen. Spätestens in diesem Augenblick kann ich ihm jeweils nicht mehr böse sein. – Immerhin kann ich registrieren, dass er diesen Sommer ein bisschen Bräune angenommen hat, zumindest ist da eine Markierung der Badehose. Seit Donnerstag halte er sich wieder im Land auf, es sei sehr heiss, und er hätte schon wieder enorm viel gearbeitet. (Wahrscheinlich an seinem *F.-Roman.*)

Er trägt mich heute mit seinen starken Bären-Armen aufs Bett, für mich einer der schönsten Momente – für mich, die ich mich sonst so wenig tragen lasse ...

M. hat sich bei meiner kleinen Schwester (verheiratet in Urdorf) eingenistet, ich besuche meine Schwester, sehe «Spuren», Gegenstände von M., das «Baby-Face-Gesicht» meiner Schwester – diese Entdeckung bei meiner verheirateten Schwester mit Kind machen zu müssen, ist für mich dermassen grässlich, dass ich meine Schwester zusammenbrüllen will, doch in diesem Traum versagt meine Stimme. Ich setze immer wieder an zum Schreien – aber ich kann nicht. Dies ist so erbärmlich, so erstickend, diese Versuche zu schreien, bis zur Auflösung ... Irgendwann sagt mein Vater, er werde das jetzt in Ordnung bringen, M. «stellen». Er sieht wohl, dass ich aus «dem letzten Loch pfeife». Dieses Traum-Geschehen vermittelte mir zum erstenmal die brutale Tatsache, meines eigenen Sprechapparats nicht mehr mächtig zu sein.

Ich zeige ihm meine Rezension für den Stäheli-Katalog über eine japanische Neuerscheinung, und dann sieht M. mein wunderbares Buch «*Schriftsteller als Photographen 1860–1910*», und meint, was für einen schönen Kopf doch der Giovanni Verga (Selbstbildnis, 1887), 1840–1922, hätte.

Wie M. geht, schon draussen steht, will ich ihm noch zurufen, es sei schön, dass er wieder hier sei! Laut vernehmlich rufe ich: «Du» – wir lachen, den Rest hat er sich denken können.

24. August

Er telefoniert (wahrscheinlich von der «*WoZ*»), ich bin schläfrig, entschuldige mich aber sogleich, dass ich bis in den Morgen hinein gearbeitet hätte. Er sagt, er käme in etwa einer Viertelstunde, ich flattiere: «Du hast so eine schöne Stimme am Telefon.» Er ist einen kurzen Moment perplex, er ist es sich nicht gewohnt, dass ich am Telefon nette Sachen sage. Verlegen meint M.: «Aber doch in natura auch.» – Er hätte einen Artikel über das Ozon geschrieben – es bleibt mir fast die Luft weg: «Endlich mal was Vernünftiges.» Das meint er auch ...

Julian Barnes schreibt in seinem neuen Buch «*Als sie mich noch nicht kannte*» *(liess Anne sinnieren)*: «*Aber Sex am Nachmittag – das war nie nur bloss eine höfliche Art, die Dinge abzurunden; es war heisser, gewollter Sex.*»

Ungewöhnlich schicklich ist er angezogen heute, nämlich eine braune Stoff-Hose mit Gurt und ein grün-weissgestreiftes Hemd. (Er bringt tatsächlich die *Bakunin-Biografie* vorbei!) – Wir fallen über einander her – ich bin diesen Sommer sehr auf meinen Busen konzentriert – ich registriere, dass der erst jetzt zu voller Blüte gelangt; dagegen kam er mir vorher unterentwickelt vor. – Ich halte ihm vor, es sei eine Crux mit ihm, Dinge, die ihm nicht passen würden, die verdränge er einfach: zum Beispiel unsere schon längst geplante Töff-Tour. Wie «aus dem Rohr geschossen» entgegnet er: «Also dann gehen wir zusammen, und zwar heute, jetzt!» Ich krebse im selben Moment zurück, gebe zu bedenken, ich sei mir nicht so sicher mit ihm, und wenn wir einen Unfall hätten? Ich sei ja noch bedeutend jünger als er, müsste noch Kinder auf die Welt stellen ... Er antwortet: «Ich auch.» – Wir beraten kurz, wohin die Reise gehen soll – ich will Richtung Hirzel, er jedoch will nicht durch die ganze Stadt rasen und schlägt Embrach vor. Ich motze, Embrach hätte mir gerade noch gefehlt, das sei kein schöner Ort, *«Embraport»* und so weiter. Das wiederum leuchtet M. ein, so meint er Kaiserstuhl, dies sei ein schönes historisches Städtchen. – Wir fahren also los, bei M. machen wir einen kurzen Halt, er holt einen Helm für mich, soweit fährt er ganz anständig, zwischendurch erkundigt er sich nach hinten, ob alles o.k. sei, und plötzlich habe ich grossen Gefallen an dieser «Freiluft-Fahrerei». In einem mickrigen Strassendorf will er anhalten, nur weil er hinter Büschen eine «Beiz» gesichtet hat, wo Leute zu Mittag essen. (Hat Hunger, der Dickwanst, denke ich ...) Ich aber will nicht in so einem Strassendorf haltmachen, will weiter, Richtung Kaiserstuhl; M. schwenkt Richtung Glattfelden ab. Im «Gasthaus und Metzgerei Löwen», Dorfstrasse 105, steigen wir vom Gefährt herunter. Zuerst will er drinnen sitzen, das ist mir jedoch zu stickig, er fragt, ob wir draussen essen könnten. Draussen ist es schön, Holzbänke, natürliche Ambiente; wir bestellen «Spiessli mit Pommes frites und Salat», er ordert vorher noch eine Brotsuppe. Essen tut er eben so wie M. isst, das kann mich nicht mehr aus der Ruhe bringen! Am Schluss qualmt er seine Zigarren, trinkt wie ein Verrückter Espressi; ich zähle sie nicht mehr. Ob ich die Zeitschrift *«El país»* kenne? Er zieht die Kopie eines Blattes aus diesem Organ hervor, meint, diese Kopie hätten sie ihm von der *«WoZ»* gegeben, da steht «*Gente*», und da ist unter anderen auch er, ich solle ihm das bezüglich des Max-Frisch-Preises bitte auf spanisch vorlesen. Will er das, weil sein germanisch klingender Name in Verbindung mit der spanischen Sprache so eigenartig klingt? – Bald stossen andere Leute zu uns, ältliche Männer, wahrscheinlich vorzeitige Pensionisten. M. fragt die doch tatsächlich, ob das Glattfelden sei; von da käme doch Gottfried Keller, es bahnt sich ein absurdes Gespräch mit diesen Dorfleuten an. Einer erzählt, ein Gottfried-Keller-Zentrum würde existieren, das sei früher das Schlachthaus gewesen. M. äussert sich, Gottfried-Keller-Zentrum töne wie Einkaufs-Zentrum, und ob sie die Kirche aber noch nicht abgerissen hätten. Er holt dann die «*Schweizer Illustrierte*», flucht über diese Zeitschrift mit diesem Frank A. Meyer, den Gourmet-Seiten, das sei wieder ein Niveau, und den Kurt Felix und die Paola, die sollte man sowieso «einstampfen» ... und dann das «Hornussen», ereifert M. sich, diesen Sport hätte früher der Ogi auch betrieben – ich muss plötzlich sehr lachen, weil ich mir vorstelle, M. hornusse selbst. Zu gerne hätte ich da mit ihm öffentlich gestritten, ich halte ihm vor, mit meiner Freundin Berenice wäre er doch noch so gerne ins Bett gegangen, aufs heftigste streitet er das ab, ich würde mich täuschen, das sei *Berenice* gewesen, die ihn in Oerlikon aufgesucht hätte, und wenn es da oben nicht stimmen würde, wobei er sich mit dem Finger auf die Stirn tippt, dann sei mit ihm gar nichts zu machen.

Ob er nie hätte Töff-Rennfahrer werden wollen? Er meint: doch, aber mit der Zeit werde das zu dumm. Ich unterbreite ihm, im Oktober würde ich nach Lissabon reisen, er sei schon zweimal dagewesen, schön sei das, aber sehr ärmlich. Und präzise heute muss ich vernehmen, dass die Altstadt von Lissabon brennt, ganze Strassenzüge von einem Grossfeuer erfasst worden sind (historischer Kern verwüstet) und dass man Brandstiftung vermute.

Beim Verlassen der rustikalen Gaststätte fällt mir das Bild mit den Worten *«Wieder einig»* auf. Es hängen da noch andere alte Stiche, die perfekt in diese alte Stube passen.

Wir brausen dann beim besagten Gottfried-Keller-Zentrum vorbei, M. regt sich über die kitschige Renovation dieses Gebäude-Komplexes auf, raunt verächtlich: «Café Judith». Touristisch aufgemacht, aufgemotzt, zu clean. – Dieses Töff-Fahren sendet summende Vibrationen durch meinen ganzen Körper – aufregend ... Wieder am Saatlenzelg angekommen, möchte er gleich noch ein «Quicki» machen; radiumblitzend schnell alles, physisch fühle ich mich ausgepumpt. – Das Telefon klingelt, ich palavere: «Da ruft dein zweites Ich an!» Er meint: «Der italienische König ...»

An die *«WoZ»* wird gekabelt, sie berichtigen irgendeinen Passus in seinem Artikel, M. lacht mit Simmen, wollen ein Zitat von Goethe einflechten. Dann ruft er der Frau N. an, fragt, ob sie das Schreiben von ihm bekommen hätte, also er wolle nicht als Lobbyist reden, aber Aline Grafs Roman sei wirklich mal was anderes: «Wildwuchs» vermerkt M., und fordert sie auf, das jetzt zu lesen. Abgestellt sei die Stimme von dieser Frau N., behauptet er nachher. Sie hätte sich herausgeredet, sie hätte bis jetzt keine Zeit gehabt, sei in den Ferien gewesen. – Er will wissen, ob mir die Töff-Tour gefallen habe, da kann ich schlecht «nein» sagen. Die Broschüre von der Buchhandlung *«Zum Rennwegtor»* gerät ihm in die Hände, enerviert meldet er, dass er diesen Silvio Blatter und diesen Hermann Burger, diese zwei Arschlöcher, immer wieder anschauen müsste. Und *«Zeit des Fasans»* von Otto F. Walter sei schlecht, die Sprache, die Thematik, alles ... ich überlege, ob er diesem Walter noch immer nicht verziehen hätte, dass der, als er seinerseits Lektor beim Luchterhand-Verlag war, zu M. meinte, so könne man Gedichte nicht schreiben ...

26. August

Zu Otto F. Walters neuem Roman «*Zeit des Fasans*» lese ich die Kritik in der «*WoZ*» von Lotta Suter: «*Schweizerspiegel in Splittern*». Sie schreibt: «*Bücher sind keine Kinder – Kopfgeburten gibt es nicht –, sondern gesellschaftlich zu nutzendes Gut.*» Und weiter: «*Warum ist bei Walter, wie übrigens auch bei M. («Die Welt als Wille und Wahn», 1987), die mächtige Mutter noch schrecklicher wie der mächtige Vater, Firmeninhaber, General?*» – Cotta vermerkt: «*Es können im Anfangsstadium Kinder bedeuten, die man dann in die Welt (Gesellschaft) entlässt ...*»

In derselben «*WoZ*» ist auf der Frontseite M.s Artikel «*Vom Ozon und seinen Verwaltern*» – «*Herr, es ist Zeit. Der Sommer war gross*» – (Rilke). Die dazugehörende apokalyptische Illustrierung von Dieter Leuenberger finde ich sehr inspiriert! Aber ich bin der Überzeugung, M. sollte Chemie Chemie sein lassen, ausser ein, zwei witzigen, typisch M.schen Einschüben, die wie immer unverkennbar seine Handschrift tragen – er sollte von solchen Themen lassen. Wahrscheinlich meinte er, er müsse sich jetzt auf das Sommer-Hitze-Ende in irgendeiner Form bemerkbar machen.

29. August

M. kabelt, fragt, wie es gehe, und er würde in einer Stunde nochmals anrufen. Er müsse noch etwas arbeiten. Draussen blitzt und donnert es gewaltig. Ich fühle mich angriffig, bin am Bearbeiten des Korrektorinnen-Kurses, der mir zu einem relativ «klaren Kopf» verhilft. Das Thema «*Haupt- und Nebensätze*» ist an der Reihe, ich will von M. wissen, wie Neben- und Hauptsätze zu unterscheiden seien, er sagt, ein Hauptsatz komme immer vor einem Komma. (Grob gesehen stimmt das, aber wenn es so einfach wäre, wäre alles viel einfacher ...) – Also, in einer Stunde würde er nochmals anrufen und mir auch die zwei Bücher mitbringen. Ich überlege: Die eine Stunde kenne ich! – Er ruft dann aber tatsächlich in einer Stunde an, meint, das Gewitter hätte aufgehört, er würde jetzt vorbeikommen.

Wir treiben es nicht besonders exaltiert! – Er widmet sich der Biografie von Coco Chanel, die ich für den Bücher-Katalog besprechen muss, sagt, dieses Buch sei sehr interessant. Ich will wissen, warum er mir die Bücher nicht mitgebracht hätte? Er bekennt, dann hätte er immer wieder einen Grund, bei mir vorbeizuschauen!

Er ruft dann dem Dr. Herzog von der Uni an, meldet sich mit: «Da ist Agamemnons Klytämnestra aus Oerlikon.» M. diskutiert mit ihm lange über das Buch von Otto F. Walter, versichert, der Howald, der hätte das im *«Tagi»* schon verstanden, den Otto F. Walter zu besprechen, und dieser Beatrice von Matt von der «*NZZ*» müsse er es doch noch mal sagen, wenn sie von den Ferien zurückgekehrt sei. Was die mit dieser Rezension über den Walter angerichtet hätte, nämlich ihn mit Meinrad Inglin zu vergleichen! Der Otto F. hätte mit seinem Buch *«Zeit des Fasans»* eine völlig unhistorische Methode angewendet, das sei eine superphantasmagorische Fabrik, und die Beatrice hätte doch auch einiges gelesen; die müsste doch die Fragwürdigkeit von Inglin einsehen. Der sei kein Gradmesser für geschichtliches Verständnis. Und weiter: Der Walter ist ein «Tubbeli», und er, Guisan, der vom Parlament gewählt worden sei, hätte 1939 mit den Franzosen diese Abmachung getroffen, wenn die Deutschen einmarschiert wären. Das wegen der Alpenübergänge, so dumm sei das gar nicht gewesen, und die Arbeiterbewegung sei froh um Guisan gewesen. Natürlich hätte der Walter gar keine Beziehung zur Arbeiterbewegung, aber vom Grossbürgertum habe er auch keine Ahnung. Der Federspiel behaupte, das sei keine Naivität vom Walti! Und beim Schaub vom «Tagi» sei das wieder mal typisch zu beobachten, Leute, die auch immer zu gern etwas geschrieben hätten, denn das stecke doch hinter diesen Kritikern. Der Schaub habe doch tatsächlich geschrieben, seit Inglin hätte es keinen Gesellschafts-Roman mehr gegeben. Der Otti hätte fast geheult vor Freude. M.s erste beiden Bücher hätte ja der Otti lektoriert, und bevor er seine Sachen las, hätte er nie was von Geschichte gehört, und nun sei er zum Haupt-Historiker geworden. Ein Drittel des Buches handle vom Militär, aber sachlich, vom Manöver, verstanden, das stimme alles. Er müsse sich überlegen, ob er in der «*Zeit*» etwas darüber schreiben soll. Die beiden Männer fachsimpeln weiter – und zum erstenmal höre ich M. richtig lachen! Ja, laut und vernehmlich, aus vollem Halse: Wenn man das vom Schaub und vom Stumm gelesen hätte («die Luft aus dem Ballon gelassen»), hätte man nun richtig das Gefühl, dass man wieder etwas Sauerstoff hätte.

Wie er das Thema mit Herzog abgehandelt hat, also abgehängt hat, unterhalten wir uns darüber, was wir in unserer frühesten Jugend gelesen hätten. M.: «*Gullivers Reisen*», «*Tom Sawyer und Huckleberry Finn*». Ich sage: «*Onkel Toms Hütte*» und Berg-Höhlen-Adler-Horror-Geschichten. M. meint, das hätte er alles auch gelesen.

Er leidet plötzlich unter Übelkeit, beklagt sich über dieses abwechselnd warme und kalte Wetter, davon kämen seine komischen Bauchschmerzen; ich gebe ihm Tabletten, aufgelöst in einem Tee. Er fragt, wie immer, ob diese Tabletten «gesund» seien.
Beim Hinausgehen sagt er in einer erleichternden Art, er würde die positive Reaktion der Tabletten schon merken ...

5. September

M. steht da, ich fühle mich vom Lesen geschwächt, zwei Tage nichts wie Lesen, auch das Buch über *Coco Chanel* zu Ende gelesen. Ich fühle mich auf eine unheimliche Weise mit dieser starken Coco verwandt! Er bestätigt, Lesen sei eine geistig ermüdende Tätigkeit, wir treiben es nur einmal, er ist nervös. Einer Pressekonferenz über Ozon müsse er beiwohnen; sein Artikel hätte einiges ausgelöst, weil er quasi unwissenschaftlich an dieses Problem herangegangen sei. Er spüre die Ozon-Belastung stark, beim Velofahren zum Beispiel im Hals.

Am Samstag sei er auf dem Bücherschiff auf dem Walensee gewesen: Da hätte er wieder was erfahren müssen! Der Jodelclub von St. Gallen hätte einen Ausflug gemacht, und ein Herr H. vom Gesundheitsamt der Stadt St. Gallen hätte die Ansprache gehalten. Der plädierte, das Jodeln sei noch «eine gesunde Kultur». Und dass so einem Nestbeschmutzer wie dem M. ein Max-Frisch-Preis verliehen werde ... Also diese Jodel-Leute hätten sich aufgeregt und hätten ihm das auf dem Bücherschiff erzählt. Er ist beleidigt, poltert, das sei eine Frechheit! Diesen Herrn H. will er einklagen, ich empfehle ihm den Rechtsanwalt D. von St. Gallen, er hält entgegen, der sei ein Freund von Furgler und ausserdem CVP. Er echauffiert sich weiter, das Gegenteil von einem Nestbeschmutzer sei er, er würde dieses Land «entschmutzen»; folgerichtig sei er ein Nest-Entschmutzer! – Er erwähnt, die E. Hasler hätte wieder ein neues Buch herausgegeben: *«Der Riese im Baum»*. Die gehe geschichtlich immer weiter zurück, bis sie wieder bei den Pfahlbauern lande; wir lachen ausgelassen.

16. September

Im «Glattaler»: «*M. sagte ab*»

«*GL. Mit der Vernissage zur Ausstellung ‹Konstruktive Kunst› wurden die Kulturwochen vor einer Woche im Lindenhaus eröffnet. Unter anderem fand im Verlauf der ersten Tage die Jazz-Nacht (Samstag) mit den Backstage und der Zürcher Gruppe Headphones statt. Jazz-Nacht ist der richtige Ausdruck, denn die Headphones spielten bis in den frühen Morgen hinein. Während der Umbauphasen wehte der Wind einige Fetzchen ‹Amore, Amore› zum Linden-*

haus herüber. Ebenfalls am Samstag stieg das Ausländerfest auf dem Märtplatz. Mit Spannung wurde das Experiment, das Parfüm der Klangwolke (Montag), erwartet. Eine grosse Enttäuschung trübt allerdings die Kulturwochen: M. sagte seine Lesung ab. ‹Ich will nicht an einem Volksfest teilnehmen›, lautete seine Begründung. Was beweist, dass es trotz trennenden Elementen zwischen den verschiedenen gesellschaftlichen Schichten auch grenzübergreifende Gemeinsamkeiten gibt: Elitäres Denken gehört dazu.»

19. September

M. meldet sich und ist in einer demi-heure in meiner Wohnung. – Währenddem wir «Liebe praktizieren», beobachte ich mich von aussen, sehe mich selbst als Marionette. «Stierisch» empfinde ich M. – meine vor ihm selbstverständliche Nacktheit ritualbestimmt und ausweglos.

Er müsse mir noch eine pikante Story erzählen: Der Burger hätte sich wieder einmal ein starkes Stück geleistet. Der sei nach Frankfurt in seinen Fischer-Verlag gereist, und da hätten sie ihn im «Frankfurter Hof» nicht gebührend empfangen; jetzt hätte er zum Suhrkamp, zum Unseld, gewechselt. M. sagt genervt, der meine doch immer, er müsse mit Champagner empfangen werden! Und der Nagel & Kimche-Verlag hätte vom Hartmann ein altes Buch neu aufgelegt, aber der Nagel und Kimche sei kein guter Verlag, da sei es besser, wenn ich dort nicht hinkäme!

Auf Lese-Tournee in Lausanne, Genf, La Chaux-de-Fonds, Vevey und Fribourg sei er gewesen, froh, dass es die französische Schweiz geben würde, obwohl die Romands zur Oberflächlichkeit neigen würden. Ich wende ein, dafür würden die das Leben auch nicht so tierisch schwer nehmen! – Fast einem Kollaps sei er da erlegen, er hätte sich gesundheitlich nicht gut gefühlt in der französischen Schweiz, zu sehr hätte er sich in die Inglin-Geschichte gestürzt. Regt sich nochmals über diesen Schriftsteller auf, diesen Konservativen, der immer die Bourgeoisie in Schutz genommen hätte. Also er hätte sich dann zu helfen gewusst, hätte meinen Tee getrunken, den ich ihm von der Apotheke senden liess – ich erinnere mich nur, ihm Sirup gesandt zu haben ... Er behauptet, es sei auch Tee dabei gewesen. – Und er sagt, jetzt sei es seit der Sommerszeit wieder das erste Mal, dass er keine geschwollenen Augen mehr hätte.

Dann die leidige Geschichte von den Dübendorfer Kulturwochen. Er teilt mit, was da «gelaufen» sei; nämlich die Laure Wyss und er hätten sich mit Unterschrift verpflichtet, in Dübendorf regelmässig an einer Leserreihe aufzutreten. Und dass er bei diesen Kulturwochen nun auch noch gleich mit einer Foto drauf sei, die hätten ihm das zugeschickt, da sei er absolut nicht einverstanden, er hätte gesagt, er käme nicht hin. «Mit Kind und Kegel, Töpfern und Jodelclubs habe ich nichts am Hut.» Ich wäre da als Schriftstellerin bestimmt auch nicht hingegangen. Da hätte ihm doch tatsächlich dieser Lanzendörfer angerufen und ihm «Arschloch» ausgeteilt. Die Journalistin Smaldini vom «*Tagi*» hätte ihm gebeichtet, sie hätte das im «*Tagi*» geschrieben und nicht zuerst ihm telefoniert, da sie Angst gehabt hätte, er würde nachher alles, was sie mit ihm gesprochen hätte, in der «*WoZ*» publizieren. Diese Frau hätte immer wieder betont, sie sei ein Fan von ihm und hätte jedes Buch gelesen! Er habe ihr dann klargemacht, sie hätte eben nicht Journalistin werden dürfen, wenn sie Angst hätte! Er habe dann einen Leserbrief für den «*Tagi*» geschrieben, den Leuten also erklären müssen, was es auf sich hätte, warum er sich in Dübendorf nicht blicken liess! – Jemand hätte ihm zu bedenken gegeben, er hätte doch nun in Dübendorf die Chance gehabt, mit den verschiedensten Leuten zusammenzukommen und diese mit seiner Welt zu konfrontieren. M. protestiert, er sei kein Missionar und hätte auch nicht die Absicht herumzumissionieren. Und er sei auch kein öffentliches Eigentum! Ich verstehe M.: die versuchten doch einfach, ihn als «Zugpferd» an diesen Kulturwochen in der Provinz zu benützen!

Erneut fühlt er sich unwohl, trotzdem verlangt er Wein. Ich braue ihm einen schwarzen Kaffee und eröffne ihm, dass ich nun Serbisch lerne, vor allem die kyrillische Schrift fasziniere mich. Bei Lola würde ich Unterricht nehmen, dafür würde ich ihr Italienisch beibringen.

26. September

Ich befinde mich in der Badewanne, das Telefon *sirent*. M. erkundigt sich, wie es gehe, ich erkläre lakonisch: «Ça va et je ne fais rien.» Er auch: «Moi non plus, je ne fais rien.» Ich erläutere ihm, dass ich zurzeit Unterschriften für die Friedens-Initiative sammle, eigentlich hätte ich eine Depression, ich erzähle ihm, was man alles erlebt beim Unterschriften-Sammeln. Es steigen folgende Gedanken: In einer inhumanen, korrupten und ungesetzlichen Welt kann gar kein Interesse für den Frieden bestehen, ja, er ist geradzu hinderlich; hilflos hänge ich mit meinen Ideen und Utopien durch! – M. versucht mich zu beruhigen, heute morgen hätte er auch so eine Sache erlebt. An einer Pressekonferenz, vom Filmer Stürm geleitet, sei er gewesen. M. Frisch, Otto F. Walter und verschiedene andere seien auch dagewesen. Die Situation werde immer schlimmer, der Arbenz sei ein gefährlicher Typ, und wir unterhalten uns kurz über den «verlängerten Arm von Arbenz»: den Asyldiplomaten Rudolf Weiersmüller, und sein *«Cremeschnitten-Modell»*. – Also es hätte sich um die Kurden-Familie Taycimen und einen anderen Kurden gehandelt, die man ausschaffen wollte. – M. bedauert, diese zwei Weltkriege hätten nichts genützt, das sei das Schlimme an der ganzen Sache, er ist überzeugt, es müsste eine ganz gravierende Situation passieren, so wie etwa Tschernobyl, damit die Menschen hellhörig werden würden. Ich sage, ich sei ratlos: Soll man sich gleich umbringen, oder, wie Brecht gesagt hat, sein Leben lang ein Kämpfer bleiben?

Er merkt an, er müsse nun noch eine Seite über Meinrad Inglin fertigschreiben. Niemand wisse und könne sich vorstellen, wie er sich zwingen müsse, das fertigzuschreiben. Überhaupt würde er oft unter einem Zwang stehen, zu schreiben. Ich meine, ob er tatsächlich einen andern Beruf lernen möchte, oder einfach die Schreiberei satt hätte? Er anvertraut mir: «Doch, manchmal möchte ich all das aufgeben.»

M. beteuert, für ihn sei alles noch viel schlimmer: wenn er zum Beispiel wieder den Beruf des Lehrers ausüben möchte, wüsste dies Herr Gilgen schon zu verhindern, und nicht mal als Korrektor könnte er arbeiten, die würden alle sofort meinen, er sei ein Spion! Ich fasse es nicht als Koketterie auf, sich in seiner Situation auszudenken, was überhaupt noch zu machen wäre ... Ich sage ihm, in letzter Zeit hätte ich mich wieder des öftern mit Selbstmord-Gedanken herumgeschlagen; je länger je mehr ich nicht mehr den Sinn des morgendlichen Zähneputzens einsehen würde. M. pflichtet mir bei, gerade das Zähneputzen sei etwas so Absurdes! Und wenn man die Zähne nicht putze, sei es auch nicht anders, oder ändere auch nichts an der Situation.

Er bringt mir dann einen Teil der Bücher zurück, darunter auch einen Klassiker der erotischen Weltliteratur, *Das Kamasutram*, die indische Liebeskunst! Ich mache ihn darauf aufmerksam, dieses Buch gehöre nicht mir, bestimmt hätte er das von der polnischen Krankenschwester. Er rät mir an, es trotzdem zu lesen – aussergewöhnlich schöne Bilder in diesem Buch, eben indisch.

3. Oktober

Wie M. plötzlich vor mir steht (ich habe die Türe offengelassen), erschrecke ich. Bei der Begrüssung küssen wir uns schnell. Verstärkt spüre ich eine unheimliche, mich innerlich fast erwürgende Depression meiner bemächtigen. Er bringt mir die «*WoZ*», seinen Artikel über Meinrad Inglin: «*Was spiegelt sich im ... «Schweizerspiegel»? Das Schlimmste in diesem Land, der Schweiz, sei der Umstand, dass man immer wieder auf dem Nullpunkt anfangen müsse, den Leuten alles nochmals erklären, das sei ein deprimierender Zustand!*»

Nach dem Akt bleibt M. reglos auf dem Bett liegen. Es wird ihm zu bunt, dass ich nichts spreche, er pirscht in die Küche, an den Kühlschrank, fragt, ob er Wein haben könne – *Weisser Dôle, Dôle Blanche, Frauenfreude.* Er trinkt ihn leer.

Er wundert sich, dass ich immer noch nicht gewillt bin zu kommunizieren! Dann werde ich von einem Heulen überfallen: Stumm heule ich in mich hinein, gehe auf die Toilette, um mir die Nase zu putzen, er sagt gekränkt: «Tu ne bavardes pas beaucoup aujourd'hui!» Verschnupft reagiere ich, man müsse nicht immer so viel reden, ich schreie ihn an, er solle nicht so in mein Gesicht starren (aufgedunsen, verheult). Er meint, er werde mich also nicht mehr anschauen. Er geht umher, schaut sich Bücher an in meiner Bücherwand, will endgültig wissen, was mit mir los sei. Ich flenne aufs neue drauflos, ich hätte eine «hirnverbrannte Depression», das sei schlimm, das sei unbeschreibbar, wenn das über einen kommen würde. Er sagt unterstützend, ich soll erzählen, er wisse schon, wie das sei, von seinen eigenen Depressionen. Das sei wirklich unbeschreibbar! Ich schluchze: «Ich habe solche Angst vor diesen Schüben, weil, wenn das kommt, bin ich dem machtlos ausgeliefert und kann nur warten, bis es vorübergeht. Und wenn es mir wieder anständig geht, habe ich doch wieder Angst, dass dieser Zustand irgendwann wiederkommt, denn erst in ‹nüchternem Zustand› merke ich, von welch wirren Gedanken-Knäueln ich beherrscht wurde.» M. fragt besorgt, was man dagegen tun könnte. Er offenbart sich mir dann, er würde nur schreiben wegen der Depressionen, gegen die Depressionen, jedes Wort. Ich merke zu spät, dass er den

Spiess umkehren will, plötzlich alles nur auf sich lenkt, ich klage ihn an: «Das hier in diesem Raum, deine Besuche, das halte ich nicht mehr lange aus, das treibt mich in den Wahnsinn.» Ich dürfe aber nicht behaupten, er treibe mich noch ins Burghölzli ...

Die Kinder-Frage wird wieder erörtert, M. gesteht mir, das sei unmöglich mit ihm wegen seiner Chromosomen und Gene; überhaupt sei er der unausgeglichenste in der Familie gewesen. Er wolle überhaupt keine Kinder, von keiner Frau. Ich sage resolut: «Ich rede von diesem Kind nicht mehr, ich werde einfach von einem anderen Mann ein Kind haben.» Ich mache ihm klar, wieviel leichter es doch für einen Mann sei, kein Kind zu haben, wie für eine Frau. Der Fortpflanzungstrieb sei seit Jahrtausenden in sie hineincodiert worden! Allerdings vermerke ich auch, ich glaube ebenfalls, bei ihm fehlten gewisse Gene und Chromosomen, da er gewisse Sachen nicht fühlen würde ... (Darauf antwortet er nichts.) Ich zische: «*Welche normale Frau hält's denn bei dir aus?*» Auch darauf antwortet er nichts! Ich mache ihm klar, es würde mir nicht imponieren, dass er berühmt sei, schliesslich käme ich nicht von «ganz unten» – ob er pro Jahr ein, zwei oder drei Bücher schreiben würde, interessiere mich nicht! Er sagt, das sei ja schön, wenn dem so sei ... Und überhaupt, warum er heute wieder die restlichen ausgeliehenen Bücher nicht mitgebracht hätte? Er meint kindlich, damit er noch ein Pfand hätte!

Er versucht mich zu beschwichtigen, indem er einflechtet, er sei mit mir ja unlängst in Glattfelden gewesen, ich erwidere, mit so etwas Lächerlichem müsse er mir überhaupt nicht kommen. (Seine kostbare Zeit in Anspruch genommen, um mit der Sklavin nach Glattfelden in den «Löwen» zu brausen.) Ausserdem gibt er zu bedenken, er lasse mich immer ungehindert an seinen Sachen partizipieren! Aber an der *Inglin-Geschichte* zum Beispiel würde ich zu wenig Anteil nehmen. Ich brause los: «*Du hast gar keine Ahnung, wie stark ich an deinen Sachen partizipiere, ich partizipiere viel zu heftig, oh, wahrscheinlich ist es gut, du weisst nicht, wie stark ich an deinen Angelegenheiten partizipiere.»* Er besitzt die fürstliche Gnade, mich an seinen Gedankenblitzen partizipieren zu lassen, die sowieso meistens öffentlich sind und von denen ich also sowieso erfahren würde!

Dann geht es M. so schlecht, dass ich vom Gefühl bedrängt werde, ich müsse ihm helfen, nachdem ich mich ein bisschen «freigeredet» habe ... Meine salzige Heulerei hat aufgehört, ich bereite M. einen Kaffee. Habe ich meine Depressions-Welle auf ihn transferiert? Ein gravierender Unterschied besteht allerdings zwischen unseren Depressionen: Mein Mich-Schlecht-Fühlen hat unter anderem seine Wurzeln in seiner Behandlung meiner Person; M. ist also gewissermassen der Auslöser meiner Zustände; *seine* abgrundtiefen Depressionen können jedoch niemals an meine Adresse gelangen!

Wie er rausgeht und draussen steht, fragt er unschuldig, ob das Velo da draussen mir gehöre?

28. Oktober

Ich habe mich im Hotel «Rembrandt» in Tanger, meiner Geburtsstätte, einlogiert. Ich breche fast vor Erschöpfung zusammen; die Passage Spanien/Marokko war strapaziöser, als ich mir das vorgestellt hatte. – Hier in Tanger habe ich Bekanntschaft gemacht mit dem Barkeeper vom «Minsha»-Hotel, der ein paar Sprachen fluently spricht. Der kennt auch den Arzt Mister Anderson gut, der an meiner Geburt in diese Welt hinein massgeblich beteiligt war. Er verspricht, ihn mir vorzustellen.

Die Kellner im Hotel grüssen mich mit «notre fille tangerienne» ...

Unruhige, wirre Träume, in welche jemand folgenden Satz spricht: «Was du nicht machst, das wird die Welt auch nicht machen.» Brüskes Erwachen ob dieser glasklaren Erhellung.

Ein schneidend scharfer Wind hat unterdessen eingesetzt; ich höre Türen und Fenster klappern und scheppern.

14. November

M. ist der zweite Mensch, der mich nach meinem Marokko/Spanien-Aufenthalt anruft. Er ruft mit einer sturen Regelmässigkeit am Montag an – seine «geliebten» Wochenanfänge. Ich fühle mich in der westlichen Welt nach dieser Reise noch viel verlorener; daher erscheint mir heute M.s Stimme wie ein Lichtfunke. Jetzt heisst es wieder: *«Dä goldig Züri-Träffer, Züri-Leu, Züri-Hünd, Züri-Kind, Zurick Zurick horror picture show»* (M. in *«Heimsuchungen»,* Seite 84). – Er fragt mich, ob ich des Arabischen kundig sei, weil er eine Karte aus Meknes auf arabisch erhielt. (Allerdings von meiner Freundin Rachida geschrieben.)

M. kündigt sich für zehn Uhr an; ich trage meine Djellaba, ich sehe darin aus wie eine unantastbare Fee aus dem Märchen. Ich fühle mich wohl in diesem Kleidungsstück, es beengt einen nirgends; ist leicht und locker. Ich freue mich, M. zu sehen, schon in Marrakech freute ich mich auf das Wiedersehen! Etwas Liebes strahlt er aus, wie er mich begrüsst, es vermischt sich aber sofort wieder mit dem Foto-Buchtitel *«BIEDERLAND UND DER BRANDSTIFTER».* Tatjana Hauptmann zeigt ihn mit brennenden Haaren und dem «balzacschen Blick»! – Ich falle ihm um den Hals; faszinierend findet er meine Djellaba.

Ich bin noch aufgewühlt, durcheinander von der Reise. Am Freitag kam ich in Genf an, übernachtete da und fuhr am Samstagabend nach Zürich.

Ich bereite Tee nach marokkanischer Art zu, M. findet ihn sehr gut – immer wieder rühmt er diesen Tee. Aber ich glaube nicht, dass er nachvollziehen kann, was alles in mir vorgeht nach diesem Kulturkreis-Wechsel. Ich, die ich fremde Kulturen mit Haut und Haaren lebe. – Er müsse morgen an ein Kolloquium an die Uni nach Bern. Es käme halt immer auf die Studenten an, wie die reagieren würden. Ich erzähle ihm meine abenteuerliche Geschichte von der islamischen Universität, wo ich, mit Kopftuch und Djellaba verkleidet, durchkam und die Wärter beim Eingang mich für eine Einheimische hielten. Es ging eine andere Marokkanerin mit mir, die auf arabisch auf mich einsprach. Das war ein Spektakel; ich amüsierte mich aufs beste mit diesen marokkanischen Studentinnen in Fes. Ich glaube nicht, dass M. sich ein Bild machen kann, was die Frau für eine Position in der islamischen Gesellschaft hat, wie das in der alltäglichen Realität aussieht. Das Machtmonopol des Mannes in dieser Kultur ist nach wie vor für eine Europäerin unvorstellbar! – Das zuviele Reden von den Eindrücken nach einer Reise und gelebten Ereignissen macht mich traurig, verwischt meine wirklichen Impressionen.

Wie empfinde ich M. nach dieser Pause? Er ist etwas unruhig, schaut mir aber stark in die Augen, wie ich bruchstückhaft erzähle. Wenn M. sich an etwas interessiert zeigt, ist er der beste Zuhörer, den ich kenne. Oft lebt er mit drei Augen, ist mit einem dritten Auge anderswo transzendiert! Das ist schwierig; wenn ich das jeweils merke, werde ich unsicher in meinen Schilderungen. – Übrigens erhält er heute die Erlaubnis, mir den Slip und den BH zu zerreissen; ich denke, er zerreisst mir den Unterleib. Er ist sehr wild, die fünfwöchige Abstinenz ist zu spüren. Der ist bestimmt notfallmässig bei der polnischen Krankenschwester gewesen. Er anvertraut mir, er hätte zweimal telefoniert, mein Telefon sei besetzt gewesen! Er entdeckt den *Koran* und fragt leicht spöttisch: «So, man liest den Koran.» Der sei auch nicht über alles erhaben ... Ich entgegne, zumindest hätte es darin sehr logische Gedankengänge. – Ich erzähle ihm noch von meiner Reise durch Spanien und dass ich bei Freunden in der Nähe von Adra (Alpujarras), Andalucia, ein paar Tage logiert hätte. Und wen hätte ich da angetroffen – in einem andern Haus in den Alpujarras? Nebst Jim Sailer, den M. auch kennt, die Marianne Fehr. Verbündet mit A. Simmen und «*WoZ*»-Journalistin. Ich sage M., es sei unvorstellbar gewesen. Überhaupt, die andern meinten, was man da in den steinigen Bergen schon machen könnte, in diesem Tal, ja, und diese Marianne Fehr erlebte ich eher wie eine Sekretärin im Vorzimmer eines Chefs in einer grösseren schweizerisch-amerikanischen Firma. Eine «*WoZ*»-Journalistin, die unter anderem über Medien-Monster wie den Kurt Felix schreibt! M. zeigt sich erstaunt, dass auch der Jim da war (die sprechen übrigens denselben St. Galler Dialekt), und ich meine weiter, der Jim treibe es mit seinem Zynismus manchmal doch zu weit. Und langweilig sei das obendrein. – M. ist derselben Meinung. Im nachhinein habe ich den Eindruck, diese spanische Bergwelt dort, dieses wilde Tal, wo Salomon Grafs Haus steht, sei doch ein bisschen zu karg und kantig für eine Frau Fehr mit ihren zerbrechlichen Geissen-Beinlein, und im nachhinein verstehe ich auch ihre geäusserte Angst vor einem eventuellen Schlangenbiss beim Flussbaden!

Ich erwähne nicht das neue Buch über ihn, von *Martin Durrer* und *Barbara Lukesch*: «BIEDERLAND UND DER BRANDSTIFTER». Es ist mir zuviel, genauso wie letztes Jahr, als ich von Indien zurückkam. Sofort alle Spuren meines Klienten aufzunehmen, sogleich alle Abartigkeiten und Ungezogenheiten in der Presse aufzuspüren; Berenice wird schon aufgepasst haben und mich mit den nötigen Informationen versorgen!

Wie er rausgeht, meint M., ich solle mich jetzt erholen. Ich stecke ihm einen goldenen Aschenbecher aus Marokko zu. Wie ein Schuljunge, der sich heimlich freut, etwas von einer Tante, die weit gereist ist, geschenkt zu bekommen, lässt er ihn in seiner Tasche verschwinden. Er meint noch verärgert, die Verlegerin N. könnte jetzt endlich was von sich hören lassen, wegen meines Briefromans, aber die wage es natürlich nicht, ihm am Telefon die Wahrheit zu sagen. Die solle es doch zurückschicken, wenn sie es nicht gut finden würde. Diese Frau hätte ihm übrigens einen Brief geschrieben, ob er etwas über das Thema «Angst» schreiben könnte. Er würde jedoch nichts dazu beitragen, weil die Themen, die würde er immer noch selber wählen. Und für diese Frau nicht.

16. November

Seit ich nicht mehr in Marokko bin, vermisse ich «l'appel de prière» – dieser vermittelte mir jeweils ein angenehmes Gefühl, eine eigenartig schöne Stimmung, wenn der Rufer anhebt mit seiner Stimme und es weitherum tönt; das gibt ein Zusammengehörigkeits-Gefühl unter den Menschen.

Zwischen mir und der Frau von Hassan II. stelle ich folgende frappante Ähnlichkeit fest: Wir werden beide in der Öffentlichkeit nicht als die Frau beziehungsweise die Geliebte des Mannes erkannt. Für die Geheimhaltung ihrer Frauen haben M. und Hassan II. nur scheinbar unterschiedliche Motive. Seine Frau im Versteckten zu halten, dem Fuss-Volk nicht zu zeigen, ist Hassan aus kulturell-religiösen Gründen vorgegeben, und M. handelt aus chauvinistischen, protektionistischen Gründen, will sich mit seiner Gespielin nicht draussen zeigen. – Durch Telefon-Signale werde ich aus einem Geschehen in Marrakech herausgerissen, M. meint: «Tu as une voix comme Schneewittchen.» Er befinde sich auf dem Bahnhof in Zürich, komme von Bern, wo er alleine in einem Hotel hätte übernachten müssen. Ich ironisch: «Sans filles, mais c'est dommage.» Ich erkundige mich nach der Zeit, er meint, er käme gegen elf Uhr. – Ich bin mir vollkommen bewusst, dass meine Situation hoffnungslos ist, die Verhaltensmuster, das Spiel vorgegeben. Innere Beteuerungen, dass sich alles ändern könnte, nützen da nichts.

Wie er kommt, ist er durcheinander, meint, in diesem Zug nach Bern hätte es wieder Menschen gehabt, denen hätte man das Geldverdienen richtig ansehen können. Ich kennte diese Uhrzeiten im Zug nach Bern, diese Gesellschaft, wenn ich jeweils meine Schwester besuchen gehe. Übrigens mache ich M. darauf aufmerksam, er hätte an der Zähringerstrasse übernachten können, aber ich betone: «Elle ne touche pas les hommes.» Er schaut mich prüfend an, ich bin amüsiert und meine, ich trage heute eine Jacke «Genre Frau Koch», er hingegen meint schon eher «Genre Frau Kopp». Er meint, mich aufklären zu müssen, indem er sagt, Frau Koch sei Halbjüdin und hätte mit ledigem Namen Pomeranz geheissen und hätte einen jungen Freund. –
Also die Studenten in Bern seien am Anfang unmöglich gewesen, die hätten ihn wie einen Halbgott angeglotzt. Er hätte gestänkert: «Glotzt nicht so romantisch!» Dann hätten sie endlich gewagt zu lachen. Ich denke, nur weil M. einen gewissen Bekanntheitsgrad hat, «himmeln» sie ihn autoritätsgläubig an – und dann noch an der Uni ... Und er meint, das nächste Mal, wenn ich auf Reisen gehe, müsste ich einen Gipsabdruck von seinem Penis machen, wie früher die alten Römer!

Er kabelt der *WoZ*, spricht mit Stefan Keller, und sie behandeln diverse Sujets. Es fällt der Name *Kopp, Liliane Studer,* aber mein Hirn will und kann heute nichts dergleichen aufnehmen.

Ich bereite Schwarztee auf marokkanische Art zu, und wie M. aufhängt, erwähnt er nochmals Liliane Studer, ja, und wenn die Frauen Karriere machen würden, das sei schon ... mit ihm zu diesem Zeitpunkt in eine frauenrechtliche Diskussion zu treten, ist mir eindeutig zu blöd, nach dieser «islamischen Erfahrung» einfach zu ermüdend, ich erwidere nur: «Richtig, dass die Frauen endlich ihre Chancen wahrnehmen, wir wurden über Jahrtausende unterdrückt.» Er fühlt sich intelligent, indem er einwirft: «Es braucht immer zwei, Unterdrücker und solche, die sich unterdrücken lassen.» Tatsächlich fällt wieder der Name Luise Pusch, das ist mir nochmals zu blöd, warum gibt M. nicht einfach zu, dass er die Frauen nicht für vollwertig nimmt; ich bin der beste Fall dafür, die beste Fall-Studie vom Unterdrücker und der Unterdrückten! Klar setzt er Mädchen mit Schlachtvieh gleich, seinen Satz: «Wie soll ich dich nehmen?» ist doch nichts anderes wie Schlachthof-Mentalität, oder wenn er von sich gibt: «Wie ich dich gebürstet habe!» Was die feministische Sprachkritik anbelangt, bin ich mit der Luise Pusch zweihundert Prozent einverstanden! Warum sieht man M. in der Öffentlichkeit nie mit einer ebenbürtigen weiblichen Partnerin? Glaubt er wirklich, ich nähme ihm ab, dass er die Frauen ernst nimmt? Für mich ist der Fall M. klar! Aus der Sicht des Korans bin ich bestimmt eine «Gefallene», eine Frau, die alles verspielt hat. Ihre Qualitäten vor die Säue geschmissen hat.

Über «BIEDERLAND UND DER BRANDSTIFTER» wird immer noch nicht gesprochen, auch nicht über die Radiosendung mit Schawinski, in welcher M., wie mir mündlich mitgeteilt wurde, ziemlich «Haare lassen musste»! Er lobt den guten Tee ausführlich, merkt wahrscheinlich nicht einmal, dass ich Teekochen in Marokko gelernt habe. Er erscheint mir heute dick, aufgeblasen, richtig «mockig», so etwa, wie ich mir nach zwei Wochen Spanien vorkomme: aufgeblasen, aufgedunsen vom Olivenöl, von den fettigen Zusätzen. Kann sein, dass M. den Parcours zuwenig frequentiert! – Ich frage ihn, ob er seinen Lebensabend in der Schweiz verbringen wolle, er meint: «Nein, in Indien, du hast mir doch dieses Land empfohlen» ... Ich rate ihm, er solle besser in Europa bleiben, er sei in seinem Innersten ein Europäer, wenn nicht sogar Schweizer. Dagegen erhebt M. keinen Widerspruch.

Beim Hinausgehen sagt er nebenbei, er wolle Tschechisch lernen, ob ich wisse, was das Wort «Flämmchen» auf tschechisch heisse, und ob ich jemanden kennen würde, der ihm diese Sprache vermitteln könnte. Ich antworte, er könnte Stunden nehmen bei einem Pianisten aus Bratislava.

26. November

Um 15.30 Uhr M. (wir parlieren seit meinem Marokko-Trip wieder durchgehend französisch), er konstatiert, ich sei nicht dagewesen, betont jedoch, das mache nichts. Eigenartig, fährt es mir durch den Kopf – einen Groll habe ich noch immer auf ihn, ist mir doch eine «*Sonntags-Zeitung*» zugesteckt worden, in welcher er interviewt wurde. Die letzte Frage: «*Sie sagen im Buch über Sie ja, Sie hätten den Verdacht, dass es bei Ihnen mit dem Journalismus vorbei sei.*» Darauf M.: «*Ich versuche einfach, eine neue Stufe zu erreichen. Meine Freundin sagt mir jeweils, ich sei ein Masochist, der versuche, mit der Sauerstoffmaske einen Achttausender zu erklettern, dabei würde auch einmal ein Dreitausender reichen. Und weil sie eine Frau ist, habe ich Respekt vor dieser Ansicht.*»

Am Donnerstagmittag lese ich das, ich bin dermassen entsetzt, empört, wie versteinert, so dass mir jeglicher Appetit vergeht. In meiner Aufregung erzähle ich es dem Künstler Dissler, der mir klarmacht, so etwas hätte er nie länger wie ein halbes Jahr mitgemacht: Eine berühmte Person, mit der man sich nicht in der Öffentlichkeit zeigen dürfe – das sei abartig. Er meint, das sei eine schreckliche Situation! Meine Betäubung hält also noch an, eine nie dagewesene Gleichgültigkeit gegenüber ihm breitet sich in mir aus. Dissler empfiehlt mir, ich solle M. sofort anrufen und ihm sagen, es sei zwar ehrenvoll, dass er mich da im Interview zitiere, ich hätte das jedoch nie zu ihm gesagt, und er würde mich mit jemandem verwechseln. Wir spekulieren, ob er diesen Gedanken «seiner Freundin» doch wahrscheinlich über sich selber habe, oder ob sogar die Mutter in St. Gallen das einmal zu ihm gesagt hat. Einer fremden Masse kann man alles erzählen! Den Satz: *«Und weil sie eine Frau ist, habe ich Respekt vor dieser Ansicht»*, habe er vielleicht als Pusch-Gegenschlag von sich aus eingeflechtet.

Die Loris Scola habe ich immer noch in Verdacht oder sogar die polnische Krankenschwester!

Wie M. kommt, vor der Türe steht mit seinem Töff-Helm in dieser eisigen Kälte, schaffe ich es schon nicht mehr, ihm sehr böse zu sein. Auf eine Frage zur Begrüssung meine ich zwar noch aggressiv, er könne zu seinen Freundinnen gehen, die würden da besser Rat wissen, er meint: «Welche Freundinnen?» Ich schreie: «Von diesen Freundinnen, von denen jeweils in den Zeitungen die Rede ist.» Er wendet alles geschickt ab ... ich breche das Thema ab, es ist mir einfach zu blöd.

Zum Glück hat er das nervöse Umhertapsen wie ein Bär im Käfig mehr oder weniger aufgegeben (mit Dank an Wille ...). Einen winzig kleinen Moment kommt er mir heute wie früher vor, wie er mich anfasst, wie wir über eine konstruierte Wortspielerei uns lustig machen.

Ich weihe ihn in meine Tanger-Sehnsucht ein, eines Tages dorthin zurückzugehen, mich dort niederzulassen. Er findet es auch gut zu den Wurzeln zurückzukehren, nämlich dorthin, wo man geboren wurde. Ich sage, die Mineralwasser-Marke, die ich bevorzugt habe, heisse «Sidi Harazem». M. weiss sogar, dass «Sidi» Herrn heisst. Wir hören arabische Musik, ich bin überzeugt, die Araber sind die gastfreundlichsten Menschen, die ich je in meinem Leben getroffen hätte, er berichtet vom Araberviertel in der Rue Ferdinand-Duval in Paris. *«Ein ausschweifendes Lesebuch»* führe ich mir noch einmal zu, belustigt darüber, dass seine Putzfrau denselben Namen getragen hat wie meine Kinderfrau in Tanger, nämlich Fatima. Seinen Bericht über die Rue Ferdinand-Duval finde ich aufschlussreich und interessant: Dieses Konzentrat von einem Völkergemisch, die Bevorzugungen und Missachtungen auf kleinstem Platz und dann die jüdischen Menschen, ob sie aus Nordafrika, Frankreich oder Osteuropa hergekommen sind. Oder die Aufzählung der Namen algerischer Patisserie. M. schreibt signifikativ: *«Die Situation ist nur deshalb nicht explosiv, weil keine eindeutige Mehrheit eine eindeutige Minderheit kujonieren kann, weil die Sympathien kreuz und quer durcheinanderlaufen. Die Feindschaften neutralisieren sich, der ökonomische Koexistenzzzwang tut ein übriges.» «Rue Ferdinand-Duval, Rue des Juifs, 120 Schritte Weltgeschichte, 8 Schritte Psychodrama.»* Das stimmt mich noch einmal sehr nachdenklich, wie das erste Mal, als ich es gelesen habe: In dieser Strasse leben vornehmlich Entrechtete, Ausgebeutete und Randfiguren eines anderen Kulturkreises, sind also alle mehr oder weniger «im selben Boot», und sogar in dieser Situation ist der Mensch versucht, dem andern das Leben sauer zu machen. – Ich anvertraue M., ich würde vielleicht zum Islam konvertieren, da der Koran für mich eine geistige Herausforderung darstelle. Er ist hellwach, wie ich das erörtere, das interessiere ihn, ich soll ihm mitteilen, wenn es soweit sei; der Achmed Huber hätte das auch gemacht. Aber der sei nicht mehr so ganz klar im Kopf, der hätte sich da zu sehr hineinreissen lassen.

Er telefoniert dann mit Stürm, M. betont, nicht mit dem Walter, sie führen ein Presse-Gespräch von Mann zu Mann. Um das Kurdenproblem handelt es sich, und dass die Kurden Flüchtlinge im eigenen Land seien. Er will von Stürm in Erfahrung bringen, wie diese Frau heisse, die in Zürich diesen schweren Töff fahre und die überall Unfälle hätte und auch im Tessin über die Borde runterfahre. Jemand hätte ihm erzählt, die sei plötzlich in Spanien dahergebraust, Pia solle die heissen, aber ich bin sicher, dass diese Frau in den Alpujarras bestimmt nicht Pia heisst, die er zusammen mit Jim Sailer sah. Aber M. und Stürm bleiben dabei, sie heisse Pia, die in Zürich diesen schweren Töff fahre und leicht depressive Züge um die Mundwinkel hätte. M. bespricht sich dann mit Stürm, ob sie auf das «Preis-Fest-Schiff» gehen sollen, und raten einander gegenseitig ab, bei diesen Temperaturen noch weiterhin mit dem Motorrad zu fahren.

Traurig bin ich, wie er geht; er würde das nächste Mal länger bleiben, er hätte soviel zu tun in der Asyl-Koordination. Ob ich morgen an den Vera-Piller-Poesie-Preis-Abend gehen würde?

5. Dezember

Ich unterrichte M., ich hätte heute mit der «*WoZ*»-Redaktion, mit Andreas Simmen vom Kultur-Ressort, gekabelt. Ich wollte wissen, warum mein Gedicht «*Deutschland*» nach bald über zwei Jahren immer noch nicht publiziert worden sei, worauf dieser etwas von Lerch in Bern mauschelte, seine Stimme und all die unterdrückten Emotionen (!) mühsam unter dem Tisch hervorgeholt hätte, wie man das ja bei dieser Sorte fad-verklemmter Linker kennen würde. Er, dieser heimliche Frauenhasser, belehrte mich, dieses Gedicht sei unaufgefordert eingeschickt worden, deshalb würden sie es mir auch nicht zurücksenden. (Es war eigentlich nicht unaufgefordert, M. drängte mich, es zu senden.) – M. erwidert lakonisch, die würden dieses Gedicht extra nicht abdrucken, um zu demonstrieren, wie unabhängig sie von ihm und ganz allgemein seien. Er kennt diese Brüder und Schwestern ja schliesslich schon länger und wird wissen, wovon er spricht!

Nachher schaut er fern, penetrant liegt er da; gestört, abwesend. Von mir abgewendet.

Plötzlich sagt M., er würde mir ein Buch bringen – das Buch über ihn! Ich stelle fest, dass es nur einmal auf der Bestseller-Liste war, er versichert, es liesse sich aber sehr gut verkaufen. – Wie dann im Fernseher der Schauspieler Kleemann auftritt, den er vom Neumarkt-Theater her kenne, ist nichts mehr mit ihm anzufangen. Wenn der in einem guten Stück mitspiele, könne der nachher ein ganzes Jahr davon leben ... Dann ist der vor zehn Jahren verstorbene Dirigent Fritschai zu sehen, für den M. eine echte Bewunderung zeigt: «Ein genialer Typ!» Und Gregorianische Gesänge würde er einfach grandios finden. Er erwähnt dann einen *Zischtigs-Club* (erster Dienstag nach meiner Rückkehr von Marokko) und meint verärgert, der Toni Lienhard hätte da gesagt, vielleicht würden eines Tages die Industriellen und die Künstler einen Weg, eine Annäherung zueinander finden. M.: «Immer diese künstliche Harmonisierung, dieser Konsens.»

Wie er die Türe öffnet, regnet es noch immer, M. zieht sich wieder die schwarzen Stulpen-Überhosen an und entweicht Baumfäller-Typ-mässig ins Unwetter der Dezember-Nacht!

9. Dezember

Ich rufe ihn an (!) zur Zerstreuung, als Wutabdämpfer: «Bonjour» und «Qu'est-ce que tu portes sur toi?». M. rapportiert brav, was er trage, etwa immer dieselbe Kluft. Ich teile ihm mit, ich würde jetzt seit zwei Stunden auf meine Schwester aus Urdorf warten: «Die hat zwei Autos in der Garage, natürlich beide ohne Winter-Pneus, einen Audi und einen Saab, den sie nur den ‹kleinen Traktor› nennt.» Ich ereifere mich, es sei eine typische Hausfrauen-Manier bei einem Schneefall, was in einem Bergland wie der Schweiz im Dezember eigentlich normal sein müsste, mit der Zeit nicht disponieren zu können.» M. kann meine Aufregung nicht nachvollziehen, meint im Gegenteil, es sei nett von meiner Schwester, dass sie mir einen Besuch abstatten würde. M. brummelt: «Je fais de l'ordre.» Versunken und verstaubt in eine ganz andere Materie, zuckt es durch meine Hirnzellen. In meiner Rage wünsche ich ihm noch einen «angenehmen Nachmittag», auch das findet er nett – versunken in seine Stratosphäre *(Teilschicht der Atmosphäre in einer Höhe von etwa 12 bis 80 Kilometer über der Erde)* reagiert er mindestens zweimal langsamer als ich, die ich voll mit der banalen Alltäglichkeit konfrontiert bin: Autos, die beim Schneefall in der Provinz nicht wegfahren können ...

16. Dezember

M. kontaktiert mich, fragt, wie es mir gehe. Ich stereotyp: «Je vais très bien.» Anscheinend geht es auch ihm nicht schlecht. Er sagt nach einer längeren Pause: «Jetzt hätt's sie (Frau Kopp) endlich glupft!» Er sagt es jedoch vorsichtig, meine Reaktion abwartend. Nicht, dass ich so konfus wäre, die Sache der Frau mit spezifischen Interessen der FDP gleichzusetzen. In der «*WoZ*» von heute schreibt Lotta Suter sehr richtig: «*Warum ist es ‹für alle Schweizerinnen› tragisch, wenn die von den Wirtschaftskreisen portierte FdP-Politikerin über die geschriebenen und ungeschriebenen Gesetze ebendieser Wirtschaftskreise stolpert? Vom koppschen ‹Ende in Konfusion und Schande› ist doch eher das Ansehen des Finanzplatzes Schweiz tangiert denn jenes des weiblichen Geschlechts.*» – «*Zum ersten Mal berührt die Welt trüber Finanzen, welche in der Schweiz in Banken und Firmen des Hinterhofs existiert, den Bundesrat*», jammerte die welsche Zeitung ‹La Suisse› *in beispielloser Heuchelei, nur zwei Tage, nachdem notre cher Collègue Delamuraz die Wahl von E. Kopp zur Vizepräsidentin als ‹Sieg für die Demokratie› gefeiert hatte.*» – Ich verstehe M., dass er aufgepasst hat, wie er mir die Meldung von der «gestürzten Frau Kopp» übermittelt, denn da kursieren in der Presse derart läppische, schwachsinnige Statements von Frauen und Männern über den Abtritt von Frau Kopp. Ich lasse verlauten: «In diesem Fall frisst der Kapitalismus die eigenen Kinder.» Dieser Ausspruch gefällt M. ungemein. Ich soll das schreiben. Ich schreibe es, an

Liliane Uchtenhagen, die als fast einzige politisierende Frau etwas Klares über den Abgang von Frau Kopp von sich gibt: *«Sie hat uns alle über sich und ihren Ehemann belogen. Frau Kopp hat bewusst etwas verschwiegen. Ich bin enttäuscht von ihr.»*

Mit einem roten Sport-Pullover, auf welchem in USA-Manier etwas draufsteht, untypisch für ihn, und darunter einer grünen Bluse, kommt M. bei mir an. Sein *«BIEDERLAND»*-Buch bringt er mir, wo er auf Seite 217 folgendes meint: *«Heute würde ich auch über eine Ursula Koch schreiben. Und was die Sportler-Porträts angeht: damals gab's einfach noch keine Erika Hess.»* Weiter auf Seite 219: *«Mich interessiert, wie man eingespurt worden ist. Und das Hauptproblem: diese mächtige Mutterfigur. Alle reden von mächtigen Vätern, dabei glaube ich, dass man die Männerwelt von heute nur verstehen kann, wenn man die starken Frauenfiguren, die in Haus und Familie einen unheimlichen ‹power› losgelassen haben, miteinbezieht.»*

Wir amüsieren uns über mein weisses Body-Stocking. Sein Penis würde mein Loch ausfüllen, meint M. grossspurig. Eine innere Stimme spricht zu mir: «Man könnte auch sagen, sein Penis könnte sich irgendwo in eine Umschliessung hineinretten, eine beschützende, dunkle Öffnung finden ...» – Ich denke, er ist doch nicht jener Mann, der einen ohne einen triftigen Grund verlässt. Er ist jener Bär, der sich, wenn er sich bei einer Geliebten gut eingelebt und eingenistet hat, da immer wieder treu einfindet.

M. beginnt von seinem ältesten Bruder in Glattbrugg zu erzählen. Der hätte sich eine eigene kleine Firma erarbeitet, aber auf seriösem Weg und nicht mit Machenschaften à la Kopp. Der hätte jetzt seine Firma veräussert, fünf Millionen hätten herausgeschaut, er hätte fünf Kinder, und jedes bekomme eine Million. M. wiederholt mit besonderer Gewichtung: «Jedes eine Million!» Ich frage, ob er auch was bekäme, er verneint.

Ich erwähne wieder einmal, wie sehr mich das stören würde, dass wir uns nicht zusammen in der Öffentlichkeit blicken lassen könnten. M. redet sich heraus, indem er meint, er könne mir in meinen literarischen Angelegenheiten nicht mehr helfen, wenn die Leute wüssten, dass wir etwas zusammen hätten. Er hätte erst kürzlich auch im Unionsverlag von mir geredet. Ich schmolle, ich fände das eigenartig. M. meint lässig, er würde ja auch nur die eigenartigen Sachen bevorzugen ...

Er entschuldigt sich, er müsse nach Wollishofen an eine Sitzung der Asylkoordination, er fordert mich auf, ich solle mich da auch engagieren und etwas darüber schreiben. Er würde mir nächstes Mal die Unterlagen vorbeibringen. Ich sage ausweichend, ich könne ja gar nie an eine solche Versammlung gehen, wenn ich mich in der Öffentlichkeit nicht mit ihm blicken lassen darf. Er sagt resolut, da gäbe es verschiedene Versammlungen, wir müssten nicht zusammen da auftauchen ...! – Er erzählt dann vom Appenzeller Fall, dem Türken, der da in einer Beiz servieren würde. Alle Appenzeller möchten den sehr gut leiden, hätten ihn sogar in den Kegelclub aufgenommen; der sitze jetzt im Gefängnis und den möchten sie ausschaffen. M. sagt erbost, sogar diese konservativen, sicher alles andere als linken Appenzeller seien dagegen. Sie möchten jetzt alle auf den Flughafen gehen, um das zu verhindern. In der Türkei sei dieser Mann lediglich in der Gewerkschaft, da genüge es also schon, um als unerwünschtes Element abgestempelt zu werden. Und er erzählt von anderen Türken, die zurückgeschafft wurden und untertauchen mussten, um ihres Lebens sicher zu sein. Die sollten doch einmal darüber nachdenken und das bemitleiden, anstatt die «arme, leidgeprüfte Frau Kopp» zu betrauern. In der «*Weltwoche*» würde er noch darüber schreiben!

Marguerite Duras lässt in ihrer Geschichte «*Im Park*» einen Handelsreisenden folgenden Satz, im Dialog mit einem Kindermädchen, sagen: «*Doch wie hört man auf, einen Beruf aus-*

zuüben, und wählt einen neuen? Wie gibt man diesen Beruf für jenen Beruf auf und warum?» Ich parallelisiere das zu Beziehungen mit Menschen, die man wie einen albtraumhaften Beruf loswerden möchte und es nie ganz schafft. Auch an das Tagebuch der Anne Frank denke ich, die in der Verborgenheit, abgeschnitten von der Umwelt, ihren Mikrokosmos eines Speichers in einem hässlichen Hinterhaus beschreibt.

23. Dezember

Er erscheint früh. Er küsst heute meine Brüste wie der kleine Bär im Film von Jean-Jacques Annands; wenn der Kleine jeweils seine Milch schlabbert: genauso unbeholfen, aber nicht weniger emphatisch. Ungewöhnlich deshalb, weil es normalerweise nicht zu seinem Programm gehört, ihn jedoch der abrupte Drang überfiel, diesen weiblichen Teil des Körpers zu beglücken. Fast zärtlich ruhig ist er heute ...

Wir unterhalten uns über Individuen, die in Klöstern leben, den sogenannten «Heiligen», ich bemerke, ich finde das nicht unintelligent, die könnten durch ihre spezifische Lebensweise sehr viel geistige Konzentration speichern, da sie keine sexuellen Energien verbrauchen würden. M. meint, er hätte sich damit auseinandergesetzt, er hätte ja auch eine Schwester im Kloster, diese Heiligen seien eigentlich die «grössten Freudianer». – Ob ich *«BIEDERLAND UND DER BRANDSTIFTER»* gelesen hätte? Wo das Buch überhaupt sei? Ich gebe es ihm nicht und meine ausweichend, ich hätte darin soviel unterstrichen. Genau das interessiere ihn! Vorsorglich habe ich das Buch eingeschlossen. Ich bin jetzt gerade an der Entschlüsselung seiner powerigen, mordsmässigen «Mutter-Kult-Figur»: «*Die Mutter (...) hatte die Botschaft von der Gleichheit aller Menschen – Gleichheit vor Gott, aber Gleichheit alleweil – wirklich kapiert und praktiziert. (...) Man hörte zum Beispiel, dass es wichtigere Dinge im Leben gab als Geld. (...) Dadurch hat sie mindestens einen ihrer Söhne, welcher auch* *nach der Kindheit glaubte, es komme im Leben auf die Macht der Argumente, nicht auf die Argumente der Macht an, in permanente Schwierigkeiten gestürzt.» (Spaz. 12)*. Luise Pusch folgert dann: «Dies ist die einzige Stelle, an der M. über die Vorgeschichte seines Engagements Auskunft gibt. Die Quelle des M.schen Kampfes für die Gerechtigkeit ist also weiblich. Unfassbar eigentlich, bei solchem Ursprung der Energie, wie halbherzig dieser Kampf geführt wird, wie einäugig, ja blind für das Wesentliche. Ich habe keine Erklärung für diesen Widerspruch, aber möglicherweise gibt M. sie, indirekt, selbst: Demut habe die Mutter gefordert, nicht nur christliche Demut vor Gott, sondern auch Demut vor ihr. Und ihre mordsmässige Autorität hätte auch stärkere Männer als den Vater umgeworfen. Wir dürfen folgern: den Sohn erst recht. Vielleicht soll sie, sollen wir ihm nun alle, dafür büssen?»*

M. beginnt wieder vom Türken im Appenzell zu berichten. Diese konservativen Appenzeller seien also auf den Flughafen gekommen, und obwohl er bei denen sogar in den Kegelclub aufgenommen wurde, hätten sie ihn ausgeschafft. Der Arbenz sei ein reicher Mann, und was der da in Bern mit diesen Asylanten praktizieren würde, sei eine Katastrophe. Mit der Schweizer Politik komme es noch soweit, dass, wenn sie jetzt nicht auf das Volk hören würden, die Leute auch nicht mehr spurten, immer passiver werden und den Politikern nicht mehr stattgeben würden, wenn diese etwas von ihnen möchten. Morgen müsse er um sechs Uhr aufstehen und nach Bern fahren wegen dieser Asylsache, in der er mitmache. Allerdings würde ihm das zuviel aufbürden, zu viel Zeit wegnehmen: «Ich gebe das im neuen Jahr ab.» Mit einem Seitenblick auf mich, doch in dieser Sache meinerseits aktiv zu werden.

M. verlässt mich dann, er sei mit dem Taxi gekommen, würde jetzt aber zu Fuss nach Hause gehen. –

Wie angenehm, dass M. mit keinem Wort Weihnachten erwähnt hat, diese gierigen Festivitäten.

Kapitel VI

1989

6. Januar

M. telefoniert von seiner Eisfeldstrasse aus und wünscht mir «une bonne année (nouvelle)». Ich antworte schlicht und einfach mit «Ja»; obwohl er es nochmals wiederholt, sage ich erneut einfach «ja». Meine Wechselbäder aus Wut, Abneigung, Zorn und Gefühlen der Verwandtschaft, Wesensverwandtschaft und tiefster Zärtlichkeit bescherten mir einen nicht allzu langweiligen Jahreswechsel. Ich will sofort wissen: «Dis-moi la raison, pourquoi tu ne m'apportes pas les livres?» M. antwortet: «Parce que je ne les ai pas encore lu.» Er fragt, ob er vorbeikommen solle, ich warne ihn: «Aujourd'hui je suis insupportable.» Er entgegnet, das mache nichts, er sei es auch: «En vingt minutes.» –

Wie M. in meiner Wohnung steht, wünscht er mir wieder «une bonne année». Wir trinken aufs Jahr 1989 einen Henkell-Sec, M. findet ihn gut.

Ich zeige ihm den Absage-Brief vom *Nagel & Kimche-Verlag,* unterschrieben von Doris Michel. M. findet diesen Brief auch unbedeutend, er sagt verärgert, Stilistik und Thematik müssten noch lange nicht auf einen Nenner gebracht werden. Eigenartigerweise berührt mich dieser Brief nicht gross. Er hätte übrigens gesehen, dass die N. einfach auf das Programm ihres Themas «*Angst*» seinen Namen draufgeschrieben hätte: Eine Unverschämtheit finde er das, wie diese Frau einfach über andere Autoren verfüge. – Es gelüstet ihn wieder einmal, mein Body-Stocking zu zerreissen, ich befehle: «Nur wenn du mir ein neues kaufst.» Aber das würde ja bei ihm als Proletarier nicht drinliegen. Man muss sich vorstellen, dass M. mir, seit ich ihn kenne, ausser einem Hustensirup und seinem «literarischen Gebräu» noch nie etwas mitbrachte. Auf der Töff-Tour vergangenes Jahr in Wallisellen mir nicht einmal das dörflich bescheidene Mahl im «Löwen» bezahlte. Ein geradezu abstossender Geiz!

Wir treiben es heute zweimal. Ich stelle die Behauptung auf, ich hätte für ihn einen zu schönen Körper, zu schön! Dem stimmt er vorbehaltlos zu! Er meint, ich müsste ihm während dieser «Aktion» in die Augen schauen. Wir tauschen seine «Ricola»-Kräuterzucker-Bonbons im Mund hin und her: Er sei über diese Tage krank gewesen. (Mir ist sofort aufgefallen, dass er havariert aussieht.) Ob er alleine gewesen sei? M.: «Nein, beim Bruder und bei der Mutter.» – Wie er bei mir einen anonymen Brief herumliegen sieht, beschwert er sich, er hätte viele solche bekommen, auch Mord-Drohungen, er soll sich «endlich den Schuss geben». Das sei eben eine schlimme Zeit; Weihnachten und Neujahr, da seien doch alle diese Freaks, die nicht klarkommen würden!

Mit einer seiner Zigaretten hätte er mir fast das ganze Büchergestell niedergebrannt, ich wehre mich, er solle besser schauen, wohin er seine glimmenden Stengel deponiere ... Ob er gesehen hätte, dass Schaufelberger eine neue Schrift herausgegeben hätte anlässlich der Abstimmung «Schweiz ohne Armee». Er hätte da den Vergleich angestellt, wir würden die Polizei auch nicht abschaffen, damit wir die Verbrecher schützen würden. M. sagt aufgebracht, der Schaufelberger sei ein «durch und durch kindischer Typ». Ich spreche ihn auf den Artikel von Alexander Seiler an über das *«Demokratieverständnis in der Schweiz»*, M. will wissen, wo ich das gelesen hätte, da Seiler sich beklagt hätte, es sei «spärlich» erschienen. Ich melde *«Zürichbieter»*. Es fällt einem in einer Provinz-Zeitung auf, wenn man etwas differenziertes, intelligentes korrigiert, ich kann das dann nicht so schnell vergessen. Bei einem Artikel über Schaufelberger und sein neues Buch zuckt einem schon eher der Rotstift, um Bemerkungen hinzuschreiben. (Was eine Korrektorin tunlichst zu unterlassen hat!) – Er zeigt sich beleidigt, dass ich seinen Artikel über Werbung noch nicht gelesen hätte, und er würde veranlassen, dass mir der geschickt werde. Und das Buch vom «Brandstifter» hätte er mir auch gegeben. In der Folge schreien wir einander an, er ordnet an, ich dürfe nicht schreien, ich erwidere, er hätte begonnen einen «höheren Dezibel» anzuschlagen. Ich hätte ihn sowieso gewarnt, ich sei heute «insupportable», und ich hätte das Recht dazu, ich würde ihn jeweils auch verstehen. Er gibt mir Recht.

M. sagt dann geschäftig, er müsse wegen seines Buches in den Verlag gehen. Ich stichle, er solle nicht so beschäftigt tun, er kontert: «Ich tue nicht nur so, ich bin es.»

Ich vergass M. heute zu fragen, mit was für einem Fortbewegungs-Mittel er an den Saatlenzelg gelangt ist: mit Rollschuhen, Trottinett oder einer fliegenden Untertasse?

10. Januar

Ich habe Frau Stadträtin Koch im Café «Aquarium» angetroffen; sie sitzt neben dem slowakischen Baudelaire-Komponisten, und der unterhält sich mit mir über gesellschaftspolitische Themen wie «Überbevölkerung». Sie schaut mich interessiert an, schaut in den Spiegel; wir lachen einander zu, wahrscheinlich, weil wir beide die Situation nicht unoriginell finden. Dass Frau Koch in natura keinen sogenannten Sex-Appeal habe, wie M. das behauptete, finde ich überhaupt nicht. Eher im Gegenteil: eine intellektuell-erotische Aura umgibt diese Vestalin (altrömische Priesterin der Vesta, der Göttin des Herdfeuers). Da hat der Küng schon ein differenzierteres Gefühl, was weibliche Ausstrahlung betrifft!

12. Januar

Ich telefoniere mit M., er klagt, er sei müde, hätte viel zu tun gehabt. Ich jedoch spüre intuitiv, dass irgendeine Frau in seiner Wohnung sich aufhält, Typin langjährige heimliche Geliebte. M. schlägt vor, ich könne ja mit ihr reden, sie hätte seine Wohnung in Ordnung gebracht. Sie kommt also ans Telefon, spricht mit mir wie mit einer langjährigen guten Freundin, ruhig, intelligent und sehr besonnen. Meint ganz uneigennützig, sie hätte ihm die Wohnung geputzt. Hätte aber nichts mehr mit ihm. Früher, ja, ganz früher, da hätten sie mal ein Verhältnis gehabt. Eine intelligente Mütterlichkeit, die mitschwingt. So wie ich mir die Loris Scola vorstelle, aber nicht eine fingierte aus der Enge-Badi, sondern die richtige! Diese Frau sagt also, sie käme bei mir vorbei, und wir würden miteinander reden; da ist nichts von Eifersucht zu spüren. Ich erkläre ihr, um zu mir zu gelangen, könne sie den 10er oder 14er nehmen. Ich erkläre ihr, wo ich wohne, wie wenn diese Frau der Stadt Zürich unkundig wäre! Etwas Dunkles ist in ihrer Stimme, wie Teakholz. Ich begreife, dass M. Sexualität und jemanden, den er um sich dulden muss, nicht zusammenbringen kann. Dass man den Sex schnell, wild und euphorisch hinter sich bringt. Und jene eher mütterlichen Frauentypen bei ihm auch übernachten können, jene, die nicht stören, jene, die den psychischen Haushalt nicht durcheinanderbringen. Ich begreife auch, dass er solche Frauen braucht, nicht solche wie ich; zu einer Typin wie mir kann er nur ein gestörtes Hass-Liebe-Verhältnis unterhalten, weil das Ganze auf Zerstörung, Ekstase und gegenseitiger Lust-Euphorie basiert.

Was ist das für eine Frau, die im Teakholz-Haus wohnt? Was sind die Gefühle jener Frau? Ist das überhaupt menschlich, oder ist sie nicht schon eine halbe Mutter Teresa? Berufen, aussergewöhnlichen Männern die Wohnung sauber zu halten und Reminiszenzen nicht ganz zu begraben?
Nachdenklich hat mich dieser Traum zurückgelassen.

14. Januar

Entsetzliche Ängste, ich könnte schwanger sein von M. Und Gedanken ans Abtreiben, obwohl ich gegen das Abtreiben bin. Aber sind wir denn nicht langsam daran, die ganze Welt als solche abzutreiben? Da ich schon Mühe habe, meine eigene Existenz zu verteidigen und zu bewahren, wie sollte ich fähig sein, ein Leben von einem mir zugehörenden Wesen zu schützen? Gedanken an Männer, die als Vaterfiguren so ziemlich versagen ... Ich überlege: Frauen sollten mit jenen Männern überhaupt nicht ins Bett gehen, die nicht zu den Kindern stehen, die sie mitfabriziert haben.

16. Januar

M. reagiert ein bisschen verlegen, wie ich mich nach seinem Befinden erkundige. Er sei müde, sehr beschäftigt mit seinem Reportage-Buch, das bald herausgegeben werde. – Ich will wissen, warum er mir letzte Woche nie telefoniert hätte, er sagt nochmals gereizt, er sei sehr beschäftigt gewesen, Sitzungen in Baden etc. Wir erörtern kurz, wie könnte es anders sein, die Affäre Kopp, und in diesem einen Punkt sind wir ein Herz und eine Seele: Darüber brauchen wir nicht zu streiten. Ich meine, die müssten sich jetzt auch nicht mehr blicken lassen. Und in diesem Falle bliebe eigentlich nur noch das Auswandern; er zieht in Erwägung, die könnten sich immer noch in ihre Latifundien am Comer See zurückziehen. Das Grossbürgertum kenne in solchen Angelegenheiten keine Scham, das sei typisch. Und nun hätte wohl der letzte Bürger in diesem Land gemerkt, wie es mit denen bestellt sei! Der «*Corriere della Sera*» hätte sogar seine Story vom Kopp mit den Sekretärinnen an der Rämistrasse im Rechtsanwalts-Büro Wettstein, Jucker, Berger treffend betitelt mit: «*Bastone di bambù*».

M. fragt, ob er kommen könne: «A-peu-près à dix heures.»

Er kommt mit dem Motorrad angebraust, und wie er mit dem Helm auf dem Kopf hereinschreitet, sage ich ironisch, das sei wunderbar, dass er den Helm anbehalten hätte, so wäre die Gefahr geringer, dass ihn jemand erkannt hätte! – Er bringt mir das Buch «*Der Tod ist mein Beruf*» von Robert Merle zurück, resümiert, es hätte ihn nicht besonders angesprochen, zu sensationell. – Wir trinken einen Rioja Glorioso, Tinto, Cosecha 1984, er findet ihn gut, obwohl noch ein Zapfen darin umherschwimmt, ein billiger, spanischer Rotwein von Coop. Es ist mir sympathisch, dass er die teuren und die billigen Weine nicht voneinander zu unterscheiden vermag, er selbst hat dies in einem Interview zugegeben. Man kennt ja diese Schönlinge, diese ausgemachten Hasenfüsse, diese ästhetisierenden Degustanten mit schwarzen Lackschuhen, bei denen das Leben aus Degustieren besteht!

Es ist heute schön mit M.: Ich bin ganz in Weiss. Die Farbe Weiss hat eine starke Anziehung auf mich diesen Winter. Er registriert, mein Köper würde überhaupt keine Alterungs-Erscheinungen zeigen, splendid; das sei sehr selten, und meine Brüste würden sicher noch mit fünfzig so aussehen. M. will wissen, welche der Benennungen für den Geschlechtsverkehr ich am besten finden würde: «Bumsen, vögeln, ficken, nehmen etc.» Ich sage entschieden, alle diese Ausdrücke würde ich vulgär, abgegriffen, abgeschmackt und daneben finden. M. jedoch gefällt besonders das drastisch Vulgäre daran! – Er will, dass ich meinen Kopf auf seine Brust lege und auf sein pochendes Herz höre. Und wie das Herz schlägt! Ich sage, ich hätte gar nicht gewusst, dass er ein Herz hätte! Mein Körper ist ganz prall heute, mit einem aufgeschwollenen Bauch, voll von Blut oder dann schwanger, denke ich. Die Brüste prall, eben wie kurz vor der Periode, die aber nicht kommen will! – Ob ich abtreiben soll, wenn ich schwanger wäre – er ist der Ansicht, wir müssten dann zusammen darüber reden, und die Entscheidung sei schlussendlich bei mir, ob ich Mutter werden möchte oder nicht. Von seinem genialen Samen spricht M. heute, das tönt ganz anders wie vor ein paar Monaten. Da ist nichts mehr von einer «unmöglichen Chromosomen-Besetzung» zu vernehmen. Und überhaupt, das Wort Genie sitzt heute tief in ihm. So meint er, im Militär sei er in der «Genie-Truppe» gewesen, und schaut mich vielsagend an. Ich jedoch gehe extra nicht darauf ein. Das Gebären sitzt tief in mir drin, und zugleich spüre ich aber auch einen Gegen-Zug in mir, Existenzängste, Panik, vom Monstrum M. ein Kind zu haben: Da wäre die ganze Last auf mir. Ich werde an Georgia O'Keeffe erinnert, die sich immer ein Kind gewünscht hat. Stieglitz, ihr Förderer, Geliebter und Ehemann wollte davon jedoch nichts wissen. Und Georgia O'Keeffe meint: *«Ich bin zerrissen zwischen dem Mann und einem Leben mit ihm, und irgendetwas weit da draussen – das ich in meinem Blute habe – und von dem ich weiss, ich werde es nie los.»* Dennoch litten Stieglitz und O'Keeffe unter der Trennung. Nicht beieinander zu sein war ihnen unerträglich, miteinander zu sein aber auch.

Blitzschnell wird das Thema gewechselt.

Wir erörtern den Artikel in der *«Helvetischen Typographia»* von Doris Morf, *«Schweiz ohne Armee»*, den ich ihm zusandte. M. ereifert sich, die hätte einen «Schaden», so zu argumentieren. Prompt hat dann Werner Egli, VPOD-Zürich, am 11. Januar eine entsprechende Entgegnung geschrieben. Wir werweissen, ob solche Überlegungen und Störungen der Morf über Armeen und deren Abschaffung wohl mit ihrem etwas «heftigen Platin-Blond» zusammenhängen könnten ...

M. macht mich darauf aufmerksam, dass er bald fünfzig werden würde. Ich sage, dann würde er bestimmt ein grosses Fest machen, er darauf zynisch: «In der Karibik.» Wir amüsieren uns köstlich, ich entgegne, es sei schade, dass dieses

Fest nicht in seinem «Tankstellen»-Restaurant abgehalten würde. Da hätte man das Benzin gerade vor der Haustüre, und so hätte man die Möglichkeit, notfalls auch wieder wegzufahren ...

M. zieht dann ab, er müsste noch arbeiten.

Irgendwie war das heute anders mit ihm, ich befürchte tatsächlich, dass ich schwanger bin. Dieses verdächtige Zugehörigkeits-Gefühl seitens der Frau zum Mann, dieses ihn In-Haft-Nehmen, es kommt mir höchst verdächtig vor. Picasso hätte sofort gerochen, ob ich schwanger bin oder nicht ...

17. Januar

In panischer Angst rufe ich meinen Gynäkologen an, der mir Primolut N, orales Gestagen, verschreibt, um das Blut künstlich herbeizuführen.

23. Januar

Von der «*WoZ*»-Redaktion ruft er an. Das obligate: «Comment vas-tu?» Obwohl ich mir geschworen habe, keine seiner stereotypen Fragen mehr zu beantworten, bin ich auch schon in die obligate Antwort «gefallen». Er werde demnächst den Alexander Seiler treffen, und mein Gedicht werde dann im «*einspruch*» erscheinen. Er müsse mir unbedingt ein paar wichtige Sachen zum Lesen vorbeibringen und über die bevorstehende Bundesratswahl von Villiger reden. Ich sage gelangweilt: «Dieser Schuljunge hat uns eben noch gefehlt.» «Das ist es ja», meint M. Die andere mit Röcklein und Blüslein, und da hätten wir wieder mal den «fils à papa». Die andere wäre eine «fille à papa» gewesen mit einem Schulmädchen-Gesicht. M. wendet dann ein, er möchte nicht mehr weitersprechen, er sei wie gesagt in der

«*WoZ*». Ich ermahne ihn, nicht zu vergessen, die Marianne F. von mir grüssen zu lassen. Er versichert, das werde er erledigen: «Je viens dans une demi-heure.»

Es gestaltet sich schwierig für mich, wenn der «Bär» Einzug hält in meine Wohnung. Er registriert: «Tu as bonne mine.» Er entledigt sich seiner Jacke, reibt sich die Haare auf alle möglichen Seiten, die kultiviert er anscheinend! Ich habe immer mehr das Gefühl, es kratzt und beisst ihn in seinem dichten Haar-Netz, das bestimmt voll von Flöhen ist. M. ist mit einem roten VW-Golf-Mietauto gekommen, ich spähe aus dem Fenster und sage: «Gediegen.» Er bräuchte den Wagen momentan, da er viele Fotografien machen müsste für sein nächstes Reportagen-Buch ... Aber im Gegensatz zu Scotoni finde ich, der Jaguar passe viel besser zu ihm als so ein langweiliger VW-Golf, den viele Schweizer Bürgerinnen und Bürger fahren, um ihre wirklichen Geld-Verhältnisse zu kaschieren. – Von Kinderkriegen, genialem Samen oder ungünstigen Chromosomen-Zusammensetzungen ist heute nicht die Rede.

Gesprächsthema Nummer eins ist der Villiger. Anstatt über Dalí zu reden, der gestern starb, über den grössten Surrealisten aller Zeiten, der mit einem Wagen, vollgestopft mit Blumenkohlköpfen, durch New York gefahren ist. (Bestimmt hat Juan Carlos in Spanien Staatstrauer angeordnet.) Nein, auf der Traktandenliste zuoberst stehen die Kopp und der Stumpen-Villiger.

M. gibt mir seinen «*Weltwoche*»-Artikel «*Nach der fille à papa ein fils à papa*» zu lesen, Seite 45, über die Affäre Kopp, welche nun die Konsequenz Villiger bedeutet, von diesem «*ländlichen, knorrigen*» Villiger, wie er schreibt. Brillant, einfach phantastisch, wie er zuerst noch einmal der ganzen Kopp-Geschichte auf die Wurzeln geht, direkt und schonungslos, und dann den Villiger analysiert. Wie gut, dass es in diesem Land einen Menschen wie den M. gibt, der genau sagt, was Sache ist, ohne lange herumzufackeln! M. gibt zu bedenken, er hätte Mühe gehabt, dass die «*Weltwoche*» seinen Artikel über den Villiger bereit gewesen wäre zu drucken. – Ich sage, ich würde mich sehr gerne von Monika Weber, der Ursula Koch oder der *FDP-Frau Füeg* in Bern vertreten sehen. Seine grosse Vorliebe für die unerschrockene Koch bricht auch wieder durch. Natürlich fehlen dem Land solche Frauen. M. erklärt, alle Frauen-Organisationen sollten in einem Sternmarsch nach Bern! Und währenddem die Männer im Bundeshaus drin ihre Wahlen abhalten, sollten die Frauen draussen demonstrieren. Keine schlechte Idee, bin ich überzeugt!

M. erkundigt sich, wo solche moderne Telefone, wie ich eins hätte, zu kriegen wären, und wieviel das koste. Manchmal stellt er so hilflose Fragen. Aber macht ihn nicht eben das wieder so ungemein sympathisch, dass er in der banalen Lebens-Organisation völlig quersteht?

28. Januar

Er reisst mich aus meinem Halbschlaf heraus, er käme «en vingt minutes». Ich mauschle: «Je n'ai pas besoin de toi» – und sei durcheinander vom Schlaf.

Wie er meine Wohnung betritt, beschwert er sich, er hätte wahnsinnig viel zu tun, hätte bis jetzt diesen Artikel für den Kreuzer geschrieben, den er am Donnerstag im Volkshaus verlesen würde. Ich liege im Bett, man hat sich das vorzustellen: Er kommt rein, entledigt sich sofort seiner Kleider, kommt gleich zur Sache. Er kommt zu mir ins Bett, beansprucht Platz, obwohl mein Bett sehr grossräumig ist, ich gehe nicht zur Seite. Er will wieder mein Bodysuit zerreissen, was ihm halbwegs gelingt, ich sage drohend, eines Tages bekäme er eine sündhaft hohe Rechnung für die ganze zerrissene Unterwäsche. M. «besteigt» mich! Wir treiben es zweimal von hinten ... Das rote Licht habe ich mit blauem ausgewechselt. M. ist fasziniert, wahrscheinlich spürt auch er diese euphorische Todesstimmung. –

Nachher wieder das Thema «*Kreuzer*», ich gebe ihm die «*Helvetische Typographia*» zum Lesen. Er will wissen, ob ich die «*Helvetische Typographia*» abonniert hätte ... Über den amerikanischen Ökonomen Milton Fricdmann wird gesprochen, der die Thatcher und den Reagan, die israelische Regierung und die Diktatur von Pinochet massgeblich beeinflusste mit seinem Neo-Liberalismus. Ich finde, Arnold Künzli würde die «*Helvetische Typographia*» mit seinen Gedanken bereichern. M. sagt, der sei ein enger Freund von ihm; der hätte jetzt eine ganz junge hübsche Freundin ... Ich frage, ob der auch unter dem Hassan-Syndrom leide? Er murmelt, die und den Künzli hätte er noch nie zusammen in der Öffentlichkeit gesehen; und ich registriere, dass ihm meine Wort-Kreation Hassan-Syndrom richtig lästig ist.

Er verabschiedet sich dann, gehetzt, verlangt, dass ich ihm telefoniere, wir würden dann noch weitere Details im Fall Kreuzer besprechen, und ob ich am Donnerstag auch ins Volkshaus kommen würde. Ich gebe zu bedenken, da würde man uns beide aber öffentlich sehen, und das ginge schlecht. Er sagt müde, das stimme nicht, er hätte das nie gesagt, wegen dem «öffentlich nicht sehen dürfen», und dann würde er eben mir den Text zum Vorlesen geben! – Aber er begibt sich nicht an die Eisfeldstrasse, weil abschliessend niemand das Telefon abnimmt, wie ich ihm in meiner Rage klarmachen will, die nächtlichen Besuche seien in Zukunft anders zu gestalten ... Ist er vielleicht nach Einsiedeln, in die *Latifundien vom Spiess* gefahren? Er könnte diesen Ort auch als Wallfahrt verstehen und das Sakrament der Busse und Versöhnung dort im benediktinischen Kloster empfangen. Für M. schlage ich vor: zur Gnadenkapelle ... Bruder Klaus wurde da oft gesehen. – Oder hat er neuerdings eine Wochenend-Freundin? Er hat sich heute eigenartigerweise geduscht, bevor er abzog ...

Ich fühle mich nach diesem nächtlichen Einbruch dermassen schlecht, ich leide eine solch unaussprechbare Pein, dass ich mich am liebsten umgebracht hätte!

2. Februar

Ich sitze in der Kreuzer-Versammlung im Theatersaal des Volkshauses. Eine beeindruckende Solidarität; bestimmt ungefähr 800 Menschen. M. soll angeblich hier gewesen sein. Er hätte sich aber nicht zu Wort gemeldet, desgleichen gestern abend anlässlich der Bundesratswahl von Villiger. *(Dafür war Hohler präsent; recht gut.)* – An diesem «Kreuzer-Abend» spricht unter anderen die Gewerkschafterin Ursula Trepp, der Arnold Künzli (brillante Rede), verschiedene Medienschaffende des *«Tagi»*, und natürlich der Roland Kreuzer selber.

Anschliessend spazieren wir in einem Demo-Zug zum *«Tages-Anzeiger»* mit Blumen (Narzissen) im Sinne von «*Tagi*-Frühling» und pieksen das an die Aussen-Vergitterung. Noch-Arbeitende kommen raus und überreichen uns ebenfalls Blumen. Den Feitknecht hätte man gesichtet, wie er durch die Rolladen geäugt hätte. – Nun hat sich vor dem *«Tagi»* ein «grüner Blumen-Teppich» ausgebreitet, und ich bin der Meinung, angesichts einer solch freundschaftlichen, entgegenkommenden Geste der Demo-Teilnehmerinnen und Teilnehmer sollten die Verantwortlichen für den Kreuzer-Rauswurf sich doch zu einer Wiedereinstellung dieses Korrektors bewegen lassen.

3. Februar

An einer Vernissage komme ich ins Gespräch mit einer Frau, die vor Jahren einmal in einer Wohngemeinschaft mit Kreuzer gelebt hat. Sie anvertraut mir, ihr sei Kreuzer nur insofern aufgefallen, dass er ein ruhiger, eher zurückgezogener Mensch gewesen sei. Enorm fleissig – wie sie die schweizerische Situation einschätze, gäbe es kaum eine Wiedereinstellung Kreuzers, oder dann nur in linken Firmen.

5. Februar

Ich habe nur eins vor Augen: nicht enden zu müssen wie Camille Claudel.

Mich aus den Fängen von M. zu befreien.

Ich weiss heute, dass ich es aus eigener Kraft nicht schaffen werde. Es gibt da einen Michael Neumann in Zürich, Sohn des Schriftstellers Robert Neumann. Er hat mich heute zum 3-Uhr-Tee eingeladen und hat alles liebenswürdig zubereitet. Mein Gott, wie schätze ich das; unvorstellbar. Ich komme mir vor wie unter einer anderen Gattung Mensch in so einer Atmosphäre. Neumann betont, dass er Sternzeichen Stier ist. Ich stelle fest, dass Stier nicht gleich Stier bedeutet! Immer wieder diese Camille Claudel vor Augen. – Ich behandle mit ihm das Thema *Rache*. Michael gibt zu, er sei nicht frei von Rachsucht. – Am Schluss gibt er mir zwei unveröffentliche Manuskript-Ordner seines Vaters: «Bericht von unterwegs», eine Autobiographie. Ich betrachte es als Ehre, diese Manuskripte lesen zu dürfen. Warum will Michael sie nicht veröffentlichen lassen?

Am Abend fällt mir ein Presse-Bild vom amerikanischen Bush-Clan in die Hände. Ich stelle für mich fest, dass jemand, der sich überall mit seinem vollzähligen Clan ablichten lässt, unter das Bush-Syndrom fällt. Beide Extreme, das Hassan- wie das Bush-Syndrom, sind unerträgliche Extreme, was der eine einem vorenthält, ja geradezu versteckt, hält einem der andere unaufhörlich unter die Nase, mit dem Hinweis: zur Nachahmung empfohlen, damit die wunderbare Spezies der Bush-Amerikaner nicht ausstirbt!

7. Februar

Er hätte mir etwas Wichtiges mitzuteilen, könne es jedoch nicht durchs Telefon sagen. Hat er aus dem Fall Kopp gelernt? Er sei in einer halben Stunde bei mir.

Wie er reinkommt, berichtet er, nun wisse er endlich, wer das sei, der ihn per Telefon und Brief belästige. Das sei einer aus der linken Szene, der früher auch in der «WoZ» geschrieben hätte. Der hätte ihm doch tatsächlich einen Brief geschrieben, wie mies er das finden würde, dass er nicht für die «WoZ», sondern für die «Weltwoche» schreiben würde («*Wille*»-Story) – und genau der würde ihn auch anonym belästigen. Wie er das Hundegedicht in der «WoZ» publiziert hätte, da hätte er geschrieben, sie würden ihm mit einer besonderen Rasse, nämlich dem Fox-Terrier, aufwarten. Der würde ihn dann packen, und zwar, wenn er es überhaupt nicht ahnen würde ... M. ist der Meinung, das müsste man dann schon ernst nehmen, es gäbe ja gerade unter den Linken genug Hundenarren! Manchmal kämen spät nachts anonyme Telefone, da würde geächzt, oder es würde ihm Kakerlak angehängt! Jetzt sei genug, und er würde eine Fangschaltung installieren lassen. Ich habe gedacht, er würde mir eine viel «heissere Story» liefern, es ist für mich ein altbekanntes Lied, dass er von allen Seiten belästigt und beschimpft wird. – Ich unterbreite ihm, ich wolle die Wahrheit wissen, wo er letztes Mal in der Nacht noch hingegangen sei; er meint unschuldig, er hätte das Telefon ausgeschaltet. Ich spreche ruhig und gelassen mit M., aber in einer nie dagewesenen Bestimmtheit. Ich frage ihn, ob er das in Ordnung finde, wenn er sagt, ich solle ihm noch anrufen, und er ziehe das Telefonkabel einfach aus? – Er ist wieder einmal am Herumstöbern, entdeckt eine italienische Glückwunschkarte zu Weihnachten: von Botticelli *«Le tre Grazie» (La Primavera, part.)* und meint, er suche für sein neues Buch (in Vorbereitung) ein Bild der Geschichts-Muse Klio. Ich rate ihm an, ins Pestalozzianum zu gehen, sage Pestalozzianum, meine aber die Museumsgesellschaft am Limmatquai, wo der Bütler von der «*NZZ*» seine Sonntagmorgen so gediegen verbringen würde. Ich stochere, warum die Muse eigentlich weiblich sein müsse, mich auf jeden Fall hätten auch schon Männer inspiriert.

Für ihn steht fest, dass die Muse weiblich ist. Musen sind Wesen, die viel freie Zeit haben, die da sind zur Auflockerung und Zerstreuung des ach so beladenen männlichen Geistes!

Ich begehe eine Sünde, indem ich M. die unveröffentlichte Autobiographie «Bericht von unterwegs» von Neumann zeige, obwohl ich Mike versprochen habe, sie niemandem zu zeigen. Da ich weiss, dass M. den Neumann mit besonderer Verve liest, finde ich es nicht einmal ein so grosses Verbrechen. M. drängt mich, Neumann zu überzeugen, dass er es veröffentlichen sollte. – Er hätte übrigens anlässlich des Kreuzer-Abends im Volkshaus absichtlich keinen Auftritt gehabt, ansonsten man ihn allzu leicht des Verdachts bezichtigt hätte, er würde aus persönlichen Motiven heraus gegen den «*Tages-Anzeiger*» auftreten. Er fragt mich, welche der aufgetretenen Personen ich am besten gefunden hätte? Ich sage, der Arnold Künzli hätte sehr intelligent argumentiert, M. fand die Trepp am besten, die hätte so klar gesprochen; der Künzli hätte halt eine akademische, schwierige Rede gehalten. Die Redaktorinnen und Redaktoren vom «*Tagi*» hingegen, die im Verbund jeweils nur ein Wort gesprochen hätten, das fand er typisch für diese Leisetreter dort, die hätten Angst, würden Solidarität immer nur bis zu einem gewissen Punkt bezeugen ... Bei der anschliessenden Demo ist er entschieden dagegen, dass man denen noch Narzissen, oder was das gewesen seien, überbracht hätte. Dem «*Tages-Anzeiger*» Blumen zu bringen, die hätte man wirklich besser dem Kreuzer nach Hause geschickt! Aber die demonstrierte Solidarität fand er auch gut.

Übrigens, den Alexander Seiler würde er morgen treffen und betreffend meinen Gedichten ... Den Seiler, den trifft er immer morgen ... Er kämmt sich den Bart mit einem lustigen rechenartigen Kamm; aber abgewendet von mir, nicht vor dem Spiegel, sondern heimlich! Ich habe geahnt, dass er seinen Bart kultiviert.

Er verlässt mein Frauengemach auf der Suche nach seiner historischen Kunstmuse.

17. Februar

Gestern sei er im Fernsehen gewesen: «*Medienkritik*», mit dem L. Ich verschweige ihm, dass ich die Sendung gesehen habe. Ich frage, wie das abgelaufen sei, er erzählt, sie hätten auf den Zeitpunkt der «Schlammschlacht» zurückgeblendet, wie die Kopp schon damals ihren Mann unter allen Umständen zu schützen versuchte, und es ihr damals auch gelang, da die ganze Schweizer Frauenwelt dermassen süchtig war, endlich eine Frau im Bundesrat sitzen zu sehen, dass man jegliche Verdächtigungen und Anzweiflungen verdrängte! Und er betont noch einmal, die Geschichte mit den Kopp-Sekretärinnen sei eine masslose Erniedrigung für die Betroffenen gewesen.

Hat er sich schon einmal überlegt, was das ist, wenn er sich mit mir nicht in der Öffentlichkeit zeigt? – Aber in den «abgedunkelten Bezirken» müsse man Öffentlichkeit herstellen.
Es heisst, die erste Frau im Bundesrat ist über ihren eigenen Mann gestolpert. Ich habe keinen sehnlicheren Wunsch, als dass man fortan nur noch hört, dieser oder jener Mann hätte dieses und jenes Amt nicht bekommen, weil er die Frauen schlecht behandelt. In die Lesung des Schriftstellers X. kommt niemand mehr, weil er nicht öffentlich zu seiner «Gespielin» – oder was auch immer – steht!

Ach ja: Unser Ueli Heiniger meint dann, völlig unpassend, zu den zweien, M. und L.: «Zwei journalistische Kraftwurzeln.» Ungeschickt, intellektuelle Menschen mit *«Kraftwurzeln»* zu betiteln, geradezu eine Beleidigung. Wobei sie die Intellektualität beim einen bezweifelt. – Also man stelle sich vor: Zwei Holzfäller oder Alaska-Trapper, und der L. ist ein bedenklicher Haufen Fett, wenn er so dasitzt, man hat beinahe Bedenken, er würde, wenn er irgend etwas sagt, die Anstrengung, seine Gesichtsmuskeln zu bewegen, nicht mehr aufbringen. Das ist so wie bei einem Fisch, der lautlos seine Kiemen bewegt. Und nach dieser doch ernsthaft geführten Diskussion über den «Fall Kopp» werden dann zwei Kraftwurzeln verabschiedet, die alles andere denn graue Mäuse seien! Was muss sich in diesen Fernseh-Köpfen wohl abgespielt haben, wenn sie dann einen Trickfilm über eine graue Maus über den Bildschirm flimmern liessen? – M. räsoniert, beim Fernsehen, da gehe halt Unterhaltung über alles: «Die ersticken noch in der Unterhaltung.» Und von dieser Kopp-iade hätte er nun genug, würde ihn überhaupt nicht mehr interessieren: «Jetzt sollte man den Villiger durchleuchten, über die Fabriken der Bundesräte und Nationalräte spricht man nicht.»

Meine bevorstehende Korrektorinnen-Prüfung im Mai wird erwähnt; er, M., drücke mir die Daumen für diese zwei Prüfungstage. – Ich gebe ihm einen Artikel meiner Schwester zu lesen: «Gebetswoche», die vom 18. bis 25. Januar stattfand, erschienen in den *«Freiburger Nachrichten»*. M. findet den Stil meiner Schwester «eschatologisch» und zu wenig persönlich. Sie schreibt für die *KIPA, Katholische Internationale Presseagentur.* Ich weiss, dass bei solchen Agentur-Meldungen allzu persönliche Färbungen und Bekenntnisse natürlich überhaupt nicht gefragt sind. Wir führen dann eine Diskussion über die hiesige Presse-Landschaft, die es allerdings sehr nötig hätte, wenn mehr persönlich gefärbte, gewagtere, bekennendere Texte geschrieben würden. Ich führe dann seinen «Villiger»-Artikel, den er noch vor der Wahl schrieb, ins Feld. Wenn da also ein Spielverderber und leidiger Mahner wie der Journalist M. versucht, hinter diesem Typen mit seiner vorgeschobenen PR-Maske Transparenz zu schaffen, dies aber nichts bewirkt, weil die ganze Sache im Bundeshaus hinter den Kulissen bereits entschieden ist. In diesem Zusammenhang fällt mir Dieter Fringeli ein, der zu einem Fragenkatalog *«Der Autor und sein Engagement»* anlässlich der Frage *«Glauben Sie, dass der Schriftsteller imstande ist, durch sein Werk die Welt, das heisst die Gesellschaft, zu verändern, zu verbessern, zu humanisieren?»*, folgendes verlauten lässt (1972): *«Noch vor sehr kurzer Zeit hätte ich diese Frage verneint. Ich glaube aber jetzt, dass der Schriftsteller einen gewissen Einfluss auf die Politik gewonnen hat. Lange genug wurde der Schriftsteller als ‹Pinscher› behandelt. Ein Politiker wie Willy Brandt hat das Bild revidiert, das sich seine salbadernden christlich-demokratischen Vorgänger vom Autor gemacht haben. Willy Brandt lässt sich von bundesdeutschen Autoren ‹etwas sagen›. Unter den Freunden des Bundeskanzlers finden sich zahlreiche kluge Schriftsteller. Brandt legt Wert auf die Ansichten von Günter Grass, von Siegfried Lenz, von Heinrich Böll. Nun, auch der Einfluss dieser Kapazitäten wird die Gesellschaft kaum ‹verändern›. Sie tragen aber gewiss zu einer Verbesserung, zu einer Humanisierung der Gesellschaft bei. Wenn doch bloss das Beispiel ‹Willy Brandt› auch hierzulande Schule machen würde...»* – Abgesehen von Bichsel, der Ritschard unterstützte, wüsste ich hierzulande kein derartiges positives Beispiel. Wie man Hermann Burgers Engagement, Villigers Ghostwriter zu werden, auffasst, bleibt jedem persönlich überlassen ... (Burger und Villiger waren als Schulbuben zusammen in der Pfadi.)

Bevor M. geht, macht er mich darauf aufmerksam, dass Thomas Bernhard gestorben ist (nach seinem 59. Geburtstag). Ich wettere: «Ihr spricht alle erst über einen Autor, wenn er gestorben ist, dann wird er Gesprächsthema.» Er stellt das in Abrede.

24. Februar

M. ruft mich aus einem Café in seinem Quartier an und meint verzweifelt, diese nichtbestellten Sendungen würden kein Ende nehmen! Ich spüre, dass ihn das zunehmend belastet; ich fühle mich in dieser Angelegenheit ebenso hilflos wie er. Es fährt mir durch den Kopf, ob denn ein Unterschied besteht zwischen einem Salman Rushdie und M.? Über dem einen Schreiber hängt die Morddrohung durch Khomeinis Häscher, beim andern kommen tagtäglich nichtgewünschte Sendungen an, die in kafkaesken Flutwellen durch die Wohnungstür eindringen. Bedeuten denn diese Sendungen nicht auch versteckte, vom Absender nicht eingestandene, sublimierte Morddrohungen? Racheakte, von Leuten, die sich mit ihm nicht verbal auseinanderzusetzen vermögen? – Und was diese Tage der Moritz Leuenberger, der die *PUK-Kommission* in Sachen Kopp leitet, an anonymen Beschimpfungen am Telefon über sich ergehen lassen muss, ist das nicht ungeheuerlich in einem Land, wo stets die Werte der Demokratie hervorgehoben werden? – Also M. sagt, er käme gleich vorbei. Ich sag' ihm, dass ich auf den Zug nach Bern gehen muss, er sagt schnell, ich würde den 9-Uhr-Zug sowieso nicht mehr bekommen. Er insistiert, mich auf den Bahnhof zu chauffieren! Ich sage gereizt: «C'est trop gentil», möchte aber seine Hilfe nicht beanspruchen. Er resümiert, ich würde dann wohl erst wieder «vers le soir» zurückkehren. Und wir verabschieden uns.

27. Februar

Ich logiere mich im Hotel «Monopol» in St. Moritz ein. Wie ich mich der Rezeption nähere, sehe ich tatsächlich rechts zwei grosse historische Schwarzweiss-Bilder von Ulrich Wille. Ich glaube, ich traue meinen Augen nicht:

«*General Ulrich Wille, 1914, Hotel ‹Monopol›, St. Moritz*»: Er steigt aus einer luxuriösen Karosse; Empfang, Frau, Clan und Bedienstete.

Warum ist Wille nicht im «Palace» oder im «Steffani» abgestiegen?

28. Februar

Ich kann diesen Gebirgs-Wintertagen nicht viel abgewinnen; dieses erbarmungslose Weiss, wohin das Auge schaut, stimmt mich melancholisch. Das war ein Ratschlag einer meiner Hautärzte, mich möglichst viel im kalten Schnee-Gebirgs-Klima zu bewegen. – Wenn doch nur die Sonne scheinen würde, aber so, wolkenüberzogen, und ab und zu rieseln Schneeflocken durch die Luft. Ich habe viel Zeit zum Denken ...

2. März

Beim Abendessen: Eine Frau mit Zürcher Dialekt (sie spricht mit ihrer Kollegin über Journalismus, streifen kurz M.) meint dumm und arrogant: «Der mit seinen Serien in der ‹Weltwoche›, das ist ein Riesen-Arschloch!» So wie die ihre Worte akzentuiert, ordne ich sie in die PR-Branche ein.

Fernsehen schauen, um mit der Welt in einer gewissen Verbindung zu bleiben ...

Achmed Huber redet von der Welt der Muselmanen (der «Fall Rushdie» wirft zurzeit hohe weltpolitische Wellen!), man solle die heiligen Sachen nicht profanieren. Und im Buch des Islam sei der zum Tod verurteilt, der den Propheten Mohammed blasphemiert. Und dieses Buch sei eine Blasphemie für die Welt der Muselmanen! Entgegen Huber bin ich der Meinung, der Tod, die Ermordung eines nichtgewünschten Individuums kann keine Lösung dieses Konflikts sein. Ich begriff auch in Marokko, wenn ich morgens um zwei Uhr mit zwei Fundamentalisten «diskutierte», dass es aussichtslos ist, andere Welt-Religionen ins Gespräch zu bringen. Es ist hart und kaum vorstellbar, wie sinnlos es ist, sich mit fundamentalistischen Moslems auseinanderzusetzen! Für sie gibt es keine Auseinandersetzungen. Entweder bist du für oder gegen sie! Darum kann mit ihnen keine Diskussion geführt werden, da gibt es nur die permanente Deklamation ihrer eingefleischten Überzeugung.

Tatsache ist: Man muss wirklich islamische Länder bereist haben und sich mit dem islamischen Glauben auseinandergesetzt haben, um irgendwie abschätzen zu können, was die *«Satanischen Verse»* für einen streng gläubigen Moslem bedeuten. Für westliche Menschen, die oberflächlich über den Iran und Khomeini herziehen, ohne sich mit dem für uns doch ziemlich fremden Kulturkreis auseinandergesetzt zu haben, habe ich ebensowenig Verständnis wie in letzter Konsequenz für den Journalisten Huber, der mit der Hinrichtung Rushdies einverstanden ist! (Ist der Rauswurf von Huber bei Ringier in der westlichen «Demokratie» anzusiedeln?)

Seit langem höre ich wieder einmal *«Aline»* im Radio, leider nur von Richard Clayderman geklimpert. Und gleich nach dieser Melodie vernehme ich, der Hermann Burger hätte Selbstmord begangen. Es blitzt mir durchs Hirn: Also hat er sein letztes Jahr publiziertes *«Tractatus logico-suicidalis»*, über die Selbsttötung, doch noch in die Tat umgesetzt! – Mein nächster Gedanke: Was wird wohl M. darüber denken, der ihn zuletzt noch in seinem öffentlichen Fernseh-Auftritt mit *«Schweinchen Dick»* tituliert hat? – Hermann Burger, 47 Jahre (Tod durch eine Überdosis Medikamente), hat sich das Leben genommen! Ein toxikologischer Tod. Sprachvirtuose; hat sich immer wieder mit Krankheit und Tod beschäftigt. Der Suhrkamp Verlag erklärt: *«Auf Schloss Brunegg, an Herzversagen»* ... Und jetzt gleich nochmals die Meldung über

Burger im Fernsehen: dass er an Depressionen litt und ein enger Freund von Villiger war.

Ich überlege, ob ich M. anrufen soll? Ich unterlasse es, er wird den Tod von Burger so oder so noch in Zürich erwähnen.

8. März

M. telefoniert, er danke für die Karte und kündigt sich an: «Je viens en vingt minutes, et je t'apporterai quelque chose.» Ich erkundige mich: «De quel genre?» Er versichert, ich würde das dann sehen. Ich spekuliere, dass M. wahrscheinlich einen Artikel von sich vorbeibringe, oder auch sein neues Buch präsentiert. Weit gefehlt! – M. kommt mit Schokolade-Fischen vorbei – eine goldene Packung mit sechs Schoggi-Fischen, gefüllten, eingepackt in weisses Seidenpapier. Etwas linkisch übergibt er mir dieses Präsent. Hinten auf der Packung steht:

Poissons

Composition: sucre, cacao, poudre de crème, graisse végétale, emulsifiants, moyens de conservation.

Poids net 150 g

Ich halte es fast nicht für möglich! Ich habe das untrügliche Gefühl, im nächsten Moment explodiere etwas, etwas Zentrales gerät ausserhalb der Ordnung im Kosmos, oder es bricht ganz einfach alles über uns zusammen.

Um mit Tinguely zu sprechen: ein pandämonischer Untergang!

Ich freue mich, M. nach achtzehn Tagen wieder zu sehen. Braunverbrannt von der Bergwelt entlassen ... Die Leute auf der Strasse starren mich ungläubig an, wenn ich aufkreuze. Kein Wunder bei diesen shoppinggestressten fahlen Zürcher Bleichgesichtern!

Ich halte also diese Fische (er hätte sie in einer Bäckerei gekauft) in den Händen, perplex, und lege sie auf den Fernseher.

Wie zwei entflohene wilde Tiere stürzen wir uns aufeinander, wälzen uns auf dem Boden, er liebt es, wenn ich in mein kindliches Lachen verfalle. – Ich erzähle ihm vom Hotel «Monopol», von den grossen Wille-Fotos neben der Rezeption; er ist der Meinung, die hätten die dort bestimmt schon lange hängen. – M. sagt erleichtert, er sei jetzt beim Abschluss seines demnächst erscheinenden Buches.

Er erkundigt sich, ob er Wasser trinken dürfe; Hahnenwasser. Ich mache ihm einen Café. Und ob er einen Schokoladen-Fisch nehmen dürfe, und wie ich diese Fische überhaupt finde?

Beim Anziehen meint er scheinbar nebenbei mit einem nervös-herablassenden Blick: «Der Burger hat sich umgebracht, was meinst du dazu?» Ich tue so, als ob ich von dieser Information in den Bergen verschont geblieben wäre. Knapp lasse ich verlauten: «Ich schätze das verlogen sentimale Gerede über die, die nicht mehr unter uns sind, nicht.» Er akzeptiert das, meint schnell, er rede auch nicht mehr darüber. Aber es sei halt für jeden schade, wenn einer so gehen würde. Jeder zuviel, nun sei einer von den «Ihrigen» schon wieder weniger ... Hat M. ein schlechtes Gewissen? Überhaupt hätte der nicht die richtigen Freunde gehabt, mit so einem Stöhlker im Hintergrund, da seien eindeutig die falschen Leute um ihn gewesen. – M. zieht dann seine neuen «knarrigen» Schuhe an, «schwedisch» nenne ich die, weil ich überzeugt bin, dass die Männer in Schweden diese Art Schuhe tragen. M. will wissen, ob ich in nächster Zeit hier bleibe? – Ich begleite ihn nach draussen, aber nicht bis vor seinen Wagen. Vor der Türe küsst mich M. – gewagt, denke ich, für einen der mit dem Hassan-Syndrom behaftet ist. Ich gebe ihm zum Abschied zu bedenken: «Eigentlich war er uns allen, oder doch den meisten, die ich kenne, recht unsympathisch, mit seinem Stumpen im Mund und dem überheblichen, leicht verächtlichen Blick.»

9. März

M. am Telefon, er bringe wieder Fische vorbei – obsessiv, diese Idee mit seinen Schoggi-Fischen, denke ich enerviert. Ob ich die andern Schoggi-Fische schon gegessen hätte? Und ob sie gut seien? M. registriert, dass diese seine Fische nicht die gewünschte Reaktion auslösen, ich sage energisch: «Tu ne portes plus de poissons.» Und ob seine Freundin ihm die jeweils bringe? Er verneint. Ich sage gekränkt, früher hätte er auch nie etwas mitgebracht. Er ist der Meinung, man könne sich immer etwas einfallen lassen. Ich gebe ihm diesbezüglich recht, es sei nie zu spät, um sich zu ändern ...

Er befinde sich im *Limmat-Verlag,* die letzten Änderungen und Korrekturen seien erledigt, «en vingt minutes» sei er bei mir.

M. trifft ein; ohne Fische ... – ich ziehe ihm seine «schwedischen Schuhe» aus, die so verdächtig «knarren», wenn er geht. Wir treiben es mittel-prächtig (Unterhosen trage ich heute wie ein Krokodil), er findet es schade, dass die Engadiner Sonne mich dermassen verbrannt hätte.

M. ist dann völlig abwesend. – Legenden von Kriegsbildern, die noch nirgends publik gemacht worden seien, würden ihn beschäftigen. Einen Titel muss er rekonstruieren, wie ein irre gewordener Tiger läuft er in meinen paar Quadratmetern umher. – Dann wird dem Bächtold von der «*Weltwoche*» angerufen, M. meint, wegen der Französischen Revolution, das müsste man auch hier in der Schweiz bringen. In zwei Monaten werde ein berühmter Kollege von ihm dann in der «*Weltwoche*» vorgestellt, für einen Vorabdruck, aber im Moment könne er den Namen nicht sagen. – Ich setze mich ab, in die Küche, und lese Ingeborg Bachmann: «*Der Hochmut, auf ihrem eigenen Unglück, auf ihrer eigenen Einsamkeit zu bestehen, war immer in ihr gewesen, aber erst jetzt traute er sich hervor, er blühte, wucherte, zog die Hecke über sie. Sie war unerlösbar, und keiner sollte sich anmassen, sie zu erlösen, das Jahr Tausend zu kennen, an dem die rotblühenden Ruten, die sich ineinander verkrallt hatten, auseinanderschlugen und den Weg freigeben würden. Komm, Schlaf, komm, tausend Jahre, damit ich geweckt werde von einer anderen Hand. Komm, dass ich erwache, wenn dies nicht mehr gilt – Mann und Frau. Wenn dies einmal zu Ende ist!*» (Aus: «*Ein Schritt nach Gomorrha*».) – Oder: «*Manchmal, in einer Art Aberglauben, kommt es mir vor, als wäre es jedem von uns zugedacht, genau das ertragen zu müssen, was man am wenigsten erträgt, sich mit dem Menschen ganz einlassen zu müssen, an dem man zuschanden wird mit seinem tiefsten Verlangen.*» (Aus: «*Ein Wildermuth*».) Dann kommt er zu mir, will wissen, was ich mache, versucht, mich in ein Gespräch bezüglich Arbenz zu verwickeln, es sei eine «schöne Schweinerei», dass der nach der Kopp-Affäre nicht auch seines Postens enthoben worden sei; aber der würde bestimmt jetzt noch drankommen. Ich gehe nicht darauf ein, merke, dass es nur ganz wenig braucht, bis ich explodiere. Er sagt wohlwissend: «Ich sage nichts, ich ziehe mich ganz in den Hintergrund zurück.» Aber wenn ich heute noch einmal rausgehen würde, müsste ich den «*Tagi*» kaufen, da stehe etwas von Frank A. Meyer und ihm. – Irgendein Handwerker bohrt in der Nebenwohnung. Was die Akustik betrifft, ist dies wohl eine der schlechtesten Wohnungen, die ich je in dieser Stadt behauste, es hört sich so an, wie wenn er direkt in meiner Wohnung und in mein Gespräch mit M. hineinbohren würde!

Ein Pressluftbohrer ist dagegen fast angenehm. Es hört sich an wie ein hysterisches, penetrantes Zahnarzt-Bohren, das in Intervallen von drei Minuten an- und absetzt. Unerträglich, es lässt einen machtlos und aggressiv verharren, selbst über den Mittag gibt es keine Pause! M. ist überzeugt, würde man kontrollieren, was der zu bohren hätte, dass dies überhaupt nicht nötig wäre. Auch ich werde von der untrüglichen Ahnung beherrscht, die Leute können in dieser Stadt nur existieren, wenn herumgebohrt, aufgerissen und herumgebaggert wird! Hauptsache, es bleibt alles in Bewegung; dynamisch aktiv und ruhelos laut.

Ich begleite ihn nach draussen, er sagt leichthin, das wegen der Fische sei ein Spass, eine Präfiguration; er könne ja auch mal «gefillte Fische» bringen. –

MEDIEN-MIX

M. statt Frankameyer?

Die Geschichte ist schon etwas alt, aktualitätstechnisch gesehen, aber sie ist trotzdem nicht ohne: Ganz offiziell und ungefragt hat sich M., der unbehauene Brocken vom Dienst (auch hier wieder diese brutale Wortwahl, völlig verfehlte Benennung! Es gibt tatsächlich «unbehauene Brocken vom Dienst», aber die sitzen an ganz anderen Schalthebeln ...), *beim Fernsehen DRS um die Stelle von Frank A. Meyers «Vis-à-vis» beworben. Erfolglos natürlich.*

Von Jean-Martin Büttner

«Ich frage mich», heisst es in einem Brief vom 14. Dezember 1988 an den «sehr geehrten Herrn Direktor Schellenberg», «ob nicht auch andere Journalisten für diesen Job ins Auge gefasst werden könnten.» Der Job: Frank A. Meyers «Vis-à-vis», die bald zehnjährige regelmässige Gesprächssendung des mächtigen Ringier-Mannes mit Gästen wie Max Frisch, Nicolas Hayek, Margarete Mitscherlich, Meret Oppenheim, Tito Tettamanti und vielen anderen, über sechzig sind's inzwischen. Der Frager: M., der sprachmächtige Jour-

nalist und Historiker, immer für eine kleine Kontroverse gut oder für eine grosse. Und er fragt gleich weiter: «Hat Frankieboy ein Abonnement, und wie lange läuft das noch? Und wer entscheidet darüber, wie lange er in dieser Funktion uns noch erhalten bleibt? Irgendwelche Offiziere oder andere Aussenstehende (Liegende)?» Das bezieht sich auf Peter Schellenbergs vergeblichen Versuch vom letzten Mai, «Vis-à-vis» um die Hälfte zu kürzen und aus dem Abendprogramm zu streichen – ein Versuch, der an der Programmkommission, aber auch an der eindrücklichen Zahl von hohen Funktionären gescheitert ist, auch aus Militärkreisen, die ihr «lebhaftes Bedauern» über Schellenbergs Kipp-Pläne kundtaten.

Wie auch immer: Meyer blieb, und M. passt das nicht. Wieso eigentlich? Will er sich mit dem Fernsehen anlegen, oder plagt ihn die Eitelkeit? «Ich sehe mich nicht als einzige Alternative zu Meyer», sagt er, wenn man ihn fragt. «Im Gegenteil: Ich könnte mir ein Rotationsprinzip gut vorstellen, etwa: Meyer – M. – Isolde Schaad – Alexander Seiler – Stefan Keller – Jürg Frischknecht oder so.» *Was M. sticht, sind nicht Frank A. Meyers Sendungen an sich –* «er hat immer wieder passable Sachen gemacht, und die Idee ist an sich nicht schlecht, ‹Gesprächskultur zu liefern› –, sondern die ‹Verstrickungen perniziöser Art› des Fragestellers, der zugleich Journalist, Manager und politischer Berater ist.»

Das ist die eine Seite. Die andere fehlt leider: Frank A. Meyer war zu keiner Stellungnahme zu bewegen. «Ich sehe nicht ein, warum ich den privaten Briefwechsel von Herrn M. kommentieren soll», meinte er bloss, und: «Wenn der M., den ich übrigens gut mag, damit hausieren geht, ist das seine Sache.»

Dass die «Sache» ohnehin kein Thema ist, merkt man schnell einmal, wenn man sich beim Fernsehen ein bisschen umhört: M. statt Frankameyer, was für ein absurder Gedanke! Offiziell gibt man sich zwar nüchtern. Zementiert sei gar nichts, sagt Ueli Heiniger, Medienredaktor von TV DRS, doch: «Die Sendung hat den Moderator Meyer und wird ihn weiterhin haben.» Ähnlich äussert sich auch der Kulturchef Alex Bänninger. Die Position Meyer sei zwar «nicht ganz ohne Probleme». Doch sind die Probleme nicht beim Moderator Meyer, sondern offenbar beim Geschäftsleitungs-Meyer zu suchen, beim Ringier-Meyer.

Also gut. Wie konkret ist denn Bänningers überraschendes Bekenntnis im «Blick» von letzter Woche, er hätte M. gerne als Textlieferant für die neue Satiresendung «Übrigens ...»? Für dieses Jahr wolle er sie so laufen lassen wie vorgesehen, sagt er, doch dann sei er für neue Ideen offen. Auch einen M., dem er übrigens ein grosses satirisches Talent attestiert, halte er «für durchaus möglich». Kommentar desselben: «Mir ist das schon recht – aber nicht als Schlagrahm auf dem Kuchen, sondern als Teil davon.»

20. März

M. kommt und fordert mich auf, im *«du»* den Beitrag von Peter Bichsel zu lesen: *«Liebeserklärung»*. Entsetzlich sei das, durch und durch weinerlich diese Hommage an den von Salis. Auch ich stelle mir eine Hommage anders vor, es ist vielleicht das schlechteste, was ich je von Bichsel gelesen habe. Nicht zu vergleichen mit den kurzen, prägnanten Artikeln, die jeweils in der *«Helvetischen Typographia»* erscheinen. Seine Ehrerbietung an diese Jahrhundertfigur: *«Er erzählte den Leuten zwei, drei Geschichten aus der Schweiz. Wäre das die Schweiz, man könnte sie lieben. Und ich bin Jahr für Jahr zur Feier nach Brunegg gegangen, um diese Schweiz ein bisschen lieben zu können. Ja, Liebe ist etwas Stilles – verzeih mir Jean, dass ich laut geworden bin.»* Und weiter der Kniefälle und Huldigungen: *«Sagen sie ihm, dass wir ihn lieben, wurde mir aufgetragen: Wir lieben Dich, Jean.»* – Bichsel gesteht selbst: *«Ich habe erst hinterher ein bisschen geweint über dieses «Wir».* – Paul Nizon ist mit dem Beitrag *«Ein Baum auf Reisen»* weniger weinerlich, aber nicht speziell umwerfend mit der Schilderung seiner Begegnung mit dem Meister in Paris. Was muss man unter einem *«anachronistischen Flüchter»* genau verstehen, als welchen sich dieser Schriftsteller betitelt? Ob Bern als gemeinsamer Kindheitshintergrund und Paris als zeitweilige Wahlheimat, sowie die Aufzählung von Lokalitäten, in welchen sich Picasso, Saint-Exupéry, Hemingway oder Balthus aufgehalten haben, wohl ausreichen mögen, um über die herausragende Persönlichkeit eines von Salis zu berichten? M. zupft aus meinem Büchergestell das Buch *«Friedrich Glauser, Briefe 1»* hervor, liest etwas, was sich gegen den von Salis richtet und meint triumphierend, da könne man es ja lesen ...

Ich will, dass M. mich auf den Bahnhof Oerlikon fährt, ich habe eine Besprechung mit Leuten bezüglich Aufnahmen in der Baugrube «Börse», wo ich die Ophelia zu spielen habe. – M. zieht einen Fuss hinten nach; bei seinen Bären-Tiger-Rundgängen ist mir dies nie so krass aufgefallen wie jetzt: Ich empfehle ihm, einen Orthopäden aufzusuchen! Ich steige hinten in sein Auto ein, ich sichte einen Handbesen: «Gegen den Schnee», meint er. M. zieht seine Brille an, distanziert wirkt er, ja fast etwas Distinguiertes geht nun von ihm aus, bemerke ich für mich. Ist er ansonsten wohl zu eitel, diese Brille zu tragen? – Obwohl ich mich hinten plaziert habe, *fühlt* er sich nicht als Chauffeur, wie Leute manchmal empfinden, wenn ich in Karossen hinten Platz nehme. Er spielt unser Spiel dann perfekt, *benimmt* sich vielmehr wie ein Chauffeur, indem er vorgibt, nicht zu wissen, wo der Bahnhof Oerlikon ist. Ich kontere, das sei nicht glaubwürdig, da er doch schon so lange hier wohne. Er sagt, zum Bahnhof würde er nie fahren ... Er steigt am Bahnhof mit mir aus; wir verabschieden uns vor den Schaltern, küssen uns flüchtig. Was für eine abenteuerliche Tat für einen, der unter dem Hassan-Syndrom leidet! Anderseits birgt die Strecke vom Saatlenzelg 25 an den Bahnhof Oerlikon keine besonderen Gefahren hinsichtlich Individuen, die einen nicht sehen sollten, und im weiteren ist die Uhrzeit 15.45 Uhr unproblematisch. –

3. April

Gegen 11 Uhr «sirent» das Telefon. M. kommt in einer halben Stunde. Er hätte am Morgen in bezug auf den 1. Mai (Fabriken in der Schweiz) schon ein Interview im Radio gehabt. – Will er etwas mitbringen? Auf jeden Fall keine Fische! Er trägt auch die «schwedischen» Schuhe nicht, das Knarren wäre mir sonst aufgefallen. Ich trage eine meiner wunderschönen Djellabas. M. trägt ein frisch gebügeltes Hemd, das fällt mir sofort auf; eine Frau Keller würde das für ihn erledigen. Pro Hemd, waschen und bügeln, koste das drei Franken.

Er verlangt nach Schnaps, nach etwas Alkoholhaltigem. Ich habe nichts Einschlägiges in der Wohnung heute. Er schaut sich das *«Zürcher Tagblatt»* an und regt sich fürchterlich über eine Werbung von der Rohner-Bank auf. Eine ganzseitige Reklame, wo im speziellen Künstler angesprochen werden, einen Kleinkredit aufzunehmen ... M. bemerkt dann, Zürich werde immer babyhafter, und es passe zu dieser Stadt, dass man die Strassenmusikanten nicht im Shop-Ville spielen lasse.

Manchmal möchte ich alle Gespräche zwischen mir und M. wie auf einem Tonband auslöschen, wegwischen, vergessen machen. Nur diesen einen Augenblick in den Raster: Unser Treffen am Place Saint-Michel. Nicht alles miterleben müssen; die *«Wille»*-Zeit nicht, die manisch-depressiven Zirkel, die unsre Leben beschatten und gefährlich machen. – Nur der Ausschnitt *Zug nach Paris* und *Place Saint-Michel*.

Ich mache ihm klar, dass ich nicht mehr «Hexe» genannt werden möchte, dieses Wort erinnere mich an Verbrennen/Verbrennung. M. fällt für mich kein anderer Name ein. Mit dem Wort «Hexe» geht ein Mann wie M. keine Verpflichtung ein; jedermann weiss, warum er diesen und keinen andern Ausdruck wählt. Plötzlich sagt M., jetzt sei es ihm schwarz vor den Augen, diese abrupte Wärme würde er nicht ertragen. Er ist beunruhigt, möchte die Adresse von meinem Arzt. – Ich bereite ihm einen Kaffee.

Er nimmt das Buch über Musil mit, und wie das Taxi vor der Türe steht, geht er.

26. April

Manchmal erscheint es mir teuflisch, dass ich M.s Besuche aufschreibe, Max Frisch schreibt im *«Dienstbüchlein»* treffend: *«Wenn ich nicht will, so brauche ich mich nicht zu erinnern. Warum will ich? Zeugen sterben langsam aus. Warum erinnere ich mich ungern? Ich sehe: Ich war ziemlich feige, ich wollte nicht sehen, was Tag für Tag zu sehen war.»* – Die einzig feste Substanz ist das Geschriebene, dieses unheimliche Experiment, das mich immer weiter treibt zu schreiben und mich letztendlich nicht resignieren lässt. Ein Widerhaken, das Ganze, denn wäre das Schreiben, diese Transformation nicht, ich würde eine solche Existenz mit M. nicht lange aufrechterhalten können. Das Schmerzhafteste an der ganzen Beziehung mit M. ist, dass er keinen Tag oder auch nur halben Tag bei mir bleibt. Dass er von einer grossen Unruhe ständig umhergetrieben ist.

Er ist sanft heute, streichelt mich ungewöhnlich lange und fragt: «Was macht man gegen Depressionen?» Ich rede ihm zu, er solle sich zerstreuen, irgend etwas irgendwo in der Schweiz anschauen gehen, was er noch nicht gesehen hätte. Oder physische Betätigung, das sei immer gut, sobald die Physis in Bewegung sei, könne sich nicht mehr alles im Kopf oben konzentrieren. Er solle doch in dieses nahegelegene Hallenbad schwimmen gehen. Gescheitere Vorschläge kommen mir nicht in den Sinn ... denn ihn zu therapieren, davon halte ich nichts, da hätte ich Bedenken, da könnte er am Schluss Hemmungen bekommen und «normal» werden. Und «Normale» und «Supranormale» haben wir in diesem Land schon genug, randvoll! Ich nenne ihm trotzdem einen sehr guten Psychiater (Kapazität) in Zürich, rate ihm von Psychologen ab, die seien «modern verformt». Ich frage M., wie sich diese Depressionen bei ihm auswirken würden, er gesteht, er sei dann gedanklich verwirrt, könne keinen klaren Gedanken fassen. Die letzten Tage hätte er als Ablenkung gelesen. Aber das gehe auch nicht endlos so weiter. Man könne nicht immer Zuflucht im Lesen finden. Natürlich sei er dann zu gelähmt, um zu schreiben, sei zur Untätigkeit verdammt. Ich werfe ein, ob es nicht auch damit zusammenhänge, dass er an seiner Biografie schreibe, sich mit seiner Familie beschäftigen müsse, dass Schwachpunkte aus seiner Kindheit hervorträten. M. erkennt, dass ich recht haben könnte.

Wir schauen das Buch «*Les lieux de Marguerite Duras*» an, sehr schön bebildert mit Schwarzweiss-Fotos. Ich spüre tatsächlich M.s zersetzende Lähmung; wenn er mich anschaut, habe ich das Gefühl, er schaue mich nicht wirklich an, sondern durch mich hindurch, und seine Gesichtszüge sind beinahe ohne Ausdruck. M. ist noch mehr wie sonst ganz auf sich bezogen, fast autistisch! Ich äussere mich dahingehend, dass ich es nicht gut finde, wenn er sich nicht melden würde, wenn es ihm schlecht gehe. Jene Menschen, denen es nur immer gut gehen würde, lebten sowieso an der Oberfläche, es sei normal, dass man auch da sei, wenn es einem schlecht gehen würde! M. sagt: «Ich habe dann das Gefühl, ich gehe den Leuten noch mehr auf den Wecker.» Dieser Satz stimmt mich nachdenklich. Er impliziert, dass er den Leuten ohnehin «auf den Wecker geht», und wenn er verstimmt sei erst recht! Ich erkläre ihm, das einzige, was mir «total auf den Wecker» gehe und mich sauer mache, sei, wenn er mir die Bücher nicht zurückbringe. Ich könne das schwer nachvollziehen bei einem Menschen, der doch selber Bücher schreibe ... Aber das zeige eben das gleichgültige Gefühl gegenüber mir, was M. natürlich sofort in Abrede stellt. Er schlägt mir vor, in nächster Zeit mal vorbeizukommen und selber zu schauen, es sei möglich, dass diese Bücher vor seinen Augen lägen, er sie aber nicht sähe ...

Wir schauen uns zusammen das Buch von Laure Wyss an: «*Was wir nicht sehen wollen, sehen wir nicht.*» Er hätte geholfen, das mit zu lektorieren. Ich erzähle ihm von der Lesung mit Laure Wyss in Otelfingen, wie da tatsächlich einer meinte, es sei alles so negativ, was sie vorlese, der André Kaminski würde da viel unterhaltsamer schreiben! Und wie ich mich dann gegen diesen Mann geäussert hätte, und die Laure Wyss sich abschliessend bei mir dafür bedankte, dass ich ihr zu Hilfe gekommen sei. Ich meine zu M., ich hätte einen tiefen Respekt und grosse Achtung vor einer Persönlichkeit wie der Laure Wyss. Er attestiert dieser Frau eine «positive Aggressivität», und das Buch *«Was wir nicht sehen wollen, sehen wir nicht»* sei eigentlich viel zuwenig beachtet worden. Ich frage ihn sogleich, warum er nicht das Vorwort geschrieben hätte? Er ist der Meinung, das hätte zu paternalistisch gewirkt; Laure Wyss sei doch jetzt eine ältere Frau. Aber für mich hätte er sofort ein Vorwort geschrieben. – Oft habe ich den Eindruck, M. kann mit dem, was er wirklich für eine Person fühlt, nicht raus! Das bleibt bärenhaft und brummlig in ihm drin!

Er geht dann, wahrscheinlich mit dem Auto.

3. Mai

M. kommt angebraust und überreicht mir ein weiteres Werk von ihm: *«Vielleicht sind wir morgen schon bleich u. tot. Chronik der fortlaufenden Ereignisse, aber auch der fortgelaufenen.»* Da ist dann auch *«Clio, die Muse der Geschichte, von einem Schwan chauffiert bzw. trockenen Fusses über die Wasser flanierend; Ferrara, Ende des 15. Jahrhunderts»*, abgebildet, zum Text *«Kurzer Briefwechsel, Clio zu Ehren»*, welcher den Briefwechsel vom Assistenten am Historischen Institut der Universität Bern, Albert Tanner und M., zeigt. Auf der vierten Seite steht das Wort «Amnesie». In Klammern ist die griechische Version geschrieben (wie die alten Hellenen) und nach dem Wortstamm linguistisch sinngemäss aufgeschlüsselt. Darunter das Pendant, nämlich das Wort «Anamnese». M. sagt, er hätte sechs Jahre Griechisch gelernt, und da kommen mir meine Mühen vom letzten Jahr bezüglich des Korrektoren-Fernkurses in den Sinn, wo wir sogenannte Fremdwörter auf griechisch schreiben mussten und dann auf gut deutsch zu übersetzen hatten. Ich zeige ihm meinen Ordner mit dem Griechisch-Kapitel, und M. beginnt in wilder Manier griechische Buchstaben aufs Blatt hinzusetzen. Er will wissen, ob denn diese Kursbearbeiter überhaupt Griechisch könnten: Das «u» zum Beispiel macht M. schnörkellos klein wie ein «fau» (v) in meiner Schrift. Wir sitzen also in der Küche, und das erste Mal habe ich das Gefühl, es gäbe da eine Dimension zwischen uns, die sich noch nie auftat, wenngleich ich mich wie eine Schülerin vor dem Griechisch-Experten fühle. Ich unterbreite ihm dann meinen ganzen Korrektorinnen-Kurs, M. meint, er könnte diese Satzanalysen nicht. Ich sage, ich wolle mir beweisen, dass ich klar und pingelig, exakt denken könne. Und wahrscheinlich haben diese zwei Jahre Korrektorinnen-Fernkurs mich schon vor dem Wahnsinn bewahrt, indem ich mir einen nach sturen Regeln *analytisch* klaren Kopf bewahren musste. M. findet diesen Kurs hirnverbrannt, mit wirklich intellektuellem, selbständigem Denken habe der nämlich nicht viel gemeinsam. Anlässlich dieses Englisch/Griechisch-Kontextes frage ich M., ob er wisse, was Flusspferd auf englisch heisse. Er als Griechisch-Kenner weiss natürlich sofort, dass es *«hippopotamus»* heisst, er meint jedoch aufgeschreckt, frech sei das von mir, gerade dieses Wort zu fragen, denn jemand, der sich nicht mit dem Griechischen auseinandergesetzt hätte, wisse ein so spezielles Wort nicht. Es ist angenehm, sich fachlich mit ihm zu unterhalten, ich denke, ich würde ihn soviel mehr schätzen, hätten wir nur eine rein geistige Beziehung. – M. unterbreitet mir, seine Mutter möchte keine Interviews geben, möchte sich eher im Hintergrund halten. Er wäre einverstanden, wenn ich ein Interview mit seinem Bruder in Opfikon machte. Mich interessiert das jedoch nicht so sehr, seine Mutter, das wäre etwas anderes: Mütter sind oft Schlüssel-Figuren! Sie als Mords-Autorität wird wohl wissen, warum sie keine Journalistinnen/Journalisten an sich heranlässt!

Im andern Zimmer bemerkt M., das blaue Licht an der Decke zusammen mit dem weissen Licht in der Ecke – das sehe schön aus; so lockt er mich in den Bett-Raum. In genau diesem Moment spüre ich eine tierisch-seelische Lust auf ihn. Wir sprechen dann nur noch englisch, und das tönt dermassen vulgär, dass es schon wieder gut ist! Wie ein kanadischer Trapper erscheint er mir, wie einer, der sich im hohen Norden, Alaska, herumtreibt, oder auch wie eine bullige Bukowski-Gestalt im City-Dschungel. Die englische Sprache passt nicht zu M., auch weil ich sie von ihm nicht gewöhnt bin. Aber ich bin erstaunt, wie spielend selbstverständlich er diese Sprache beherrscht. Ich bin es, die gut aufpassen muss, keine Fehler zu machen ... Er will wissen: «Do you like it so deep inside?»

Nachher stürzt er sich auf sein Buch, Seite 140: *«Vom Heidi, seiner Reinheit und seinem Gebrauchswert».* Auf der nächsten Seite die Fotolegende: *«Heidi und der Geissenpeter, St. Gallen, ca. 1947.»* Er sagt, das auf dieser Foto sei er selbst mit seinem Schwesterchen Ursi. Mir fallen sofort die abstehenden Öhrchen von M. auf, welche sich jedoch in der Zwischenzeit von selbst «reguliert» haben. Ich sage verwundert: «Nie im Leben hätte ich gedacht, du könntest das sein!» Da wirkt M. nämlich brav und sanft, so überaus liebenswürdig, dass ich zur heute erwachsenen Person M. keine auch nur annähernd verwandte Parallele ziehen kann ... M. sagt gerissen: «Das ist doch ein aufgewecktes Bürschchen!» So transformiert man sich im Laufe eines Lebens, bis zur totalen Unkenntlichkeit. Dann gibt's zu früher Stunde trotzdem noch eine laute Auseinandersetzung. Auf Seite 168 ist der Titel *«Hartnäckiges bebildertes Gedächtnis»* zu lesen und auf der rechten Seite eine Foto, vom Arbeiter-Foto-Bund geknipst. Ich habe zuerst nicht gelesen, dass auch auf den folgenden Seiten alle Fotos von Leuten des Arbeiter-Foto-Bunds selber gemacht worden sind. Einen Moment lang kommen mir diese abgelichteten Situationen wie eine idyllische, wirklichkeitsfremde Verherrlichung des Arbeiter-Lebens vor. Ich formuliere das, M. gerät in eine mottende Bärenwut. Er beginnt einen höheren Dezibel anzuschlagen, sagt, ich solle zuerst mal richtig lesen. Ich frage ihn, warum er keine Fotos von Arbeitern heute zeige? Er sagt despektierlich, diese Arbeiter von heute würde man kennen, die hätten alle Video-Installierungen und so weiter ... Ich ermahne M., in normalem Ton mit mir weiterzusprechen. Er fragt eindringlich, warum ich das kritisiere? Jetzt, da seine depressive Verstimmung wie weggeblasen scheint, ihn sein neues Buch wie durch ein Wunder aus diesen dunklen Zuständen herausgehievt hat, komme ich mit meinen läppischen kritischen Bemerkungen. Ich erinnere mich wieder an die «Wille»-Lesung in Wallisellen, organisiert von der SP; da fragte einer, warum er nicht heutige Probleme aktualisiere? Diesem entgegnete er ruhig, aber trocken, «Wille», das sei eine wichtige Sache, die bis in unsere momentane Geschichte hineinreiche. Natürlich hätte er auch in Wallisellen am liebsten getobt. – Weiter ist unter der Überschrift *«Der hat's verdient!» (eine Laudatio)* eine Hommage an seine «brüderliche Kraftwurzel» Federspiel gerichtet. (Da haben sich zwei «bärtige Kraftwurzeln» getroffen.) Ein blendendes Beispiel für homogene Männer-Macho-Verbundenheit-Freundschaft; geradezu exemplarisch dargestellt. Warum sind wir als schreibende Frauen nicht in der Lage, uns gegenseitig solche «geschriebenen Denkmäler» zu errichten? Zu feige, zu neidisch dazu? Also M. nennt in seiner Rede Federspiel unter anderem einen *«reisenden Krieger»:* Möchten sie sich nicht endlich distanzieren von den jahrtausendealten martialischen Nomina und den entsprechenden Adjektiven? Sätze, die ich dann wiederum sehr gut finde, nämlich, Federspiels New York sei nicht jenes New York: *«Welches aber nicht das New-York der lofts und der modisch aufgemotzten Zürcher ist»*, und von der amerikanischen Geschichte und Literatur, die er *«aber auch besser als die amerikahörigen Schweizer kennt»*.

Nachdem sich M. beruhigt hat, erzählt er, er sei bei der Eveline Hasler in St. Gallen auf Besuch gewesen. Sie hätten sich auch über junge Schriftsteller unterhalten, die Hasler hätte gemeint, da gäbe es eine Graf in Zürich, die sie gut finde, aber den Weg zum Publizieren noch nicht gefunden hätte. Ich frage ihn, was er dazu gemeint hätte? M. sagt, er hätte kein Sterbenswörtchen erwähnt, dass er mich kenne. (Geschweige denn, mit wöchentlichen Stipp-Visiten beehrt, denke ich.) Trotzdem sage ich M.: «Die Eveline weiss bestimmt, dass wir uns kennen», schon alleine wegen des Briefs, den er anlässlich meines Manuskripts an Frau N. sandte, in welchem er sie, Frau Hasler, auch erwähnte ... Wie dem auch immer sei, dieses für mich abscheuliche, fremde Verhalten, dass er meinethalben gegenüber Drittpersonen an den Tag legt, ist dermassen provozierend für mich, dass ich von Rachegefühlen direkt gepeitscht werde.

Ganz am Schluss wird noch der Eklat anlässlich der Preise für die Journalisten vom Freitag, 28. April, erwähnt. M. berichtet, als die zwei Leute von der «WoZ» seinen Text vorlesen wollten, seien sie unter Gejohle, Gekreisch und Gepfiff des Publikums von Stutzer, dem Präsidenten der Jury, aus dem Saal gewiesen worden. Von Georges Müller sogar handgreiflich! Ich wusste schon längst von diesem Vorfall von Leuten, die dort anwesend waren. Manchmal habe ich das Gefühl, ich hätte mir einen Platz ausserhalb dieses Planeten gemietet, lebe gewissermassen exterritorial. Dass ich mich die meiste Zeit in jenen fernen Gefilden befinde, unberührt und abgekapselt vom Geschehen der näheren Welt.

Ich will noch einmal das physische Spiel; M. aber nicht, da er von seinem neusten «geistigen Orgasmus in Buchform» dermassen in Beschlag genommen ist. Erregt meine ich, er würde meinen Körper nicht ästimieren, er entgegnet, ich würde seine geistige Arbeit zu wenig schätzen und würdigen. Er versichert, er käme morgen nochmals. Ich denk' an jenen Sitar-Meister suchenden Argentinier, den ich in New Delhi traf und der zu den Indern sagte, wenn er «keine Farbe bekennen» wollte: «I will come tomorrow.»

5. Mai

M. publiziert unter dem Titel *«Unaushaltbare Freude»* in der «WoZ» seine verhinderte «Gruss-Botschaft», seinen Journalistenpreis betreffend.

12. Mai

M. erwähnt wieder seinen zweitrangigen Journalisten-Preis. Unverständlich sei für ihn, dass die so gejohlt hätten! Ich erkläre ihm, das sei typisch, diese Leute von derselben Gilde seien eben auf ihn eifersüchtig. M. betont, dieses Gefühl der Eifersucht sei ihm fremd. – Er will wissen, ob ich sein Buch gelesen hätte. Ich wiederum frage ihn, ob er mein Manuskript gelesen hätte. Um sein schlechtes Gewissen zu beruhigen, liest M. meinen feuilletonistischen Abriss *«Morgen früh»*. Er findet ihn sehr gut. Er ist der Ansicht, ich sollte mehr in dieser Art schreiben, statt diesen komischen Korrektoren-Kurs zu machen. Ich frage: «Wo denn?» – Ich möchte gerne in der *«Weltwoche»*. M. erklärt mir, die Leute würden sich da schon ein «Gerangel» geben; die Obermüller und so weiter. Ich sage enerviert, ein «Gerangel» interessiere mich absolut nicht, man müsse in seiner Art zu schreiben so einzigartig sein, dass man nicht mitrangeln müsse ... Er erwähnt dann Isolde Schaad, die er gut finde, da soviel Witz in ihren Texten zu spüren sei. Ich bemängle, bei dieser Schriftstellerin vermisste ich die Gegenwelten, die man auch in diesem Banken-Zürich durchaus entwickeln könne. Und daraus resultiere, dass Frau Schaad in ihrem Schreiben regional verhaftet bleibe ... Er kommt dann wieder einmal auf die Leutenegger zu sprechen, die er nicht besonders findet. Ich erörtere den Aspekt der gesellschaftlichen Verantwortung beim Schreiben. Und eben dieses *«Morgen früh»* sei doch sehr dunkel, und wenn diesen Text zum Beispiel jemand lesen würde, der gerade eine gewaltige Depression durchmache, könnte ihm der noch den kläglichen Rest geben. M. ist der

Meinung, das Hässliche sei zu transformieren! Ich wiederum wende ein, es sei unsicher, ob dies dann die Leserin/der Leser dementsprechend transformiert interpretiert. Er sagt, dies sei eine Frage, wie der einzelne mit der Sprache umgehen könne.

Und seit wann hat Literatur die Aufgabe, Selbstmörderinnen/Selbstmörder vor ihrer eigenhändigen Liquidierung zu schützen?

Ich mache M. einen Tee und zeige ihm eine Broschüre des *«Engadiner Kollegiums», Tagung 1989: «Macht und Ohnmacht», Ehrenpräsident Balthasar Staehelin, der Vostand: Eugen Kull (Präsident), Peter G. Waser (Vizepräsident), Stephanos Geroulanos (Aktuar), Felix Becker (Quästor), Peter Grob, Willy Kaufmann, Ulrich Knellwolf, Massimo S. Lattmann. Da steht: «Das «Engadiner Kollegium» ist freundschaftlich, ideell und finanziell engstens verbunden mit der von unserem Mitglied, Herrn Dr. Hans R. Jenny, 1968 gegründeten und präsidierten «Stiftung für abendländische Besinnung STAB».* M. wütet: «Wenn ich nur schon ‹Stiftung für abendländische Besinnung› höre»! Unter den Referenten ist unter anderen auch Prinz Nikolaus von Liechtenstein: *«David und Goliath – die internationalen Beziehungen an der Jahrtausendwende».* M. ist überzeugt, der würde sich wohl als Goliath sehen, und regt sich masslos auf: «Das bringt mir den Magen ganz durcheinander!»

Ich breche urplötzlich in ein frenetisches Lachen aus! M. poltert, er würde nun einen Vortrag über *«Flüchtlinge»* halten, aus christlich, abendländischer Sicht. Weitere Referenten: *Christoph Blocher (!): «Von der Gefährlichkeit der Macht und vom Unrecht der Ohnmacht».* M. zischt, was der mit seinen Wortverdrehungen alles anrichte ... Am Anfang der Broschüre schreibt Max Schoch («NZZ») über die Machtfrage Sätze wie: *«Etwas zu haben, ist das beherrschende Interesse. In Wahrheit kommt es aber darauf an, etwas zu sein.»* In Zukunft werde es wichtig sein, dass die Menschen Hüter des Lebens seien. M.

ist der Überzeugung, das seien Menschen, die alle sehr viel Geld hätten, viel mehr, als vom Gewissen her, auch vom abendländischen (!), zulässig wäre. Der Andres Briner, die Claudia Jolles und der Hoffmann-Novotny Hans Joachim sind für M. keine Unbekannten! Ernst Bieri (Dr. theol., Mitglied des Ausschusses des Verwaltungsrates der Bank Julius Bär, Zürich) referiert über «*Grenzüberschreitung als condition humaine*». M. wettert weiter: «Zynisch, zu was für geisteswissenschaftlichen Kolloquien sich diese Individuen aufschwingen – und dann dieser gesellschaftlich-finanziell abgesicherte Background.» – (Solch eklatante Gegensätze könnten nicht mehr als bloss interessante Dualität hingenommen werden.) Und diese ganzen Tagungen finden nicht irgendwo statt, sondern selbstverständlich in St. Moritz – Top of the World – im «Champagner-Klima» des Engadins! Was für ein Verrat am Christentum, an der hochentwickelten Persönlichkeit Jesu! – Ich zeige M. noch die *«Print»* vom 3. Mai 89, 114. Jahrgang, den Beitrag von Stephan Hegner: «*1. Mai '89: Solidarität mit wem?*». Wie dieser Mann über den «Fall Kreuzer» und jene gewerkschaftlichen Kreise schreibt, die ihn (Kreuzer) verteidigen: «*Die Verantwortlichen dieser bereits Monate andauernden Kampagne sind noch immer eine Antwort auf die Frage schuldig, ob ihrem Vorgehen nicht Züge der Selbstjustiz anhaften. Von Anfang an behaupten sie die Widerrechtlichkeit von R. Kreuzers Entlassung, ohne diese beispielsweise durch Gerichtsurteil zu belegen, sie versuchen zudem mit allen Mitteln, die Wiedereinstellung zu erzwingen.*» Das ist wohl der Höhepunkt an Geschmacklosigkeit, da die Unternehmer-Seite nicht zum vereinbarten Gerichts-Termin kam ... M. bestätigt, der Kreuzer sei ein guter Typ, und die Fachzeitschrift *«Print»* sei wohl eine andere Variante vom *«Engadiner Kollegium»*. Am Schluss des Editorials ruft Hegner gleich alle Arbeitgeber in der Schweiz auf: «*Es lohnt sich demzufolge, wenn jeder einzelne Unternehmer in dieser Sache aktiv wird. Heute steht die Tages-Anzeiger AG in der Schuss-Linie, morgen vielleicht Sie.*» Es sei unglaublich, wie die Arbeitgeber buchstäblich über Leichen gehen würden. – Er meint gedrückt, kürzlich hätte der nigerianische Nobelpreisträger gelesen, da seien gerade 200 Menschen gekommen. Das zeige doch deutlich das gestörte Verhältnis, das wir zu Afrika hätten. Und eben nicht nur zu Afrika, sondern auch zu Asien. Wenn ich mir überlege, wie die Schweizer einen anstarren, wenn man mit der Djellaba hier ankommt, wird einem angst und bange, und man möchte sich ihrer schnell entledigen. M. verlangt jetzt öfters nach arabischer Musik, das sei die Basis für Gregorianische Choräle.

M. schaut auf die Uhr. Das Wetter behage ihm überhaupt nicht, man wisse auch nicht, was zu erwarten sei. Ich stelle fest: «Dieses Wetter ist schon gut für dich, sobald es wärmer wird, jammerst du über die Hitze!» Wie alle Schweizer, die beim ersten (!) Sonnenstrahl im Zug die «schwarzen Gardinen» herunterziehen ...

Bevor er meine Wohnung verlässt, sagt er ärgerlich, die Kopp schreibe jetzt ihre Memoiren. Das werde hoffentlich keinen Erfolg haben. Ich wende ein, das würden die Schweizer Bürgerinnen und Bürger gerne lesen, und vielleicht gäbe es da ja doch noch eine «andere Wahrheit».

18. Mai

Er ruft an, meint, er käme vorbei: «Je t'apporterai un bouquin de bandits.» Ich sage ihm, ich hätte keine Zeit (muss an ein Geburtstags-Essen). Er meint, ich hätte eben fertig geschlafen. M.s Projektionen nehmen konkrete Formen an: Am liebsten sähe er mich passiv schlafend, jederzeit im Bett, sein Telefon erwartend. – Ob er die Broschüre vom *«Engadiner Kollegium»* erhalten hätte? M. fragt mich, wann ich zurückkomme? Ich erwidere: «Gegen Abend neun Uhr.»

19. Mai

«Unaushaltbare Freude, ‹WoZ› Nr. 18/89

Ja, auch ich gehörte zu jenen, die durch eine lautstark geführte Unterhaltung zum Ausdruck brachten, die Verlesung einer Grussbotschaft dränge sich nicht auf. Mein Nachbar, ein angesehener und gar nicht im bürgerlichen Lager angesiedelter Journalist, meinte denn auch ganz trocken, es sei noch früh genug, sie dann in der ‹WoZ› zu lesen. Nun, die Lektüre zeigt, dass die Anwesenden gar nichts verpasst haben. Denn dieser polemische und in höchstem Masse eitle Text voller Selbstbeweihräucherung, der uns die seherischen Funktionen eines M. aufzeigen will, ist völlig überflüssig. Der einzige Satz, der ihn hätte glaubwürdig machen können, fehlt nämlich darin: die Zurückweisung des Preises. In der wehleidigen Hausmitteilung auf Seite zwei der gleichen Ausgabe der ‹WoZ› wird nämlich die Sponsorenliste des Zürcher Journalistenpreises aufgeführt. All jene Firmen sind darin erwähnt, die ohne Zweifel nach M.scher Optik Geld aus fragwürdigen Erwerbstätigkeiten in ihre Schatullen füllen, nämlich Banken, Versicherungen, Kernkraftwerke, PR-Agenturen, Bauunternehmer, Waffenfabrikanten usw. usf. Aber scheinbar figuriert das Wort vom Charakter nicht im Wortschatz von M. Sonst hätte er den grossen Zwiespalt sehen müssen, der in der Annahme eines Preises liegt, der von den von ihm so ‹geliebten Firmen› gespendet wurde. Aber eben: Charakter zeigen und eine entsprechende Haltung dokumentieren, wird eben zur Charaktersache, zur Charakterfrage.

Herbert E. Stüssi, Wettswil am Albis»

Ich ertappe mich dabei, dass mir bewusst wird: Greift jemand M. von aussen an und wäre der Tatsachenbestand noch so sehr zu seinen Lasten, muss ich zu ihm halten. Unweigerlich kommt mir E. Kopp in den Sinn.

Wir leben wie gefährlich einsame Wölfe zwischen unseren Büchern. Und mogeln uns zwischen depressiven Tagen hindurch.

Bücher sind nicht das Leben. Warum wagen wir nicht zu leben? (Real life without books with pages full of words, commas and exclamation marks!) Durrell meint, Leben sei viel schwieriger wie Schreiben: «Ich finde die Kunst einfach. Ich finde das Leben schwierig.»

8. Juni

In der «*Züri-Woche*» figuriert M. auf der Bücher-Hit-Liste mit «*Vielleicht sind wir morgen schon bleich und tot*» auf Platz eins.

12. Juni

Ich werde durch ein Telefon von Lola aufgeweckt, sie posaunt, sie wäre in einer Arztpraxis gesessen, da wäre die «*Schweizer Illustrierte*» aufgelegen. Unter dem Stichwort «*Die Besten*» hätte sie gelesen: «*Das Buch auf dem Nachttisch von M.*» Es sei da weiter gestanden, seine *italienische* Freundin hätte ihm das Buch «*Pisana*» von Ippolito Nievo geschenkt. (Da besteht auch nicht die Gefahr, dass er's wieder zurückbringen muss, fährt es mir durch den Kopf.) – Lola beschwört mich, so etwas würde sie sich niemals bieten lassen. So trete ich diesen Montagmorgen mit einer grauenhaften Wut an, die mich enorm schwächt.

Am See dann schrecklich unangenehme Bise; die Badenden frieren, sie legen sich alle auf den Bauch. – Natürlich bin ich immer noch der Überzeugung, dass sie es ist (Loris Scola). Aber natürlich ist es mir auch schon sehr egal, ob sie es ist oder nicht! Sie wird noch mit 60 Jahren genau gleich sonnengierig daliegen, wie ich übrigens auch. Mit derselben unbeteiligten Fassade und denselben Badehosen. Sei dem nun wie es auch immer sein möge! Aber kann sie es sich als Mathematikerin leisten, tagsüber einfach so in der Badi zu liegen, wie eine freischaffende Künstlerin? Was sie mir sympathisch macht: Sie hängt nicht eine «abgefackte» Feministin raus, der die Badehosen, meistens schwarze, fast unappetitlich runterschlottern. Von dieser Sorte gibt es nämlich hier einige: Ich verstehe nicht, was Sich-Gehen-Lassen mit echtem Feminismus zu tun hat!

Wie ich wieder einen einigermassen klaren Kopf habe – Eifersucht ist etwas entsetzlich Peinigendes –, denke ich über die Situation von Simone de Beauvoir nach. Liliane Siegel wurde zum Beispiel zur fünften Frau in Sartres näherem Umfeld. Sie war Sartres geistige Tochter und Schülerin.

Und wie wird sich Simone de Beauvoir wohl bei all dem sartreschen Treiben gefühlt haben? Ich bin überzeugt, sie hätte von ihm (Sartre) ein Kind gewollt, wenn er im richtigen Zeitpunkt eingewilligt hätte. Ich bin fest davon überzeugt. Trotzdem überlegte sie sich am Anfang ihrer Beziehung zu Sartre: «*Ich sah, wie schwer es Sartre fiel, von seinen Reisen Abschied zu nehmen, von seiner Freiheit, seiner Jugend, um Professor in der Provinz und unwiderruflich erwachsen zu werden; der Zunft der Ehemänner beizutreten, hätte einen weiteren Verzicht bedeutet.*» (Und Kinder nochmals als einen einschneidenden Verzicht.) Doch S. de Beauvoir teilte seine Abneigung gegen die Ehe als beschränkende Verbürgerlichung und institutionalisierte Einmischung des Staates in Privatangelegenheiten.

Also – räsoniere ich –, warum darf M. nicht eine italienische Freundin haben? Das tönt zumindest noch leicht exotisch. Habe ich nicht auch Freunde? Tschechische, italienische und spanische?

Trotzdem begleitet mich den ganzen Tag über eine beissende Wut, die die ganze Woche nicht verschwindet. Mich dann in Traurigkeit stürzt, in Depressionen, in verzweifelte Überlegungen, den nächsten Mann zu heiraten.

17. Juni

M. meldet sich wie immer via Telefon. Ich lasse verlauten, ich sei erkältet. Er will wissen, was ich gerade mache, ich sage tonlos: «Je suis en train de réfléchir.» Er meint partout, er mache dasselbe. Er käme in 20 Minuten. Ich bin unsicher, ob ich ihn empfangen soll. Er meint, er könne ja immer noch umkehren, wenn er vor verschlossener Türe stehen würde. Das scheint mir aber dann doch etwas zu abweisend, ich mildere die Sprache.

Wie er hereinspaziert, lese ich eben «*An Englishman in the land of the O'Driscolls*» im «*Spotlight*»: Ed Harper, passionierter Ziegenzüchter, ohne jemals eines seiner Tiere gesehen zu haben. Eine Idylle vor der Südwestküste Irlands: *"The Harpers have been on the island for 13 years now. Settling there seemed to them a better idea than teaching sociology or biology, Wimfred's discipline, but it is not an easy way of life, especially when lightning strikes the windmills supplying electricity, or the gales blow worse than usual."* – Wir lachen, amüsieren uns über den Ziegenmann. Ich erzähle ihm, meine «heilige» Schwester hätte in Basel an der Ökumenischen Konferenz *«Frieden in Gerechtigkeit»* einen netten Mann von der *SDA* kennengelernt. M. spottet, das sei ebenso wie *SKA!* Für mich hat es eine besondere Bedeutung, dass meine Schwester sich plötzlich dem männlichen Geschlecht zuwendet.

Er registriert, ich hätte oben ohne gebadet. Und meint, unten hätte ich aber etwas anbehalten; ich sage süffisant, ich wolle auch keine Schwierigkeiten mit der Seepolizei. Er betont, ich hätte nicht nur die schönsten Brüste von ganz Zürich, sondern überhaupt, von allen ...

Es kann ein berauschendes Gefühl sein, schöne Brüste zu haben!

Leider sieht er den Buchumschlag *«BIEDERLAND UND DER BRANDSTIFTER»* – angeknabbert und zerschandelt.

Ich setze ihm auseinander, ein Hase hätte dies getan, es ist wirklich eine peinliche Situation. Er schaut mich halb belustigt, halb ungläubig an. (Ich habe das Buch jemandem ausgeliehen, dort war ein Hase zu Besuch.)

Er fragt, ob ich ein neues haben wolle.

Im Moment verfolgt er sehr genau, wie er auf der Bücher-Hitliste dasteht. Ich sage leichthin, dem solle er keine allzu grosse Beachtung schenken ...

M. fragt mich, ob er duschen dürfe? Ich finde es komisch, dass er so etwas fragt. Ich unterlasse die Zurechtweisung, bringe ihm ein frischgewaschenes Tuch ins Badezimmer. Er meint, er müsse pressieren, er gehe Velo fahren (Mondia) mit Stefan Howald vom «*Tagi*». Ich sage bissig, mit dem Stefan Howald liesse er sich wohl, im Gegensatz zu mir, in der Öffentlichkeit blicken, und letztes Mal hätte er doch mir gesagt, dieser Howald sei leidenschaftslos. M. kontert, er sei doch mit mir letztes Jahr nach Glattfelden in dieses Restaurant gefahren mit dem Auto. Dann korrigiert er sich und meint: «Mit dem Töff.» Und das sei eben etwas anderes, weil ich mich auf dem Töff nicht so wohl fühlen würde. Ich erkläre ihm, das sei wohl das Lächerlichste, dieses Glattfelden. M. ereifert sich, indem er prahlt: «Glattfelden, dort wo das Gottfried-Keller-Zentrum ist.» Diesen Ausflug möchte ich lieber vergessen. Er fragt nach, ob er mir denn nicht gefallen hätte. Ich erläutere: «Gewisse Angelegenheiten, die ich mit dir erlebe, nehmen in meinem Hirn eigene Kategorien ein.» Er erkundigt sich nach den Kategorien, ich seufze: «Eben eigene.»

Ich teile ihm mit, dass ich nun zukünftig im «*Glattaler*» nicht mehr schreiben dürfe, Verfügung von Erna Stössel und Bruno Hächler, die ein Gedicht von mir zurückgewiesen hätten. Denen waren meine Schreibereien schon lange suspekt, und nun ist endgültig genug. Eine Zumutung. Wer sind denn Erna Stössel und Bruno Hächler? Protestieren immer leise im Hintergrund, ein leises, mediokres, modisches Protestchen im nachhinein. M. sagt, Erna Stössel in Verbindung mit diesen idiotischen Kulturwochen in Dübendorf sage ihm irgend etwas. Er ist entschlossen, er würde denen mal anrufen; ich sage ihm, da sei jede Zeit und Energie zu schade, die man an solche Individuen verpuffe. Ich sage M., ich möchte lieber in der «*Weltwoche*» schreiben. Er fragt, ob ich keine Reportagen auf Lager hätte? Und ich erzähle ihm mein Telefon-Gespräch mit Jürg Ramspeck, welches ich vor Jahren anlässlich meines «*Hare-Krishna-Artikels*» mit diesem Journalisten führte und der mir riet, ich solle zuerst Legenden schreiben; er hätte mit Legenden-Schreiben begonnen. Interessant, nicht?

Er nennt mich bei der Verabschiedung wieder einmal «Hexe». Ich interveniere jedoch nicht. In Anbetracht dessen, dass Hemingway Mary Welsh zuweilen «Dreckaufwischerin» oder «Brosamenfresserin» nannte! (Man stelle sich das vor ...)

21. Juni

M. telefoniert gegen halb sechs Uhr, es scheint mir, dass er ein wenig durcheinander ist. Er erzählt, er hätte in Fribourg sein müssen, der Töff ging ihm jedoch kaputt, und so nahm er sich einen geliehenen. Da sie ihm in Bümpliz den Töff nicht sogleich herrichteten, hätte er nun mit dem Zug nach Zürich fahren müssen. Und nun müsste er den mit dem Zug auch wieder holen gehen ... und es sei so heiss. Im Hintergrund Geschirr-Geklapper, M. befindet sich im «Tankstellen»-Restaurant. Er will wissen, ob ich brauner geworden sei. Er hat ein schlechtes Gewissen, versichert mir, er würde jetzt mit mir irgendwohin fahren, das Problem sei einfach, dass ich Angst hätte. Ich gebe zu bedenken, es handle sich nicht um die Frage der Angst, sondern um die Frage, inwiefern es mit meiner Ehre vereinbar sei, sich mit ihm in der Öffentlichkeit blicken zu lassen. Er klemmt meine Überlegungen ab, kündigt sich in zwanzig Minuten an.

Wie er auftaucht, beisst er mich wahnsinnig in die linke Wange und putzt mir den Lippenstift minutiös ab. Ich necke ihn, warum er eigentlich nicht zu seiner italienischen Freundin gehe? Er verbessert mich, sagt: «Zu der polnischen» – ich bohre weiter: «Nein, zu deiner italienischen, in der ‹Schweizer Illustrierten› habe ich das gelesen!» Aufgebracht behauptet M., er würde die Öffentlichkeit doch nicht über seine privaten Angelegenheiten aufklären! Peinlich ist ihm die ganze Debatte.

Wir praktizieren es zuerst von vorne, dann von hinten – gut eintrainiert ... Ich beschwere mich gleich darauf, dass ich bei ihm noch nie einen Orgasmus gehabt hätte, er sagt, er hätte gedacht, ich hätte jeweils einen «stillen». Ich belehre ihn, es sei völlig «daneben», sich einzubilden, der weibliche und der männliche Körper würden synergetisch funktionieren. Auf jeden Fall hätte ich bei meinem «italienischen Freund» jeweils einen Orgasmus gehabt; aber der sei Arzt und verstehe halt etwas vom weiblichen Organismus. Er vermerkt sarkastisch, ob er nun auch Medizin studieren soll. Ich mache M. klar, dass die Frau von Dalí auch nicht weglief, als sie realisierte, dass dieser Künstler völlig impotent war und sich eher dem sexuellen Voyeurismus zuwandte. Wahrscheinlich beleidigen meine Worte M., weil ich ihm eben indirekt klarmachte, dass ich mich nicht unbedingt aufgrund seiner männlich sexuellen Fähigkeiten mit ihm abgebe. Ganz zu schweigen von den Zeiten der «Vor-Wille-Zusammenkünfte», in denen manchmal seine ganze Lust abrupt zusammenbrach.

Wir spielen dann mit meinem fünfsprachigen Translator «Fanfare» «Schülerlis». M. fragt mich nach Wörtern in allen fünf Sprachen ab und dann das Ganze umgekehrt. Es entsteht durch dieses Spiel eine gewisse Entspannung zwischen uns, ich habe das Gefühl, die Hitze hat ihn aufgelöst. Dann erklärt er mir das Wort «Akrostichon» (es sei eine lange Zeit her, seitdem er diesen Begriff lernte), welches in Erwin Jaeckles Buch «Dichter und Drogen» (Versuch einer Rauschgiftpoetik des Unbewussten) vorkommt: «Amor Maximus Amor Rei est»; diese Anfangsbuchstaben, -silben oder -wörter der Verszeilen, Strophen, Abschnitte oder Kapitel sind hintereinander zu lesen und ergeben ein Wort, einen Namen oder einen Satz. (In diesem Falle «amare».) Jaeckle schreibt im LSD-Protokoll vom 2./3. Dezember 1966, sein liebster Aphorismus sei: «Die grösste Liebe ist die Sachlichkeit.» M. meint auch, dieses Buch über die Drogen sei gut geschrieben, aber als Chefredaktor der *«Tat»* sei er nicht so gut gewesen. Wir wissen beide nicht, ob er noch lebt, ich schaue im Telefonbuch nach: Drusbergstrasse 113. Ich beschliesse, dem Jaecklin zu schreiben, da er mir den wichtigen Impuls gab, das «Tibetanische Totenbuch» zu studieren. Ich bin gespannt, ob dieser Schriftsteller, der mich interessiert, mir antworten wird.

Bevor M. geht, habe ich das bestimmte Gefühl, ich müsse ihm etwas Nettes sagen; ich spreche langsam: «Ich finde, du schreibst sehr gut!» Er bedankt sich, er sieht, dass ich noch viel mehr sagen möchte; ich drücke ihm einen Kuss auf die bärtig-stachlige Wange.

26. Juni

Wie er reintrabt, öffnet er zuerst den Kühlschrank, isst Hirtenbrot und französischen Käse. Seitdem er die blauen Manchester-Hosen trägt, ist er ziemlich aufgeräumt, jedoch sichtlich abgemagert. – Wir besprechen die Sommer-Hysterie, jedermann meint, wegfahren zu müssen. Wo doch hier eigentlich im Sommer die ideale Temperatur herrscht, um angenehm leben zu können. Er versichert, vorläufig würde er nicht verreisen, ich necke ihn, er würde doch im Sommer immer nach Italien fahren.

Er vertieft sich in das Buch «*Entgegnung*» von Marcel Reich-Ranicki, zu dem er eine Hassliebe hegt. Da bleibt M. bei Uwe Johnson stehen – «*Die Sehnsucht nach dem Seelischen*», sieht meine grell angezeichneten Sätze: «*Epische Riesenfresken gehören längst der Vergangenheit an, auch wenn sie immer wieder einmal vorkommen.*» Weiter: «*Und bis das Gegenteil bewiesen ist – erlaube ich mir die Ansicht, dass sich derartige Vorhaben nur als totale Fiaskos erweisen können.*» – Ich berichte ihm über den kürzlich gesehenen Kurzfilm im Fernsehen «*Gertrud P. Das Drama einer begabten Frau*», nach dem gleichnamigen Buch von Corinne Pulver, in welchem es Parallelen zu Camille Claudel gibt: Wenn der Anspruch an den Lehrer sich nicht erfüllt, kann sich dies zur Katastrophe auswachsen. Diese Frau wurde 1896 in Interlaken (ländliche Abgeschiedenheit) als Tochter eines Apothekers in gutbürgerliche Verhältnisse hineingeboren. Der Schlüssel-Satz von Gertrud: «*Es wäre so schön, ohne dieses dauernde Gefühl von Schuld.*» Nachdem der Vater mit 40 Jahren einem Herzschlag erliegt, ziehen sie nach Bern in ein Haus am Falkenplatz. Die Mutter (Tochter eines protestantischen Pfarrers) wird als eine furchterregend perfekte Hausfrau geschildert. Der Kampf von Gertrud, Lieblingsschülerin von Klee, hätte vor allem darin bestanden, sich von den Fesseln der alles erstickenden, mütterlichen Liebe zu befreien: «*Man kann mit an Sicherheit grenzender Wahrscheinlichkeit annehmen, dass Gertrud P. direkt oder indirekt nach den Erziehungsanleitungen von Dr. Schreber erzogen wurde. Denn Dr. Gottlob Moritz Schreber schrieb Bücher über menschliche Anatomie und Physiologie, Hygiene und Körperkultur. Er gründete die Schrebervereine und erfand die Schrebergärten. Seine Vereine wurden im In- und Ausland Mode, das heisst, Vorbild für das gehobene Bürgertum.*» – Ein Neffe ist auch zu Wort gekommen, dieser schilderte, wenn einmal ein Familienmitglied in der psychiatrischen Klinik gewesen sei, ziehe das die ganze Familie hinein, das wirke sich prägend auf alle andern aus. An Weihnachten, wenn man sie aus der Anstalt jeweils nach Hause brachte, hätte sie alles Geschirr zerschlagen und getobt. Ein Albtraum, eine Qual sei das für alle gewesen. Ich berichte M. vom damaligen System der abgeschlossenen Zellen, in welchen man dem Wärter mit dem Lichtsystem total ausgeliefert war. Dr. Rolf Kaiser, Klinikleiter von Münsingen, kommt zu Wort ... «*Doch man ist zu dieser Zeit (und auch heute noch) davon überzeugt, dass ‹Genie und Irrsinn› nahe beieinanderliegen. Es kommt niemandem in den Sinn, Gertrud P. einfach nur zu helfen, auf ihre inneren Ängste und Fremdgefühle einzugehen und sie zu analysieren und zu entlasten, wie man das heute in solchen Fällen erfolgreich versucht, sondern man hatte den Ehrgeiz, sie zu heilen, eben, ihr den Teufel, bzw. den Wahn-Sinn, die Verrückt-Heit mit Radikalmethoden auszutreiben. Dazu gehörten nicht nur die überaus qualvollen Elektroschocks, Schlafkuren, die Hirnoperation und das Einsperren in dunkle, enge Zellen, sondern ohne Zweifel auch die (Alibi-)Versuche, sie aus der Anstalt zu entlassen, sie zu der Mutter zurückzuschicken. Dass Gertrud selber diese dominierende, strenge und herzlose (angepasste) Frau als gefährlich, als ‹schuld an ihrer Krankheit› bezeichnete, das nahm niemand ernst, sondern man sah es einfach als zu dem Krankheitsbild gehörend an.*» – Mit der damals noch offen ausgelebten Frauenfeindlichkeit sicher kein einfaches Frauen-Leben. Bis an ihr Lebensende, vierzig Jahre, «versorgte» man sie hinter Anstaltsmauern: «*Sie ist die weitaus schwierigste, lauteste und lärmigste, aufbegehrende Patientin, sie kämpft und wehrt sich gegen das Versorgt- und Lebendigbegrabensein mit nie erlahmender Kraft und Intelligenz: ihre Ansprüche und Aufschreie enthalten eine beklemmende Logik und Selbstanalyse. Einer der Ärzte, der damals renommierte und erst vor kurzem hochbetagt verstorbene Professor Klaesi soll von ihr gesagt haben: Sie ist uns allen (an Intelligenz) überlegen. – Sie endete wie ihr Vater, dessen Andenken und Erinnerung unvergessen und unbewältigt in ihrem Unterbewusstsein weiterspuckte, in der Irrenanstalt, wo sie 1961, fünfundsechzig, starb.*»

M. ist heute ein sehr guter Zuhörer; nach dem Besuch bei meinem Vater geradezu eine Wohltat! (Dafür hat dieser sich über Details in der Biografie von Gorki geäussert.) – Er sieht das «*Tages-Anzeiger*»-Magazin herumliegen, sagt abgeschlafft, früher sei man auf dieses Magazin jeweils richtig gespannt gewesen, in freudiger Erregung gewesen, jetzt sei das schon lange nicht mehr so. – Ich gebe ihm den Artikel «Jahrhundertwitz» von Arnold Künzli aus der *«Helvetischen Typographia»* zu lesen, wo er schreibt: *«Schon Karl Barth hatte die Schweiz einmal als Dorftrottel Europas bezeichnet»*, anlässlich der DIAMANT-Feier, in die dieses *«politische Mondland»* 6,5 Millionen Franken investiert. –

M. will wissen, in welcher Buchhandlung ich jeweils meine Bücher bestellen würde? Ich antworte ihm: bei der Helen Lehmann, Buchhandlung «Calligramme». Misstrauisch lässt er vernehmen, ob das keine Frauenbuchhandlung sei und ob man da als Mann nicht kastriert würde, wenn man hineinginge ...

Er ruft dann den Stefan Keller an wegen der Telefon-Nummer von Peter Renz, um endlich mein Manuskript zurückzufordern. Die zwei haben es, wie nicht anders zu erwarten, sehr lustig: Sprechen über Max Frisch, dann über Ramspeck: Dem sei es egal, wer in der *«Weltwoche»* Chefredaktor sei. Clara Malraux beschreibt in ihrem Buch «Geräusch meiner Schritte»: *«Er sprach vom weiblichen Korpsgeist, aber kaum hatte er den weiblichen Korpsgeist erwähnt, entdeckte ich den der Männer und merkte bald, wieviel bewusste oder unbewusste Verachtung der Frau dieser «männliche Korpsgeist implizierte.»* – Dann benötigt er die Telefonnummer der NA, ruft da an und erkundigt sich nach einem Steuerberater, der bis vor zwei Jahren im Gemeinderat gesessen hätte. Die können ihm nicht weiterhelfen, verweisen ihn auf eine andere Adresse, wo er nachfragen könne: *Tel.: 462 33 00.* Zuerst denke ich, ein interessantes, hitziges Gespräch zwischen M. und einem NA-Kopf würde sich nun abspielen ... leider sucht er da nur jene Person, die ihm bei der Steuererklärung behilflich ist.

Wir reden vom Weggehen, wir möchten ans Meer, an irgendein Meer; M. meint: im Herbst. Ich möchte nur einen Tag: «Wir gehen an einem Freitag, im Sommer, nur bis an den Bodensee.» M. meint: «Du meinst das schwäbische

Meer.» Er ist einverstanden, an einem Freitag, das sei ein guter Tag. Aber «Tarnkappen» müssten wir uns überziehen. – Ob es letztes Mal im indischen Restaurant «Talwiese» gut gewesen sei; er käme auch gerne mit. Ich sage erhitzt, er könne nicht mit mir dahin, das hätte er sich selbst vermasselt, eingebrockt; da er sich niemals mit mir in der Öffentlichkeit blicken lassen wolle: «Das Leben ist wie ein Bumerang, es fällt alles auf dich zurück!» Er zeigt ein erstauntes Gesicht, wie ich mich in Rage rede ... er wagt nicht zu widersprechen.

Ob er mit seinem Schreiben vorwärtskommt? Wie er wohl die Tage in Oerlikon verbringt?

In Oerlikon, Oerlikon Bührle, Oerlikon International ...

Ich spüre, wie eine zweite Welle der Verliebtheit mich erfasst. Ich fühle mich jämmerlich betrogen, überschwemmt von einem zweiten Ich in mir.

M. will gehen, fragt nach der Uhrzeit, ich fordere ihn auf, sich endlich eine Uhr anzuschaffen, er stänkert, die Uhr störe ihn am Handgelenk. – Das rechte Bein schüttelt er heute massiv aus; ich bin überzeugt, er hat da eine nie mehr gutzumachende Störung.

3. Juli

Grauenvolle Schicksalsgestirne schweben um mich, als M. eben heute, diesen Abend telefoniert. Er hat heute die Veranstaltungsreihe «*1939 – Ein Grund zum Feiern?*» an der Uni, vom Fachverein Geschichte mit der Lesung «*Grenzen und Möglichkeiten selektiven Gedächtnisverlustes*» um 12.15 Uhr, Zi 327, Uni-Hauptgebäude, Rämistrasse 71, eröffnet. – M. fragt: «Comment ça va?» Ich antworte enerviert: «Ne me demande pas toujours la même chose.» Sofort renkt er wie ein zurechtgewiesener Schüler ein, meint, ob ich um viertel nach acht Uhr zu Hause sei? Ich meine, warum er nicht zur Italienerin gehe, ich hätte ihr Buchgeschenk an ihn in der «*Schweizer Illustrierten*» nicht vergessen! Fast «flippt» M. am Telefon aus, er hätte das auch gelesen ... Eine unwiderrufbare Aggression macht sich in mir breit – könnte das mit dem Wetter zusammenhängen? Dieser Kälte-Einbruch? Wie dem auch immer sei, M. klärt mich auf, er hätte Recherchen gemacht, dass die Schweiz das am meisten antisemitisch eingestellte Land in ganz Europa sei!

M. klopft zur Ankündigung ans Fenster, was er noch nie zuvor gemacht hat. Erscheint in einem roten Trainer, auf welchem vorne etwas auf englisch steht. So bullig und schwergewichtig wie Bud Spencer, fährt es mir durch den Kopf. – Er sei laufen gewesen im Wald in Seebach, wenig Leute hätte es gehabt. Noch ganz verschwitzt ist er, ich frage ihn, ob ihm das sein Psychotherapeut angeraten hätte ... M. versichert, er fühle sich nun viel besser, seitdem er sich körperlich betätige; lobt vor allem das Schwimmen. An seiner Lesung an der Uni seien etwa 600 Leute gewesen, vor allem Studenten, die aber nicht gewagt hätten, etwas zu fragen! –

Ich teile M. mit, der Schwarzenbach sei nun in die Auto-Partei übergetreten.

Nachdem wir es getrieben haben, begleitet von englischer Konversation, erläutere ich ihm, ich wüsste nun endlich, von wem die hirnverbrannten Sätze wie «*Versuche deine Pflicht zu tun, und du weisst gleich, was an dir ist. Was aber ist deine Pflicht? Die Forderung des Tages*» stammen würden: von Goethe aus «*Sprüche in Prosa*». Auch: «*Alles Gescheite ist schon einmal gedacht worden, man muss nur versuchen, es noch einmal zu denken.*» Dass solche Sprüche, vor allem der erstere, derart im Volke Fuss fassen konnten, hängt mit der blinden, hirnlosen Vergötterung Goethes vor allem der deutschsprachigen Menschen zusammen (Büchmann «*Geflügelte Worte*»). – Dem

Peter Renzo hätte ich angerufen, der hätte eine schöne Stimme. M. bestätigt, er sei auch ein sehr schöner Mann, mit dem könne er mich bekanntmachen.

Den Fernseher stellt M. an, zuerst auf dem Deutschschweizer Kanal *Dodo «Mada» Hug,* die er aber nicht besonders findet. Und da entdeckt er auf einem deutschen Kanal den *«Weissen Hai».* «Bud Spencer» macht es sich wahrhaftig auf dem Filz-Teppich-Boden bequem und beginnt mit zunehmendem Interesse sich den *«Weissen Hai»* anzuschauen, quasselt etwas von «tiefenpsychologisch hochinteressant». Ich beginne mich furchtbar aufzuregen, steigere mich da hinein, dass gerade M. sich für diesen amerikanisch-hysterischen Quatsch interessiere. Er behauptet, er müsse sich das wegen seines Theaterstücks bezüglich des Aufbaus der Spannung anschauen. Und zusammen könnten wir nachher diesen Film kommentieren. – Wir betrinken uns beide erbärmlich an einem weissen «Domherrenwein». – Wie dieser elende Film zu Ende ist, meine ich, nun könne er gehen und die verdammte Fernseh-Kiste gleich mitnehmen. Er schickt sich an zu gehen, meint, er hätte nicht sofort gehen wollen, aber da ich es ihm nahegelegt hätte … ich springe raus zu ihm, spreche wutentbrannt: «Wenn du jetzt nicht kommst, lass dich nie mehr bei mir blicken und vergiss meine Telefonnummer.» Ich gerate in die Zone jenseits von Gut und Böse, rufe Margaux an, mit welcher ich bis morgens um zwei Uhr tanze, dann will ich noch ins «Flamingo» gehen. Sinnlos treibe ich mich herum – zu allem Überdruss erzählt mir der Taxichauffeur vom *«Weissen Hai»,* jedoch mit einer gewissen ironischen Distanz: Die Klientel sei heute schrecklich gewesen, das liege wohl am Wetter! –

Und am Morgen im Bus sprechen die Leute vom *«Weissen Hai»* – und ich glaube, es findet eine regelrechte Umnachtung statt!

Ich sehe M. als Baudelaire, als Rimbaud-Gestalt, als französischsprechenden bakuninhaften Exil-Schweizer, und nicht als rotbetrainten Bud Spencer, der sich in der Flimmerkiste, wie jeder beliebige mediokre Typ, den «*Weissen Hai*» anglotzt! – Aber habe ich nicht selbst alles geradezu heraufbeschworen mit meiner amerikanisch-britischen Phase? Und M. hat das wahrgenommen, um seine heimliche Affinität zum Amerikanischen endlich ausleben zu dürfen.

18. Juli

M. kabelt, will wissen, warum ich initiiert hätte, dass eine für ihn wildfremde Person ihm telefoniert hätte: «Pourquoi tu fais ça?» – Es ereignete sich, dass ich beschloss, den Kontakt zu M. definitiv abzubrechen, und eine Freundin in Kloten beauftragte, M. anzurufen, um das Buch von Tariq Ali «*Die Nehrus und die Gandhis*» sowie alle weiteren Bücher zurückzuverlangen. (Am Anfang hätte er ganz normal/freundlich am Telefon reagiert, doch dann hätte er gereizt reagiert, warum ich das nicht selber erledigen könne und ihn anrufe. Worauf meine Freundin meinte, sie glaube nicht, dass ich noch länger Kontakt mit ihm haben möchte ...) Ricco Bilger, Buchhändler und Galerist, schreibt diese Woche in «seiner» Kolumne im «*Tagblatt der Stadt Zürich*»: «*Man kann Tage und Wochen und eine ganze Zeit in Zürich verbringen. Man kann an dieser Stadt definitiv zugrunde gehen: von einem Loch, das sich plötzlich mitten auf der Strasse auftut, verschlungen werden; in einer Pfütze Wein auf einer Bartheke ersaufen; im verklemmten, verknorksten Zwingli-Alltag die Orientierung verlieren.*» – Ich habe keine Kraft, durchzuhalten, meine verhalten: «C'est ma secrétaire, tu sais bien que j'ai des employées.» M. entgegnet, was ich sagen würde, wenn er seinen «secrétaire» bei mir anrufen oder vorbeikommen liesse, er meint sarkastisch, er würde nochmals anrufen, beziehungsweise sein Sekretär. – Nach dreiviertel Stunden ruft M. nochmals an, sagt, sein «Sekretär» würde jetzt vorbeikommen und das Buch bringen. Ich befehle: «Mais il doit sonner.»

M. kommt, und wie ich die Türe öffne, will eben eine Schnake mit hereinflitzen; M. ist beschäftigt, diese Schnake wieder nach draussen zu befördern. Ich verwickle ihn gleich in eine Diskussion über «Die Schweiz und die Todesstrafe», von Amnesty International, wir sprechen von Ernst S., ich erwähne den Albert G., selbst schwächlich und krank, der für Hitler schwärmte, als ein Symbol für Härte und Selbstdisziplin. M. zeigt sich erstaunt, dass in der Amnesty-Broschüre bei den Quellenangaben der Peter Noll so oft zitiert werde, und er nur ein einziges Mal. Er trumpft auf, er hätte das vor dem Noll recherchiert, er würde sich natürlich mit der Amnesty in Verbindung setzen und das klarstellen. Nebst all den anderen Argumenten, die gegen die Todesstrafe sprechen, ist aufschlussreich, was Noll dazu meint: *«Ob ein Täter zum Tode verurteilt wurde oder nicht, hing manchmal davon ab, mit welchen andern Angeklagten zusammen er in derselben Verhandlung beurteilt wurde. Standen neben ihm Angeklagte, die schwerer belastet waren als er, so mochte er Glück haben und mit einer Zuchthausstrafe davonkommen.»* –

Wir diskutieren über George Orwells *«Rache ist sauer»*, ausgewählte Essays II, M. ist der Meinung, der Orwell hätte nicht gewartet, bis ein Gorbatschow gekommen sei. Die Souveränität dieses Schriftstellers sei erfrischend, seine klaren, differenzierten Sätze. Ich meine, es elektrifiziere mich, den Orwell zu lesen, geistige Nahrung, die direkt in mein Hirn und Herz einfliessen würde. Bezüglich der russophilen Intellektuellen schreibt er unter anderem: *«Heute wissen wir nur, dass die Phantasie sich wie bestimmte Tierarten in der Gefangenschaft nicht fortpflanzt. Jeder Schriftsteller oder Journalist, der das leugnet – und jeder, der die Sowjet-Union verherrlicht, tut das –, verlangt in Wahrheit seinen eigenen Tod.»* Dieser Essay wurde unter dem Titel «Zur Verhinderung von Literatur», Polemic, Januar 1946, geschrieben. – M. ist überzeugt, solche Essays

hätten einen grösseren geistigen Wert wie jeder dumme Roman. Die folgenden Zeilen:
Dare to be a Daniel,
Dare to stand alone;
Dare to have a purpose firm,
Dare to make it known.
erinnern mich instinktiv an M., seinen ewigen Kleinkampf mit gewissen Linken und «seiner» «*WoZ*». Orwell dazu: «*Wagen, allein zu stehen, ist ideologisch so verbrecherisch wie in der Praxis gefährlich. Die Unabhängigkeit des Schriftstellers und Künstlers wird von anonymen wirtschaftlichen Mächten zerfressen, und gleichzeitig von denen ausgehöhlt, die sie verteidigen sollten.*» Oder der gelungene Abriss: «*Gedanken über die gemeine Kröte*»: «*Die werktätigen Massen, so meint man, müssten in einem Dauerzustand von Unzufriedenheit erhalten werden, und unsere Aufgabe sei es, ihnen ihr Elend noch eindringlicher ins Bewusstsein zu hämmern, statt ihnen erfreuliche Dinge vor Augen zu führen, die sie auch heute schon geniessen können.*» Orwell schreibt weiter: «*Dadurch, dass man sich die kindliche Freude an Bäumen, Fischen, Schmetterlingen und – um zum Ausgangspunkt zurückzukehren – Kröten erhält, trägt man, wie ich glaube, ein wenig dazu bei, eine friedliche, menschenwürdige Zukunft wahrscheinlicher zu machen.*» Es scheint mir nach dem Studium dieser Lektüre ziemlich klar, dass dieser Schriftsteller als einer der ersten «Gefährlichen» auf dem Index in der DDR steht. M. erläutert, auch die würden einmal begreifen, dass man den freien Gedanken, den Geist nicht unterdrücken könne. In seinem Essay *«Zu Nutz und Frommen der Geistlichkeit: Einige Bemerkungen über Salvador Dalí»*, meint M., auch er hätte nekrophile Neigungen, fast alle Künstler hätten das … Orwell über Dalí: «*Er ist asozial wie ein Floh. Selbstverständlich sind solche Menschen unerwünscht, und an einer Gesellschaft, in der sie florieren können, ist etwas faul.*» – Ich stelle M. eine pikante Lektüre vor, die auch bei vielen «Gut-Informierten» nicht bekannt sei. Um die Niederträchtigkeit des intellektuellen Linksradikalen André Malraux vollumfänglich zu verstehen, müsse man Clara Malraux' «*Das Geräusch meiner Schritte*» gelesen

haben. Bei ihrer gemeinsamen Tochter Florence meinte André erleichtert, als es ein Mädchen war: *«Eine Karikatur meiner selbst hätte ich nicht ertragen ...»* Weiter: *«1932 gründeten Barbusse, Romain Rolland, André Breton, Nizan, Aragon, Giono, Malraux, Gide und andere die «Vereinigung revolutionärer Künstler und Schriftsteller.»* Und im März 1934 riefen Rivet, Alain und Langevin das «Komitee wachsamer Intellektueller» ins Leben. Die Zeit des Desinteresses war abgelaufen; selbst in Frankreich begriff man, dass nun gehandelt werden musste.*»* – Elsa, die Frau von Aragon; Elsa Triolet, auch Jüdin wie Clara, schrieb insgeheim und anvertraute Clara, sie würde ihr Manuskript vor ihrem Mann verstecken: *«Doch es kam der Tag, da Elsa ‹Bonsoir Thérèse› abgeschlossen hatte und Louis zu zeigen wagte. Und da geschah das Wunder: Aragon liebte das Buch und hatte den Mut, das auch laut zu verkünden, eine Geste, die André empörte, vielleicht weil er spürte, dass ich sie guthiess. Als ich mich eines Tages dann auch aufraffte und meinem Herrn und Meister mein Elaborat vorlegte, schleuderte dieser es nach der Lektüre nur zornig durchs Zimmer und nannte das, was ich für eine Liebeserklärung gehalten hatte, einen Verrat an unserer Liebe. Jean Paulhan nahm es später, nach kleinen Streichungen, für die ‹Nouvelle Revue Française› an.»* ... Aber es sollte noch um einiges dreckiger kommen! Clara: *«Selten in meinem Leben wurde ich so gedemütigt wie in den wenigen Wochen zwischen Andrés Rückkehr nach Frankreich und seiner Abreise nach Amerika. Zu erkennen, dass er ein Mythomane war, hatte ich hinreichend Gelegenheit gehabt, doch dass er nun auch noch in unser Eheleben und in der leichtfertigen Überzeugung, es sei sein gutes Recht, die Unwahrheit trug, kränkte mich zutiefst. Er fuhr nach Amerika, doch eine andere begleitete ihn auf dieser ruhmreichen Tournee, was er vor mir jedoch so geschickt verheimlichte, dass ich ihn noch zum Zug brachte, wo Corniglion, der ebenfalls mitgekommen war, Blut schwitzte bei dem Gedanken, jetzt könnten beide Frauen aufeinanderprallen.»* – Dann die Zeit der Flucht mit ihrer Tochter Florence und *«André hat mir nie angeboten, sie zu sich zu nehmen, und das Kind hatte sich auch schon daran gewöhnt, ‹anders› zu sein. Tapfer hielt ‹Flo› zu mir.»* Zur gleichen Zeit also, als auch die Judenverfolgung nach

Frankreich übergriff und Clara Malraux auf keinen Fall ihren ledigen Namen Goldschmidt annehmen durfte, bat André mittels eines Telegramms am 18. Januar 1941 um ein Treffen im Café «Lafayette». Da will dieser widerliche Sadist doch tatsächlich die Scheidung, weil er keinen unehelichen Sohn haben wolle ...: *«Denn solange die Deutschen sich in Frankreich breitmachen, war es lebenswichtig für mich, Clara Malraux und nicht Clara Goldschmidt zu heissen. Und ich konnte mich doch den Behörden des neuen Regimes mit einem Scheidungsersuchen nicht selbst in die Hände spielen! Aber das hatte André wohl nicht bedacht ...»* Und das nennt sich Anti-Faschist, Linksradikaler etc. Im Zuge dieser Ereignisse erhielt sie ein Schreiben von André Gide, in welchem folgendes stand: *«Meine liebe Clara, gewiss, das ist alles recht betrüblich, und ihr Brief, obwohl auf rosa Papier, drückt mir das Herz zusammen. Ich habe mich seit Anfang des Krieges zu viel mit den Juden beschäftigt, um die grossen Schwierigkeiten Ihrer Situation nicht ermessen zu können. Doch nachdem ich lange Jahre die Freude hatte, Ihren und Andrés Namen in einem Atemzug zu nennen und Ihnen beiden gleichermassen in Freundschaft verbunden sein durfte, waren Sie es, die mich eines Tages lehrte, Sie beide auseinanderzuhalten, was ich nur beklagen kann. Aufgrund meiner Zuneigung und Hochachtung für André wäre ich eher geneigt, nichts zu unternehmen, nichts zu versuchen, was ihm in irgendeiner Weise schaden oder ihn auch nur verärgern könnte. Doch muss ich auch zugeben, dass sein Name für Sie und Flo einen sozusagen sicheren Schutz bedeutet. Daher habe ich mir vorgenommen, bei unserem nächsten Zusammentreffen, das er mir für bald in Aussicht stellte, mit ihm darüber zu sprechen, wenn es mir auch schwerfällt zu glauben, dass er nicht selbst die Argumente, die ich vorbringen könnte, längst gegeneinander abgewogen hat. Was Sie mir über Flos Gesundheitszustand sagen, stimmt mich traurig, ebenso wie der Gedanke an ihre missliche Lage. Und dennoch wage ich zu hoffen, dass Sie sich — was auch immer geschehen mag — der Zuneigung Ihrer alten Freunde, zu denen, wie Sie wissen, auch ich als einer der empfindsamsten gehöre, würdig erweisen werden.»* Clara Malraux folgerte in ihrer hoffnungslos verzweifelten Situation sehr richtig: «*Mit anderen Worten: Ich war in seinen Augen nichts weiter als ein auf einem männlichen Baum aufgepfropfter Sprössling und als Ableger für ihn, der diesen Baum mit Recht bewunderte, nicht weiter interessant. Seine Wahl (Gides) war klar, wenn ich auch einige Zeit brauchte, um den Sinn seines letzten Satzes zu verstehen.*» Clara weiter: «*Im Grunde hatten diese Männer ja recht, wenn sie nichts davon hören wollten, was früher gewesen war oder dass ich noch vor kurzem André indirekt zur Flucht aus dem Lager verholfen und durch finanzielle (!) Unterstützung während der ersten Tage der Freiheit beigestanden hatte, denn Malraux war ein Mann und eine Berühmtheit.*» – Immerhin erkannte Clara die Krankheit von André sehr genau: «*Im Grunde war André vom Tode besessen, oder besser gesagt: Er war überzeugt von der totalen Absurdität unserer provisorischen Anwesenheit auf einer provisorischen Erde. Und dieses Gefühl der Sinnlosigkeit wuchs sich bei ihm aus zu einer so hemmungslosen Machtgier, dass er alles aufs Spiel zu setzen bereit war, ohne jedoch dadurch Ruhe zu finden.*»

Den Eintrag von André Malraux im «*Brockhaus*» würde ich am liebsten per Dekret herausnehmen lassen und anstelle von ihm Clara Goldschmidt einfügen. Eigentlich zufällig bin ich in der Ex-Libris-Buchhandlung auf dieses Buch gestossen; wie ich jedoch gewahr wurde, dass dies die Frau von Malraux geschrieben hat, sie, die 25 Jahre mit ihm zusammen war, also gewissermassen ein Buch über ihr Leben mit ihm schrieb, durchfuhr es mich wie ein Blitz, wie eine Art Initialzündung, dass darin «männliche Ungeheuerlichkeiten» notiert sein könnten. Die Insolenz eines Malraux ist beinahe unübertreffbar! – M. zeigt sich auf jeden Fall sehr erstaunt über diese Enthüllungen. Er hätte sich über diese Figur auch seine Überlegungen gemacht – der letzte Abschnitt seines Aufsatzes «*André Malraux zum ehrenden Gedenken – Notiz zur Publikation seiner gesammelten Leichenreden*»: «*In welchen Kreisen verkehrte André Malraux, nachdem er an die Macht gekommen war? Mit Literaten, Botschaftern, Ministern, Junggaullisten, und mit der literarischen Regierungspartei, und auch mit Gevatter René Maheu von der Unesco, der von einem ähnlichen Fluidum durchströmt ist*

(‹La civilisation de l'universel›, Paris 1966). Für die Unesco hat er die Rede ‹Zur Rettung der Monumente von Ober-Ägypten› gehalten. Eine gewaltige Freske, der ganze geschichtliche Kram von Kambyses bis Alexander und Ramses ist darin aufgehoben, ein historischer Kolonialwarenladen. Auch an das Proletariat wird gedacht: ‹... Der einfachste der Arbeiter, welcher die Statuen von Isis und Ramses retten wird, sagt: Es gibt nur einen Akt, über den weder die Nachlässigkeit der Konstellationen noch das ewige Gemurmel der Ströme obsiegt: das ist der Akt, durch welchen der Mensch dem Tod etwas entreisst.› Genau so sprechen die einfachsten oberägyptischen Arbeiter, nachdem sie in der Mittagspause die ‹Antimémoires› von Malraux verschlungen haben. Die Pariser Arbeiter fahren unterdessen an der Metrostation Louvre vorbei, welche Malraux mit ägyptischen und andern Kunstwerken ausstaffiert hat. Nofretete hilft ihnen, die schon wieder erhöhten Metro-Tarife zu verschmerzen.

Adieu, alter Freund und Agitator aus den revolutionären Vorkriegstagen. Gut Nacht. Die Macht ist Dir nicht gut bekommen. Wollen wir jetzt Deiner gedenken mit den Worten des Archipoeten Blaise Cendrars, dem Du einst im Namen der Republik einen Orden ans Revers heftetest, und der Dir dabei ins Ohr flüsterte: Merde, André!»

Ich frage M. ob er diese Tage etwas geschrieben hätte, eher verstockt gibt er Auskunft: «An der Familie.» (Ich glaube zu spüren, dass er bei seinem «Familien»-Projekt gegen einige Widerstände anzukämpfen hat.) – Ob ich auch etwas geschrieben hätte? Nein, ich sei diese Tage von einer Lähmung heimgesucht worden; ich hätte mich nur mit der englischen Sprache und Orwell herumgeschlagen. – Er sagt dann, nun müsse er noch arbeiten. Aus schlechtem Gewissen sagt er dies, damit ich mich bei seinem Weggang nicht noch querstellen könnte ... er, der sich heute stumm wie ein Fisch benahm. Als Ablenkung beim Hinausgehen registriert M.: «Hast du dir die Nägel angemalt?» Vorbei am Kühlschrank, kann er sich nicht erwehren, einen Blick hineinzuwerfen ... er hätte heute abend das indonesische Nudelgericht «Nasi Goreng» verzehrt. Ich sage, dies sei ein sehr erotisches

Gericht. Meine unkontrollierbare Hälfte schenkt M. beim endgültigen Verlassen meiner Wohnung einen Gedichtband von Mandelstam auf französisch, er wirft ein, er hoffe aber nicht, dass «meine Sekretärin» anrufe und es zurückverlange.

24. August

Ich liege noch im Bett, wie der Apparat neben mir «sirent». In letzter Zeit habe ich beträchtliche Mühe, mich vom Schlaf zu lösen. – M. meldet sich: «Tu es sûrement bronzée?» Dieser M., der einfach fortzieht, ohne etwas zu sagen. Er will wissen, wo ich die ganze Zeit gewesen sei? (Da ich mich ein paar Tage im Tessin aufhielt, könnte diese Frage berechtigt sein.) Ich will von ihm wissen, wo er die ganze Zeit gewesen sei? Er meint, er hätte Passfahrten durch ganz Europa gemacht. Ich frage ihn, warum er mir keine Postkarte geschickt hätte; erstaunt meint er, ob ich denn Postkarten gerne hätte? Ich meine, es gehe ja gar nicht darum – ich würde ihm jeweils auch welche senden. Er will mir klarmachen, von Indien sei das etwas anderes, aber Europa sei doch ein Dorf! – Er müsse mir unbedingt etwas zeigen, in 20 Minuten sei er bei mir. An seine Zeitangaben hält sich M. tatsächlich meistens genau, wie sich das für einen Schweizer gehört ...

Wie er kommt, phantasiere ich: «Stell dir vor, wir hätten keine Zunge, und wir würden es komisch finden, diese Vorstellung, eine Zunge zu haben.» – Ich bemerke M.s neue Hosen, sage süffisant, die könne er sich bestimmt leisten, da er auf der Bestseller-Liste oben figuriere! – M. dringt zweimal in mich hinein ... Bezüglich des Kinder-Gebärens sehe ich das im Moment wie Rabindranath Tagore: «*Unaufhörlich. – Jedes Kind bringt die Botschaft mit auf die Welt, dass Gott sich von den Menschen noch nicht hat entmutigen lassen.*»
Ich frage M., warum er mir nie von einem seiner Pässe angerufen hätte? Er ist der Meinung, das sei banal, ich ent-

gegne, was das denn sei, wenn er von Oerlikon anrufe: Das sei nur semi-banal. Und auf den Pässen hätte es doch bestimmt auch Frauen gehabt, und ob er die «vernascht» hätte? Er vermerkt, er sei nicht dieser Frauenheld, als den ich ihn immer sehen würde! Bücher hätte er auf diese Reise mitgenommen, eine Biografie von Marx und eine von Hannah Arendt. In der Nacht hätte er jeweils gelesen. Und Passfahrten seien schön, da hätte man immer gute Aussichten sowie wechselnde Sichten. Ansonsten schweigt er sich über diese Reise aus. – Pasa Raki, das türkische Nationalgetränk, trinken wir; ein änisgleiches Getränk. M. kann heute nicht genug bekommen, wir wechseln dann auf einen Bordeaux Rosé: «Chai de Bordes».

Die Grundstimmung seines Barometers zeigt nachträglich eher gegen unten. Sehr melancholisch; grauenhaft sei es, sich wieder hier in Zürich einzufinden. Vor allem physisch spüre er das so. Ich frage, warum er denn zum Beispiel nicht im Tessin leben würde? M. bemängelt, das sei altersheimmässig dort. – Wir erwähnen Elisabeth Duie, die auf ihrem Fahrrad am hellichten Tag einem Sexualverbrecher zum Opfer fiel. Diese Frau wollte nach Hause fahren und wird vom Velo gezerrt! Ich gestehe M., ich hätte wahnsinnige Angst gehabt, mich draussen zu bewegen, solange dieser Typ nicht dingfest gemacht werden konnte. – Wir diskutieren über das verhängnisvolle Medellin-Kartell in Kolumbien, und ausserdem zeige ich M. den Brief, den ich an die Volksrepublik China für die sofortige Freilassung von Xiang Dayong in Peking schrieb. M. fragt kritisch, ob ich meine, das nütze etwas? Es enttäuscht mich, diese Frage aus seinem Munde zu hören, genau wie meine Englisch-Lehrerin. Ich meine gelassen: «Auch wenn es nichts nützen würde, ich muss etwas dagegen tun, ich kann doch nicht untätig zusehen, wie sie die Studenten und Arbeiter verfolgen!» – Ob er gesehen hätte, dass der Türke Keymel wieder ein Asylgesuch gestellt hätte? M. meint, der Koller persönlich hätte sich darum bemüht ... – Auf dem Haupttraktandum stehen jedoch die Tausende von DDR-Flüchtlingen, die über Ungarn in den Westen einbrechen. Ich meine, diese Aktion würde einen schalen Nachgeschmack hinterlassen: Bekommt man nicht den Eindruck, die würden durch das Goldene Tor in den Westen hineinspazieren; der Kapitalismus erhalte so einmal mehr eine ihm nicht zustehende Glorifizierung!

Wir besprechen wieder einmal unsere irgendwann stattfindende Töff-Tour. (Am liebsten am Freitag.) – Wie ich ihn nach draussen zu seinem Töff begleite, sagt M. bewundernd, meine blauen Shorts und die weisse Jacke mit den Goldknöpfen (er hält sie für eine Tennis-Jacke) sähen sehr speziell aus.

28. August

M. kabelt, meint, wie es gehe und was ich mache. Ich gebe zur Antwort: «Ich denke.» Er fragt: «Was?» Ich: «Was wohl?» Er glaubt, es erraten zu haben, indem er sagt: «Etwas entlang der Literatur ...» Ich: «Du kannst es auch so nennen!» – Es wurde mir zugetragen, dass er am Montag in Begleitung einer Frau mit langen, blonden Haaren, Jeanshosen und Jeansjacke vor dem Kino Nord-Süd («Do the Right Thing», ein Film, den ich mir seit zwei Wochen ansehen möchte) gesehen wurde. Etwas Verwandtes hätte diese Frau mit mir, aber weniger differenziert, und ein sofort ersichtlicher anderer sozialer Hintergrund. Könnte es die polnische Krankenschwester sein?

Und wenn auch: Er könnte mit tausend polnischen Krankenschwestern weggehen, ich hätte kein Recht, ihm etwas vorzuwerfen. Meine Eifersucht, die ich anderen immer vorhalte. Ich weiss, dass ich absolut kein Recht auf ihn habe. Trotzdem brennt sich dieses Gefühl wie ein Feuer-Schwert in mein Herz, in meine Eingeweide hinein, zerstört mich, zerstört mein Ich! Mein ganzes Selbstbewusstsein! Es macht mich schlichtweg «mad».

Ich spreche also am Telefon nicht sonderlich viel. M. spürt, dass «nicht gut Kirschen essen ist». Ich sage, ich sei gerade am Arbeiten, er gängelt mich: «Partizip Perfekt, Perfekt oder Imperfekt?» Ich antworte entschieden: «Nein, Gerundium!» Er schlägt vor, ob man nicht den «Subjonctif» vorziehen solle? Ich frage, wo er sich befinde, er meint im «Rössli», da wo ich auch schon gewesen sei ... Im Hintergrund ist ein entsetzlich wirres Geschirr-Klappern zu vernehmen. Ich brause dann los: «Geh doch ins Kino mit deinen Frauen!» Er hält entgegen, er gehe meistens alleine ins Kino. Er spürt, dass es mir absolut schlecht geht, ich rate ihm, er solle doch besser seine polnische Freundin kontaktieren! Ja, warum er mir überhaupt noch anrufe? Die befinde sich zurzeit in Polen, und ich stelle fest: «Die ist aber oft in Polen.» Er trägt das Ganze auf die politische Schiene; die polnische Situation, da würden sich «die Dinge bewegen». – Gegen neun Uhr melde er sich nochmals ...

M. ruft tatsächlich nochmals an, mit müder Stimme, er erzählt, er müsste eine Woche Zivilschutz leisten. Trottelhaft sei das, sich auf einen Atomkrieg vorzubereiten; morgens um 7.30 Uhr müsse er anfangen. Er in der Uniform und so! – Demoralisiert hört er sich durchs Telefon an. Ich will wissen, ob er sich nicht aus diesem Zivildienst hätte herauswinden können, indem er vorgebracht hätte, dies sei für ihn psychisch unmöglich? M. gibt zu bedenken, dann hätte er zum Psychiater gehen müssen, und das wollte er dann doch nicht ... Ziemlich rhetorisch fragt er, was ich im Moment lesen würde? Ich gebe brav Auskunft: «Das schwarze Zimmer» von Brigitte Meng. Ob er schon etwas von dieser Schriftstellerin gehört hätte? M. bejaht. Ich sei beeindruckt von dieser Autobiografie; ehrlich-minutiös-schmerzhaft. – M. gibt zu verstehen, er würde sich wieder melden und mir seinen Artikel über Antisemitismus in der «*WoZ*» entweder zusenden lassen oder selber schicken. Bevor wir uns verabschieden, kläre ich ihn über das englisch/amerikanische Wort «fag» auf: Fag is an offensive American slang term for a *homosexual,* and a British slang term for a *cigarette.*

Ich melde mich ein zweites Mal, rede M. zu, er solle diesen Zivildienst nicht zu ernst nehmen, und was er jetzt noch mache. Er meint: «*Spiegel* lesen.» M. bedankt sich höflich, dass ich mich nochmals meldete. – Dann lese ich im «*Tagblatt*»: «*Witikon im Zeichen der Übung Integral*»: «*In Witikon zeigt der Zivilschutz in dieser Woche für Zürich etwas Neues: In der breitangelegten Übung ‹Integral› probt er alles rund um den ernstfallmässigen Schutzraumbezug. Beim ganzen Unternehmen spielt auch die Zivilbevölkerung eine wichtige Rolle. Heute Dienstagabend und morgen Mittwochnachmittag wird es in den Strassen Witikons von blauuniformierten Zivilschützern nur so wimmeln. Dabei werden die Gelbhelme alle Haushaltungen aufsuchen, um dort ein Schutzraum-Infoblatt abzugeben.*»

30. August

M. meldet sich und gibt bekannt, er hätte im Zivilschutz eine Stunde Mittagszeit und würde geschwind bei mir vorbeischauen ... Ich «zäusle»: «Da muss ich aber aufpassen, dass dich niemand in meine Wohnung hineingehen sieht, sonst denken die Leute noch, ich hätte mit so einem Uniform-Typen Kontakt.»

Da kommt er wirklich mit seiner blauen Uniform; vorne ein Namensschildchen.
Dies hätte sich bei M. erübrigt! Erniedrigend scheint mir das, fast wie geistige Vergewaltigung.

Wir verkrallen uns sofort ineinander; M. fragt, wie ich es haben möchte. Ich rufe: «Nur noch von vorne», um ihn zu provozieren. Und wie ich ihm die Hose vorne öffnen will, bemerkt M., die bringe man eben nicht so leicht auf wie die Zivil-Hosen, das sei Militär-System! – Uns als Frauen sei so eine Übung erspart geblieben. Ich sage drohend, dafür hätten wir aber ein Jahrtausende dauerndes Patriarchat erdulden müssen. Und am hellichten Tag würden wir immer noch vergewaltigt ...

Mit einem wachsamen Seitenblick lasse ich verlauten, Baudelaire oder Rimbaud hätten so einen hirnverbrannten Zivilschutz nie absolviert: M. sagt melancholisch: «So sicher bin ich da nicht.» M. resümiert, passiver Widerstand sei wohl das beste, jetzt hätte er ja schon die Hälfte durch. Ins Gefängnis wolle er nicht und auch keinen Eintrag im Strafregister! Mir kommt Max Frischs proklamierter Widerstand in den Sinn, und wieweit wohl ein Widerstand geht – ob man individuell vor dem Strafregister haltmachen müsse ... M. beginnt Ausdrücke vom Zivilschutz zu memorieren, das Verletzten-Bergen, und so weiter, wie Phantasmagorien wiederholt er diese Fachwörter. Dies aus seinem Mund zu hören, tönt dermassen absurd, als ob er mit grösster innerer Überwindung eine ihm völlig konträre Figur im Theater spielen müsste. – M. irrt wie ein tapsiger Bison in einem blauen Übergewand durch meine Eineinhalb-Zimmer-Wohnung! Es ist nicht mehr das Baudelaire-Rimbaud-Abschreiten, das ich von Paris her in Erinnerung habe.

Ich erwähne die Gedenkausstellung für die Frauen (für deren Einsatz im Zweiten Weltkrieg) anlässlich der DIAMANT-Aktivitäten. Und der Villiger hätte die Frauen aufgerufen, vielmehr ermahnt, unbedingt gegen die Armee-Abschaffungs-Initiative zu votieren. Meine der tatsächlich, wegen dieses kleinen Gedenk-Zückerchens würden sie, die Frauen, sich kaufen lassen? – M. hat dann Hunger, ich verabreiche ihm vorrätige Orangen, die im Kühlschrank liegen (das einzige, was einigermassen schnell zu verabreichen ist). Wein mit Wasser. Er bedankt sich heute von Herzen, bewundert meinen Webster-Dictionary, der besser als der grosse Langenscheidt sei; sitzt sinnierend vor diesem Buch-Brocken.

M. bricht auf; er dürfte nicht zu spät kommen, sonst würden sie ihn noch einsperren! Es kommt mir vor, als ob ich ihn in einen sinnlosen, schrecklichen Krieg entlassen würde. Er rät mir an, zu schreiben. – Ahnt er, dass ich total blockiert bin?

3. September

M. hat in der Roten Fabrik mit Otto F. Walter «Über die literarische Verarbeitung des Zweiten Weltkrieges» einen Auftritt. – Ob da tatsächlich die Funken fliegen, oder nur kleine DIAMANT-Splitterchen?

Dieser DIAMANT ist ein Klunker

Unter diesem Motto wurden am ersten Septemberwochenende in der Roten Fabrik verschiedene Veranstaltungen gegen die offiziellen Kriegsbeginn-Feiern durchgeführt. An der Tagung über die unbewältigte Vergangenheit der Schweiz wurde eine Resolution verabschiedet, in der es u.a. heisst: «Das grosse Echo in den Medien, das die ‹Diamant›-Anlässe zurzeit auslösen, bestätigt die Befürchtung, dass aus den Veteranentreffen ein grossangelegter Werbefeldzug für die Schweizer Armee wird. Der Mythos, dass es ‹unsere› Armee war, die die Schweiz vor dem Einfall der Faschisten bewahrt hat, soll neu bestärkt werden. Dass die alte Heroisierung der Schweizer Armee in einer Zeit aufgegriffen wird, in der die ‹Initiative für eine Schweiz ohne Armee und für eine umfassende Friedenspolitik› der Abstimmung harrt, ist wohl kein Zufall. Es entsteht der Eindruck, dass Bundesrat und Militärs ob der kriselnden Gesamtverteidigung und zur Festigung des bröckelnden nationalen Zusammenhalts wiederum alte Zeiten heraufbeschwören wollen ... Ein grosser Erfolg war die literarische Matinée am Sonntag. Nach der Lesung von Otto F. Walter und M. debattierten die beiden unter Leitung von Jo Lang, ‹Bresche›-Redaktor, über die literarische Verarbeitung der Schweiz im Krieg. Aus dem Publikum in der randvollen Aktionshalle der Roten Fabrik meldeten sich viele ältere Leute, die vor allem ihr Unbehagen über die geschmacklosen EMD-Feiern äusserten («SAP»-Info-Bulletin, September 1989).»

4. September

M. kommt – «dans 20 minutes» – mit dem *«Tages-Anzeiger»*, auf Seite 15, auf der ZUERICH-Seite sei diese Kopp. Die hätte sich wohl selbst eingeladen, und wie müsste sich die Aktivdienst-Generation verhohnepipelt vorkommen, zum 50. Jahrestag der Generalmobilmachung sich durch solche «Prominenz» vertreten zu sehen! Unvorstellbar ist seine Wut. Aber auch meine. Zweimal ist auf Seite 15 die Kopp abgebildet; mit Sonnenbrille und schicker Anstecksrose. Ich habe das vage Gefühl, das könnte bei dieser Frau Flucht nach vorne bedeuten. Oder meint sie, da sich auch die alt Bundesräte Rudolf Friedrich und Ernst Brugger blicken lassen und sie sich wahrscheinlich immer noch keiner Schuld bewusst ist, sie sei es dem Schweizer Volk schuldig, bei diesen Veranstaltungen dabeizusein? – Auf jeden Fall ist M. sehr unruhig und ruft der *«WoZ»* an, verlangt, seinen Artikel *«Eidg. Judenhass (Fragmente) Möglichkeiten u. Grenzen selektiven Gedächtnisverlustes»* an meine Adresse zu senden, und er möchte mit Patrik Landolt sprechen. Er referiert mit diesem Mann die Neuigkeit von Kopp und folgert: «Das ist eine Geschichtslosigkeit sondergleichen, was letztes Jahr passiert ist, wurde verbrannt, hinter sich geworfen!» (Sie war einmal Bundesrätin.) Sie besprechen dann interne Angelegenheiten der *«WoZ»*, wobei der Name Chudi Bürgi öfters fällt. Sie diskutieren dann Fragen seines gestrigen Auftritts in der Roten Fabrik mit dem «Otti». M. sagt Patrik, es hätte da verschiedene Leute gehabt, die dachten, er und der Walter würden aufeinander losgehen. Im Zusammenhang mit dem Walter spricht er von einem «Wolkenschiff» ... da könne man nichts machen. Und von ziemlich vielen Angreifern auf ihn und derlei mehr, ich habe keine Lust, dieses Männer-Gespräch länger zu verfolgen. Auf jeden Fall würde das Ekel

Schaufelberger überall in Verbindung mit den DIAMANT-Feiern auftreten. (Der werde aber nicht richtig ernst genommen.) – Dann wird noch dem Inland-Redaktor Keiser von der «Weltwoche» telefoniert, man kann sich das schwerlich vorstellen, aber dieser Mann hat ein ungeheuerliches Mitteilungsbedürfnis. M. will nur eine Formulierung von Keiser in der «NZZ» abklären, aber so schnell kriegt er den nicht mehr los. Der erzählt unendlich. Was macht wohl so ein Inlandredaktor von der «Weltwoche» sonst an einem hässlichen Schweizer Montag? Es wird mir zu bunt, ich gehe in den Living-room, da liegt M. auf meinem wunderbaren Bett wie ein exotisches Bärlein und hat das für ihn viel zu moderne Telefon in der Hand. Lässt den Keiser reden und reden und reden, und M. sagt nur noch «ja und mh, mh», unterbricht ihn, das müsse man bei anderer Gelegenheit mal näher besprechen; zieht mich währenddessen aufs Bett runter, greift mir unter den Pullover an die Brüste. Wir küssen uns lautlos. Aber der Keiser, eben dieser Keiser redet unbeirrt weiter! Doch dann bereitet M. seinem Redefluss ein endgültiges Ende, meint, sie müssten dieses Gespräch wirklich irgendwo anders fortsetzen. – Ich mache ihm Vorhaltungen, dass er bei mir so lange telefonieren würde! Bei ihm sei es mir nicht erlaubt, zu telefonieren.

Ich leide unter einer verhaltenen Depression; das macht sich unter anderem wie ein betäubtes Gefühl bemerkbar, eine leichte Somnolenz! Da ich momentan eine abnorme physische Reaktionsfähigkeit zeige, reagiert M. nicht verbal, sondern mit physischer Zärtlichkeit. Er versucht mich abzulenken, ob ich eine Platte von Ravi Shankar da hätte und ob der wirklich so gut und berühmt sei? Einer im Zivilschutz hätte enorm von dem geschwärmt. Hat also der Zivilschutz trotzdem etwas Gutes gebracht? – Vielleicht seine katholisch zementierte Auffassung über die gleichgeschlechtliche Liebe etwas gemildert?
M. meint, stänkern zu müssen: «Dieser vorbeifahrende Zug hat etwas Unheimliches.» Ich mache ihn darauf auf-

merksam, seine Eisfeldstrasse sei auch nicht das vornehmste, und ob er eigentlich gedenke, sein restliches Leben da zu verbringen! Das stellt er vehement in Abrede, gerade so, als ob er sich demnächst eine Villa kaufen würde.

Der Vielbeschäftigte sagt energisch, er müsse gehen, er hätte eine Lesung zu besprechen, die im Säuliamt stattfinde, anlässlich der GSoA. Jeden Tag bekomme er Briefe in diesem Zusammenhang. Aber er müsse aufpassen, damit er sich nicht total einvernehmen lasse. Er möchte nicht als Spezialist für das herhalten müssen. – Ich will wissen, wann dieses «Sichere Geleit» von Pasternak endlich auf meinem Tisch liegen würde, er weicht aus, er hätte es in der Oprecht-Buchhandlung bestellen lassen. Ich raste kurz aus, indem ich sage, wie ausgesprochen geizig er doch sei, noch nie hätte er mich zum Essen eingeladen. Er weicht noch einmal aus, sagt, da könne er nichts dafür, da ich mich mit ihm nie öffentlich blicken lassen würde ... Mir bleibt fast die Luft weg, man kann das Ganze natürlich auch beliebig umdrehen, oder mit seinen eigenen Worten von einem «selektiven Gedächtnisverlust» sprechen!
Die ganze Flasche Beaujolais-Village hat M. leergetrunken.

9. September

Ich bin ziemlich spät nach Hause gekommen; nichtsdestotrotz meldet sich M. schon um halb 10 Uhr. Er fragt, ob ich seinen Artikel *«Eidg. Judenhass»* erhalten hätte? Ich lobe ihn für diesen Beitrag, auch weil er gut recherchiert ist. M. kündigt sich in einer halben Stunde an.

M. beschwert sich, er hätte mich die ganze Woche nicht erreichen können, und gestern Freitag auch nicht. Ich will wissen, was er gemacht habe? Federspiels Buch *«Geographie der Lust»* gelesen, dieser Text würde ihm jedoch nicht gefallen. Das Ganze hätte einen vermystifizierten Anstrich. Ich wende ein, der Federspiel sei ja noch nie politisch gewesen. Eben, meint M., das käme nun in diesem Buch so richtig raus, er glaube, die Vilar tue ihm nicht gut. – Das Buch von Hohler hätte er auch gelesen, das wiederum finde er gut! – Es ist deshalb schön mit M. heute, weil er sich in meinen Wellenschlag setzt, auch nochmals müde wird mit mir und die Augen schliesst.

Ich habe mir vorgenommen, bevor ich nach Amerika reise, mit M. nicht mehr zu streiten; keine allzu heissen Themen mehr aufzugreifen, denn auf einen anderen Kontinent zu ziehen, und dann noch auf den amerikanischen, würde ich im Bewusstsein, dass ich mich mit ihm zerstritten hätte, nicht aushalten.

Er greift sich das Buch von Büchmann «*Geflügelte Worte*», wundert sich, dass ich ein solches Buch habe, blufft, er hätte die meisten Zitate gespeichert. M. liest vor: «*Ein Zeitungsschreiber ist ein Mensch, der seinen Beruf verfehlt hat.*» Das Wort geht auf Bismarck zurück, der sich freilich nicht in solcher Allgemeinheit geäussert hat. Er sagte in einer Ansprache 1862 von der oppositionellen Presse, sie befinde sich zum grossen Teil in Händen von *Juden und Unzufriedenen, die ihren Lebensberuf verfehlt hätten.*
Ich präsentiere ihm dann die «*Blocher-Sprüche*», die bestimmt auch einmal, zusammen mit den blocherschen Analekten, geflügelte Worte ergeben. Besonders die Grünen und Roten seien progressiv, fortschrittlich, heisst es. Dabei würden sie immer nein sagen. Mit Ausnahme bei der Freigabe von Drogen ... Oder: «*Spekulanten machen die Preise nicht; sie nützen sie nur aus.*» Und weiter: «*Ich bin ein Musterbeispiel der Verfilzung, und ich bin stolz darauf.*» Was soll man zu soviel Arroganz noch weiter sagen oder schreiben?

Ich spreche M. dann nochmals auf Pasternaks *«Sicheres Geleit»* an, er meint, das sei bestellt. Ich lasse verlauten: «Nach einem Vierteljahr.»

Wie ich ihn zu seinem Auto begleite, will er nochmals wissen, ob ich in diesem Häuserkomplex wirklich niemanden kennen würde. Ich meine: «Doch, eine Frau.» Er gibt zu bedenken, es sei doch etwas Eigenartiges, da, wo ich wohne. – Ich hingegen stupse ihn und sage: «Du hast ein Auto so wie eine Sekretärin.» Dem stimmt er vorbehaltlos zu ...

15. September

M. telefoniert, fragt, ob ich arbeite. Ich antworte: «Ich lerne Englisch, Kapitel Pre- und Suffixe.» Er lässt vernehmen, das sei aber nicht besonders aufregend. Ich beklage mich über Rückenschmerzen, aber eigentlich ist das vielmehr der Schulterflügel, der schmerzt. So stark, dass ich die letzten Tage nur mit Massagen überstand. Der Schmerz strahlt bis nach vorn in die Hände. – M. meint, in 20 Minuten sei er bei mir und wolle das kurieren ... Ich weiche aus, ich würde jetzt in Oerlikon in die Massage gehen. Er erkundigt sich, wann ich zurück sei? Ich sage vage «eleven thirty».

Wie ich von der Massage zurückkomme, fühle ich mich nicht etwa besser; im Gegenteil, schlapp und ausgemergelt. – Keine Lust für Liebe! – Wie M. den Pullover ausgezogen hat, fordert er mich auf, ihm genau die Stelle zu zeigen «where it hurts». Dann will M. mich massieren. Ich habe nur ein müdes Lächeln übrig: Er sei «ein Mann der Philosophie» und solle das Massieren sein lassen. Unruhig ist M., «tigerig», dann lässt er «die Katze aus dem Sack», will von mir wissen, ob ich die von Matt von der *«NZZ»* kennen würde. Und dann kommt er auf den wahren Sachverhalt zu sprechen. Also die von Matt würde seine Bücher nie besprechen, das *«Wille»*-Buch sei grad noch knapp vom Cattani rezensiert worden. Er hätte von jemandem erfahren, dass sie die interne Weisung hätten, nicht über ihn zu schreiben, ihn also zu negieren. Und diese von Matt würde er sich nun vorknöpfen. Jeder, der irgendwann mal ein Büchlein oder ein Gedichtchen schreibe, das würde gedruckt, das würde besprochen, das schwebe schon in höheren Sphären. Nur weil er politische Reportagen schreibe oder überhaupt gesellschaftspolitische Themen im Zentrum seiner Untersuchungen stehen habe, werde das vernachlässigt. Die seien eben hinter dem Mond, die würden diese Art von Literatur immer noch nicht für voll nehmen. – Und wie ich darüber nachdenke, fällt mir ein, dass zum Beispiel die Bücher von M. in der Stäheli-Buchhandlung an der Bahnhofstrasse nie aufliegen.

Ich befrage ihn nach dem Unterschied von Hermaphrodite und Aphrodite? Er gibt ungenau Auskunft. Ich doziere: «Hermaphrodite ist ein Zwitter, ein Lebewesen, das männliche und weibliche Geschlechtszellen produziert, Sohn des Hermes und der Aphrodite.» Wir hängen uns in die Bilder des Buches *«L'androgino»* von Elémire Zolla. Das Bild von Kathrin Hepburn darin ist einfach umwerfend. So umwerfend androgyn, blitz-intelligent; und es widerfährt mir, dass jeder Mensch, der seine Intelligenz vollumfänglich nutzt, mehr oder weniger androgyn aussehen muss. Es hat wahrscheinlich etwas mit der ehrlichen, individuell-kollektiven Strahlung aller inneren Facetten zu tun. Auch M. findet das Bild betörend. – Das Buch *«Die Rothschild Dynastie»* von Derek Wilson möchte er mitnehmen und lesen.

Wir trinken von meiner neuen Wein-Sendung. Den von Max Frisch hätte er allein getrunken.

Ich lasse verlauten, der Professor A. Künzli würde mir gefallen. Obwohl er schon ziemlich alt sei, hätte dieser Mann eigenartig schöne Augen, ein intelligenter Mensch mit einem bizarr schönen Adler-Kopf!

Ob er morgen anlässlich der Lesung zusammen mit Franz Hohler, eingeladen vom Initiativ-Komitee Oberhauserried, zu Fuss oder mit dem Velo hingehen würde? Er sagt, er wisse das noch nicht. Denn in der Einladung steht deutlich: *«Der Festplatz befindet sich mitten in der Wiese und von der Thurgauerstrasse (TMC) her gut erreichbar. Die Leute sind jedoch gebeten, per Velo oder zu Fuss zu kommen. Ab 15 Uhr sind verschiedene Attraktionen vorgesehen wie biologische Führungen und ein Postenlauf.»* M. sagt, der Hohler sei schon o.k., nur eben «grün». Ich moniere, ich finde es sehr wichtig, dass dieses Ried nicht völlig zerstört und überbaut würde.

Ich begleite ihn zum Auto – das Wetter ist schrecklich – und gebe ihm einen fünffränkigen SBB-Plastikschirm mit, meine, zum Glück stehe nicht SKA drauf. M. vermerkt, ob ich dann selber noch einen Schirm hätte? Ich anvertraue ihm, ich würde in nächster Zeit nach New York fliegen, und ob er mitkommen wolle? Zuerst willigt M. ein, ich müsste nur genau sagen, wann. Das seien jetzt auch schon 13 Jahre her, seitdem er dort war. M. krebst dann aber zurück, er würde mir Adressen von Musikern in dieser City geben, die Leute von der *«WoZ»* hätten da connections, die gingen öfters da hin ...

Ich glaube eher, er ist auch sehr knauserig mit sich selber. Nicht umsonst wird den Ostschweizern nachgesagt, mit denen sei es sehr schwierig, Geschäfte zu machen.

21. September

M. wählt meine Nummer, sagt, der Künzle hätte in der *«Weltwoche»* über ihn geschrieben: *«Worte helfen nicht gegen das Tötelen»* – *«Die Welt als Karneval auf vulkanischem Boden betrachtet»* – *«Niklaus Meienbergs Schriften»* –. (Jetzt hat er die gewünschte Publikation, die ihm die von Matt in der *«NZZ»* verweigert!) Ihn totschweigen, laut interner Weisung. Ich dürfte ihn heute nicht sehen, ich habe von irgendwoher einen Infekt eingefangen. Zuerst hatte ich diese entsetzlichen Muskelschmerzen, dann die darauffolgend starke Erkältung. «Gaga» ist mein Befinden, im Kopf und im Körper! Der Tropenarzt verabreicht mir Injektionen und Aspirin. Ich nehme heute für jeden Fall eine Überdosis zu mir – die mich in eine aggressive, wutschnaubende Depression verfallen lässt. Genau in diesem Moment ruft M. an, sagt also, er bringe mir diesen Artikel von Künzli, und ich ermahne ihn, die Adressen von den Musikern in New York nicht zu vergessen. Er bedauert, diese Leute seien nach Massachusetts verreist. – Ich erzähle von meinen Begebenheiten im amerikanischen Konsulat. M. will wissen, ob ich mit dem Konsul gesprochen hätte. Der hätte eine Filmagentur, und mit dem hätte er sich mal unterhalten. – Ich sage mitleidheischend: «I got a puncture.» M. schlägt vor, wir sollten uns nur noch auf englisch unterhalten.

In einer Stunde käme er vorbei. Ich fühle mich zum Sich-Aufhängen, bin mir selbst im Weg, lästig, überflüssig.

M. kommt hereinspaziert, nicht ganz so pünktlich wie auch schon. Wir fallen übereinander her. – Von der physischen Ebene geht's über zu Mutter Teresa. Ich erkläre, was die an realer Liebe den Menschen in den Slums weitergeben würde, das würden nicht 20 geschriebene Bücher eines wertvollen Schriftstellers aufwiegen. M. versteigt sich zu bemerken, Mutter Teresa hätte harte Züge, von Geburt auf. Ich gerate in eine Wut, verstehe nicht, wie man so etwas bei dieser Engels-Frau überhaupt in Betracht ziehen kann. M. schaut sich das Buch «*Mutter Teresa, Von Skopje nach Kalkutta*» von David Porter an, welches mir meine «heilige» Schwester schenkte. Auf Seite 70 ist zu lesen: «*Jeden Sonntag besuche ich die Armen in den Slums von Kalkutta. Ich kann ihnen keine materielle Hilfe leisten, da ich nichts habe. Aber ich gehe hin, um sie glücklich zu machen ...*»

Wir kommen dann auf seine allgegenwärtige Mutter zu sprechen, welche ihn jeweils mit dem Teppichklopfer ausgehauen hätte, wenn er log. – Er habe oft gelogen. Der Vater sei eher im Hintergrund gestanden, sei melancholisch wie er gewesen. Er gibt mir zu verstehen, die Leute würden sein Wesen nicht verstehen. – Nun sollte er für die «Ostschweiz» ein Kochrezept schreiben, denen würde er etwas Freches senden: Wie man heisses Wasser mache; chemisch-physikalisch ... Er will von mir wissen, wie ich diese Idee finde? Er moniert, der Kaminski würde sowas immer ernsthaft beantworten. – Gestern sei er übrigens mit dem Hürlimann und seiner Freundin, der Brenk, zusammen gewesen. Der Thomas sei zwar etwas smart, aber durchaus nicht homosexuell.

Ich zeige ihm mein Jugend-Fotoalbum. M. schaut die Bilder lange an und analysiert, ich sei ein richtiger Lolita-Typ gewesen ...

An meinen Körper erinnert, rufe ich M. ins Bewusstsein, ich würde jeden Tag die Pille nehmen; das müsse einfach einmal gesagt werden. Er behauptet prompt, es würde Frauen geben, die die Pille gerne nehmen würden. Sie würde das Blut in Wallung bringen, es hätte nicht unbedingt auf alle Frauen negative Reaktionen. Ich entgegne empört: «Keine Frau, die ehrlich ist, nimmt die Pille gerne.» Und überhaupt könnte er eigentlich auch Präservative nehmen; M. sagt gleich, die liebe er nicht! Aber er nehme jetzt die Pille, es gäbe da eine Verhütung für Männer aus China.

Ich begleite M. zum Auto, er übergibt mir den «*Weltwoche*»-Teil mit dem Text von Künzli über ihn, sagt beunruhigt, er wisse noch nicht, wie er es dem Federspiel beibringen solle, dass er seine «*Geographie der Lust*» nicht gut finden würde. (Aber ich meine, eben einem Freund gegenüber ist man verpflichtet, die Wahrheit zu sprechen!) Wie wir auf seinen Wagen zugehen, warne ich M., wie gefährlich das für ihn doch sei, so unbeschwert ohne Tarnkappe durch die Gegend zu gehen, ich hätte zumindest meine Tarn-Sonnenbrille an. Ich würde das überhaupt ganz gerne der Polin überlassen, sich mit ihm in der Innenstadt zu zeigen, ich wolle mir ja nicht auf alle Zeiten mein Image verderben. Ich wolle geistig frei bleiben und mich auf nichts behaften lassen. Er ist sich sicher, dass ihn in meiner Gegend sowieso niemand kennen würde.

Ich meine nebenbei, er könne ja nächste Woche nochmals anrufen.

Nachher verfalle ich in eine der grauenvollsten Depressionen aller Zeiten. Ausgebrannt, durchgebrannt, keine Reserven mehr – der Arzt versichert mir, die Müdigkeit rühre nicht von den Spritzen, sondern vom Infekt!

27. September

M. ruft an und will sofort wissen, wie ich den Artikel von Künzli über ihn finden würde? In zehn Minuten sei er bei mir, ich meine geschlagen, ich sei ganz verstochen von den Spritzen. Er entschuldigt sich, er könne nicht lange sprechen, befinde sich an einer Tankstelle ...

Ich wasche mich schnell, schon kommt M. hereingebraust, gibt bekannt, es sei ihm auch so schlecht gegangen, er hätte nur geschlafen. Sei sich wie ein dummes Tier vorgekommen. Er öffnet einen Wein (der Schlecker). Ich will nicht mit ihm trinken, da ich mich noch zu lädiert fühle. Er fordert mich auf, trotzdem mitzutrinken, nur wegen des «Fraternisierens». (Er hat übersehen, dass ich es eher mit dem «Verschwesterlichen» halte.)

Ich übergebe ihm die Adresse von New York: Laura Young an der 9th Avenue. Ich befehle: «You write first.» M. meint, er schicke eine Karte von Oerlikon! Ich sage gereizt, er könne während meiner Abwesenheit zu seinem polnischen Girl gehen, er wehrt ab, er gehe nicht dahin. Es ist mir auch schon egal, ob sie in Polen ist oder nicht. Aber was in Schawinskis «*Bonus 24*» steht, ist typisch für das, was Frauen immer noch durchleiden. Da kommen eine 38jährige Künstlerin, eine 26jährige Sekretärin und eine 27jährige Studentin zu Wort. Sie alle sprechen von Beziehungen zu verheirateten Männern. Kein Fall wie der meinige mit M. Am Schluss des Artikels triumphiert mein Herz: «*Den treulosen, windigen, hasenfüssigen Möchte-gern-Casanova auf der Schreibmaschine in seine Einzelteilchen zerhämmern, scheint eine der wirkungsvollsten Arten zu sein, ihn endgültig in der Vergangenheit zu begraben. Aber was, wenn frau nicht schreiben kann? Zum Glück gibt's noch Pinsel, Klaviere, Linolschnitte, Makramée ... Hans Bünzli hätte keine Chancen mehr.*» – Und ausserdem: «*Liliane Siegel, fünfte Nebenfrau in Sartres Harem, ist zwar keine Konkurrenz für die Beauvoir, schrieb sich aber ihre damalige Eifersucht ergreifend von der Seele*» («*Mein Leben mit Sartre*», Claassen Düsseldorf).

Arnold Künzli schreibt über M. in der «*Weltwoche*»: «*Man lese, was M. – hier wahrhaft prophetisch – schon 1984 über die Kopps geschrieben hat: ‹Anmerkungen zur politischen Kultur der Lüge.› ‹Seine unerschrockene Klarsicht hat ihm damals Prügel eingetragen. Hätte man ihn ernst genommen, wäre uns die Affäre Kopp erspart geblieben.›*» In diesem Zusammenhang macht mich M. auf einen Satz von Poe aufmerksam: «*So hat die berühmte Reizbarkeit der Dichter nichts mit dem Temperament, im üblichen Sinne des Wortes, zu tun, sondern mit einer ungewöhnlichen Hellsichtigkeit im Hinblick auf das Falsche und das Ungerechte.*» Und überhaupt, ich möchte ganze Tage mit Baudelaire herumflanieren: «*Alles Materielle liegt so weit unter einem, dass man gewiss lieber bliebe, wo man ist, lang ausgestreckt am Grunde seines geistigen Paradieses.*» M. beschwert sich, wenn man bedenke, dass die Frau B. in der «*Weltwoche*» mensuel 10000 Franken verdient hätte, mehr als er mit seiner «*Wille*»-Story, sei das schon ungerecht verteilt! – Er zeigt mir einen Brief von Frau Grass-Vinzenz aus Zizers, die ihm schreibt, dass sie hinsichtlich eines Todesfalles in der Verwandtschaft schwer belastet seien (Erhängen, wie Ernst S.?), und der ihres Erachtens nicht mit rechten Dingen zu und her gegangen sei. Sie wolle

Einblick ins Archiv erhalten, dies werde ihr jedoch verweigert. M. sagt resolut, mit diesem Anliegen würde er an Villiger gelangen.

Er müsse zu einer Besprechung wegen der Übersetzung seines letzten Buches. Unter Umständen würde das wieder die Monique Picard erledigen, es sei halt besonders schwierig bei ihm, da viele Schweizer Mundartausdrücke vorkommen würden, die unübersetzbar seien. Ich bin der Meinung, man müsste den Mut haben, im französischen Text die schweizerdeutsche Mundart zu belassen. −Wie ich ihn nach draussen an seinen Wagen begleite, erfragt M. nochmals insistent, wann ich in die USA abreisen würde? Ich sage, ich würde es ihm nur sagen, wenn er das nächste Mal mir seine Abreise auch bekanntgeben würde. Unheimliche Lust, ihn bis auf den letzten Blutstropfen zu quälen.

17. Oktober

M. phones me at 9.30 − unglaublich. In Zürich muss es ungefähr drei Uhr mittags sein. Ich denke, ich kenne doch keinen M. in N.Y., und sage entgeistert in den Telefonhörer: «Ich kenne dich nicht. Bist du vielleicht Bruno?» M. ist sehr empört und entgegnet: «So, man kennt sich nicht mehr?» − Er will wissen, ob ich noch schlafe? Ich verneine, ich würde jetzt in die Schule gehen. Ich frage, ob er sich irgendwo in N.Y. aufhalte, weil seine Stimme so frappant nah tönt.

Auf meinem Weg zur Schule überlege ich, dass M. wahrscheinlich denkt, das Telefonieren würde das Schreiben ersetzen.

Gegen halb sechs Uhr abends ereignet sich in San Francisco ein Erdbeben.

In den USA geht mir oft durch den Kopf: Die Welt ist mir nicht so freundlich gesinnt, wie ich ihr.

25. Oktober

An after-shock at 6.30 (a.m.): A man in the elevator of the «Mark Twain» Hotel tells me that!

In der Zeitung kann ich lesen: *«Nachbeben in Kalifornien: Genau eine Woche nach dem schweren Erdbeben von San Francisco wurde erneut ein starkes Nachbeben in der Region verzeichnet. Seine Stärke betrug 4,5 auf der Richterskala.»*

26. Oktober

Alle Leute sind am Morgen froh, wenn sie noch am Leben sind. Sozusagen die Nacht überlebt haben, und sie wirken frühmorgens auch dementsprechend zerzaust. Und alle Leute, die in dieser Stadt bleiben, sind natürlich lebensmüde! Alle stehen am Morgen so schnell wie möglich auf... Niemand findet Ruhe. Grausam lauert der Tod unter den Füssen.

Um halb acht Uhr morgens telefoniere ich M. (Ist in der Schweiz halb vier Uhr nachmittags.) Er fragt, wie es gehe? Ich meine, nicht besonders: «Je suis en Californie, à San Francisco.» Er poltert los: «Tu ne fais pas de conneries, tu retournes à New York.» Ich beschreibe ihm die Stimmung in New York, und wie ich diese Stadt hasse. Wie einem die Schwarzen auf der Strasse permanent anquatschen würden. M. sagt, er hätte mir das alles gesagt und noch mehr. Er benimmt sich ziemlich kühl, eine gewisse Reserviertheit ist vom andern Kontinent her zu spüren. Zeitweise versteht er mich nicht. Ich ziehe ihn zur Rechenschaft, warum er mir nicht geschrieben habe? Er spielt auf sein Telefonat nach New York an und meint, ich hätte da noch geschlafen. Und er kann es immer noch nicht verkraften, dass ich ihn nicht sofort erkannte. – Er hätte einen Bericht über das Desaster in San Francisco am Fernsehen gesehen. Man bekommt von der Schweiz die verschiedensten Anweisungen: Die einen sagen, die Sachen zusammenpacken und so schnell wie möglich die Flucht ergreifen; M. nennt das eine «Connerie», wenn ich mich weiterhin in der Desaster-Area aufhalte! Ich erkläre, ich sei hier, um zu fotografieren. – Aber diese verdammte Erde dieses Kontinents, sie lässt mir keine Ruhe. Auch wenn die Menschen hier in Kalifornien um einiges angenehmer sind wie die auf der New-York-Seite, so ist bestimmt etwas anderes nicht in Ordnung: «You can't find any peace.» – Ich gebe mich geschlagen, meine zu M.: «I will arrange a flight back.» Er will, dass ich ihn anrufe, wenn ich zurückkomme.

27. Oktober

Ich rufe von San Francisco nach Mitternacht M. an. Bei ihm in der Schweiz muss es etwa halb acht Uhr morgens (Samstag) sein. Er zeigt sich verwundert, dass ich mich immer noch in San Francisco aufhalte. Gestern telefonierte ich mit Lola, die erzählte mir, sie hätte M. in einem Restaurant im Seefeld gesehen. Er hätte sie gegrüsst; aber peinlich sei es ihm gewesen. Mit der polnischen Krankenschwester war er da; die hätte auf jeden Fall lange blonde Haare, und das gibt mir in diesem San Francisco einen after-Schock. Einen unheimlichen after-Schock. Und ich weiss nicht mehr, welche after-Schocks die schlimmeren sind: Die vom earthquake oder die unheimlichen Meldungen vom andern Kontinent. – M. lässt drohend vernehmen, ich solle mich von den Männern fernhalten! Ich sage ihm einen Satz bezüglich des Restaurants im Seefeld. Er äussert, das Seefeld gehe mich nichts an ... Aber mir befiehlt er durchs Telefon: «Halte dich von den Männern fern!» Es tönt so unwirklich, wenn M. einen drohenden Ton anschlägt.

31. Oktober

Ich habe 15 Stunden Flug hinter mir. Von San Francisco, mit Zwischenhalt in Chicago. Innerlich bin ich noch zu nervös, um einzuschlafen. Nebst meinem Gepäck steht noch der ganze Hausrat von Makiko rum, die während meiner Abwesenheit bei mir hauste. Und dann das Telefon. M. meldet sich. In 20 Minuten sei er bei mir. Ich kann aus purer Erschöpfung nur noch grinsen. Befreit, europäischen und keinen earthquake-Boden mehr unter den Füssen zu haben.

Ich falle M. erlöst in die Arme. Er stellt sofort fest, ich sei typisch amerikanisch angezogen. – Wir umschlingen uns sofort, ich jedoch bin gefühllos, «ausgetrocknet» komme ich mir vor. Es ist meine erste grössere Reise, auf welcher keine Männer-Affäre zu verzeichnen ist. Aus Angst vor dem Aids-Kontinent, aber auch, weil ich punkto Männer noch nie eine derartige Unsinnlichkeit in mir wahrnahm. – Ich zeige M. die Erdbebenfotos von San Francisco, erzähle ihm von meiner Bekanntschaft mit dem Juwelier Günther Zimmermann, der fast alle Sprachen der Welt spreche. M. meint, er wäre nicht an diesen Ort gegangen, wo eben ein Erdbeben stattfand. Ich erzähle von meinen Problemen als Frau in New York, von der flirrenden Hektik, und M. ist der Meinung, N.Y. sei als Stadt zu gross, er hätte in N.Y. in Brooklyn gelebt. Er behauptet, er hätte mir nach N.Y. geschrieben. (Wer's glaubt, zahlt einen Taler.) Er sagt abschätzig: «And you called me Bruno.» Und will wissen, wer dieser Bruno ist. – Was er gemacht hätte während meiner Abwesenheit, will ich wissen. Seine Mutter öfters besucht; es gehe ihr nicht so gut. Nach Bad Ragaz sei er gegangen und öfters Spaziergänge gemacht. Ich ergänze: «Und in Restaurants ins Seefeld gegangen ...» Darauf will M. nicht eingehen. Von der *«Weltwoche»* hätte er ein Angebot bekommen, nach Russland zu gehen. Er hätte jedoch abgelehnt, da er der russischen Sprache nicht mächtig sei.

M. bekennt, es würde ihm sehr, sehr schlecht gehen, er sei verdammt zum Schreiben. Und das werde einem hier alles so schwer gemacht, eine ganz schwermütige Zeit hätte er durchgemacht. Er glaube, dass er von hier wieder weg müsse. Ich frage ihn also, was er in seiner Situation machen könne? Vielleicht wäre ein Kind doch gut für ihn, das könne ihn auf andere Gedanken bringen, ihn aufheitern – und ich beteuere, davor hätte ich am meisten Angst: einsame Denkende, die sich in ihrer Klause umbringen. Und der Baudelaire hätte doch ein grauenvolles Ende gehabt. M. erwidert, dies sei eigentlich nicht sein Problem, er hätte viele Freunde, kenne viele Leute.

Der Schawinski hätte ihn interviewt, dann hätte er ihm jedoch verboten, die Radiosendung schriftlich zu bringen. Der würde doch alles im *«Bonus 24»* publik machen. Dann berichtet M. von Urs Thaler von der *«LNN»*, die hätten einen Brief von ihm faksimiliert, nachdem er die Redaktion telefonisch gebeten habe, gewisse Sachen zu ändern. Titel: *«Uns ist geschrieben worden»*, unter der Rubrik *«Briefe an die LNN»*. Eigentlich sehe ich nicht ein, warum sie seine Methode, Geschriebenes direkt zu faksimilieren, nicht übernehmen dürfen? M. regt sich fürchterlich auf, da der Thaler meinte, er hätte den Bloch fragen sollen, *«wie es denn mit seinen beiden ersten Frauen gewesen sei?»* (Martha Emmenegger fragt, Frau Bloch antwortet!) Und ob der sich nicht schäme, die Mutter seiner Tochter Mirjam (*«die mir das Interview vermittelt hat»*) im Stich gelassen zu haben? Warum er, Bloch, es gewagt hätte, in seinem ersten Schweizer Exil monatlich mehr als das Monatsgehalt eines Arbeiters zu benötigen und sich von einem ehemaligen Krupp-Direktor hätte unterstützen lassen? (*«Ohne eine Gegenleistung zu erbringen»*, wie Thaler schaudernd vermerkt.) M. schnaubt, mit solchen Leuten müsste er sich in diesem Land herumschlagen: Ob denn der Bloch dem Krupp den Geschäftsbericht hätte schreiben sollen? – Das würde er hier nicht mehr aushalten!

M. macht sich auf den Weg, sagt, ich solle mich erholen und schlafen. In den nächsten Tagen würde er sich wieder melden.

2. November

Gegen 11 Uhr ruft M. an und kommt vorbei. (Nun kommt er schon zweimal wöchentlich vorbei!)

Ich frage ihn, wie er das Sexuelle während meiner Abwesenheit erledigt habe? Er gibt trocken Auskunft: «Mit den Engeln.»

9. November

M. meldet sich von Zofingen, hatte da eine lecture. In etwa 50 Minuten sei er bei mir am Saatlenzelg.

Wir erörtern die DDR-Auflösung. M. verweist auf sein Gedicht in *«DIE ERWEITERUNG DER PUPILLEN BEIM EINTRITT INS HOCHGEBIRGE»*: *«Für François Mauriac»*, der Deutschland so sehr liebe, dass er am liebsten zwei davon habe ...:

in der Mitten bist gespalten
Gott erhalte uns den Spalt
wollen ihm den Daumen halten

wenn das mal zusammenwächst ...
Tüchtig Ost & Tüchtig West
Gnad uns Gott & Gottseibeiuns

Wäre schad. Wir lieben dich
haben dich so rasend gern
doppelt ausgefertigt

Einmal Deutschland ist zu wenig
und zugleich zuviel

Ich liebe seine Gedanken und Wortspielereien in den «ERWEITERUNGEN DER PUPILLEN INS HOCHGEBIRGE»!

M. zieht ab, zur besseren physischen und psychischen Bewältigung der kalten Jahreszeit gebe ich ihm Vitamine mit auf den Weg.

16. November

M. ruft an; er müsse mir etwas vorbeibringen. Es handle sich um «*Notizen zu Namen*» in der «*Züri-Woche*». Ich hole diese Postille selber aus dem Briefkasten.

Wie er in meiner Wohnung steht, geht es los: Fürchterlich regt er sich über die Suzanne Speich auf. Ich finde das Ganze nicht dermassen schlimm. Da steht: «*M.s Jubiläums-Doppelpunkt ist so lau, als ob Anton Schaller einem Bundesrat vis-à-vis sässe, und am Ende setzte der prominente Interviewer gar alle Hebel in Bewegung, um einen schriftlichen Nachdruck zu verhindern!*» Und weiter: «*M. wusste seine Chance nicht zu nutzen, wiewohl der nichts unversucht liess, Schawinski aufs Glatteis zu führen, mit Fragen nach Zitaten aus der französischen Literatur etwa, über Pferdezucht oder die katholische Kirche. Doch die Blossstellung, auf die sich so mancher insgeheim gefreut hatte, blieb aus. Kein Wunder denn, dass M. kurz darauf den schriftlichen Nachdruck verbot und gar mit dem Anwalt drohte.*» M. poltert, dieser Schawinski würde perfekt in die amerikanische Kultur passen, er hätte mit ihm ein Treffen in einem Café gehabt, und da hätte er ihn schon draussen auf amerikanisch begrüsst! In die «*Radio-24*»-Redaktion sei er dann gegangen, das ganze Team sei dagewesen und hätte gekuscht, wie ihr Chef eingetreten sei ... Vom «*Bonus 24*» hätte er den Rohdruck verlangt und befohlen: *«Dä Doppelpunkt isch schlächt, dä chönd er nöd bringe.»* M. versichert, er wollte den Schawi auch nicht «in die Pfanne hauen», alle hätten das erwartet, und genau darum wollte er das nicht! Bezüglich des Judentums hätte er auch «gepasst»: Bei seinen Recherchen hätte er herausgefunden, dass er aus einem polnischen Dorf namens «Schawi» kommt. Natürlich hätte er Schawinski aufs Glatteis geführt, indem er ihn fragte, wie der einzige Schweizer Literatur-Nobelpreisträger heisse. Er sagte Stifter, aber das sei kein Schweizer. Den Spitteler hätte er gemeint. Aber er betont nochmals, bewusst hätte er den «nicht in die Pfanne hauen» wollen.

Er zeigt mir dann einen Brief von Klara Küderli aus Olten, Speiserstrasse 15, Telefon: 062/26 61 10. Die beschimpft ihn als ganz üblen Typen, ein Nestbeschmutzer sei er etc. und tippt auf die Sendung *«Südwest»* an. Sie spricht den Tod von Franz Josef aus Liechtenstein an; es käme einmal der Moment auch für ihn, M., in welchem die Gerechtigkeit ihn einhole, und dann würde er wohl Reue und Einsicht zeigen, dass er die Schweizer immer in den Dreck ziehe! Bestimmte Worte, die sie bei der Person M. besonders empörend findet, sind rot unterstrichen. M. ist der Meinung, das sei sicher wieder einer von diesen enttäuschten Linken und zweifelt stark daran, dass dies tatsächlich diese Frau geschrieben haben könnte. Ich meine, er solle sich in den Frauen nicht täuschen, die hätten manchmal noch brutalere Strategien. Bei der Nummer 111 holt er sich dann die Telefonnummer von Klara Küderli aus Olten. M. ruft an; eine uralte Frau kommt ans Telefon. M. stellt sich vor und fragt sie, ob sie ihm einen Brief geschrieben hätte, sie entgegnet: «Nein.» M. ist dann überzeugt, das hätte er sich schon gedacht, dass die ihm unter einem Pseudonym geschrieben hätten. –

M. verlangt, dass ich Reizwäsche anziehe! Er kann es nicht unterlassen, die schwarze Unterhose mit der raffinierten farbigen Pailletten-Zeichnung zu zerreissen!

21. November

Er telefoniert vom Bahnhof, er komme eben von Basel, er hätte für das Syndikat in Basel gelesen. Mit dem Taxi komme er. – Wirtschaftsschüler und Schüler einer Lateinklasse hätten sich eingefunden. Es sei frappant, wie die «Wirtschaftler» schon eingespurt seien. Diejenigen von der Lateinklasse hätten viel aufgewecktere Fragen gestellt. – M. fährt mir über die Perlen des Pullovers, findet ihn schön. Er legt sich neben mich. Ich bleibe immobil. Trotzdem treiben wir es dann. – M. entwickelt einen übermächtigen Hunger! Schüttelbrot (Südtiroler Brotspezialität) ist da. Wein und Käse. M. findet es superb.

M. ereifert sich über Heiko Strech, der im *«Tages-Anzeiger»* vom 20. November, gestern, unter der Rubrik *«Radiokritik»*, als Titel *«Meienzwerg»* schreibt, und meint, M. hätte ja auch für einigen Pressewirbel gesorgt, indem er einen Abdruck des Interviews im *«Bonus 24»* untersagte: *«Der Schriftsteller ist ja wirklich nicht auf den Kopf gefallen. Aber Schawinski seinerseits ist wahrhaftig nicht auf den Mund gefallen. Das Ganze wurde eine Frage des Tempos. Hier verlor, wenn man es so sportlich sehen will, M. nach Punkten. Er ist kein Redner, sondern eben Schreiber. – Am Ende musste M. Schawinski eine «unheimliche Reaktionsgeschwindigkeit» zugestehen. Wenn er jedoch einen Artikel über das Interview schriebe, dann hätte er, vermute ich, wieder die Nase vorn.»* M. echauffiert sich, diesen Heiko Strech werde er mal öffentlich Heino Stretch nennen ... und dieses Journalisten-Arschloch hätte so über dieses Interview geschrieben, wie wenn das eine sportliche Veranstaltung gewesen sei. Masslos regt er sich auf.

Bezüglich der Schauspielhaus-Matinee vom 12. November mit Hochhuth meint er, es sei geschrieben worden, er, M., hätte die Bühne schnell nach Hochhuth verlassen. Er räuspert sich, natürlich hätte man erwartet, dass er etwas über die Situation in der DDR würde verlauten lassen, aber er sei nicht dort gewesen und hätte also darüber keine Meinung abgeben können.

Heiko Strech schreibt im «*Tages-Anzeiger*» vom 14. November: «*Angesichts der jüngsten Ereignisse in der DDR, wo die Gesslerhüte reihenweise von der Stange geholt werden, wirkten ausgerechnet diese beiden engagierten Zeitkritiker auf einmal eigenartig akademisch, sie, die doch ihrerseits akademischen Lehrstuhlinhabern oft so überzeugend an den Karren gefahren sind.*»

M. betont am Schluss, wie gut wir heute miteinander hätten diskutieren können, und ermuntert mich: «Nulla dies sine linea.»

2. Dezember

Ich liege noch im Bett, als ich ihn hereinkommen höre. M. laboriert an einem der eingebauten Kastenschränke herum. Er erläutert, heute sei Samstag, und da sei er besonders ordnungsliebend, und ich sehe, wie er da seine Jacke im Kasten verstaut.

Später meint er nervös, nun müsse er mir einen Brief von Bundesrat Villiger zeigen. Jetzt begreife ich, warum er seine Jacke in den Schrank einschloss, wohl aus demselben Grund, warum ich hinter der andern Schranktüre meine Sachen verstaue ... Es geht immer noch um den Fall Vinzens/Grass: Frau Grass-Vinzens möchte endlich Einsicht ins Bundesarchiv bezüglich der Hinrichtung ihres Bruders erhalten. M. schreibt also dem Villiger, er finde es nicht in Ordnung, dass nur Belletristen, Poeten und Historikern Einsicht in die Akten gewährt werde, nachdem ihm Frau Grass die Situation geschildert hätte. Auf dieses Schreiben sendet Villiger M. einen kurzen, formellen Brief, man werde das untersuchen und weiterleiten ... Nachdem er über sechs Wochen immer noch nichts von Villiger gehört hat, schreibt ihm M. noch einmal: So etwas wäre in der Privatwirtschaft nicht möglich, jemanden so lange warten zu lassen, da wäre ihm schon längst geantwortet worden. Und er, Villiger, würde doch etwa noch existieren, er hätte ihn erst gestern im TV gesehen. – Im weiteren mokiert sich M., wie die *«Züri-Woche»* über ihn schreibe. Auf die bevorstehende Lesung im Autorenforum am 3. Dezember um 11 Uhr im Schauspielhaus-Keller, würde stehen: Der Aufmüpfige sei zum Salon-Historiker avanciert. Er will die *«Züri-Woche»* mitnehmen. Ich denke, vielleicht will er in einem Rundumschlag in der *«WoZ»* auf Ende des Jahres die Menschheit an gewisse Sachen erinnern. Manchmal bin ich es leid, all diese mehr oder weniger lokalen, öffentlich-schriftlichen «Abreibungen» zwischen den Leuten der schreibenden Zunft zu verfolgen. Ich habe die bestimmte Idee, sie alle sollten doch auf eine konstruktive, friedliche Welt hinarbeiten.

Am Anfang meiner Bekanntschaft mit M. fand ich es spannend, dass er sich öffentlich und ganz unschweizerisch mit den Leuten anlegte. (Das Land ist so klein und die Konkurrenz dementsprechend gross ...) Aber immer mehr missfällt mir daran, dass bei ihm auch ein machistischer, egozentrischer Selbstdarstellungswille dahinter steht. Oder könnte man sich vorstellen, dass die Laure Wyss oder gar die Eveline Hasler ihre Energien auf solche Art und Weise verschwenden würden? M. ist mit diesem Mal auf der Stirne geboren; er kann das Steuer nicht mehr auf die andere Seite reissen ...

Dann meint er, er müsse sich beeilen, sein Bruder könne heute von Kenia gratis telefonieren. Ich möchte ihn an seinen Wagen draussen begleiten: Er will nicht. Er vermerkt, da könnten die Leute auf intime Gedanken kommen, und ausserdem sei es zu kalt für mich. Einen Moment lang wird mir schwindlig bei dem, was er da von sich gibt, dann erwidere ich: «Meinst du, die denken, du lebst wie ein Eunuch?» – Er will dann, dass ich ihn nicht so anschaue, ich solle das überhaupt nicht ernst nehmen, was er eben sagte. Solche Sätze werde ich ihm niemals verzeihen können, da entblösst sich seine katholisch-verklemmte Psyche in bezug auf die

Sexualität und in bezug darauf, was die Öffentlichkeit wohl über ihn denken könnte ... Und er deshalb Hinterhofbeziehungen der übelsten Art unterhalten muss!

18. Dezember

M. telefoniert und will wissen, wo ich mich die ganze Zeit herumtreibe? Ich sage resolut, ich treibe mich nicht herum. Er fragt, ob ich herumgetrieben werde, auch das verneine ich. Auf seine Wortspielereien gehe ich heute nicht ein. Er sei wieder mehr oder weniger hergestellt und wolle heute mit mir essen gehen. In das chinesische Lokal an der Peripherie. Ich sage bestimmt, er könne sich das aus dem Kopf schlagen, ich lasse mich mit ihm nicht öffentlich blicken. –

M. kommt, legt sich sofort aufs Bett, nicht ohne vorher seine Jacke wieder in den Schrank einzuschliessen. (Ob er wohl wieder wichtige Briefe hortet?) Er sieht ziemlich mitgenommen aus. Seine aufgequollenen Augen schauen mich von irgendwo anders an. Wir geben uns dem üblichen Liebesspiel hin; er will, dass ich ihn mit Worten aufgeile. Angesichts dessen, dass er krank war, ist er erstaunlich gut drauf. Er meint, er hätte grauenvolle Fieberträume gehabt. Seiltanzen über Paris – halb hätte er es geschafft. Und als Terrorist in Frankreich gesucht. Alle Leute hätten zu ihm hinaufgeschaut. Ich bemerke, bestimmt sei auch der Baudelaire unten gestanden ... Über 38 Grad Fieber hätte er ausgestanden.

M. will die Tagesschau sehen; erschütternde Meldungen aus Rumänien überfluten meine Wohnung. Kinder hätten sich über liegengebliebene Spritzen mit Aids infisziert. Ich überlege, wie ich wohl als Mutter darauf reagieren würde? Es ist schwierig, da noch Worte zu finden.

M. meldet dann Hunger an, er wolle in dieses «Lian Huà» essen gehen. – Ich sage, wenn ich überhaupt mitkommen würde, dann nur, wenn er bezahle ... so ruft er in diese Lokalität an und bestellt zwei Plätze auf den Namen Diderot. – Wir verlassen die Wohnung, er hat seinen Wagen in einer etwas entfernteren Strasse parkiert. Ich steige hinten ein – schon beginnt die Streiterei. Er insistiert, er sei nicht mein Chauffeur, ich solle nach vorne kommen. Um des weiteren Friedens willen steige ich vorne ein und sage ihm, er hätte genormte Gedanken. Auf jeden Fall ist das Desaster vorbestimmt, ich gebe ihm im weitern die Richtung an. Ich warne ihn jedoch: «Ich habe eine ganze eigene Geografie im Kopf.» Das «Lian Huà» befindet sich an der Winterthurerstrasse 698; nimmt man bei der Ausfahrt nicht die richtige Strasse, fährt man eben in die falsche Richtung. So passiert es auch dieses Mal; er beginnt, leicht nervös zu werden, er sagt zu mir, ich solle die Hausnummern an den Häusern ablesen. Aber wie soll ich das bewerkstelligen ohne meine Brille? So fahren wir im Kreis herum, während M. mich verbal demütigt. Ich schlage irgendwann vor, ich würde in eine Telefonkabine gehen und die Strassennummer nochmals kontrollieren. Die ganzen Häuser hier sind mit Glitzergeflitter beleuchtet, dann unterliege ich wieder der Täuschung, das wären Restaurants. – Ich sage ihm, er solle anhalten. In einem der nächsten Restaurants gehe ich also die Strassennummer nachprüfen. Als wir dann genügend in dieser Zone herumgefahren sind, sagt M., wenn er das gewusst hätte, hätte er einen Stadtplan mitgenommen. Eine Frau geht über die Strasse, die erklärt uns auf italienisch, wo sich dieses Restaurant befindet. Wir werden also fündig, spazieren da hinein, M. geht hinein, ich warte beim Eingang. M. kehrt um, da gehe er nicht essen, mit diesem Chichi, diesen Spieglein da drin, und auch der Kellner sei derart unterwürfig. Ich mache ihm klar, dass er eben in einem anderen Kulturkreis ist und alle asiatischen Restaurants diesen Touch hätten. M. widerspricht, das Chinalokal am Schaffhauserplatz sei anders. – Er steuert dann Richtung Dübendorf, erklärt, nun werde er neu bestimmen, wo wir essen würden ... Es folgen etliche gutbürgerliche Lokale. Italienisch könnten wir essen gehen. M. hält an, fragt einen Typen, wo ein italienisches Restaurant sei? Der zeigt mit dem Arm rechts hinauf, nennt ein Restaurant mit einem italienischen Namen. Natürlich können wir das dann nicht finden. Ich schwöre ihm, auf dieselbe Art, wie er mich während der ganzen Fahrt verbal traktiert hätte, bekäme er das zurück! In der Folge will er alles abschwächen. – Wir entscheiden uns dann, ins «Mamma-Mia» vis-à-vis vom Hotel «International» in Oerlikon zu gehen. Während des Fahrens gerieten wir dann in ein Gespräch über den Film «Sex, Lies and Videotapes». M. ist fasziniert von jener sexy Frau, die immer mit dem Mann ihrer Schwester schlief. Die andere sei verklemmt ... ich fahre ihn an, es enttäusche mich massiv, dass er die weniger differenzierte Frau gut finde. Natürlich ist mir klar, warum ihm die andere Frauenfigur besser gefällt: die mimt die indipendente Sexgespielin. Der Film würde genau aufdecken, dass Lügen und heimliche Sexgeschichten zu nichts führen und alles irgendwann ans Tageslicht befördert würde ... M. hingegen ist der Meinung, der Film hätte den Voyeurismus behandeln wollen, indem er via Video die Frauen ihre Sexgeschichten erzählen lässt. Es ist mir klar, warum M. den Aspekt des Voyeurismus in den Vordergrund stellt: weil er als Macho alles übrige verdrängen muss! Kann er überhaupt nachvollziehen, wie sich ein weibliches Wesen fühlt, nachdem es erfährt, dass seine Schwester ein sexuelles Verhältnis mit ihrem Mann unterhält? –

Das «Mamma-Mia» ist geschlossen. Wir gehen dann in den «Rosengarten» an der Franklinstrasse 4: Die hätten eine sehr gute Küche, da würden sogar Dramaturgen vom Schauspielhaus extra zum Essen vorbeikommen. Ich sage, das imponiere mir nicht im geringsten. Jeglicher Appetit ist mir ohnehin schon länger abhanden gekommen. – Ich bestelle einen Thonsalat, M. isst Fleisch mit Pommes frites. Getrunken wird Rotwein mit Mineralwasser. Wir streiten weiter;

über Kleinigkeiten, alles in allem ein grausamer Nervenstress. – Beim Verlassen des Lokals bestehe ich darauf, als erste hinauszutreten. Einer hält ihn an, will mit ihm reden. Wie M. rauskommt, sagt er enerviert: «Da hat mich einer angesprochen und gemeint, ich sollte so weitermachen. Ich gab ihm zur Antwort, *er* solle doch so weitermachen.» Regt sich fürchterlich auf, französische Menschen würden ganz anders argumentieren.

Ich habe genug, ich bin durcheinander von dieser Restaurantsucherei, vom Hinundherfahren. Ich will in ein Auto einsteigen, in dem nicht M. drinsitzt; er hupt. Für mich sehen alle Autos in der Nacht mehr oder weniger gleich aus. Wie ich die Türe aufmache, meint er doch tatsächlich, ich solle die Türe nicht so weit aufreissen, wegen des Winkels. Ich herrsche ihn an, er solle sich nicht so kleinlich benehmen. Er widerspricht, er sei nicht kleinlich. In meiner Rage sage ich irgend etwas von polnischen Ameisen, er wiederum meint, das gehe mich nichts an.

Früher dachte ich, es gäbe keine grössere Strafe, als im Auto meiner Eltern hinten sitzen und denen ausgeliefert zuhören zu müssen! Seit diesem 18. Dezember bin ich aber anderer Meinung.

Ich bin heilfroh, kann ich um 23 Uhr vor meiner Wohnung seinem Gefährt entsteigen.

27. Dezember

Wie M. eintritt, bringt er mir die «*WoZ*». Neben Simmens «*Kul-Tour quer durch Züri*» ist sein Wochengedicht «*Für François Mauriac*» plaziert: Bestimmt eines seiner besten Gedichte, gepaart mit politischer Voraussahnung. M. erörtert verärgert, nun versuche der Simmen, ihn in seinem journalistischen Stil zu imitieren!

Ich frage M., ob er etwas für meine Schwester tun könne? Sie reise im Mai nach China und würde gerne in der *«Weltwoche»* darüber berichten. Sofort ruft er der *«Weltwoche»*-Redaktion an, verlangt den Hanspeter Born. Der ist jedoch nicht anwesend. So ruft er später ein zweites Mal an. Da er wieder kein Glück hat, telefoniert er ihm privat, erwischt ihn und berichtet ihm von meiner China-reisenden Schwester. Born meint, meine Schwester solle ihn morgen anrufen. M. will erfahren, ob sie jemanden für die Bukarest-Situation hätten. Ich ordne im weiteren an, er solle dem «Tagi» anrufen, damit ich endlich den Leserbrief vom 27. November lesen könne: *«Schawinski: Verheddert in heillosem Namenskuddelmuddel»* von Mischa Enz, Zürich.

Er fragt, was ich dieser Tage geschrieben hätte; ich erzähle ihm von meinem Drehbuch über eine Magersüchtige, obwohl ich noch nicht damit begonnen habe. Ich frage nicht, was er arbeitete. Wieder anerbietet M. sich, mir zu helfen, wenn es beendet sei. Ich meine, ich wolle es lieber selbst versuchen. Genau weiss M., warum er mir diese Fragen stellt: animieren, weitertreiben möchte er mich.

Auf der Strecke bleibe ich hängen; verpuffe meine Energie in deliriösen Nacht-Episoden. Und natürlich in meiner Brotarbeit beim Korrigieren ...

Kapitel VII

1990

2. Januar

M. kommt angetrabt, sagt, er sei an einem schönen Neujahrsfest in Schaffhausen gewesen. Das sei ein wunderschönes Haus gewesen. Dänen und Norweger hätten sich da auch aufgehalten. Mit dem Gretler sei er dahingegangen. Ich bekomme eine unvorstellbare Wut; diese Verletzungen kann ich nicht mehr in Worte kleiden. Nicht dass ich mich in der Kulturfabrik in Wetzikon nicht vergnügt hätte mit dem Bildhauer R. – Ich ahnte zu genau, dass M. es sich gutgehen liess. Und in diesem Bewusstsein, dass er sich vergnügen würde, trieb es mich seit vielen Jahren wieder einmal hinaus, Silvester zu feiern. – Ich will wissen, ob er in Schaffhausen eine Frau vernascht hätte? Er verneint.

Wir haben dann Sex miteinander, ich allerdings nur widerwillig, ich bin völlig gesättigt. M. spürt instinktiv, dass etwas mit mir abgelaufen ist, er bemerkt nämlich, wie er mich anfasst, ich sei in den Hüften so elastisch. Ich gebe zu solchen Bemerkungen keinen Kommentar ab. M. fragt tatsächlich, ob ich es gerne hätte, wenn er lange bei mir drinbleiben würde? Als ob man so die Unfähigkeit, einem einen Orgasmus zu verschaffen, wettmachen könnte. Ich spüre zu gut, dass es keinen Sinn hat, mit einem bald 50jährigen Mann darüber zu sprechen.

Plötzlich sagt er aufgeschreckt, er müsse gehen, nachdem er in seiner Agenda etwas nachgeschaut hat. Heute sei ja

Dienstag, sofort müsse er ins Hotel International, er hätte da ein Rendezvous mit dem *Südwestfunk,* die diese Sendung über Zürich nochmals machen möchten. Abschätzig bemerkt er, der L. mache da auch mit. Er sei ganz durcheinander mit den Tagen. Um halb vier Uhr müsse er dort sein. Wie ich auf die Uhr schaue, ist es 15.15 Uhr. Ich muss ihm zugestehen, dass er seine Rolle relativ gut spiele. Ich sage, ich glaube ihm überhaupt nichts, da heute der Berchtelistag sei.

Wie ich ihn mit seiner Erlaubnis nach draussen begleite, meint er, er würde auch lieber anderes tun, als sich mit diesen Arschlöchern zu treffen! – M. versichert, er würde sich heute nochmals telefonisch bei mir melden.

8. Januar

Er ruft an. Er sei an einem Podiumsgespräch beteiligt gewesen: «*Antisemitismus in Zürich»,* mit dem Schauspielhausdirektor Achim Benning, Dr. Willi Guggenheim, Prof. Dr. Arnold Künzli, Dr. Reinhard Palm, Dr. Alfred Pfoser, unter der Leitung von Prof. Werner Weber (der übrigens in den Wahlen für Wagner plädierte). Im Anschluss an die Nachmittagsvorstellung vom Schnitzler-Stück *«Professor Bernhardi»* wurde zu diesem Podiumsgespräch eingeladen. M. befindet sich noch in der Schauspielhaus-Gegend. Er sagt, vor einer Stunde hätte er es schon einmal versucht. Er will wissen, was ich lese? Ich antworte: «Das geht dich nichts an.» Diesen Satz hat M. sich selbst eingebrockt, da mich auch so vieles von ihm nichts angeht. Er spricht etwas Unverständliches von Guggenheim am Apparat und kündigt sich in einer halben Stunde an.

Wie M. vor mir steht, sitze ich in der Küche über meinen Spanisch-Übungen. M. will sich schon friedlich zu mir an den Tisch setzen. Ich mache ihn unsanft darauf aufmerksam, ich würde es überhaupt nicht lieben, wenn er mich anlüge. Er hätte mir letzten Dienstag versprochen, sich nochmals telefonisch zu melden, und dies sei nicht erfolgt. Und überhaupt, wo er in der Donnerstagnacht sich herumgetrieben hätte? Ich wollte ihn unbedingt wegen der prekären Lage in Rumänien sprechen. Erschöpft, aber zugleich glücklich sei ich gewesen, weil ich nach zwei Stunden endlich telefonisch nach Bukarest durchgekommen sei. Nach über 20 Jahren Briefkontakt mit Rodica wagte ich es das erste Mal, mit ihr telefonischen Kontakt aufzunehmen. Rodica Butuc, die mir über 20 Jahre die Treue hielt, sie, die alle meine Briefe aus dem Westen sorgfältig aufbewahrte. Meine Briefe seien immer von allen Familienmitgliedern gelesen worden. – M. hört aufmerksam zu, gibt zu bedenken, er hätte einmal etwas über Rumänien schreiben können, aber er hätte die Situation auch an Ort sehen müssen. Ich erläutere, sie hätten sich allzusehr am Nachkriegs-Faschismus verbissen, hätten der linken Seite zu grosszügig eine Freikarte zum Schalten und Walten ausgestellt. Natürlich sei die Aufarbeitung des Faschismus bitter nötig gewesen. Es sei wichtig, wenn nicht lebensnotwendig gewesen, dass über die Greueltaten des Dritten Reiches geschrieben, gefilmt und diskutiert wurde. Wir hätten im selben Moment jedoch zuwenig wach auf die kommunistisch-stalinistische Reaktion geachtet. Die UdSSR könne auch erst langsam über die Bewegung der Perestroika und Glasnost ein wenig Luft bekommen und mit der Aufarbeitung beginnen. M. ist einhellig meiner Meinung, wendet jedoch ein, in der Schweiz sei es schon besonders wichtig gewesen, endlich die Fascho-Aktivitäten im Zweiten Weltkrieg hier zu beleuchten.

Mit grossem Respekt spricht er von Weber, der mit Celan einen Briefwechsel geführt hätte. Und eben dieser Weber hätte sich auch für das Max-Frisch-Stück am Schauspielhaus eingesetzt, der mache ganz erstaunliche Dinge. M. meint, der Guggenheim hätte gesagt, man könne nicht generell von einem Antisemitismus in der Schweiz sprechen, wenn da einzelne extreme Elemente seien. Der Guggenheim sei natürlich ein typischer Vertreter der reichen Juden, und M. ist der Meinung, die Juden müssten sich für die Juden wehren und einsetzen. Ich sage M., ich finde es interessant, dass er heute abend mit diesem Vertreter in Kontakt gekommen sei. In den USA hätte ich, vor allem in Washington, eine ziemliche Feindschaft gegenüber den Juden gespürt und auch verbal geäussert vernommen. Die Proteste hätten sich vor allen Dingen gegen die Clanhaftigkeit der Juden, ihre angebliche Gier und Machtgelüste gerichtet, wie ein unzufriedener Taxichauffeur (wahrscheinlich ein Nazi der amerikanischen Sorte) sich mir gegenüber äusserte.

M. trinkt dann Milch wie ein junges Bärenkind und räsoniert, man vergesse immer, dass Milch eben doch ein gutes, gesundes Getränk sei.

M. ist müde, aber erstaunlich offen und liebenswürdig.

Seit heute ist M. ein anderer Mensch: Das erste Mal, seit ich ihn kenne, sehe ich, dass er eine Uhr trägt. Aber ein Monsteruhrwerk. Tickt einem gewaltig ins Ohr: die ganzen Innereien sind gut sichtbar, und dazu ein riesiges grünes Leuchtband. Billig sei die Uhr gewesen.

Bevor M. mich verlässt, küsst er mich zweimal auf den Bauchnabel.

19. Januar

Wie M. reinhumpelt, ruft er sofort den Stefan Keller an; sie beabsichtigen irgendwohin zu fahren und sprechen vom Platz im Wagen. Um sechs Uhr sollen sie bei ihm läuten. Dann befiehlt er mir, ich solle ihm seinen verletzten Fuss mit dem elastischen Verband verbinden, den er bei mir im Badezimmer gesehen hätte. Ich registriere, dass die Knöchelgegend arg angeschwollen und unterhalb angesammeltes Blut ersichtlich ist. Ein Gerinnsel? Er ist der Meinung, der Verband würde ihm nützen ... Ich verbinde ihm also die geschwollene Partie, M. verlangt, ich solle auch unterhalb des Knöchels verbinden, und fester anziehen müsste ich. Ich erkläre ihm, das beste sei, wenn er nicht umhergehe, und überhaupt, ich sei keine Krankenschwester, er solle doch zu seinen Krankenschwestern gehen, das sei jetzt der richtige Moment ... Er sagt trocken, die Krankenschwester sei nach Polen, in ihre Heimat zurückgekehrt.

Ich frage M., wo er heute gedenke, mit dem Keller hinzufahren? Er lässt verlauten, nach Deutschland, in Konstanz finde eine Zusammenkunft gegen ein wiedervereintes Deutschland statt.

Ich will wissen, was er, M., eigentlich über mich denke? Er sagt: «Gutes.» Ich sage energisch, so lasse ich mich nicht abwimmeln. M. präzisiert: «Manchmal bist du halluzinogen, und manchmal bist du wieder sehr klar, und vielleicht ist es gut, dass du bis jetzt nicht rausgekommen bist, sondern einfach still vor dich hinarbeitest – und manchmal meine ich, du könntest mehr tun!» –

Er liest meine Kurzgeschichte «*Spitzwegerich*» und meint, sie gefalle ihm, aber für diese Geschichten gäbe es kein Gefäss. Besonders der Titel gefällt M.: Spitzwegerich sei sein geistiges Kraut, und er will dann einzelne Wortkreationen erklärt haben. Ich rege mich auf, weil er mir versucht klarzumachen, dass es für diese meine Sachen kein Gefäss gäbe. Das hätte man bei ihm ja auch gemeint; der Otto F. Walter zum Bespiel meinte zu M., so könne man keine Gedichte machen ... Und der «*Tages-Anzeiger*» will ihm auch schon lange «kein Gefäss» mehr für seine Gedanken gewähren. Und eben er, der diese für ihn «falschen Gefässe» zu spüren bekam, sage mir so etwas Hirnverbranntes wie von «fehlenden Gefässen» für meine Schreibereien. –

M. verzieht sich. Ich wünsche ihm gute Besserung.

10. Februar

Er ruft an; die Glocken der Herz-Jesu-Kirche Oerlikon dröhnen mir direkt in die Telefonmuschel. Er meint: «Tu entends les cloches, c'est bourgeois», ich entgegne: «Cela te fait du bien parfois.» Er jedoch bleibt dabei, wiederholt: «C'est bourgeois.» In zwanzig Minuten sei er bei mir.

Bei mir angelangt, berichtet M., er hätte heute vor VPOD-Leuten drei Stunden lang einen Vortrag gehabt. Auch einige schöne Frauen seien dagesessen. Wir erörtern dann die Frage, warum sich viele Linke äusserlich derart gehen liessen. M. stänkert, die würden sich auch nicht parfümieren, die meisten würden ihre Figur nicht betonen, den Busen nicht und so weiter. – Das geht mir dann doch zu weit, zielt für mich schon in die sexistisch gemeine Ecke. Ich sage, ich würde es jedoch gut finden, dass sie sich nicht mehr dermassen für die Männeraugen zurechtzupfen. Und das hätten sie demonstriert, und das war richtig ... Aber ich meine, mit der Zeit hätte das einen langweiligen und depressiven Touch: jahrein, jahraus. M. stellt fest: «Aber die Anita Fetz, ja, die Anita Fetz von der Poch ist immer gut angezogen.» Im nachhinein finde ich meine Argumente ungerecht, denn über die linken Männer wird nie so geurteilt. Zum Beispiel eben M., der schert sich nie besonders darum, was er anzieht. Seit etwa einem Jahr jedoch habe ich den Eindruck, er würde etwas aufpassen. Wenn ich an seine grüne gepolsterte Winterjacke denke; die finde ich edelsozialistisch schön.

Und dann meint er, der Hauptgrund, warum er mich heute visitiere, seien seine Steuern. Die vom Amt hätten ihm geschrieben, er müsse einen Auszug seiner Wohnungsmiete senden. Einen Auszug vom Max-Frisch-Preis. Dann kalkulieren sie ihm etwas vor, die Logik dieser Angestellten:

Anfang Jahr (1989) hätte er 18000 Franken gehabt und Mitte Jahr einen Zuwachs von 28000 Franken. M. sagt erbost, diesen Beamten ginge nicht in den Kopf, dass es auf Konten umständehalber auch rasante Erhöhungen geben könne. Die Bankauszüge vom letzten Jahr müsste er alle mitschicken. M. behauptet, das müsse er nicht, er hätte sich erkundigt. (Hat seine Moneten bei der *SBG*.) Seitdem ich das weiss, habe ich nicht einmal mehr ein schlechtes Gewissen wegen meines Depots bei der SKA. Bei M. gehen die Beamten davon aus, dass etwas über 5000 Franken im Monat reinkommt. Sie machen dann pingelig genau alle seine monatlichen Abzüge, und daraus resultiert dann noch ein Betrag von etwa 1000 Franken: Sie wollen indirekt wissen, wie er mit diesem Betrag über die Runden kommen würde. M. regt sich massiv auf: «Gerade ich, der ich so keinen Bezug zum Geld habe, wie können die mir einen solchen Brief schreiben?» Mit seinem Steuerberater würde er nun schleunigst Kontakt aufnehmen!

Wir versuchen es mit der sexuellen Angelegenheit, aber da ist absolut nichts zu wollen. Und es ist mir auch egal; ich erlebe zurzeit eine absolute sexuelle Baisse ...

Ich zeige ihm den Nachruf auf Roman Brodmann in der «*Helvetischen Typographia*». Er will ihn mitnehmen, sowie von Lenz «*Die Deutschstunde*», obwohl ich mir geschworen habe, ihm nie mehr Bücher auszulehnen! – M. sieht den Brief vom Ramseyer vom *Zytglogge Verlag*. Der schreibt mir, vom Aussenlektorat seien über mein Manuskript «*Magma Sum*» widersprüchliche, aber auch begeisterte Reaktionen gekommen. Und dass es in die engere Selektion gekommen wäre. Anfang Jahr hätten sie jedoch beschlossen, zugunsten des ganzen Programms und um jedem einzelnen mehr Schnauf gewähren zu können, kürzer zu treten und sich vorwiegend auf ihre bisherigen Autorinnen und Autoren zu konzentrieren. – M. ist der Meinung, die würden das ernst meinen, die seien im Grunde nicht verpflichtet, das zu schreiben. Und wenn ich erst mal Aufnahme in einen Verlag gefunden hätte, würde ich wie ein Blitz einschlagen.

Plötzlich habe ich es eilig, ihn rauszuhaben: Um acht Uhr habe ich ein Rendezvous mit dem Bildhauer R. Ich denk' mir, alles andere, nur keine Kollisionen. Ich sage resolut: «Ich habe um acht Uhr ein Rendezvous, du musst jetzt gehen.» Er anerbietet sich, mich dorthin zu fahren. Ich lehne dankend ab, dahin müsste ich schon selbst gehen. Ich werde immer ungeduldiger, er spürt instinktiv, dass es gefährlich werden könnte. Ich begleite M. hinaus.

Ich fühle mich nachher gedrängt, M. ein paar Zeilen zu schreiben: Sicher würde ich mal so enden wie Kafka, aber das sei weiter nicht schlimm! Irgendwie hätte ich Gefallen gefunden an meinem Status; still und unspektakulär vor mich hinschreibend.

19. März

M. hält bei mir Einzug: Drückt mir einen Kuss auf die Wange und fordert mich auf, mit ihm eine Ausfahrt zu machen. Der Motor seines Wagens müsse in Bewegung bleiben, er hätte jemanden rufen müssen, der ihm die Batterie auflud. Er erscheint mir heute aussergewöhnlich «quick». – So fahren wir an der Peripherie entlang, lustigerweise öffnet er gleich ohne Kommentar die hintere Wagentüre; so fühle ich mich behaglicher, ihm eine gewisse Story von hinten zu erzählen. Ich erzähle ihm die leidige Geschichte, ich sei um vier Uhr morgens ziemlich besoffen gewesen, da hätte ich dem Oskar Scheiben und der Marianne Fehr angerufen, da mir aus verlässlicher Quelle zugetragen wurde, wie abschätzig und eifersüchtig dumm einer seiner Gesinnungsgenossen über ihn in einem Restaurant referiert habe. Es sei natürlich ein eklatanter Ausrutscher von mir gewesen, diesen zwei Leuten um diese Zeit anzurufen! Die Leute reagieren in der

Schweiz sehr empfindlich auf Telefonate ausserhalb der üblichen bürgerlichen Telefon-Anrufzeiten ... Im nachhinein finde ich es auch blöd, dass ich mich für M. derart in die Nesseln gesetzt habe. – M. reagiert gelassen, meint, das sei jedoch typisch von diesen Leuten, kaum kehre man ihnen den Rücken, würden sie über einen reden, dabei seien die richtig geduckt und untertänig, völlig farblos, wenn man vor die hintrete: «Speziell der Scheiben, ein absolut farbloser Typ.» Ich mache ihm klar, ich hätte zwar mit der Marianne Fehr tags darauf ein ganz vernünftiges Gespräch führen können. (Die hat natürlich nicht ahnen können, wie ich mit M. verstrickt bin.) – M. erzählt mir, er hätte mal genau dasselbe wie ich gemacht, nachdem er gehört hätte, wie an seinem Nebentisch über Grass geredet wurde. Den hätte er aber verteidigt! M. meint dann, wenn die von der *WoZ* ihn darauf ansprechen würden, gäbe er zur Antwort, ich sei eine langjährige Bewunderin von ihm, die das Gefühl gehabt hätte, ihn verteidigen zu müssen ... M. meint trocken, ausserdem hätte ich ja wohl kaum Lust, mit denen was zu machen, auf die sei ich nicht angewiesen.

Es scheint mir, er hätte sich etwas erholt. Er sei nur drei Tage in Paris gewesen, nachher sei er in die DDR gereist, nach Berlin. Hätte Christa Wolf und den Stefan Heym besucht. Diese Intellektuellen seien ob der momentanen Situation ziemlich deprimiert. (Er meint, es sei doch besser gewesen, nicht hierzubleiben, obwohl das Reden mit diesen DDR-Intellektuellen natürlich keine Entlastung für die Psyche bringe.) – Ich mache ihm den Vorwurf, dass er sich diesen Monat nicht vorher gemeldet hätte: er meint entschuldigend, er sei geistig derart absorbiert gewesen, dass er keine Energie gehabt hätte. Auch um Liebe zu machen mit anderen Frauen, dazu sei er im Moment zu absorbiert, und schon gar nicht mit Schriftstellerinnen ... M. gibt keine Auskunft, wie die Reportage in Paris vor sich ging.

Nach der Peripheriefahrerei erledigen wir schnell noch unsere sexuellen Angelegenheiten ...

M. geht und will, dass ich meiner Schwester in Urdorf, die jetzt ihr zweites Kind erwartet, Grüsse ausrichte.

6. April

Mit viel Autosuggestion raffe ich mich auf.

Geburtstagswünsche durchs Telefon.

Ich gehe raus, ich möchte vor meiner Bukarestreise nicht krank werden. Ich bin eben auf dem Weg Richtung Bahnhof Oerlikon, studiere die alte Struktur dieses Bahnhofsgebäudes, denk an Dalí, der den Bahnhof von Perpignan, an der französisch-spanischen Grenze, als ein besonderes Architekturerlebnis beschreibt. – Bei der Lichtampel bin ich schon auf der andern Seite, also vor dem Bahnhof, wie mich jemand anspricht, mich begrüsst. M. in der grünen Jacke. Ich schaue ihn mit meinen glänzenden, gläsernen, tränenden Augen an und biete bestimmt ein jämmerlich fiebrig-verschnupftes Bild. Er kommt eben vom Zeitungseinkauf am Kiosk. Ich sage ihm, ich fühle mich sehr krank. Er berührt meine Wange. Das wiederum macht mich wütend, er hätte es bei meiner fragilen Verfassung nicht tun dürfen! Ich zische ihn an, meine, wenn er prüfen, testen wolle, ob ich Temperatur hätte, müsste er das schon an der Stirne tun. – Er hat natürlich Jünger im Kopf, ist unverbindlich, reserviert, bei Grün geht er rüber, nachdem er mir alles Gute gewünscht hat.

An diesem Morgen fühle ich mich so elend! M. hat mir nicht einmal zum Geburtstag gratuliert. Schande über ihn!

11. April

Ich fliege nach Rumänien, Bukarest.

17. April

Bukarest, das ist sehr traurig. Düster. Mein Husten hat sich tief in der Lunge verfestigt. Von der Kohlenluft in Bukarest und dem süchtigen Rauchen von Rodica und ihrer Umgebung. – Hier blinkt fortwährend das Wort Mangel auf. Mangel an allem. Die Menschen stehen in langen Schlangen vor den Geschäften. Hunger und Entbehrung in den Augen. Das sind Blicke von gedemütigten, entrechteten Menschen – hoffnungslos.

Dass ich vollumfänglich für Rodica – während der Zeit, in der sie in der Schweiz weilt – verantwortlich bin, wird mir erst richtig bewusst, wie ich wieder in Zürich bin. Natürlich kann sie mit ihrer Landeswährung hier nichts anfangen. Und dass der ganze Osten wohl jetzt mehr oder weniger geöffnet wird, aber die Leute kein Geld haben, zu reisen, ist eine andere Tatsache.

M. telefoniert mir, Rodica spielt meine Sekretärin, parliert zuerst auf rumänisch und dann auf französisch mit ihm. Erklärt mich für abwesend.

Später rufe ich M. zurück, erkläre ihm Rodicas Zustand, der eigentlich Sprachlosigkeit bedeute. Schildere ihm bruchstückhaft das indische Europa, wobei ich in Indien nie Menschen habe anstehen sehen für Food. Dort verhungern Menschen, weil sie einfach nicht die nötigen Mittel aufbringen, um Esswaren zu kaufen. Aber der indische Kontinent ist im Gegensatz zu Rumänien fröhlich, er strahlt niemals diese bodenlose Tristesse aus, die in Rumänien in mich hineingekrochen ist. – Ich hätte mir beim Arzt Tranquilizer holen müssen. Ich habe keine Reserven mehr, um die Bilder von Rumänien abzuwehren. Die Identifikation mit den Osteuropäern ist zu stark. M. sagt ernüchtert, er verstehe das sehr gut, ich solle mich erholen. Er rufe wieder an. Nach etwa zwei Stunden, nachdem ich Rodica bei Freunden in der Stadt abgegeben habe, ruft M. nochmals an, sagt, er sei besorgt um mich, ich soll doch schnell bei ihm vorbeikommen. Ich fühle mich unpässlich, und auf Gymnastik habe ich schon gar keine Ambition. Ich sage erschöpft, es gehe nicht.

18. April

M. telefoniert. Meine Schwester aus Urdorf nimmt ab und gibt meine Absenz bekannt.

Er muss unter einem unsäglichen Hochdruck leiden. – Ich informierte M., dass Rodica für einen Monat in der Schweiz bleibe.

Oder sorgt sich M. immer noch um meinen psychischen Zustand?

19. April

M. telefoniert, erkundigt sich, wie es Rodica und mir gehe? Er ist der Meinung, wir müssten uns mal wieder sehen. Ob er noch vorbeikommen solle? Ich sage ihm, dass Rodica schon schlafe. Wir hängen dann auf.

Und schon ruft er wieder an, befiehlt: «Nimm dir sofort ein Taxi und komm zu mir!» Ich begehre auf, von ihm liesse ich mir überhaupt nichts befehlen. Er meint, er bezahle das Taxi, weil ich ihm vorjammere, ich hätte kein Geld mehr. Und überhaupt müsse ich zuerst fertig essen. – Trotz anfänglichem Widerstand bestelle ich ein Taxi.

Wie ich die Treppe hochkomme (er wohnt im obersten Stock), steht M. schon in der Türe. Kaum habe ich den Fuss über die Schwelle gesetzt, packt er mich, wirft mich auf seine Matratze. Er kommt mir vor wie ein räudiger Wolf. Er zieht mir die Kleider vom Leib: Zuerst treiben wir es von hinten und dann von vorne. (Einen grauenvollen Stau muss er gehabt haben ...) Und dabei teilt M. mir wunderbar ordinäre Wörter aus!

Er ist an einer Arbeit über Jünger. Ich sehe, wie er in «*Aladins Problem*» mit Bleistift viele Randbemerkungen hineingekritzelt hat. Ich spüre, dass es ihm nicht besonders gut geht. Nochmals will er über die Zustände in Bukarest unterrichtet werden und ist der Meinung, dies sei schwierig für mich zu verarbeiten, wenn ich nicht darüber schreiben könne. M. hält mich an, über die kommunistische Herrschaft des rumänischen Diktators Ceaucescu etwas zu publizieren. Damit M. ein Interview mit Rodica machen könnte, müsste er über die Geschichte dieses Landes besser informiert sein; dieses Land erlebte eine fast ununterbrochene Abfolge von Besetzungen. – Ich merke allerdings, dass ihn dieses Land und sein Schicksal nur mässig interessiert ... Oder es liegt ihm im Moment einfach nicht am Weg. –

Schnell will M. mich wieder loswerden, bestellt mir ein Taxi und steckt mir fünfzig Franken zu.
Wegen des Interviews mit Rodica benachrichtige er mich noch.

Ein Taxichauffeur vom Taxi-Meier kommt mich holen, der hält ungefragt ein langes Referat über den Taxi-Meier vor meinem Haus; nämlich dass dieser überhaupt nicht so schlimm wäre. Aber er verstehe, wenn man ihm gewisse Dinge ankreide ...

22. April

Rodica telefoniert M., Sie würde ihn gerne einmal treffen, solange sie noch in Zürich sei. Er möchte das auch. Sie verbleiben auf später (sprechen Französisch).

26. April

Das Telefon sirent. Rodica nimmt ab. Wir spielen: Sie meldet, sie befinde sich in der Küche und ich schlafe schon. – Trotzdem nehme ich dann den Hörer. Im Hintergrund Geräusche wie in einer Kneipe. M. verneint, dies sei sein Fernseher.

In der Villiger-Fabrik hätte er einen Workshop gehabt. Der Typ, der die Leute da herumgeführt hätte, sei nicht informiert gewesen, dass dieser Kurs von ihm geleitet werde. Sie hätten nicht schlecht gestaunt, wie er leibhaftig aufgetaucht sei ... Er verlangt nochmals, mit meiner rumänischen Freundin zu sprechen; letzten Sonntag hätte sie spät angerufen, aber M. wehrt sofort ab, das mache nichts.

Ich unterrichte ihn, wir würden jetzt ein paar Tage in die Berge verreisen: ins Puschlav. Nach Poschiavo und Le Prese. Er will wissen, in welches Hotel? Erfragt die Telefonnummer. Er würde uns dann anrufen ... Er zeigt sich stark interessiert, Rodica persönlich zu sprechen; er will noch vorbeikommen. Ich sage resolut, meine Freundin sei schon im Pijama.

Rodica sagt mir abschliessend, dieser Mann hätte eine sehr schöne sonore Stimme, sie wisse jedoch nicht, ob die nicht antrainiert sei ...

2. Mai

M. will wissen, wie es in den Bergen war? Ich schwärme vom Puschlav, da gäbe es noch Orte, die überhaupt nicht vertouristisiert seien, und eine typische Puschlaver Spezialität hätte ich kennengelernt: Pizzochel. – Ich frage dann, ob er nun Rodica sprechen wolle oder nicht. Ich wolle anschliessend nicht wieder den Vorwurf hören, wegen Leuten, die ich ihm nicht vorgestellt hätte ... Wir vereinbaren einen Termin auf morgen 10 Uhr. Ich würde Rodica zu ihm an die Eisfeldstrasse bringen. Ich frage, ob er sie lieber im «Tankstellen»-Restaurant empfangen möchte? Nein, M. betont, er möchte privat.

3. Mai

Um punkt 10 Uhr bringe ich meine Freundin zu M.s Domizil, wir läuten unten. Rodica wird sich oben selber vorstellen.

Nach etwa zwei Stunden bekomme ich ein Telefon. Rodica hängt am Apparat, verzweifelt, sie wisse nicht mehr, wo sie läuten sollte ... Ich erkläre ihr, sie solle bei «Weill» klingeln. Allerdings ist mir unklar, warum M. nicht bei ihr ist. Hat er sie etwa allein ins «Tankstellen»-Restaurant geschickt, um ein Frühstück einzunehmen?

Nach etwa zwei Stunden sirent das Telefon wieder. M., der meint, das sei ein sehr interessantes Gespräch gewesen mit Rodica, sehr intelligent sei diese Frau.
Befehlerisch verlangt er, dass ich nun sofort bei ihm auftauchen solle ... Ich werde wütend, mache ihm klar, er könne mich in keiner Art und Weise herumdirigieren. Er versichert, er wolle das auch nicht, er frage bloss an, ob ich bei ihm vorbeikommen wolle.

Dann kommt meine Freundin wieder, die erzählt, M. sei mit ihr ins «Tankstellen»-Restaurant gegangen, er hätte jedoch früher wieder in seine Wohnung zurückgehen müssen, wegen eines Telefonats vom Radio. (Und mit dem Pseudonym von M. ist Rodica natürlich nicht vertraut.)

Irgend etwas in mir will bei M. vorbeischauen. – Wie ein wildgewordenes Tier beisst er mich in die Wange, wir treiben es bunt; die verrücktesten Wortkombinationen spielt er durch. Ich bin dunkel gebräunt vom Puschlav-Aufenthalt.

Wie ich das posierende Warenhausbärlein wieder erblicke, bekomme ich fast einen Lachanfall!

Dann präsentiert er mir den *«Tages-Anzeiger»*, M. schreibt gegen die 700-Jahr-Feier der Eidgenossenschaft. – Und in diesem *«Tages-Anzeiger»* ist endlich ein Artikel über jenen Hingerichteten, mit dessen Verwandtschaft M. brieflichen Kontakt pflegte und dessen Hinterbliebenen Bern keine Einsicht in das Dossier gewähren möchte. Dieser Briefwechsel mit Villiger wurde von M. initiiert.

Ich melde dann Hunger und Durst an. M. meint, er hole etwas zum Trinken sowie Sandwiches. Ergreift eine Plastik-Gitter-Flasche mit leeren Bierflaschen. Ich sage amüsiert, mit diesen Flaschen sehe er wie ein Hausmann aus! – Nach drei Minuten kommt er zurück, meint, eigentlich könnten wir gleich ins «Tankstellen»-Restaurant gehen; er hätte auch noch nicht gegessen. – Ich weiss nicht, wie er auf diese Idee kommt: ohne Tarnkappe.

Wie er dieses Vorstadtlokal betritt, scheint es mir, als ob er nach Hause zu seiner Familie gehen würde. – Ein deftiges Essen bestellt er, auf jeden Fall darf die St. Galler Bratwurst nicht fehlen. Und Bier wird getrunken. Ich esse Sandwiches, richtige, gute Sandwiches werden einem da serviert. Wunderbares dunkles Brot! – Obwohl ich mit der Wurst von M. nicht einverstanden bin, beginnen gleich alle Leute um mich herum, diese Wurst zu loben. Da wage ich nichts mehr zu sagen. M. erzählt dann den Anwesenden, dass er beim Arzt war und dass er nicht das gehabt hätte, was er vermutete. Die Gäste raten ihm, was gut sei für ihn und was er unbedingt essen müsse.

Am hinteren Tisch sitzt ein seniler Mann, der kaum mehr richtig sprechen kann. Die Serviertöchter, es hat zwei, eine, scheint mir, regelt eher die gesellschaftliche Situation, zeigt M. einen Zettel, auf welchem steht, wieviel dieser Mann monatlich für sein Zimmer im Altersheim bezahlt. Die Frau lobt den Betrag, das sei anständig und nicht zuviel, und sie wartet ab, bis M. ihr das bestätigt. Übrigens hat der Mann heute Geburtstag, M. offeriert ihm einen Champagner, oder was immer er wolle. Diesen gelüstet es lediglich nach einem Apfelsaft. –

M. ist total auf seine öffentliche Familie eingestellt. Ich komme mir wie ein unnötiger, lästiger Satellit neben ihm vor. Ein weiterer Mann betritt das Lokal, setzt sich an den Tisch vor uns. M. eröffnet dem gleich, wieviel ein Arbeiter im Durchschnitt bei Villiger verdiene und was da eine Wohnung koste. – Dieser Gast nickt nur trocken, zeigt nicht die von M. gewünschte, verbale Reaktion. Ich bemerke, dass dieser Mann mich skeptisch fixiert. Bald verlässt er das Lokal wieder ... Dann kommt noch der Chef des Restaurants persönlich und will wissen, ob das Essen o.k. sei? – Die eine Serviertochter liest in der Ecke die *«Schweizer Illustrierte»*, M. moniert: «So, was liest man denn da?» Und weiter ironisch: *«Schwere Zeit für Léon Huber, so, so, diesen Schund, solchen Kitsch liest man.»* – M. werweist, ob der Huber nicht mehr ganz bei Sinnen sei, seine Ehe auf diese Weise öffentlich darzustellen, und wir erwähnen vor allem das hochpeinliche Interview in der *«Schweizer Illustrierten»* vom 23. April.

Verlangt M. in dieser Pinte irgend etwas, landet es blitzschnell auf dem Tisch, wie besessen zieht er an einer Villiger-Zigarette – ich meine, das sei machomässig und mache mich nervös.

M. bezahlt dann alles. Sogar meine Marlboros. Wir registrieren, dass alles immer teurer wird. Ich merke es im Moment doppelt mit Rodica ... Wir verabschieden uns auch vom älteren Geburtstagskind, und M. wünscht mir und meiner Freundin alles Gute für den Besuch in Lausanne. – Das warme Wetter sei schön, verändere. Ich habe das Gefühl, es gehe ihm heute nicht schlecht.

9. Mai

M. wählt meine Nummer, er komme vorbei – mit seinem Motorrad.

Den Helm stellt er gleich bei der Eingangstüre auf den Boden. Von Rodica hätte er eine Karte aus Lausanne bekommen, die hätte ihn nach Rumänien eingeladen.

Wir treiben es heute nicht besonders fulminant. Erstaunlich, dass ich an M. überhaupt noch ein sexuelles Interesse bekunde. – Er will wissen, ob ich seinen Artikel im «*Sonntags-Blick*» gelesen hätte; er hätte unter anderem geschrieben, dass der Solari viel zu viel verdiene. Der hätte ihm dann angerufen und wollte ihn zu einem Kaffee einladen ... wir lachen: «Wenn schon zu einem Champagner, mit seinem Salär!» Und der von Matt hätte ihm auch telefoniert, der hätte ihm wegen seines Artikels über die 700-Jahr-Feier im «*Tages-Anzeiger*» alle Schande gesagt. Wegen der Punkte bezüglich der Innerschweiz hätte er sich persönlich sehr angegriffen gefühlt – M. hätte ihm den Vorschlag gemacht, er solle seine Meinung doch der Öffentlichkeit kundtun – der hätte abgewunken, er, M., bekomme sowieso Rückendeckung von seinen Trabanten, da hätte er quasi keine Stiche.

Dann ereifert sich M. über das Weisse Programm von Siegfried Unseld vom *Suhrkamp*-Verlag. Morgen würde er in den Katharinen-Saal nach St. Gallen gehen, wo die Tournee Station mache. Das Fernsehen und auch das Radio hätte er dahin bestellt, dann würden dem Unseld, genau wie bei einem Stierkampf, schön einer nach dem andern, die Pfeile gesteckt! In Amerika wäre seine Art von Journalismus und Literatur, wie sie Tom Wolfe zum Beispiel in «*The New Journalism*» beschreibe, schon längstens anerkannt worden. – Und der Unseld halte sich Abhängige, treibe es überhaupt mit Abhängigen. – Instinktiv erinnere ich mich an das Foto von Ingeborg Bachmann und Unseld in Frankfurt, März 1971. Der Verleger, der männlich-beschützend, dominant-vereinnahmend den Arm um die Schultern der kokettierenden, leicht sich sträubenden Bachmann legt. – Ich informiere M., ich hätte auf meinem Weg nach Torino übrigens die Leutenegger mit Mann und dem Kind Sophie angetroffen. Der Mann, ein sensibler Architekt, hätte mir grosszügigerweise das Frühstück im Zug bezahlt. Die würden jetzt in Rovio wohnen und seien eben vom Weissen Programm gekommen ... M. sagt enerviert, ich müsse unbedingt den Fernseher anschalten, das müsse jetzt einmal öffentlich ausgetragen werden.

M. leidet unter einem entsetzlichen Husten; ich verabreiche ihm Hustentabletten, die ich seit meiner Bukarest-Reise immer noch zu mir nehme. – Rodica habe vor ihrer Abreise gestammelt: «Ich bin wie betrunken von all diesen Aktivitäten, die ihr anreisst – der Westen macht betrunken.»

26. Mai

Die Zürcher festen mit ihrem Dichter Keller, «Tagblatt der Stadt Zürich» vom 19. Mai.

Im Zusammenhang mit den kritischen Gedanken Prof. H. Wyslings zum Thema «Gottfried Keller und wir» fragte ich mich, was wohl Gottfried Keller von den Jubiläumsverweigerern halten mochte. Dabei erinnerte ich mich an eine Stelle im «Grünen Heinrich» (3. Bd., 11. Kap.), die folgendermassen lautet:

Auch in der Idealwelt der Kunst sind Kümmel und Salz reichlicher als Ambrosia, und wenn die Leute wüssten, wie klein und ordinär es in den Köpfen mancher Maler, Dichter und Musikanten aussieht, so würden sie einige dem Völklein nur schädliche Vorurteile aufgeben.
Walter Angst

9. Juni

M. teilt mit, er komme eben aus Bordeaux, und in einer Viertelstunde sei er am Saatlenzelg. Bei der Laure Wyss sei er gewesen. Ich denke: Seit wann besitzt die ein Haus in Bordeaux? – Wie dem auch immer sei, M. meint, er würde mir das alles nachher erklären.

Wie er reintrabt, mache ich ihm Vorwürfe, in der Zwischenzeit hätte er mir weder geschrieben noch telefoniert. M. lügt mich an, behauptet, er hätte mir aus Bordeaux eine Karte geschrieben. Ich verweigere M., mich zu küssen oder dergleichen. Gleich hinter der Türe stemmt er mich an die Wand, versucht krampfhaft, mich aufzuheitern. – Natürlich verspürt M. unbändige Lust, mich aufzuspiessen. – Kurzentschlossen trägt er mich auf seinen Armen ins Schlaf- und Bücherzimmer, möchte mich um jeden Preis versöhnlich stimmen. Ich bemerke: «Es geht überhaupt nichts mehr, ich weiss ja auch nicht, was du in Bordeaux getrieben hast, und ich habe keine Lust, Aids zu bekommen.» – M. weist diese Gefahr weit von sich, meint, er hätte die ganze Zeit geschrieben, und ich wisse ja, dass dann die libidinösen Angelegenheiten ausgeschaltet würden. Und ich käme ja wohl nicht auf den Gedanken, dass er es mit der Laure Wyss getrieben hätte. Und dieses Haus, worin sie logiert hätten, würde dem Anwalt von Tschanun gehören.

Nächste Woche müsse ich unbedingt den «*Spiegel*» kaufen. Sein Artikel über Jünger erscheine – Meyer («NZZ») hätte es zu verhindern versucht. Den Herausgeber des «*Spiegels*», Rudolf Augstein, hätte man ummotivieren wollen. – M. versucht dann, den Nikolaus Wyss anzurufen, der ist aber nicht erreichbar. Dann dem Peter Frey, der einer der besten Journalisten überhaupt sei. Mit dem führt er ein fachmännischbrüderliches Intellektuellen-Gespräch. – Wie er abhängt, meine ich, das sei ja wieder einmal typisch, diesem Frey hätte er viel mehr erzählt, als er mir je erzählen würde ...

M. streitet das heftig ab, mir würde er noch viel mehr Informationen liefern. – Ich poche weiterhin auf seinen *«Sonntags-Blick»*-Artikel über Solari. Er ruft sofort der Monica Glisenti an, da er sich mit ihr sowieso noch betreffs seines Leserbriefs *«Spiessbürger Meyer (FAM)»*, den Meyer («Ringier») zu unterbinden suche (und nun doch bewilligt), besprechen muss. M. und Glisenti wechseln ein paar Worte, er beauftragt sie, mir den *«Sonntags-Blick»*-Artikel zu senden.

Diversen anderen Leuten versucht er zu kabeln. Ohne Erfolg. Ich explodiere, bei mir hätte er wohl schon längst den grössten Stunk gemacht, wenn ich bei ihm in der Wohnung das Telefon benützt hätte. – Er zeigt mir dann den Leserbrief gegen Frank A. Meyer, der wirklich eine treffende Entgegnung auf dieses Bürschlein ist ...

Wir besprechen das *«du»*-Heft vom Mai: Künstler-Karrieren; Wege zum Ruhm. Unter anderen der widerlich grössenwahnsinnige Teutone Markus Lüpertz, *«Narziss auf dem Königsweg»*, der von sich behauptet: *«Ich halte mich für einen schönen Mann»*, oder *«Die Welt muss damit leben, dass ich der grösste Maler meiner Zeit bin.»* M. sagt, in der *«WoZ»* hätte man sich geweigert, etwas über ihn zu schreiben. Und der Dieter Bachmann schreibt im Editorial: *«Die Kunst, sagt man manchmal, nimmt gesellschaftliche Entwicklungen gern voraus – warum soll sie, in einem Augenblick, da die ganze Welt sich schluchzend vor Reue dem Kapitalismus in die Arme wirft, nicht rein kapitalistisch sein?»* Wenn nach diesem Motto gedacht und gelebt wird, sieht es in etwa so aus, wie Peter Killer das im *«Tages-Anzeiger»* so treffend zu formulieren weiss: *«Die Kunsträume werden in dem Mass leerer, in dem Sinn und geistiger Wert verlorengehen. Die Zelebration der Leere geht mit der Tabuisierung der Qualitätsfrage einher. Nimmt der verbalisierte Gehalt ab, so muss die Aura gemehrt werden ...Was sich da allenthalben als ‹Raumuntersuchung› wichtig macht, kommt mir vor, als würden Köche statt zu kochen sich mit Wettbewerben im Schwingbesenrühren oder Messerwetzen zufriedengeben.»* – In der bildenden Kunst könne man nicht genug vorsichtig sein, meint M. aufgebracht! Da käme die schlimmste Gefahr einer Ästhetisierung, genau wie sie Jünger mit der «Ästhetisierung von Politik» betrieben hätte. Und die Kulturzeitschrift *«du»* sei schrecklich konzeptlos geworden, auch die Juni-Nummer über die schwulen Literaten, die ihre marokkanischen Jünglinge vernascht hätten, sei ein alter Zopf. Kolonialistische Scheisse: Genet mit den Schriftstellern Mohamed Chankri und Hassan Quakrim in Tanger. –

Ich verspüre dann Lust, mit M. sein Gedicht *«Rue Ferdinand-Duval, Paris 4e»* zu «häuten». Was es mit dieser Frau mit dem Wahnsinnsgesäss (eine Suzanne) auf sich hätte?

«Familiengründung lag nicht drin
Wie hätte sie auch sollen
Wollte weder Herz noch Schwanz
war ganz
nur auf mein Hirn versessen
die mit ihrem Wahnsinnsgesäss»

M. teilt mir mit, diese Suzanne sei eine Berner Tänzerin. Und wie es bei diesen Tänzerinnen eben so sei, hätte die ein Wahnsinnsgesäss gehabt, was ihm gefallen hätte. Frigide sei sie jedoch gewesen, abrupt abgereist, meint er ärgerlich. – Und wie er ihr nachher sein Gedicht gezeigt hätte, sei sie damit überhaupt nicht einverstanden gewesen.

Also ich will von M. wissen, warum er um diese Suzanne nicht gekämpft, sie zurückgeholt hätte? Er wollte das nicht. Ich denke: Wahrscheinlich ist ihm seine Energie zu kostbar, um sie für ein Weibsbild zu verschwenden. – Im weitern wird er über sein Gedicht *«Das Modell porträtiert seinen Maler, der sein Modell porträtiert»* befragt. M. gibt zu, er freue sich sehr, dass ich ihn gerade auf dieses Gedicht anspreche. Der Picasso habe eben auch ihn beschäftigt. Er lässt sich über die von ihm kreierten Worte penil und hodal aus – wir lesen die dritte Strophe, in welcher M. Picasso mit den Nomen *For-*

menknacker, wütiger Pinselspritzer, Farbenwürger versieht, um gleich fortzuschreiben:

> *... sei Dein ambulantes Freizeitloch meinst du*
> *Deine Erschütterin Nachtmaschine Orgasmuslieferantin wie*
> *willst Du ihn heute penil*
> *oder hodal*

sowie die letzte Strophe dieses Gedichts, die auf verzwickte Weise doppelgesichtig aufzufassen ist:

> *Paloma mein Vögeli ich*
> *meins elend gut mit*
> *Dir mit uns mein*
> *Täubchen mein'*
> *ich*

Interessanterweise ist für Picasso das Bild «Der Maler und sein Modell» das Hauptwerk dieses ganzen Zyklus überhaupt. Darin sieht er *«die klassische Lösung aller rituellen, erotischen, dialektischen und meditativen Anlagen, die die Thematik bereithält, erreicht»*, wie Klaus Gallwitz schreibt. Bezeichnenderweise wird die Figur des Malers meistens stärker differenziert als das Modell, das in der Regel in ruhender Pose, oft mit über den Kopf gelegten Armen dargestellt wird. 1963 nähert er sich diesem Thema seines Alterswerkes über sein eigenes Tun und über sein Verhältnis zur Umwelt. Wohl kaum werden da bei ihm Brüche entstanden sein im Hinblick auf sein Verhältnis zu den Frauen ...

Es geht mir durch den Kopf: Unverfrorene Männer haben offenbar das Faible, die Unverfrorenheit ihrer Geschlechtsgenossen genau zu beschreiben. Ich finde, die Gedichte in *«DIE ERWEITERUNG DER PUPILLEN beim Eintritt ins Hochgebirge»* zeigen viel von M.s stark intuitivem Wesen, denkt man nur an die starken Psychogramme der Bundesräte und anderer Honoratioren. Die tieferschichtige Befindlichkeit eines Staates wird hier schonungslos mittels Poesie offengelegt. Diesen Gedichtband werde ich immer wieder hervorziehen, den habe ich nie ausgelesen ...

Er und die Laure Wyss hätten sich einmal pro Tag getroffen; am Morgen zum Frühstück jeweils, welches die Journalistin zubereitet hätte. Ich will wissen, warum er das nicht für Frau Wyss erledigt hätte; M. versichert, die Laure Wyss hätte das einfach viel besser gekonnt. Und hier in Zürich sei im Gegensatz zu Frankreich so schwere Luft.

Er müsse mich unbedingt verlassen, seiner Mutter gehe es nicht gut.

17. Juni

«Spiessbürger Meyer (FAM)» im «Sonntags-Blick»

Frank A. (Adelgott?) Meyer ist nicht mehr gut im Strumpf, sonst könnte er wohl nicht geschrieben haben: «Was wäre die linksradikale Ecke ohne die rechtsradikale Ecke?» Mit «linksradikal» meint er die «WochenZeitung», mit rechtsradikal den Überwachungs-Fichen-Staat. Er meint also allen Ernstes, dass der «WochenZeitung»-Journalismus ohne die Bundes-Spitzel nicht existieren könnte, dass die beiden aufeinander angewiesen sind. Es gäbe demnächst für die «WoZ» keine Aufgabe mehr, wenn ihr die Spitzel-Affäre nicht ins Haus gestanden wäre? Herrn Meyer passt es nicht in den Kram, dass die «WoZ» zum Kulturboykott aufgerufen hat. Das ist sein gutes Recht, aber verleumden sollte er deshalb diese Zeitung nicht. «Linksradikal» ist für ihn offensichtlich ein Schimpfwort, da er den Begriff ja auf die gleiche Ebene hievt wie «rechtsradikal» (wie er auch die Befürworter der Armee-Abschaffung als «Hasardeure» verunglimpft hat). Herrn Meyer ist offensichtlich entgangen, dass die «WoZ» von allen Journalismus-Kennern längst zu den seriösen, oft auch zu den brillanten, Organen gerechnet wird. Da er aber, als ehemaliger Linker und Möchtegern-Grossbürger (er beschimpft die Kultur-Boykottanten als «Kleinbürger») von einem seltsam hartnäk-

kigen Hass gegen alle echten Linken geplagt wird, vermag er das nicht wahrzunehmen. Zu seiner Information: In der «WoZ» schreibt regelmässig der wohl renommierteste, solideste Rechercheur des hiesigen Journalismus, Jürg Frischknecht (Zürcher Journalistenpreis), der international angesehene deutsche Publizist Lothar Baier («Merkur», «DIE ZEIT»; Jean-Améry-Preis); die grand old lady der Schweizer SchriftstellerInnen Laure Wyss (Zürcher Kulturpreis), der angesehene ungarische Schriftsteller György Dalos; der international berühmte Afrika-Spezialist Al Imfeld (Zürcher Journalistenpreis und viele andere Preise); der brillante Reporter Stefan Keller (Zürcher Journalistenpreis); und viele andere, die zwar in keiner Geschäftsleitung sitzen wie Meyer und alles Leute, die ihre publizistischen Ideale noch nicht aufgegeben haben und ohne Bombensalär, Autotelefon, Zweitresidenz im Leben stehen. (Es ist ebenso frech wie lächerlich, sie einfach mit «linksradikal» zu bezeichnen.) Sie sind nicht korrupt.

Herr Meyer, der eng mit dem Bundesbeauftragten für die 1991er Festlichkeiten, Solari, befreundet ist, hat nicht gemerkt, dass auch Max Frisch die Boykotterklärung unterschrieben hat; sonst könnte er ihn nicht als Vertreter der sozusagen «ewigen» Schweiz anführen und seinen Namen bei der Erwähnung der Boykottanten (Muschg, Späth, Walter) ausklammern. Und übrigens, wie kommt Herr Meyer zu diesem Satz: «Die Furglers kommen und reden und sind vergessen», nachdem er sich diesem Bundesrat, solange er an der Macht war, gewissermassen auf Knien genähert und ihm einen verzückten Abschiedsartikel gewidmet hat (anlässl. der Demission)? Steht er einfach vor der jeweils aktuellen Macht ein bisschen stramm?

M.
Mitarbeiter der «WoZ»

23. Juni

Angela Sommer: «Der Maulwurf»

ich habe lange Jahre
Gänge gegraben
immer ferner vom Licht

bis mir ein Pelz wuchs
vom Kopf zu den Zehen
die Finger sich krümmten
zu Krallen

jetzt aber
während ich
langsam erblinde
fühle ich Sehnsucht
nach Licht

Hoffentlich merkt M. nicht zu spät, dass auch er das Licht dringend benötigt, jenes besondere, spezielle Licht, um nicht kaputtzugehen in den Gängen. – Soviel fällt mir dazu ein, blättere ich das Suhrkamp-Lesebuch «*Im Jahrhundert der Frau*» durch. (Ausgewählt von Elisabeth Borchers und Hans-Ulrich Müller-Schwefe.)

25. Juni

M., der aus Wil anruft; von seiner Mutter kommend. Ich soll nur weiterschlafen, in zwanzig Minuten sei er bei mir. Ich piepse in den Hörer: «Bring mir bitte alle Bücher mit!» M. erdreistet sich: «Soll ich das?» Ich entgegne erbost: «Was heisst hier sollen?» – Schlaftrunken öffne ich die Türe.

Er steigt direkt zu mir ins Bett, er hätte in Amsterdam an einer Veranstaltung mit dem Titel «*Der Einfluss von Politik auf die Kultur*» teilgenommen. Nicht ergiebig sei das gewesen: «Es wurde debattiert und debattiert ...» – Ob ich im «*Blick*» Strittmatters Entgegnung gelesen hätte? Der hätte sich erfrecht zu schreiben, der revolutionäre M. müsse mit Auszeichnungen operieren, weil er die «*WoZ*»-Journalisten aufführte. Und er müsste punkto Autotelefon gerade noch etwas sagen, er, der einen Jaguar gefahren sei ... Ich meine, ich werde mir den Strittmatter-Text noch zu Gemüte führen. – Ich erinnere mich an diesen Strittmatter, mit dem ich ungewollt Bekanntschaft ihm Zug nach Basel, via Amsterdam, machte. Der sass mit einem anderen Werbefritzen im selben Abteil; und lügen würde ich, wenn von denen zwei nicht eine offen-versteckte Anmache ausgegangen wäre ... einen Monat später brauchte ich Geld. Und wo landete ich? In der GGK – der «Geldsack» Strittmatter fährt herrlich «understatement» jeden Tag mit Roller und Helm vor der Agentur vor!

Wir erwähnen seinen Ernst-Jünger-Artikel, M. meint, im «*Spiegel*» hätte es nur so Leserbriefe gehagelt! Es wäre ihm im Grunde genommen recht, wenn der Jünger wegen des Textes einen Herzinfarkt bekommen würde. Für diesen «*Spiegel*»-Artikel hätte er 10 000 DM kassiert. – Er greift dann zum Telefonhörer; ich delektiere mich an einer kindischen Freude, weil die PTT mein Telefon abgeschaltet haben. Es kann nur hineintelefoniert, nicht aber hinaustelefoniert werden. M. sagt verärgert, das gehe schnell bei den PTT: «Ich habe auch so eine hohe Rechnung gehabt, etwa 470 Franken, wegen Deutschland-Telefonaten, das summiert sich wahnsinnig.» Bei mir rächt sich die Bukarest-Telefoniererei ...

2. Juli

M. wählt meine Nummer, da hätte einer im «*Tages-Anzeiger*» über den Jünger beziehungsweise über das Buch von Meyer eine Lobhudelei geschrieben. – Ich teile ihm mit, ich hätte die Leserbrief-Reaktionen im «*Spiegel*» gelesen. – Zum Glück gibt es einen Gerhard Leo, den Vorsitzenden der Deutsch-Französischen Gesellschaft in der DDR e.V., welcher schreibt: «*Die brillante, vernichtende Kritik von M. über Meyers dümmliche Glorifizierung des schwülstigen Kriegsverherrlichers Ernst Jünger gehört zu den grossen Essays in der Geschichte des ‹Spiegels›. Es wird in Zukunft schwer sein, von Jünger zu schwelgen, ohne nicht wenigstens etwas aus M.s wissenschaftlicher*

Arbeit zu zitieren.» – Der Landrat Dr. Wilfried Steuer meint: *«Der Landkreis Biberach ist stolz darauf, Ernst Jünger, der seit nunmehr 40 Jahren in Wilflingen wohnt, zu seinen Bürgern zu zählen. Die Auszeichnung mit dem Oberschwäbischen Kunstpreis am 17. März 1990 zeigt, welch hohes Ansehen und welche Achtung er bei uns geniesst.» Biberach an der Riss (Bad.-Württ.).*

5. Juli

M. telefoniert mir und sagt: «Ich habe den St. Galler Kulturpreis bekommen.» Ich antworte, das sei schön für ihn. Er komme jetzt gleich vorbei. Ich unterrichte ihn, ich würde jetzt am Morgen jeweils laufen gehen. Ich bräuchte viel Bewegung, ausserdem würde ich von einer Frau abgeholt, da ich nicht alleine in den Wald gehen möchte.

Er meint insistent, um zehn Uhr würde er es nochmals versuchen.

*«St. Galler Kulturpreis
für M.*

sda. Der Kulturpreis 1990 der Stadt St. Gallen geht an den in Zürich lebenden St. Galler Schriftsteller und Historiker M. Der Preis wird alle vier Jahre durch den Stadtrat verliehen und ist mit 15 000 Franken dotiert. Er wird nach einer Mitteilung des Stadtschreibers vom Mittwoch am 25. November an einer öffentlichen Feier übergeben werden. Mit dem Kulturpreis will der St. Galler Stadtrat M. als einen der namhaftesten schweizerischen Kulturschaffenden sanktgallischer Herkunft für sein literarisches Werk auszeichnen. Darin hat sich M. auch mit St. Gallen beschäftigt, ‹indem er kritisiert und zur Auseinandersetzung herausfordert, aber auch indem er die Stimmung in dieser Stadt um die Jahrhundertwende mit grosser Sensibilität und Präzision beschreibt›, wie es im Communiqué des Stadtrates heisst.»

7. Juli

M. kabelt. Fragt, wie es mir gehe? Ich erzähle, dass ich fast nur noch schlafen würde, M. meint, das sei eine neue Krankheit aus Amerika, das gehe wieder vorbei. Der Federspiel leide auch unter dem; das sei natürlich mit einer grossen Müdigkeit verbunden. – Er sagt rasant, er komme jetzt ... Ich mache ihm klar, dass ich um zehn Uhr schon wieder weg müsse – Was Wunder, er hat zwei Bücher wieder mitgebracht, auch jenes von Rothschild, allerdings ohne Umschlag!

M. kommt, vernascht mich schnell, wobei ich wieder einmal wählen kann: von vorne oder von hinten. Ich bin demoralisiert, sage, es sei mir egal. –
Wir diskutieren über Botho Strauss' Artikel in der «ZEIT» vom 22. Juni, «*Der Aufstand gegen die sekundäre Welt*»: «*Anmerkungen zu einer Ästhetik der Anwesenheit*», den ich streckenweise brillant finde, obwohl er für meine Begriffe den Begriff «*Logos Gott*» zu oft wiederholt. Zu sehr auf die Theophanie fixiert ist. – Ich meine dann, ich müsste es sowieso mal mit Botho Strauss treiben, der würde mir noch gefallen. M. bleibt vorerst die Luft weg, dann meint er, in diesem Falle würde er dem Strauss einen Brief schreiben.

Mit was für einem Inhalt?
Patriarchale Wiederholung des ewig Dagewesenen!

Ich beklage mich bei ihm: «Wenn du wüsstest, was der Notfallarzt Ivan Roth am Telefon sich erlaubt hat zu äussern, also rein verbal ...» (Ich sei jetzt 33, hätte kein Kind, sicher würde ich an einer Scheinschwangerschaft herumlaborieren; der Körper verlange sein Recht.)

M. beteuert, er würde sich nun bei Federspiel erkundigen, wie diese Krankheit heisse. Der sei momentan jedoch in Spanien. Mittags um zwei Uhr hätte er ihm mal angerufen, da hätte ihm die Vilar gesagt, er sei müde und könne nicht ans Telefon. Am Anfang hätte er gedacht, der wolle nicht mit ihm reden, wegen gegenseitiger Unstimmigkeiten. Dann habe er jedoch gemerkt, dass der Federspiel wirklich krank ist.

Wir unterhalten uns über den «*WoZ*»-Artikel von Hans Stutz, «*Fernsehtschutten in der Beiz*» – *Zuviel Geld, keine Härte und Gerechtigkeit*», von welchem M. behauptet, der imitiere krampfhaft seinen Schreibstil. Aber wirkliche Imitation von ihm gibt es nicht, denke ich mir. Ausser man merkt eben, dass es Imitation ist. – Oder ärgert M. schlichtweg die eingestreute Grafik: kleine kickende Fussballmännchen, die in den verschiedensten Positionen zwischen den einzelnen Abschnitten dazwischentorkeln? Wie dem auch immer sei, ich verteidige Stutz, meine, ich finde das erhellend, endlich einer, der dem Beni Thurnherr den richtigen gesellschaftlichen Stellenwert zugewiesen hätte, nämlich: «*Ehemaliger Primarlehrer, nun Sportschnörri.*» Und bei dieser Fussball-WM kommt auch sein unterschwelliger Rassismus, für dieses Mal schon oberschwellig, richtig zutage, wenn er etwa meint: «*Der Final wäre für die Afrikaner doch ein bisschen zu hoch gegriffen.*»
Ich meine zu M.: «Das ist ein überangepasster, todlangweiliger, den Schweizer Mittelstand repräsentierender TV-Mann.» – M. stimmt mir vorbehaltlos zu.

Aus anderen gut unterrichteten Quellen erfahre ich, der Max Frisch hätte wieder einmal ein Abschiedsfest auf der Rigi gegeben. Er sei schwer krank, leide an Angina pectoris. (Nur kurz nach draussen gegangen, um Luft zu schnappen.) Spaziergänger, Ausflügler seien vorbeigekommen, die hätten es echt bedauert, dass er, Max Frisch, so einen Kulturboykott unterschrieben hätte; wo doch hier auf der Rigi auch so eine gute Luft sei ... Frisch hätte gemeint, sie sollten weiterhin ihre gute Luft geniessen, er müsse jetzt wieder hinein. – M. gibt zu bedenken, er finde diese selbstinszenierten Abschiedsfeiern von Frisch eine fragwürdige Angelegenheit!

M. teilt mir mit, am nächsten Donnerstag müsse er im Radio DRS über «*Das verlorene Lachen*» referieren, worin Gottfried Keller gegen kirchliche Orthodoxie anschreibt: «*Unter dem Schutze der weltlichen Macht und nach dem Beispiel altbewährter Führer hatte das jüngere Geschlecht die freiere Weltbetrachtung auf der Kanzel sowie die freiere Bewegung im Leben errungen.*» – Er fragt mich, ob ich wisse, wo der Muschg wohne. Ich antworte: «Wahrscheinlich immer noch in Kilchberg.» – Was jedoch nicht stimmt. Dann halt Zumikon oder Zollikon? (Es ist mir einigermassen egal.) Auf jeden Fall beginnt dann ein mehrstündiger Gesprächsmarathon mit dem Dozenten für deutsche Sprache und Literatur an der ETH Zürich! Es scheint mir, der Muschg ist an diesem Samstagmorgen nicht besonders disponiert, mit ihm zu diskutieren. M. fragt ihn brüderlich, ob er noch geschlafen hätte, und will gleich wissen, ob er, Keller, den Balzac auf französisch gelesen hätte? – Es wird mir fast schwindlig, ich möchte nicht zuhören, wie er den Keller-Kenner versucht, aus der Reserve zu locken! Bezüglich seines St. Galler Kulturpreises macht M. ihm klar: «Es ist vor allen Dingen für meine Mutter wichtig.» – Ich schreibe auf einen Zettel, ich würde ins Sporttraining gehen. Er schreibt darunter, er lege den Schlüssel in den Briefkasten. Ich deute ihm an: in den unteren Teil und nicht in den oberen, sonst müsste ich abermals den Spengler holen wegen ihm. – Ich warne M., ebenfalls schriftlich, nichts in meiner Wohnung anzutasten, vor allen Dingen keine Manuskripte zu lesen ...

Unanständig finde ich es, dass er sich bei mir in der Wohnung an die Strippe hängt.

Wie ich zurückkomme, finde ich folgenden Zettel von ihm im Briefkasten:

«la clé est dans le compartiment inférieur (en bas)

P.S. Keine Manus gelesen!
Sicher!
Pardon fürs Telefon!»

23. Juli

Ich unterbreite M., ich möchte diesen Sommer an den Schluchsee im Schwarzwald. Er ist der Meinung, da hätte es jetzt zu viele Leute, ausserdem sei es schon zu heiss. Ich insistiere, dass ich dieses Jahr an den Schluchsee möchte! Er redet vom Thürlersee, an den Thürlersee könnte man gehen. Oder warum nicht an den Katzensee? Morgen würde er mich um fünf Uhr anrufen, ich solle mit ihm an die Reuss mitkommen. Ich rufe: «Meinst du, ich möchte den Erfrierungstod erleiden, indem ich um fünf Uhr in der Reuss baden gehe?» M. hält entgegen: «Am Morgen, da ist das Wasser am wärmsten.» Ich gebe ihm zu verstehen, ich wisse nicht, ob ich mit ihm an die Reuss möchte, er hätte nicht immer zu bestimmen, wann und wohin wir gehen sollten! (Wenn wir uns überhaupt aus dem Gefängnis herausbewegen.) Und überhaupt denke ich, lächerlich, um fünf Uhr an die Reuss, da ist keine Gefahr für ihn, da sieht uns niemand. Ausser den Tieren. Und die werden es hoffentlich nicht dem «Blick» erzählen. – Dann spielt er den Konsternierten, meint, er hätte um elf Uhr einen Termin, Rias Berlin, von Lothar Baier und ihm werde ein Porträt gemacht. Ob ich Rias Berlin kenne? Ich entgegne, ich glaube ihm überhaupt nichts, bestimmt hätte er schon heute morgen gewusst, dass er einen Termin habe. Er streitet dies vehement ab, meint, am letzten Donnerstag hätte er den Gottfried-Keller-Termin um halb fünf Uhr verpasst. Plötzlich hätte er ein Telefon bekommen, wo er denn bleibe, alle würden auf ihn warten. Ich denke: da hilft also auch seine grossklotzige Uhr nichts. – Jetzt diesen Termin mit Rias hätte er eingetragen, er müsse draussen an sein Auto und diesen Termin im Notizbuch nachschauen gehen. Er fordert mich auf, mit ihm nach draussen zu kommen, um seinen Termin im Notizbuch nachzuprüfen. Ich ziehe meine Sonnenbrille an. Er meint, das sei nicht nötig ... Ich wehre mich, ich benötige sehr wohl eine Tarnkappe, das hätte ich nun von ihm gelernt.

Ich magnetisiere ihn: «Seit Tagen suche ich mein Notizbuch; sicher hast du mir das entwendet!» – Dann lachen wir beide.

Also tatsächlich, da steht in seinem winzig-kleinen Notizbuch die schludrige Eintragung: 11 Uhr. – Ich sage energisch: «Das geht nicht mehr, das geht überhaupt nicht mehr so; um zehn Uhr kommen, um elf Uhr gehen ... mich quasi als Nebentermin zwischen all deinen Hauptterminen einzutaxieren.» Er streitet das wieder ab, meint, ich sei der Haupttermin!

Wieder in der Wohnung, sagt er verächtlich: «Also anlässlich dieses Treffens am Donnerstag war neben dem Muschg auch die Klara Obermüller da: Die wird immer religiöser.» – Ich sage ihm, solange er noch zahlendes Mitglied dieser dubiosen von Rom dirigierten katholischen Organisation sei, hätte er eigentlich nicht viel über andere zu sagen.

Wir amüsieren uns kurz über den Leserbrief von Dr. Rudolf Vetter aus Neerach, mit dem Titel *«Fichen: Wieviel Hysterie erträgt die Schweiz?»* Der letzte Absatz dieses Briefes lautet folgendermassen: *«Als Nachsatz: Der Schreibende hatte in den sechziger Jahren eine Tante aus der DDR bei sich zu Besuch. Er wäre enttäuscht, wenn dieser Vorgang bei der Bundespolizei nicht registriert wäre. Denn jeder Ostkontakt hat damals ein potentielles Risiko beinhaltet.»* – M. ist der Meinung, dieser Dr. Vetter hätte das ironisch gemeint. Ich jedoch bin nicht dieser Ansicht: «Das ist keineswegs Ironie, sondern der meint das genau so, wie er das schreibt.» – Und dann schüttelt auch M. den Kopf – es gäbe unverständliche Menschen ...

Bevor er hinausgeht, zieht er nochmals den Katzensee in Erwägung, ich sage energisch: «Du verweigerst mir an den

Schluchsee zu gehen, also gehen wir auch nicht an den Katzensee. Dahin willst du aus purer Bequemlichkeit, weil er eben in der Nähe liegt ...» Beleidigt renkt M. ein, dann würden wir eben auch nicht an den Katzensee gehen!

13. August

M. ruft an und will wissen, ob ich das Buch von Pasternak bekommen hätte. Ich möchte ihn heute unbedingt ärgern. Ich meine, ich hätte kein Buch bekommen, er insistiert, das stimme nicht, er hätte die Rechnung bekommen. Also gebe ich mich geschlagen und bedanke mich. Das Buch von D. H. Lawrence würde er mir gleich bringen. Ich frage, wo er gewesen sei – M. antwortet: «In Polen.» Ich reagiere gelassen, meine, das sei hübsch, ob er bei dieser Gelegenheit auch die Polin gesehen hätte? Er entgegnet, extra nicht, die hätte er nicht gesehen. Die Betonung auf extra mutet mich eigenartig an.

Ich eröffne ihm, er könne nicht kommen, ich ginge jetzt den ganzen Tag an den See, sei unabkömmlich, – ich hätte da ein Rendezvous mit einer Frau. – M. will wissen, wo ich baden gehe? Ich verweise ihn darauf, dass er da nicht hinkommen könne, dieser Badeplatz sei nur für Frauen bestimmt. (Es regt mich masslos auf, dass er immer noch nicht weiss, wo ich baden gehe – obwohl ich es ihm schon ein paar Mal gesagt habe ...) Vor sechs oder sieben Uhr sei ich bestimmt nicht zu Hause!

15. August

Wie M. meine Vorstadtklause betritt, habe ich den Eindruck, dass er ziemlich lädiert ist.

Er will unbedingt in Erfahrung bringen, wie die Frau heisse, mit der ich am See ein Rendezvous gehabt hätte. Ich sage: «Hilde Löser.» M. sagt, er kenne deren Mann, den Ethnologen Löser. Und das sei ein sehr interessanter Mann. – Für mich ist es belebend, die Bekanntschaft mit Hilde Löser gemacht zu haben, sie ist eine reife, sprühende, vitale, herzliche Frau, mit der ich über alles reden kann.

Wir erörtern kurz die politische Situation um Saddam Hussein, M. und ich sind der Überzeugung, eskalieren könne die Situation zwischen Irak und Amerika, dem Westen, nicht, da sei zuviel Sprengladung dabei, da hätten alle Angst. Das würde ein riesiges Schlamassel geben und sei weltpolitisch viel zu gefährlich ... Ich warne M. jedoch: «Du bist noch nie in einem arabischen Land gewesen», es sei für uns Westler verhältnismässig schwierig, sich in diese Mentalität hineinzufühlen! Eine wirkliche Annäherung dieser zwei so verschiedenen Kulturen würde von beiden Seiten viel Energie und Empathie verlangen!

M. sagt dann völlig abrupt: «Der Peter Frey liegt im Fraumünster-Spital, es geht ihm ganz schlecht, er hat Lungenkrebs und wird wahrscheinlich daran ersticken. Ich habe mit seiner Frau am Telefon geredet, aber man darf ihn im Spital nicht besuchen.» Vor einem halben Jahr hätte er eine Chemotherapie hinter sich gebracht, alle Haare seien ihm ausgefallen. Und dieses Telefonat mit seiner Frau beschäftige ihn so sehr, das sei grauenvoll, so zu enden. Und das kurz nach seiner Pensionierung im «*Tagi-Magazin*». Peter Frey hat M. zu seinem Geburtstag, *Festschrift* in der «*WoZ*», unter anderem geschrieben: «*In einer Buchbesprechung nannte ich Dich einmal Löwenherz, aber erst bei unserem sehr emotionalen Zwist wusste ich, was es heisst, einem wütenden Löwen ausgesetzt zu sein. Für dieses Erlebnis bin ich Dir dankbar, und trotzdem hoffe ich, dass es sich nicht wiederholen wird.*» –

Jetzt wird mir schlagartig klar, warum M. so völlig erledigt in meine Wohnung tapste. Deshalb also wirkt er dermassen erschöpft. – Weit weg!

Er betont nochmals, wie schrecklich das sei wegen Frey, und er finde einfach keine Worte dafür!

Warum er mir morgens um fünf Uhr nicht angerufen hätte, um an die Reuss zu gehen und die Tiere zu beobachten? M. sagt entschuldigend, er selber sei auch nicht mehr gegangen. – «Morgen gehen wir an den Schluchsee!» verkünde ich. Er lenkt müde ein, das müssten wir jetzt halt machen, wenn ich das so kategorisch wünsche.

Er trottet von dannen. Sehr bedrückt wegen Peter Frey.

20. August

Das Telefongesurre weckt mich aus meinem fragilen Schlaf, M. eigenartig sanft, fast einen Touch zu sensibel ... verdächtig, denke ich, und es macht mich fast wütend.

So richtig an das Tageslicht gewöhnt, trottet M. wie ein Mammut aus eisigsten Zonen in meine Kemenate. – Am Freitag sei er beim Peter Frey im Spital gewesen. Er hätte ihn nicht mehr erkannt. Er sei schon «weg» gewesen – da könne man wirklich nur noch heulen. Am Mittwoch sei die Beerdigung unter den nächsten Angehörigen, und am Samstag müsse er eine Rede halten: «Das ist schwierig.» – Ich will wissen, ob der Frey neben seiner Frau auch Freundinnen gehabt hätte? Er bejaht, die Frau hätte dies jedoch gewusst.

Ich frage M.: «Was würdest du unternehmen, wenn ich morgen sterben würde?» Er antwortet: «Ich würde auch für dich eine Totenrede halten.» Ich verfalle in lauten Protest, für mich müsste er überhaupt nichts halten, wenn ich tot sei ... Dazu schweigt er, merkt, dass es wohl das Beste sei. «Auf jeden Fall», lässt M. noch verlauten, «muss man schriftlich festhalten, von wem man die Totenrede haben will.» – Der Frey hätte sich nicht mit dem Tod konfrontieren wollen, hätte auch mit seiner Frau nicht darüber geredet. (Das Patriarchat lässt grüssen ...) Äusserst tragisch sei das: «So schnell nach der Pensionierung gestorben» – und der *«Tagi»* habe nur etwas Kurzes über ihn geschrieben, schäbig, dafür, dass er so lange dort war und auch zum Gründerteam des *«Magazins»* gehörte. Ich meine zu M., dass Krebs in den meisten Fällen bei Eigenunterdrückung, Stress und nicht verarbeiteten, traumatischen Erlebnissen auf den Plan trete. Ich sage: «Das kann dir nie passieren, du hast dich ja immer lauthals gewehrt.» M. gibt dann zu, der Frey hätte bestimmt eine Seite in sich gehabt, die sich gegen ihn selbst gerichtet hätte...

28. August

M. telefoniert; förmlich habe ich auf seinen Anruf gewartet.

Die *«Festschrift»* zu seinem 50. Geburtstag wurde mir zugeschickt; *«WoZ»*, 11. Mai 1990. Da ich keine regelmässige Leserin eines Journals bin, verpasse ich sporadisch einiges an Aktualität. – Ich lese also einige Monate verspätet: *«Intimitäten und Erheiterungen, Schnulzen und Mahnungen, Streicheleinheiten und Fälschungen und ein authentisches Interview anlässlich eines unverrückbaren Festes: Für M. zum 50. Geburtstag. Wir gratulieren.»* – Ich bin der Meinung, wenn die *«WoZ»*-Genossinnen und Genossen ihn schon ehren wollen, dann doch in einem etwas grosszügigeren und phantasievolleren Rahmen, als einige Leute aus der Literatur- und Filmwelt zu befragen, und der Höhepunkt an Banalität: ein Interview mit seiner Mutter! Es schreiben zu seinem Fünfzigsten der Hans Stürm, Lothar Baier und Peter Frey. Wie überaus traurig, fast peinlich nachlässig jedoch, dass die Isolde Schaad und die Laure Wyss nicht gewagt haben, von der Frauenwarte etwas bissigkritisch Emanzipatorisches zu vermerken, die Leserin, der Leser hätte ja ohnehin noch merken können, dass ihre Herzen für ihn, den Robin Hood der Schweiz, schlagen. Die Laure versteigt sich: *«Da, eine grosse Gestalt im Windjäckchen vor der Glaseingangstüre, M., wie hast du den Weg gefunden. Die Siegergestalt wie nebenbei: bin ja schliesslich ein Reporter.»* – Die letzte Frage von Marianne Fehr und Stefan Keller an M.s Mutter lautet: *«M. ist jetzt fünfzig. – Was würden Sie sich für ihn wünschen?»* Frau M.: *«Dass er heiratet. Seine Freundin hätte ich gerne als Schwiegertochter.»* – Es ist für mich grauenvoll, dass ich solche Statements aus der Zeitung erfahre – ich habe das Gefühl, ein Herzstillstand ereilt mich – ich bin fest entschlossen, mit ihm zu brechen, solche Grausamkeiten will ich mir nicht länger zumuten.

M. fragt also, wie es gehe? Zynisch antworte ich: «Trop bien.» Ich lege los: «Angesichts des Lesestoffes der ‹WoZ› vom 11. Mai geht es mir grandios; schlimm finde ich das alles.» – Und auch den *«Tages-Anzeiger»* vom 16. Juni hätte ich gelesen: *«Zusammen mit seiner blonden Begleitung, sass er in der bequemen Direktionsloge.»* Ich würde ihm nie mehr ein Sterbenswörtchen glauben – er solle die Presse mit seinen Liebschaften «verarschen», aber bei mir sei er an der falschen Adresse! Ich denke, ich sei immer ehrlich mit ihm umgegangen. Ich sage ihm einige sehr hässliche Worte, rede mich derart in Rage, dass mir fast die Luft wegbleibt. Er versucht mich zwischendurch vergeblich immer wieder zu beruhigen, erklärt, diese Artikel hätte nicht er geschrieben, was er denn für eine Schuld hätte? Der vom *«Tages-Anzeiger»* sei doch ein «kleines Würstchen», und dass die von der *«WoZ»* unbedingt mit seiner Mutter ein Interview hätten machen wollen, dafür könne er auch nichts. Ja, und die Eltern, vor allem die Mütter, die würden eben solche Aussagen machen ... Ich lasse ihn abblitzen, wie er sich soeben ankündigen will, erkläre, jetzt könne er überhaupt nicht kommen! Ich würde mit Margaux Englisch studieren. Er will wissen wie lange? Ich meine enerviert, er könnte es um 21.30 Uhr nochmals versuchen. Er klagt, er hätte die ganze Woche an der Leichenrede für Peter Frey geschrieben, das habe ihn völlig erschöpft. –

Nachher überfällt mich eine nochmalige Wut, aber auf mich selbst, dass ich mich so schnell wieder umdrehen liess. Und nicht nur deswegen: Meine Eifersucht entblösste sich blank und ungereinigt! Ich überlege: Ich werde mich aus seinen Schlingen befreien müssen, oder aber ich lasse mich mit der Zeit gegen Pressegeschichtchen, die sich in meinem Hirn jeweils zu riesigen Horrormonstern auswachsen, immunisieren.

Um viertel vor zehn Uhr ruft M. doch tatsächlich nochmals an. Die Situation zwischen uns hat sich merklich beruhigt. Wenn auch nur vordergründig ...

Die Leichenrede über Peter Frey würde am Freitag in der «WoZ» erscheinen. Dessen Tod belaste ihn massiv. Über den Tod will M. mit mir sprechen, über Religion, über entsprechende Literatur. Ich schlage ihm vor: das Buch von Paramahansa Yogananda, seinen Weg in den Westen – und seine Erfahrungen und Betrachtungen des nachtodlichen Zustandes. Ich verspreche M., das Buch für nächstes Mal herauszulegen. Ich meine jedoch: «Ich finde es erschütternd, dass du dir erstmals mit fünfzig Jahren ernsthaft über diese Themen Gedanken machst. Das ist doch typisch männlich! Meine Gedanken kreisen, bevor ich 20 Jahre alt war, einmal so intensiv um den Tod, über die Existenzberechtigung auf dieser Erde, und alles, was damit zusammenhängt, dass ich mich in Deutschland nicht mehr auf meine Rollen konzentrieren konnte. Weil ihr den Tod nicht akzeptieren könnt, versucht ihr es auf ‹heroische Art› und zettelt Kriege an!»

M. geht dann weg, schwer beladen mit dem Tod, betont noch einmal, ich solle ihm das Indien-Buch herauslegen. Mir ist es fast unverständlich, wie ein Mann mit 50 Jahren das erste Mal wegen eines Todesfalles, auch wenn es ein guter Freund ist, in eine derartige Krise verfallen kann! – Ich glaube weniger, dass es primär das Leiden um Peter Frey ist, sondern M. beschäftigt vor allem, dass ein erfolgreicher

Mensch mit 67 Jahren so rasant von der Bildfläche verschwinden kann ... Dass man selbst nicht zu bestimmen hat, wie lange man hier hausen darf. Die Machtlosigkeit des Nicht-mehr-lenken-Könnens. Dieses scheinbar einmalige Leben auf diesem Planeten, das lässt ihn so verzweifeln, matt und unruhig werden.

4. September

Wie M. meine Nummer anwählt, lobe ich ihn für seinen Artikel in der *«WoZ»*, *«Leichenrede für den Journalisten Peter Frey»*, und etwas kleiner gedruckt: *«Der geht mir nicht klanglos zum Orkus hinab! Nicht der.»* Viel Anstrengung hätte es ihn gekostet, diesen Artikel zu schreiben. M. meldet sich also an, fragt, ob es bei mir noch Bier hätte, er käme ein Bier trinken!

Wie M. meine Wohnung betritt, registriert er sofort, dass sich etwas Grundlegendes an meinem Lächeln verändert hat. Alles ist anders ... Und das wegen Betschwanden! Letzten Samstagabend traf ich mich mit dem Bildhauer Z. und seinem Berliner Freund: Ich lande in seinem englischen Wagen und dann in Betschwanden! Und dieser Berliner Freund entpuppt sich als grandios, in jeglicher Hinsicht, so dass ich mir ernsthaft überlegen muss, ob ich mich von M. überhaupt noch berühren lassen soll!

Meine Augen glänzen durch alles hindurch; sind in hunderttausend Fieberschalen getaucht worden! M. sieht mich gespannt an, ich registriere, dass mein Benehmen ihm eigenartig vorkommen muss. Ich lächle ihn tatsächlich an, bewege mich, wie ich mich noch nie bewegte – das alles irritiert ihn einen kurzen Moment.

Ich frage ihn gleich, wie lange er heute gedenke, in dieser Klause zu bleiben? Er meldet an, er wolle bei mir schlafen, er müsste aber seinen Wagen abschliessen. Ich entgegne, wenn er darin keine Juwelen hätte, müsse er das bestimmt nicht. Ich schlage ihm dann vor, mit dem Studium von Rudolf Steiner zu beginnen; das indische Buch sei im Moment unauffindbar. Die Rudolf-Steiner-Philosophie lehnt M. ab, die sei ihm zu christlich-religiös.

Er pirscht sich an mich heran – lässt verlauten, ich würde mich besser in den Todesangelegenheiten auskennen, er dafür in englischer Grammatik. Ob diesem kindlichen Vergleich müssen wir beide losprusten ... Wir treiben es dann – oder er treibt es vielmehr mit mir!

Er beginnt dann wieder von Peter Frey zu sprechen; der lässt ihn offenbar nicht in Ruhe. M. wünscht eine halbe Stunde zu schlafen, just eine halbe Stunde: «Ich schlafe so viel in letzter Zeit.» Ich meine, das sei gut, so könne er sich besser und schneller regenerieren.

Ich decke M. zu.
Plötzlich erhebt er sich in einem völlig zerfahrenen Zustand, spricht mit sich selbst: «Das mit Peter Frey geht so nicht.» Er läuft in die Küche – steht da, starrt vor sich hin. Ich versuche ihm klarzumachen, dass der Peter Frey es nun vielleicht viel besser hätte, nicht mehr unter den unerträglichen Schmerzen leiden müsse! Dann macht er kehrtum, geht ins Bad, meint: «Du hast recht, vielleicht geht es ihm nun viel besser.» – Ich habe plötzlich viel mehr Angst um Peter Frey, dass er keine Ruhe finden kann, wenn M. ihn gedanklich zu sehr auf die Erde zurückzieht. – Ich rate M. an, ans Meer zu reisen, irgendwo nach Süditalien oder nach Sardinien, um sich von den schwarzen Gedanken wegen Frey zu distanzieren. Er nimmt sich das zu Herzen. (Ich weiss, dass er meinen Rat nicht befolgen wird.) Ich rate ihm auch, eine Orgie zu feiern, eine verrückte Orgie, um alles zu vergessen ... M. winkt ab, das würde alles nichts nützen. Im selben Moment finde ich es ziemlich krud und unsensibel von mir, ihm eine solche Rosskur einzureden.

M. legt sich wieder hin, erklärt nochmals: «Ich schlafe eine halbe Stunde.» Ich mein', das sei o.k., wenn er nur nicht schnarchen würde. Ich lege mich neben ihn.

Um sieben Uhr erhebt er sich, er müsse gehen, und draussen ist er.

Zum Glück hat er diese Nacht kein einziges Mal geschnarcht.

Ich bin noch ganz gefangen von Rainer und Zumbach: eine ungemein schicksalshafte Zusammenführung!

7. September

M. ruft schon wieder an, ungewöhnlich, mich zweimal in der Woche zu kontaktieren. Er spricht, fast etwas verdächtig, überraschend ruhig. Unerwartet fragt er mich: «Wärst du einverstanden, wenn ich dir eine Frau vorstellen würde?» – Ich denke im ersten Moment, ich höre nicht richtig – eine Frau vorstellen! «Wir könnten ja einmal einen Dreier machen!» Wenn M. leicht verlegen ist, etwas zu formulieren, spricht er immer ganz schnell, aber in einnehmender Art und Weise. Ich willige ein, es entlockt mir einen Reflex auf mein wunderbares Zusammenspiel mit Rainer und Zumbach in Betschwanden. M. lässt durchblicken, er hätte gespürt, dass bei mir etwas gelaufen sei, wie ich ihn darauf anspreche ... Er würde jetzt Livia gleich anrufen, sie benachrichtigen und fragen, ob ihr Samstagabend genehm sei. In zwanzig Minuten würde er bei mir vorbeischauen. Er beabsichtigt, ganz unüblicherweise, am Freitagabend bei mir aufzutauchen.

Wie er reinkommt, sagt er: «Ich habe dieser Frau telefoniert, sie ist ganz kickerig.» Er sagt nicht «giggerig», das veranlasst mich innerlich zu einem unbändigen Gelächter.

Am Samstagabend hätte sie keine Zeit, wegen ihrer Kinder, aber am Sonntagabend würde sie gerne kommen. M. meint: «Ich finde das schön, dass sie nicht verdorben ist und am Telefon ganz aufgeregt war.» Er hätte am Apparat schon einen «Steifen» bekommen! Er hätte sich das eben schon überlegt, nachdem ich letztes Mal vorgeschlagen hätte, eine Orgie zu machen ... M. meint wirklich, sich betäuben zu müssen.

Wir fallen übereinander her, vielleicht eine Partie lustvoller wie am Dienstag. – Für die bevorstehende Feier ordnet er die diversesten Sachen an, wie wir was zu tun gedenken ... Ich ermahne M., diese Angelegenheit nicht zu zerreden, er gibt mir recht, es sei nicht gut, zuviel darüber zu reden! Den Nachnamen von Livia will er mir partout nicht verraten. Ich überleg', es sei wohl fairer so, diese Frau würde meinen Namen ja auch nicht wissen.

Wir beschliessen, mich Florence zu nennen: M. findet das einen faszinierenden Namen. Im Namenlexikon steht unter Florence: *«Florence: männl. Vorname Florens. Vorn. lateinischen Ursprungs, eigentlich ‹der Blühende, der in hohem Ansehen Stehende› (zu lat. florens: ‹blühend, glänzend, in hohem Ansehen stehend›). Der Name spielte früher als Heiligenname am Niederrhein und in Holland in der Namengebung eine Rolle.»*

M. erzählt, es sei nicht das erste Mal, dass er Gruppen-Sex betreibe, das hätte er schon einmal gemacht, sei aber nicht gut ausgegangen ... In der Folge können wir uns nicht zwischen einem grünen und einem orangen Kleid entscheiden. Das grüne wäre doch dezenter, entscheidet M., nicht so offensichtlich wie das gelb-orange! Auch die Schuhe, ausnahmsweise mit Absätzen, werden geprobt.

Ich bin sehr gespannt auf diese Frau namens Livia. Ein südlicher Typ sei sie, äusserlich das Gegenteil von mir. M. ist überzeugt: «Ihr zusammen seid eine gute geistige Vibration.» – Ich habe das Gefühl, es geht ihm sichtlich besser.

Um M. noch ein wenig zu unterhalten, erzähle ich ihm von einem Abenteuer in Rom: «Ich sah auf der Strasse einen Mann, der gefiel mir, wir gingen in ein Hotel und verkeilten uns da so lange ineinander, dass ich nachher kaum mehr gehen konnte – nachher begaben wir uns in den Luna parco und vergnügten uns wie Kinder.» An einen Spielfilm mit Simone Signoret erinnerte mich das; Bahnen, die phänomenal leicht in der Luft umherfliegen. M. meint: «Dieses Bild erinnert mich an einen Streifen von René Clair.»

M. meint verbiestert: «Diese ‹*Bonus*›-Nummer hat sich wieder etwas Schlaues einfallen lassen – Über diverseste Prominente wurde geschrieben, an welcher Adresse sie in Zürich wohnen, dazu haben sie die Leute noch gezeichnet, richtig kindisch.» Über seine Lage ist man folgender Meinung: «*Eisfeldstrasse 6: Ein völlig unspektakuläres, geschmackloses Mietshaus aus den sechziger Jahren an verkehrsreicher Kreuzung. Wer hier lebt, braucht ein dickes Fell. Historiker und Berufsmeckerer M. hat sich nicht mal angeschrieben. Der wortgewaltige M. muss sich mit einem hässlichen Mietshaus an einer vielbefahrenen Oerliker Kreuzung zufriedengeben.*» – Und diese wahnsinnig sinnerweiternden Neuigkeiten, wo bekannte Leute wohnen, wurden von einem Hausi Bauer geschrieben, der unter Umständen der Öffentlichkeit auch einmal mitteilen wird, an was für einer einzigartigen Adresse er logiert. (Allerdings vermerkt M., das mit dem «dicken Fell» stimme schon.)

Der bevorstehende Sonntag ruft eine gewisse Spannung in M. hervor. Wir einigen uns auf Champagner und Lachs, er verlangt noch Sardellen. Scharfe Sachen will er essen ...

M. zieht dann ab, er müsse arbeiten.

8. September

M. ruft nervös an, ich solle trotzdem das gelbe Kleid anziehen, das sei viel sinnlicher. Ich wende ein: «Aber zu offensichtlich.» – So lassen wir die Kleiderfrage offen. Ich plaudere: «Ich habe dich heute in der Nähe des Kinos ‹Le Paris› gesehen» – er behauptet, das sei sein Doppelgänger gewesen, er sei heute noch nicht aus seinem Oerlikoner Quartier rausgegangen. Er hätte nur schnell draussen etwas zu Mittag gegessen.

M. redet mich bereits mit Florence an. Ich ermahne ihn, sich auf jeden Fall schön anzuziehen, Krawatte und so weiter ... Er grinst: «Das Schönste ziehe ich an!»

9. September

Nach dem Korrigieren gehe ich schnell am Flughafen in die Gourmet-Abteilung, um Lachs und Pilz-Patté einzukaufen. Und dies alles in einer besonders beseelten Vorfreude. – Das Telefon sirent, M. vermeldet: «Wir kommen bald.»

Pünktlich wird um acht Uhr an meiner Türe geklingelt. Ich habe mich für das gelbe Kleid entschieden, hohe Absätze. Und dezent geschminkt. Die Haare sind blond durchfiltert vom Zürichsee-Sommer. – Sie kommen also rein ... M. küsst mich rituell wie ein alter Verbündeter. Ich spiele mit, als ob das immer so ablaufen würde.

Wer kann denn schon ahnen, wie kratzbürstig und masochistisch wir normalerweise miteinander umgehen?

Und sie, Livia, die den Haarschnitt der Juliette Gréco hat, küsst mich gleich sehr vertraulich dreimal auf die Wangen, als ob sie und ich solches schon seit Jahr und Tag praktizieren würden. Also schwarzen Pagen-Schnitt und etliches kleiner wie ich. Jetzt um so mehr, da ich meine hackigen Absätze trage! Unwahrscheinlich, wie diese Frau es geschafft hat, sofort diese Verbindlichkeit zwischen uns herzustellen. Die verfügt tatsächlich über einiges Talent, fährt es mir durch den

Kopf – obwohl, Livia schaut mich prüfend an ... oder vielleicht ist prüfend der falsche Ausdruck; vielmehr erstaunt sollte man es nennen. Erfreut zeigt sie sich – herzlich und ausserordentlich liebenswürdig. (Die Polin wäre für das nicht zu haben gewesen, die sei zu katholisch für so etwas ...) – Ob soviel Neuem werde ich ganz aufgeregt, rote Flecken zeichnen sich in meinem Gesicht ab. Livia charmiert: «Du bist wie ein Sommervogel in diesem Kleid.» Sie selber trägt ein schwarzes Oberteil, das im Rücken tief dekolletiert ist; bis an den Hosenbund ... Sie zeigt sich erstaunt und entzückt, dass es «luxuriöses Essen» gibt, und fragt M., ob ich reich sei. M. erklärt: «Das ist bei ihr ganz unterschiedlich mit dem Essen, es kommt auch vor, dass sie fünf Tage nur von Joghurt lebt!» Dann beginnt M. den französischen Rothschild-Champagner auszuprobieren, meint, das nächste Mal, wenn er in Paris sei, würde er das beim Passieren des Rothschild-Champagner-Hauses lobend erwähnen ...

Es wird Small talk betrieben: Ich erzähle, wie mich letzthin ein Mann auf der Strasse angemacht hätte, ob ich Schwedin sei, und Livia erzählt gleich, sie werde permanent daraufhin angesprochen, ob sie Mexikanerin sei. Ich sei angenehm unschweizerisch, lobt Livia. Da hat M. also zwei unschweizerische Frauen zusammengeführt!

Sie sitzen dann beide brav an meinem Küchentisch. Mit Pastete werden sie bedient, und ich beauftrage M., den Champagner auszuschenken. Auffallend ist, dass M. sich leicht modifiziert gibt; das heisst, sich eine Spur sozialistischer präsentiert. (M. hat mich vorher orientiert, sie, Livia, hätte einen eher ärmlichen Hintergrund.) Wir sprechen Schweizerdeutsch. Manchmal gleite ich ins Hochdeutsche hinein, M. erklärt, es sei spannender, wenn man es verstehe, die Situationen sprachlich zu verfremden ...

Livia ruft dann aus, wie blöd das sei, was sie letzthin im «*Bonus*» über seine Wohnlage geschrieben hätten.

Plötzlich geht M. voran ins Schlafzimmer. Wir setzen uns dort alle drei auf den Boden, gegen die Wand gelehnt. M. führt unsere Köpfe zueinander; ziemlich direkt. Innert kürzester Zeit liegen wir alle drei auf meinem Bett. M. beginnt meine Brüste zu loben, ob sie, Livia, schon jemals in ihrem Leben solche Brüste gesehen hätte; und sie beginnen an mir herumzugrapschen! – Livia ist von der zupackenden Art, fasst mich sehr direkt an. «Florence» sieht sich in der ganzen Zeremonie eher als Zuschauerin ... Das Schändlichste an der ganzen Zusammenkunft ereignet sich dann natürlich, indem M. «keinen hochkriegt» – und deshalb kann er weder in die eine noch in die andere Frau eindringen ... obwohl die ziemlich heissblütige Livia seinen «Donnerstag» wie wild bearbeitet! Daran gibt M. dem Rothschild-Produkt die Schuld. Währenddem Livia ihn also unten «beackert», stecke ich ihm oben Lachs in den Mund: Im Schlaraffenland hätte er es nicht schöner gehabt. – Dann plötzlich lässt M. etwas sehr Witziges über Estermann verlauten, so dass wir beide nur noch schallen können! Was die Stadtverwaltung und im besonderen der Stadtpräsident in diesem Moment am Saatlenzelg zu suchen hat, ist mir allerdings rätselhaft. (Soviel ich mich erinnern kann, liess er irgend etwas von einem «prüden Sozialisten» verlauten.)

M. schaut auf die Uhr. Livia und ich kichern, halten uns engumschlungen, ich anvertraue ihr, was für ein komplizierter Mann dieser M. ist. Er interveniert: «Flüstern ist verboten.» – Ich teile ihm mit, ich würde jetzt nach Berlin zu R. ziehen, er hätte ja jetzt Livia kennengelernt, so dass ich mich beruhigt zurückziehen könnte. M. antwortet: «Es gibt keine possessiven Zustände und Verhältnisse.» – Livia amüsiert sich sichtlich darüber, wie dezidiert er und ich miteinander kommunizieren.

M. schlüpft dann wieder in seine Kleider. Livia folgt schleunig seinem Beispiel. Diese Frau zeigt sich weder störrisch noch widerspenstig. Ich gewinne vielmehr den Eindruck, als stehe sie unter seinem Diktat.

10. September

Wie ich am Morgen erwache, beschleicht mich eine ungeheuerliche Wut auf M. Ich fühle mich schlecht und von Todesgedanken umgarnt. Er hat seinen Pullover «Mode Monte Carlo» vergessen, grau, braun, lindgrün, blau, mit schwarzem Muster drin. Grösse 54, made in Italy, wahrscheinlich eines der schönsten Stücke, die M. besitzt. Livia vergass ihre hübsche Möndchen-Uhr. Ich denke für mich: Bis die ihre Sachen wieder zurückhaben, müssen sie warten, bis ich von England zurückkomme. –

13. September

In der «*Weltwoche*» ist zu lesen:

«*Abschaffungsversuch – scharf beobachtet, M. über Alexander J. Seilers filmische Spurensicherung in Sachen GSoA.*

Beklemmend

Wohl kaum eine Initiative der vergangenen Jahre hat eine derartige nationale und auch internationale Resonanz gefunden wie die Initiative zur Abschaffung der Armee. Der Schweizer Dokumentarfilmer Alexander J. Seiler hat sich des Themas angenommen und (in Anlehnung an Max Frisch) eine beklemmende Dokumentation unter dem Titel ‹Palaver, Palaver› gedreht. M. hat ihn für die ‹Weltwoche› angesehen.»

M. folgert am Schluss seiner Besprechung: «*Das sentimentale Fundament der Armee ist bei vielen Alten noch intakt, Seiler registriert das, ohne die kleinen Leute lächerlich zu machen. Der Zuschauer wird melancholisch, wenn er die ehemaligen Aktivdienstler während einer DIAMANT-Veranstaltung auf ihren Holzbänken an den langen Tischen hocken sieht, wie sie da ihren Spatz löffeln und im nachhinein die harte verblödende Dienstzeit vergolden, weil* sie nicht umsonst gelebt haben wollen, während Regierungsrat und Oberst Hofmann (SVP) ihnen eine Geschichtsfälschung einbrockt, ‹Euseri Gschicht, die Gschicht, wo grad Si, liebi Veterane, miterläbt und mitgschribe händ›, sagt Hofmann ungeniert, obwohl jedermann weiss, dass die kleinen Leute gar nichts mitzuschreiben hatten. Und Hofmann rastet nochmals aus, indem er die GSoA-Initiative als schtaatsfindlich bezeichnet (was im Film sonst kein Bürgerlicher tut), und wenn er betont, es sei wichtig, ‹dass ali Schwizerinne und Schwizer am sächsezwänzigschte Novämber a d'Urne gönd›, so tönt das, als ob er die Veteranen auffordern wollte, dort nebst dem Stimmzettel auch ihre Asche zu deponieren.»

23. September

Grantchester, a village two miles south of Cambridge

Qualvolle Träume über M., nachdem ich mich im friedvollen Grantchester schon sicher wähnte. In diesem Traum liegen Berge von Journalen vor mir, in denen berichtet wird, mit welchen Frauen sich M. trifft. Da ist nicht nur die südländische Livia. Mit der habe ich mich innerlich schon arrangiert. – Ein Gewühl von verschiedensten anderen, mir unbekannten Frauen tollt sich da herum! Blonder Stufenschnitt oder auch schwarz-gelockte Variante ... Hilflos, machtlos ob soviel Bedarf von M., erwache ich schweissgebadet! –

Erwache und kann nichts beschliessen.

Kann nicht einmal beschliessen, mit diesem vermaledeit tragischen Leben aufzuhören. Oder hier in England an other life zu beginnen.

Ich muss diesen Tag irgendwie bestehen: Mit Maria Rosaria habe ich ein Meeting vor dem King's College in Cambridge. So unternehmen wir dann mit anderen Frauen der Schule eine fröhliche Ruderfahrt auf dem lieblichen Cam.

Die Temperatur ist genau richtig, manchmal blinzelt die Sonne hindurch. Mit ihrem Gekicher und Geplapper lenken mich die Girls ab.

Zum Lunch dann eine interessante Begegnung mit Mrs. und Mr. Robert und Rebecca Orr in Cranmer Road. Bezüglich Maria Lassers-Mappe «*10 Paintings on Perms and Perspex*» werde ich von Rebecca Orr an Frank Collieson weitergeleitet, Heffer Bookshop in der Trinity Street. – Ich denke: Das gebärdet sich heute trotzdem alles ins Positive hinein, aber was soll ich gegen die ekelhaften Traum-Verfolgungen von M.s Frauen unternehmen?

Ruhe!

Der Schriftsteller Rupert Brooke, der sich in Grantchester niederliess, muss sich in dieser Gegend ähnlich gefühlt haben: *"He loved the 'holy quiet' of Grantchester, with the overshadowed river, the bees and their honey in his landlord's garden and the silent church clock. After graduating he lodged in Grantchester, first at the Orchard then at the Old Vicarage, while working for a fellowship."*

Nichtsdestotrotz wird selbst in Grantchester gewarnt: «*Beware of the bull!*»

25. September

Aus Cambridge schreibe ich M. folgendes Gedicht (Sylvia Plath über die Schulter geschaut):

If the moon smiled
she would resemble you
You leave the same
impression
of something beautiful,

but annihilating.
Both of you are great
light borrowers.

Im ruhigen Cambridge liebliche Eingebungen, ich könnte wunderbar ohne M.s Visiten leben. Nerven, die sich immer mehr beruhigen. Trotzdem sitzt mir im Nacken eine nicht wegzuleugnende Furcht, die englische Höflichkeit könnte sich in ein grässliches Desaster verwandeln.

Heute das appointment mit Frank Collieson, Direktor von Heffer's Bookshop. Umwerfend einladend und freundlich empfängt mich dieser Engländer. Ich denke: Jetzt ist der Moment gekommen, hier in Cambridge, diese *«10 Paintings on Perms and Perspex»* zu verkaufen wie heisse Weggli. Dann zieht der Bookshop-Direktor den Meter und demonstriert mir, «how huge» diese Lasserschen Gemälde seien. Und «rather expensive» findet er auch noch. – Er zieht dann am ehesten das Churchill College in Betracht, allerdings eine Exhibition, da hier am ehesten Leute verkehren würden, die mit der Wissenschafts-Geschichte korrelierten. Im «Pocket Guide to Cambridge» steht: "Churchill College, this national memorial to Sir Winston Churchill, founded in the early 1960s, was intended particularly for students studying engineering, mathematics and the natural sciences – Between the buildings are modern sculptures by artists such as Henry Moore and Barbara Hepworth."

2. Oktober

Sende M. eine Karte mit folgendem Wortlaut:

Innovating Joyce, worried at being
in an untried way, afraid
of the obscurity yet in its spell.

*With intricate puns, he asks for
voices to agree with him.*

(From Irish writer George Buchanan)

15. Oktober

Kaum aus der britischen Zone raus, Telefonat von M. Er bedankt sich für die Karten.

Wie er Einzug in meine Wohnung hält, exerziere ich vor M. die britische Freundlichkeit, spezifisch jene in Cambridge: «Excuse me, please – please, please»! M. lächelt, indem er mich intensiv anschaut.

Wohl angesichts seines Kulturpreises der Stadt St. Gallen, den er Ende November entgegennehmen darf, scheint M. in relativ aufgeräumter Stimmung zu sein.

Ich teile ihm mit, dass S. während meiner Abwesenheit einen Hirnschlag erlitten habe und gestorben sei.

Ich mache M. darauf aufmerksam, dass er den Pullover vergessen hat und Livia ihre Uhr. M. sagt : «Livia ist dir sehr zugetan und findet dich sympathisch, sie möchte dich wieder sehen.» Ich trete nicht darauf ein; obwohl auch ich diese Frau gerne wieder sehen möchte, hält mich irgend etwas davon ab. Ist nicht trotz allem jede Frau, die sich mit M. einlässt, meine Feindin? Ich bin mir über meine eigenen Gefühle im Moment im unklaren. Er erläutert, er hätte Livia während meiner Abwesenheit nur einmal gesehen ...

Das Telefon klingelt pausenlos – bestimmt meine Eltern.

Er telefoniert dem *«Blick»,* spricht mit Frau Glisenti, sie solle die Auseinandersetzung mit Frank A. Meyer an meine

Adresse senden und die Antwort vom Strittmatter (GGK), welcher titelte: «*Ist der echte M. ein falscher Linker?*», gleich auch mitsenden. Die Glisenti macht ihn anscheinend darauf aufmerksam, dass sie an diese Aline schon einmal etwas gesendet hätte ... M. antwortet lakonisch mit einem «So». – Ich zeige M. diverse Fotos von England, vom King's College, vom Churchill College. Kiplings Garden in der Nähe von Brighton. Die liebliche englische Landschaft mit seinen überall efeuüberwachsenen Grabsteinen auf den verwilderten Friedhöfen: «Diese Seite von England fasziniert mich unwahrscheinlich, die tönt etwas an in mir, aber wahrscheinlich müsste ich mich als Nicht-Insulanerin für diese speziellen Mysterien schon längere Zeit in dieser Schwingung aufhalten.» – M. bemerkt die Nomenklatura von England, im speziellen in Cambridge, bei der King's-College-Aufnahme: «*Members of the University only.*» Diese offen demonstrierte Seite im United Kingdom, dass man verschiedene Klassen von Menschen heranzüchtet! Da signalisieren Oxford und Cambridge immer noch die besten Ausweise für eine spätere, erfolgversprechende Karriere.

M. verlässt meine Klause, er müsse sich mit einem Mann von der «*Presse*» treffen (Österreich). Ich soll es gut machen – ich hätte Fortschritte in der englischen Sprache gemacht.

19. Oktober

Der Aufstand der Erschütterung meiner Person. Rainer, der mir schreibt: «*Liebe Aline, wenn Sie dies lesen, nehme ich an, dass Sie eine schöne, sprachfördernde Zeit in Grossbritannien verbracht haben.*

Zugleich führe ich mich jedoch bei Ihnen in hoffentlich angenehmer Erinnerung und zeige hiermit an, dass ich telefonisch für Sie erreichbar bin unter Jürgs Adresse. Für alles Weitere werden wir dann, so hoffe ich, gute Zeit, intime Laune und neue Geschichten haben. Ich grüsse Sie in Freundschaft und stelle Sie mir n. vor.

R.

P.S. Ihr Telefon ist tot?»

Ich nehme also am Freitagabend noch den letzten Zug, der ins Hinterland vom Kanton Glarus fährt.

21. Oktober

Heute Sonntagabend wechseln wir die Adresse und fahren nach Zürich an den Saatlenzelg.

24. Oktober

Das Telefon hupt. Wer ausser M. ruft um diese Zeit an? Ich beauftrage R., er solle das Telefon abnehmen und melden, dass ich nicht hier sei. Wie er abnimmt, wird auf der andern Seite sofort abgehängt. Ich erinnere mich, dass er genauso reagierte, als mein italienischer Kollege von Ravenna hier war. Nach einer halben Stunde telefoniert M. nochmals, nimmt sich ein Herz und wagt mit der fremden deutschen Männer-Stimme am Telefon zu sprechen. Rainer lügt mit einem Schuss Ironie in der Stimme: «Aline ist nicht hier, sie wird wahrscheinlich sehr spät nach Hause kommen.» – R. sagt, M. hätte am Telefon wie verrückt geatmet – die Stimme und die Art und Weise, wie er nach mir gefragt hätte, töne für ihn so, wie wenn ich, Aline, bis an mein Lebensende zu ihm gehören würde. Für mich als Frau liegt eine dramatische Spannung in der Luft. (Die Art und Weise, wie die zwei Männer miteinander kommunizieren.) Natürlich sitzt R. mit seinem wunderbar-geschliffen akademischen Hochdeutsch am längeren Hebel.

Wir freuen uns diebisch! – Ich merke plötzlich, wie ich dieses vorher nie dagewesene sadistische Gefühl geniesse, M. nach allen Regeln der Kunst zu belügen und zu betrügen ... Ich werde ihm keine seiner Betrügereien jemals verzeihen können! – Dann regt sich R. über sich selbst auf, warum er überhaupt mit M. geredet hätte, ohne ihn zu fragen, mit wem er überhaupt spreche. Es sei unmöglich, dass sich dieser Mann nicht namentlich melde.

26. Oktober

Wieder M., der sich meldet. Dieses Mal hängt er nicht gleich ab. Wahrscheinlich hat er sich innerlich damit abgefunden, dass eine männliche Stimme antwortet. Ich befehle R., er solle sagen, ich sei nach Köln abgereist. –

R. sitzt also mit einem schwerwiegenden Hexenschuss im Bett. Er hat eben fertig gespiesen. Schnippisch meint er zu M.: «Sie sind doch derselbe, der gestern schon einmal angerufen hat. Aline ist in Köln.» Und gereizt teilt er ihm mit, er würde morgen die Zelte in dieser Wohnung auch abbrechen ... R. sagt, M. hätte hörbar erleichtert aufgeatmet, wie er seine Abreise angekündigt hätte! Er sei dann sogar relativ sanft geworden ... R. regt sich wieder auf: «Es ist eine Frechheit, dass er sich nicht mit Namen vorstellt und dass ich dies jedesmal akzeptiere.» Aber im Vergleich zu gestern sei er ganz schön zahm geworden.

Meine Stimmungen sind auf Halbmast gesunken; ich reibe R. mit DUL-X ein, schütte auch DUL-X-Ampullen in die Badewanne. R. jammert: «Solche Schmerzen wünsche ich nicht meinem ärgsten Feind.» Er möchte nach Betschwanden fahren – benötigt innere Ruhe, Reinigung, Spaziergänge ...

Am Morgen gehe ich vor ihm aus der Wohnung. Er hinterlässt mir einen längeren Brief, einen ernsten, der im Moment nicht mehr auffindbar ist. – Weil ich ihn abgöttisch liebe, bin ich völlig verzweifelt. Ich weiss mit dieser Liebe überhaupt nicht umzugehen. Ähnlich muss es wohl ihm ergehen, wie ich dem Brief entnehmen kann. – Ich stürme ins nächstbeste Café in Oerlikon, rufe M. an, weine ins Telefon, ich käme eben jetzt aus Köln, hätte etwas Schreckliches erlebt, könne aber jetzt nicht darüber reden.

Er fragt, ob ich mit ihm in den Film *«Der Berg»* kommen würde? Ich meine, zuerst müsse ich mich beruhigen. Er versichert, er würde mich heute nochmals anrufen. Nebenbei will er von mir wissen, was das für ein Mann am Telefon gewesen wäre? Ich gebe vor: «Ich habe ihm während meiner Abwesenheit die Wohnung zur Verfügung gestellt.» – Ich bin unsicher, ob er es glaubt, oder ob er einfach mitspielt. –

Gegen acht Uhr ruft M. nochmals an, will wissen, ob ich mich beruhigt hätte. In einer halben Stunde sei er bei mir.

Wie er vor mir steht, will er genau wissen, was passiert ist. Ich erkläre, ich sei in Deutschland in eine unheilbringende Situation geraten. Ich spiele die Geschundene perfekt. M. glaubt mir, wendet jedoch ein: «Du bist doch psychisch gesund, das kannst du schon verkraften, und bei deinem Körper, der kann einen Mann schon in Verlegenheit bringen, eigentlich kein Wunder, obwohl es eine Schweinerei ist, da geb' ich dir recht!»

Wie M. über meinen Körper herzieht, spüre ich genau, dass ich für ihn nicht bereit bin, nie mehr bereit sein kann – ich erleb' meinen Körper als eine leblose Masse, der hinhält. Geistig und körperlich bin ich vollkommen bei R. (Aber ich hüte mich, nach Betschwanden zu telefonieren.) – Nach seinem Orgasmus wird M. etwas konziser, ich soll mich nicht mit den Deutschen einlassen – da liege zu Schwerwiegendes in der Luft ...

Er gehe für eine Woche nach Worpswede, um über die schnelle Wiedervereinigung von Deutschland zu diskutieren.

Zerstreut und unruhig verlässt M. meine Wohnung.

6. November

M. ist am Apparat und bedankt sich für die Vernissage-Einladung in die Commercio-Galerie (Alvarez Frugoni). Leider hätte er keine Zeit gehabt. Ob ich in der «*WoZ*» unter der «*Hausmitteilung*» gelesen hätte, dass beim Internationalen Publizistik-Wettbewerb in Klagenfurt zwei von vier Preisen an «*WoZ*»-Journalisten gegangen seien? Der Stefan Keller sei mit dem Publizistik-Preis des Landes Kärnten ausgezeichnet worden, das bedeute umgerechnet 9000 Franken für seine Reportage-Serie «*Maria Theresia Wilhelm, spurlos verschwunden*». Und Al Imfeld hätte für seinen im Rahmen der «*WoZ*»-Serie «*Besichtigung der Hinterhöfe*» erschienenen Beitrag «*Macht und Magie des Maggi-Würfels*» 7200 Franken erhalten. – Resigniert teilt M. mir mit: «Ich habe jetzt meine Fichen erhalten, 15 Fichen-Blätter, ich muss dir das unbedingt zeigen!»

Die schriftlichen Eintragungen über M. schaffe ich nur noch unter dem grössten Aufwand an Energie: Der Entmystifizierer Rainer hat etwas geschafft, was ich mir schon lange sehnlichst wünschte, obgleich mit diesem Mann nicht alles einfach harmlos abläuft. Nach seiner Hexenschuss-Attacke vom 25. Oktober meint er unter anderem in seinem zurückgelassenen Brief: «*Vielleicht sind die Vorstellungen und Erwartungen, die wir voneinander hatten, so kompliziert, dass sie damit auch ans Unerfüllbare grenzen. Ich hatte zeitweilig den Eindruck, als fiele es uns beiden schwer, unsere Gefühle füreinander wirklich auszudrücken – beide in diesem Bereich stark beschädigt und schutzbedürftig, hatten wir nicht die Kraft, ungeteilt aufeinander zuzugehen.*»

Wenn ich mich zwingen muss zu schreiben, denke ich intensiv an Balzac: Wie er werde ich einmal ob des intensiven Kaffee-Konsums sterben. Eine Stimme, die mir einflüstert: Das Leben rächt sich an deinem Taumel mit Rainer – Schwierigkeiten, die Gedanken zu ordnen, zusammenzuhalten.

Wie M. aufkreuzt, fällt er gleich über meinen Körper her; einen Moment muss ich mich innerlich überwinden, mich von ihm überhaupt berühren zu lassen: Very sad, I feel that our love is over ... M. ist völlig «weg» heute, das einzige Pseudo-Amüsement bereiten uns diese hirnverbrannten Staats-Fichen! Ich sag' M., ich hätte keine Fichen zugeschickt bekommen, obwohl ich an einigen AKW-Demos teilgenommen hätte, Gewerkschafts-Mitglied sei. Aber wahrscheinlich hätte ich mich bei den ganz heissen Schweizer Angelegenheiten in Rom, Wien und Deutschland aufgehalten: «Ich habe mich am 25. Januar schriftlich erkundigt und ein Gespräch mit einem Beamten geführt. Der ist geschult, die Leute zu beruhigen, der sagte mir, eine Fiche zu haben sei kein Nachteil ...» M. ermuntert mich, unbedingt nochmals nachzufragen. Er ist der Ansicht, mittels dieser Fichen könnte er nun seit 1963 seine Biografie sehr schön aufarbeiten; gewisse Sachen hätte er nicht mehr gewusst! – Bei M. haben sie zum Beispiel peinlichst genau notiert, dass er seinen Wagen in Bern vor der DDR-Botschaft parkiert hat. Der Höhepunkt aber ist der Fall vom Studentenheim in Paris. Und das regt ihn auch masslos auf. Er erklärt: «Ich bin hier als Rädelsführer fichiert worden, als Initiator dieser Geschichte. Dabei kann dieser Schweizer, der Leiter des Heimes, es mir danken, dass sie (die Studenten) ihn nicht zum Fenster rausgeschmissen haben. Ich habe nämlich angeordnet, dass, wenn sie es tun wollen, dies nur die Schweizer selber machen dürfen!» – Wie ein wildgewordener Tiger jagt er auf und ab in der Wohnung – völlig abwesend. – Frau alt Bundesrätin Kopp meint jedenfalls: *«Fichen sind richtig und nötig, die Schweiz braucht einen Staatsschutz.»* Dazu Peter Bichsel: *«Ist der Staatsschutz ein höheres Gut als die Demokratie? Und wenn ja, warum? Warum kann der ‹Staat› nun plötzlich über die Verbindungen zu fremden Geheimdiensten keine Auskunft geben?*

Zuerst weiss er nichts von fremden Geheimdiensten, und dann will er nichts wissen dürfen von fremden Geheimdiensten? Wo liegt da der Unterschied?» («Helvetische Typographia» vom 4. Juli.)

Worpswede sei fürchterlich gewesen, wegen den Deutschen müsste er sich immer wieder aufregen. Am Anfang, am Abend hätte man den Deutschen ganz konzentriert zugehört, und plötzlich hätte man gemerkt, dass die einfach nur grosssprecherische Einleitungen machen für gar nicht so wichtige Sachen, und die Leute aus der DDR hätten sich dauernd indirekt entschuldigt. Der Enzensberger sei dagewesen und auch Österreicher. Herausgeputzt sei dieses Worpswede, völlig gestylt die Häuser. Grässlich das Ganze, er sei heilfroh gewesen, wie er wieder hätte abreisen können...

Ich sage nicht mehr viel zur Situation. M. verselbständigt sich psychisch und physisch; ich lege mich ins Bett, kehre mich gegen die Wand. Die Decke ziehe ich mir bis knapp unter die Augen. Ich hätte losheulen können, einfach losheulen! Ich hätte ebensogut nicht dasein können – ich verstehe nicht, warum er physisch noch präsent ist.

M. telefoniert Frischknecht, berichtet ihm von seinen Fichen, und ob sie sich morgen treffen könnten. Er will von ihm wissen, ob er ihn geweckt hätte.

M. macht sich dann bemerkbar: «Du musst unbedingt ‹Die Zeit› kaufen: Ich schrieb eine Entgegnung an Gerd Bucerius, der in der ‹Die Zeit› vom 19. Oktober die Schweiz als ‹Staatssplitter› bezeichnete: ‹*Die Bundesrepublik steht neben Staatssplittern (Monaco, Liechtenstein, Schweiz) mit ihrer sozialen Leistung an der Spitze.*›» Eine ungeheuerliche Arroganz und Anmassung, was sich diese Deutschen wieder erlauben würden ... M. wird dann gesprächiger, zum Glück, so drifte ich nicht vollends ins Depressions-Tief.

M. informiert mich, ich müsse unbedingt den «*WoZ*»-Artikel «Besuch bei Arbenz' Aussenstelle in Kreuzlingen – Protokoll eines Empfangs» lesen, dieser Bericht sei im Rahmen eines SSR-Reportagekurses mit ihm entstanden. Er zeigt mir eine Broschüre, in welcher zu lesen ist:

«Die Reportage ist eine literarische Form: ‹Die Fähigkeit, intuitiv und schnell die Wirklichkeit zu entschlüsseln, mit Geschick, das Wichtigste herauszuarbeiten, um dem Leser ein synthetisches Gesamtbild zu vermitteln, das sofort zu entziffern ist.› (J.-P. Sartre.)

Mit M. werden wir sicher keine langweiligen ‹Gschichtli› schreiben, sondern die Wahrheit in der Realität suchen und sie niederschreiben. Hören, sehen, riechen, fühlen, dann schreiben. Die Sinne befreien, die uns jeden Tag mit Teufels(medien)gewalt zugekleistert werden, die Betonverschalung an unseren Köpfen zertrümmern.
Zur Erforschung der Wirklichkeit braucht es mindestens so viel Fantasie wie zum freischwebenden Fantasieren.

Leitung

M., Schriftsteller, Journalist, Historiker»

Bevor er weggeht, lässt M. verlauten: «Für die bevorstehende Feier zwecks Übergabe des St. Galler Kulturpreises hat sich alt Stadtrat Hummel zurückgezogen, ebenso der Regierungsrat des Kantons St. Gallen.»

10. November

M. meldet sich morgens um halb drei Uhr: «Am Donnerstag in der Nacht bist du nicht zu Hause gewesen.» – Ich war am «Carmina-Burana»-Konzert in Wallisellen und bin todmüde: «Pourquoi tu téléphones à cette heure?» – Er meldet sich heute Samstag an – wir hängen dann auf, M. registriert, dass ich schlecht ansprechbar, einfach zu erschöpft bin.

Ich kauf' «*Die Zeit*», Nr. 46, in welcher M. eine Antwort an Gerd Bucerius richtet mit dem Titel «*Der Splitter CH*»: «*Als simple Schweizer und also Bewohner eines Territoriums, das seit Jahrhunderten keine Aufblähung mehr erfahren hat, ist man ja wohl nicht befugt, den Bundes-Republikanern ihre Freude über die wunderbare Landvermehrung zu missgönnen. Wir unsrerseits sind schon lange nicht mehr vom Mantel bzw. Wams der Geschichte gestreift worden, jedoch, unser historisches Stammhirn erinnert sich noch schwach an die Zeiten, als die Urner das Livinienthal, heute Tessin genannt, zum Beitrittsgebiet erklärten und dann auch gleich noch Mailand annektierten. Unvergessen die Verschluckung des Waadtlandes durch Bern, 16. Jahrhundert, und die Inkorporation des Veltlins durch Graubünden. Mit Fleiss und Zähigkeit haben wir unser Staatsgebiet im Laufe der Jahrhunderte arrondiert, die bessere Buchhaltung und die höhere Technologie und die strengere Religion haben jeweils gesiegt, und wenn auch der Jubel der unterlegenen Tessiner, Waadtländer, Veltliner über den Sieg der Herren nicht so überwältigend war wie heute die Begeisterung der beigetretenen Ostdeutschen, so bringen wir doch einiges Verständnis auf für die jüngst eingetretene gemischte Gefühlslage.*

Nicht goutieren hingegen können wir den emotionalen Notstand, die ungemein hurtige Aufblähung des Nationalgefühls in gewissen westdeutschen Zeitschriften, das Besteigen eines allzu hohen Rosses und, von dort heruntergesehen, die vorzeitige Minimalisierung unserer Existenz! Kohl, Tod und Teufel noch einmal! Ein bisschen Überschwang ist ja schon recht, haben wir alles auch empfunden im 15./16. Jahrhundert, aber muss denn die Bestaunung der eigenen Grösse – schon jetzt! – umschlagen in eine Verachtung der Kleinheit? Damit könnte man doch noch warten, bis Elsass-Lothringen auch beigetreten ist oder bis Lettland, Estland, Litauen, Annaberg und das Sudetenland heimgefunden haben, von Sansibar und dem Bismarck-Archipel ganz zu schweigen. Erst nachdem die Deutsche Bank in jene fernen Ebenen vorgestossen ist, wo die deutschen Panzer seinerzeit hingefunden haben, nämlich z.B. in die Ukraine, lassen wir Schweizer uns ridikülisieren ...»

12. November

M. telefoniert aus der «Spaghetti-Factory», will wissen, wo ich war. In Haiti, den USA oder wo? Ich sage ihm gleich: «Dégoûtant, dass du dich in dieser Factory aufhältst, da mampfen doch so viele Children-Faces.» Er meint, da hätte ich absolut den Nagel auf den Kopf getroffen, halbwüchsig-pubertierend sei es da, er würde jetzt gleich rausgehen!

Er schaut bei mir vorbei – ich erschrecke im ersten Moment, wie müde und angegriffen er aussieht. –

Ich habe nichts anderes als Rainer im Kopf, der wohl wieder von Frankfurt zurück sein muss und sich jetzt in Betschwanden aufhält.

M. entdeckt die Fotografie mit R. und Z. drauf, bemerkt: «Der eine hier sieht wie Beuys aus, und die zwei sind bestimmt schwul!»

Mein Körper ist wieder weniger wund; ich habe mich schon etwas erholen können.
M. fragt, wie ich es gerne möchte? Ich gebe ihm zu verstehen, dass mir das völlig egal geworden sei ... Als ob ich bei ihm noch so etwas wie Lust empfinden könnte. – Er liegt dann noch kurze Zeit herum und klagt über Unwohlsein.

Dann geht M.

15. November

M. am Apparat: «Ich muss dir unbedingt einen Artikel bringen, die Kopp ist in Zollikon wieder öffentlich aufgetreten. Das ist unwahrscheinlich.»

Wie M. in meine Wohnung reinkommt, übergibt er mir gleich den «*Tages-Anzeiger*»-Artikel, geschrieben von Brigitte Hürlimann, in welchem folgendes steht: Nachdem auf die Aufforderung Stöhlkers niemand die erste Frage an Elisabeth Kopp richten wollte, sei der Frechdachs M. plötzlich zwischen den Stuhlreihen gestanden und hätte gesagt: «*Frau Kopp, Ihre Troubles haben Sie nur Ihrem entzückenden Ehemann zu verdanken (‹ich gebe dich und jeder Ruderschlag gibt dich ganz mir zurück›), es gibt integre Politikerinnen aus integren Verhältnissen, die haben keine solchen Probleme.*» Hans W. Kopp hätte finster dreingeschaut, und im Saal sei Unmut lautgeworden: *Elisabeth presst die Lippen zusammen ...* Und nachdem Stöhlker unterbrochen hätte und sagt, *Meienberg dürfe jetzt kein Referat halten, sondern eine Frage stellen,* meint M.: «Warum haben Sie gelogen, Frau Kopp, warum hat Ihr Mann seine SekretärInnen gefitzt?» *Der Unmut unter den Gästen wird immer lauter und jemand ruft:* «Wie heissen Sie eigentlich?» *Und* M. *sagt:* «M.» *Höhnisches Lachen ist die Antwort. Und Stöhlker schneidet dem Störenfried das Wort ab, und endlich hätte jemand eine brave Frage gestellt, nämlich über die Quotenregelung, wo Frau Kopp skeptisch ist und:* «Ursula Koch als neue Bundesrätin?», *wobei jemand* «Gott bewahre» *sagt und im Saal entsetztes Gemurmel sich breitmacht, und die Frau Kopp will sich auch dazu nicht äussern. Ein anderer Gast meint:* «Frau Kopp, Sie sind voller Tatendrang, vital, eloquent, mit guten Ideen, wie wollen Sie Ihre Fähigkeiten in Zukunft einsetzen?», *wobei sich Elisabeth K. geschmeichelt fühlt und sagt:* «Ich hoffe, mich weiterhin für unser Land einsetzen zu können.» *Riesiger Applaus, Ende der Veranstaltung.*

M. sagt, mit Gretler sei er dahingegangen, und das sei komisch, dass von dieser Veranstaltung nur so wenige Leute gewusst hätten. Das hätte ein riesiger Tumult, ein richtiges Durcheinander geben sollen! Die Gegner Kopps und die hübsch angezogenen Juppies, die Ärzte, Professoren, Juristen, Industrielle und Werber hätten sich einmal ordentlich «in die Wolle kriegen» sollen! Kläglich sei das gewesen! Ich überlege mir sofort: Natürlich wollte M. diese Show alleine mit seinem Stuntman-Mitstreiter Gretler durchziehen. Dass er da keine Frau mitnahm, ist eigentlich verständlich: Man stelle sich nur vor, das hätte ein ernsthaftes Handgemenge unter Männern gegeben ... Auch von der Publicity her wäre es nicht geschickt gewesen, mit einer Kampf-Garde aufzukreuzen! Als Allein-Kämpfer benötigt er im nachhinein nur die «fanigen» Leserinnen und Leser. – M. ist noch ganz aufgeregt, er meint, wild sei das gewesen: «Ein Typ stand neben mir mit Krawatte, der hat die Kopp immerzu beklatscht!» Er hätte dem also angeraten, immer weiterzuklatschen, das beweise seine einmalige Dummheit! Und ein anderer sei mit dem Finger auf ihn losgesteuert, er sei ein «Schmutzfink», worauf M. ihn bei der Krawatte gepackt hätte und zu den Anwesenden meinte: «Den bringe ich wegen übler Nachrede vor Gericht, ihr seid Zeugen des eben Gesagten.» – M. gesteht, so einen Krawatten-Typ würde er einmal umbringen, das werde dann sehr gefährlich, wenn er, mit seiner Kraft, auf so einen losgehe ... und dann meint er doch noch tatsächlich: «Ich kann mich auch nie vor deinem Vater blicken lassen», was ich als grobe Beleidigung empfinde, da mein Papa ganz bestimmt nicht an ein Kopp-Referat gehen würde! –

Ich glaube, M. fährt mit dem Bewusstsein weg, trotz allem in Zollikon ein wenig Spielverderber gewesen zu sein...

22. November

Suzanne Speich schreibt in der «*Züri-Woche*» auf der Seite «*Notizen zu Namen*», was immer die E. Kopp auch tue, für die eine Hälfte der Bevölkerung sei es bestimmt falsch: «*Hätte die Ex-Bundesrätin für ihren ersten Auftritt nach dem Rücktritt einen öffentlichen Ort und ein todernstes Thema gewählt, es wäre sicherlich falsch gewesen. Nun hat sie sich für den halbprivaten Rahmen von Ueli Eberhardts Auktionshaus und das halbhumorige*

Thema ‹Tips für eine künftige Bundesrätin› entschieden, und natürlich war das auch falsch. Zumindest für Linksaussen M., der bei Eberhardts bereits traditionellem monatlichem ‹Zischtigs-Apéro› keine Gelegenheit ausliess, sich vom vorwiegend sauber gekleideten bürgerlichen Publikum demonstrativ abzuheben. Als Elisabeth Kopp von der einzigartigen weiblichen Erfahrungsgrundlage sprach, räusperte sich der Bürgerschreck vom Dienst erstmals hörbar. Als sie vom ‹Glücksfall eines Ehemannes, der seine politisierende Frau unterstützt› schwärmte, zündete er sich im dichten Gedränge bereits den zweiten ‹Rössli›-Stumpen an und verstreute dessen Asche weitumher. Als sie gar den gegenwärtigen ‹Tiefstand der politischen Kultur› bedauerte, machte er erste Zwischenbemerkungen, und bei der anschliessenden Diskussion ergriff er als erster das Wort und hielt der Rednerin integre Politikerinnen vor, zum Beispiel – ja wen wohl? – Stadträtin Ursula Koch.»

Wie kommt diese unsäglich borniert Frau Speich dazu, so etwas zu schreiben, unglaublich und unverständlich – da lobe ich mir sehr gerne die Hildegard Schwaninger zurück, die war wenigstens manchmal angriffig und auch ironisch mit den Betuchten. – Zusätzlich dann noch ein Bild von M. mit der Legende: «*M.: Bürgerschreck-Ruf bestätigt.*» Natürlich listet sie auch noch all die Namen derjenigen auf, die in diesem halbprivaten Rahmen im Auktionshaus Eberhardt der Frau K. applaudierten. Im weiteren widerlegt die Speich die Aussage von «*Tages-Anzeiger*»-Journalistin Brigitte Hürlimann, was PR-Berater Klaus J. Stöhlker alles gesagt haben soll, Tatsache sei:

a) dass Stöhlker seit einem Jahr kein Kopp-Mandat mehr innehat und

b) an dem Vortragsabend nicht ein einziges Mal das Wort ergriff...

(Qui sait)

Speich: «Arme Elisabeth Kopp! Bei solchen Emotionen noch zwei Jahre nach dem ominösen «ganz kurzen Telefongespräch», das ihren Abgang besiegelt hat, wird sich ihr Herzenswunsch, das langweilige Hausfrauen-Dasein bald wieder einmal mit einem Job im Dienste der Öffentlichkeit vertauschen zu können, wohl nie erfüllen. Das beste wäre wohl, für sie und für uns, sie würde statt dessen ihre Villa ‹Drei Linden› in Zumikon für ein paar Jahre mit ihrem Zweitwohnsitz am Gardasee vertauschen.»

23. November

Ich kaufe die «*WoZ*» und lese: «*M. in Furglercity*. St. Gallen.

Am nächsten Sonntag kann M. den mit 15000 Franken eher schmörzelig dotierten Kulturpreis der Stadt St. Gallen abholen. Die öffentliche Feier im Stadthaus (10.30 Uhr), bei der Eveline Hasler die Laudatio halten wird, droht interessant zu werden, da erboste CVP-Scharfmacher Aktionen angekündigt haben: Man werde M. ‹eine Lektion in Sachen Kultur› erteilen. Seit Tagen häufen sich gehässige LeserInnenbriefe, in denen M. als ‹trauriger, linker Maulheld› und ‹abverstrupfter Klosterschüler› abgekanzelt wird. Die Preisverleihung an denjenigen Schriftsteller, der das Stadtheiligtum Kurt Furgler als selbstsüchtigen Egomanen (‹O homen mais alto de Suica›) und die militärische Rechtsprechung als Klassenjustiz (‹Ernst S., Landesverräter›) darzustellen wagte, verursacht vorab beim Altfreisinn erhebliche Schluckbeschwerden, denn dieser sieht seine jahrzehntelange Kulturdominanz schwinden. Mit Abwesenheit ‹wegen anderweitiger Verpflichtungen› wird die offenbar vielbeschäftigte St. Galler Regierung an der Feier glänzen. Sie hatte schon den letzten ungeliebten Kulturpreisträger Hans-Rudolf Hilty boykottiert.»

24. November

In der «*Blick*»-Serie «*Die Störenfriede, was unbequeme Schweizerinnen und Schweizer denken*», wird der wortgewaltige

Schriftsteller und Journalist M. nicht ausgeklammert – so fragt ihn denn das Boulevard-Blatt, ob er ein ganz giftiger Stänkerer, einer, der alles mit Dreck bewirft, was den meisten Schweizern lieb und teuer ist, oder ein unflätiger Nestbeschmutzer und eigentlich Anarchist sei? Und da er morgen aus den Händen des Stadtrates den mit 15000 Franken dotierten Grossen Kulturpreis der Stadt St. Gallen erhalte, der alle vier Jahre verliehen werde, beweise da eines: Konfliktscheu und intolerant sei dieser Stadtrat nicht.

Die diversesten simplen Fragen werden aufgeworfen, auf die man jedoch recht differenziert hätte eingehen können. (Die Ironie ist keine Ironie mehr, wird sie ad absurdum getrieben!) Auf jeden Fall meint M. bei der Frage, wer denn der mächtigste Schweizer sei: *«Meine Mutter, die geborene Geiges (auf meiner Bupo-Fiche wird sie als ‹Geiger› geführt!). Wacklig auf den Beinen, aber frischesten Kopfes und nächstes Jahr nüünzig, hat sie, von mir abgesehen, ihren Clan voll im Griff, ungezählte Kinder, Kindeskinder, Kindeskinderkinder entgehen ihrer Aufmerksamkeit nicht: ein bisschen wie Clara Wille, geb. Bismarck, genannt die Generalin (1. Weltkrieg). Eine Wucht! Mit blauen Augen!»* Und dann: *«Warum sind Sie ein unbequemer Schweizer?» «Wer sagt denn, ich sei unbequem? Ich hab's gern bequem: auf der Matratze, im Kinofauteuil, in den Vehikeln, im Wasser von Flüssen und Seen und Meeren, in den Umarmungen, beim Flanieren auf Trottoiren und Matten, beim Singen und Schimpfen, beim Stricken und Lieben und allen anderen Tätigkeiten, die ich in bequemer Haltung auszuüben mich bemüssige.»* Sie möchten von M. auch noch wissen: *«Wofür kämpfen Sie?»* – Er: *«Für mehr Schnee im Winter, blauere Augen im Sommer, und für die Wieder-Einführung der Kavallerie.»* Auf die weitere Frage *«Auf welche Schweizer sind Sie stolz?»* antwortet er mit *«a) Auf De Gaulle. Neueste Forschungen haben ergeben (vgl. meine Lizentiatsarbeit über ‹De Gaulle et les Américains de 1940–42›), dass De Gaulle mütterlicherseits, via die Familie Kolb, im 17. Jahrhundert auf schw. Ursprung zurückblicken kann (Oberaargau). b): Teilweise auf mein Mütterchen, das sogenannte ‹Muetti› (Dialekt).»*

Natürlich sehr peinlich diese Über-Mutter – überhaupt nicht witzig – Maria Geiges bedeutet für M. wahrscheinlich nicht nur die *«omnipräsente Übermutter-Figur»* in seinem Hirn, auf die er stolz ist, sondern ist letztendlich ein tragisches Handikap, das er mit seinen 50 Jahren noch nicht bewältigt hat ..., denn beim Stichwort *Gewicht* meint er: *«Fünfeinhalb Pfund (als ich aus der Mutter fuhr).»*

25. November

Heute nimmt M. um 10.30 Uhr im Stadttheater St. Gallen den mit 15000 Franken dotierten Kulturpreis der Stadt St. Gallen entgegen. Eveline Hasler hält die Laudatio, sie ist der Meinung, bei M. scheine bei all dem Qualm auch Liebenswertes durch und vergleicht seine Sprache mit dem *«Sirachen»* und *«Poltern»* mit dem wortgewaltigen Gottesmann Abraham a Santa Clara: *«Man kann nur dort enttäuscht sein, wo man liebt»*, stellt sie fest. *«M., selbst verletzbar, geht das Risiko des Verletzens ein»*, und heute ehre die Stadt zwischen Rosenberg und Freudenberg ihren M., womit Frau Hasler ihre Rede schliesst. – Stadtammann Heinz Christen überreicht ihm in Form einer Urkunde einen Pflasterstein aus seinem St. Fidler Jugendquartier, und man müsse es als Ironie des Schicksals ansehen, dass er doch steinern beschenkt wurde, da seine Laudatoren meinten, das Bild, das man sich in der Öffentlichkeit von ihm mache, sei zu einfach, und M. pur sei mehr als M. *«on the rocks»*, und dieser Preis werde ihn bestimmt nicht *«neutralisieren»*. – Umrahmt wird die Feier mit Improvisationen von Jazz-Pianistin Irene Schweizer und dem Kabarettisten Joachim Rittmeyer, der *«Lesefrüchte»* aus M.s Werk liest.

26. November

Ich kann heute im *«St. Galler Tagblatt»* lesen: «An der anschliessenden Tafelrunde für geladene Gäste schlossen sich den Gratulanten noch der Historiker und Guisan-Biograph Willy Gautschi sowie Jean Bonvin, Wissenschaftsdirektor der OECD, an.»

Unglaublich, dass er Livia und mich nicht persönlich eingeladen hat, kam M. doch noch vor dieser für ihn eher langweiligen Ehrung zu besonders erheiternden Stunden seiner Physis und Psyche. Er selbst wendet einen raffiniert schizoiden Schachzug an, der mich überhaupt nicht erstaunt, ja eigentlich bestens in sein Persönlichkeitsbild passt, nämlich: Er gibt sich als Double des prämierten M. aus; auch Stuntman genannt: Da seine sensible Natur diese Feierlichkeiten nur grochsend überstehen könnte und da es ihm auch gesundheitliche Störungen verursachen könnte, da er einige unerfreuliche Angelegenheiten zu seiner Person in der hiesigen Presse hinnehmen musste, so in einer Karikatur (Zeichnung), als Männeken Piss auf seine Mitbürger herunterpinkelt, wie dies mit der Postkarten-Aktion des Komitees «KAK – Kulturelles Aktions-Komitee St. Gallen» in alle Haushaltungen von St. Gallen verschickt wurde, damit die Stadtväter merken würden, dass viele Bürger nicht mit dem Entscheid einverstanden gewesen seien. Auf jeden Fall meint das Komitee: «*Sei es wie es wolle, wir bleiben bohnenstrohdumme Brodworscht-St.-Galler und sind sogar zufrieden dabei.*»

Seine wiederholte Anklage an die Leserschaft, doch auch seine sensiblen Gedichte wahrzunehmen, und nicht nur jenes, das sich nach aussen richtet, die Öffentlichkeit bedient und manchmal die Sau ablässt, obwohl es doch viele andere Töne in diesem Gedichtbuch hätte, die man auch hören könnte, lässt Meienberg I. verlauten. Dem Stuntman Meienberg II. gehe allerdings *«die Rolle des akkreditierten Ausrufers auf die Nerven. Wobei ich dann, doch wieder verzweifelt, weil da soviel Unrecht ist und keine Empörung, die alte Rosinante satteln muss.*
Das Publikum schrie nach mehr, mochte nur das Heftige kaufen. Als er dieses merkte, sah er sich nach einem Double um, denn er wollte weiterhin auf dem Markt bleiben und dort den Hecht spielen,

Karpfen gibt es ja wohl genug, und so hat er eben mich, den Stuntman M. II., in die Öffentlichkeit delegiert und mich mit sogenannt streitbaren Artikeln und Auftritten betraut. Er könne nämlich, so sagte er damals, als Streithammel und Rammbock und offiziell akkreditierter Robin Hood und wackerer Rächer der Armen seine meditativen Talente nicht entwickeln, will sagen, das Philosophische zu wenig pflegen und der Lyrik nicht obliegen, und ausserdem sei das ewige Stämpfeln und Zörneln eine anstrengende Sache und, so zitierte er einen Dichter: «Auch der Zorn über das Unrecht macht die Stimme heiser ...» Hier gleitet er dann leicht ins Weinerliche ab, selbstbemitleidend, ist typisch, da es von ihm auch in seinem nicht besonders geliebten Monat November geschrieben werden muss. – Was M. hingegen sehr treffend bemerkt: *Dass der widerwärtige Oberschnüffler, der, wenn er seine Spitzel nicht im Griff gehabt hätte, ein schlechter Bundesrat gewesen sein müsse, und erwartet von diesem, dass er sich bei allen Beschnüffelten in aller Form entschuldigt, evtl. auch eine Entschädigung herausrückt: für jene Leute zum mindesten, welche wegen ihrer Fiche etwa eine Stelle nicht gekriegt oder sonst materielle Einbussen erlitten haben. Er habe es immerhin auf 15 Fichen gebracht.*

Im weiteren setzt M. sich für jene Parlamentarier ein, die juristisch belangt werden sollen, da sie sich gegen den überflüssigen Waffenplatz Neuchlen-Anschwilen einsetzten. Da führt er Fürstabt Beda Angehrn ins Feld, der der damaligen Volksbewegung nachgab und seine weltliche Herrschaft auf ein Minimum reduzierte. –

Nach der Überreichung des Kulturpreises leitet der Preisträger gleich unfeierlich angriffig in eine pointierte Rede ein: *Den Preis abzulehnen, sei ihm nicht in den Sinn gekommen, sein Gegenwert entspreche immerhin rund 2,5 cm Autobahn und werde ihm nicht von Wirtschaftsmächtigen, sondern von einer honorigen Gemeinde verabfolgt, und es handle sich hier gewissermassen um einen «polivalenten Stein», den man aus seinem Gehäuse herausnehmen und anderweitig benutzen könne.*

In diesem «*St. Galler Tagblatt*» von heute gibt es auch noch folgenden Leserbrief von Martha Beéry, Mühlbachstrasse 21, 9034 Eggersriet:

Kulturpreis – Preis für Kultur?

«Meistens lese ich verschiedene Bücher in der gleichen Zeit. So jetzt: ‹Hexengericht› von Leonardo Sciascia und ‹Die Erschiessung des Landesverräters Ernst S.› von M. Auf der hinteren Umschlagseite von M.s Buch steht eine Kritik (oder Laudatio?) der ‹National Zeitung›: ‹Was M. über diesen Landesverräter – den ersten von 17 – in mühsamer Kleinarbeit recherchiert hat und worüber er penibel genau und ebenso folgerichtig wie beharrlich Bericht erstattet, geht über den Einzelfall hinaus. Wer es versteht, auch noch zwischen den Zeilen zu lesen, der begreift das Engagement dieses Journalisten, der ausgezogen ist, den Fall eines Einzelgängers, eines Verfemten, einer ‹Unperson› zu klären, und der heimkehrt mit der Überzeugung, dass Recht sprechen schon längst nicht recht tun bedeutet.›

Ich bin dann der Frage nachgegangen, ob denn peinlich genaue Beschreibung bei M. und Sciascia diesem Anspruch genügt. Oft ist zwischen den Texten der Chronisten von gestern und den Journalisten von heute kein Unterschied festzustellen: Beschreibungen von Folterungen, Ungerechtigkeiten und Demütigungen werden veröffentlicht, und zwischen den Zeilen ist gar nichts zu lesen.
Die Chronisten von gestern und auch die Journalisten von morgen erhalten staatliche Gelder. M. wird mit dem Kulturpreis geehrt, vorgeschlagen von einer Kommission, die von einer Frau präsidiert wird, eine Frau hält die Laudatio und eine weitere wird mit Musik feiern. M.s Beschreibung der Schändung eines 16jährigen Mädchens durch Ernst S. hat nichts bewirkt, nicht einmal Betroffenheit.
Mit der ‹peinlich› genauen Darstellung vom Leiden anderer hat sich in deren Leben nichts, aber auch gar nichts geändert. Opfer bleiben Opfer auch in der Art der Beschreibung.
Deshalb meine Frage: Für was oder wen engagiert sich M.? Und warum haben seine Enthüllungen einen Kulturpreis bekommen?»

Wie ich vom Korrigieren nach Hause heimkehre, finde ich folgende Notiz im Briefkasten vor: *«Wenn Sie gut gelaunt sind, rufen Sie doch mal an – 291 11 11 Gruss R.»* – R., der den Weg von Südfrankreich an den Saatlenzelg gefunden hat; direkt, noch auf der Autobahn das ZÜSPA-Zeichen gelesen. – Überschwenglich bin ich, freue mich riesig, dass R. trotz allem den Weg zu mir wieder gefunden hat. – Am Dienstag, 13. November, sagte ich zu Z.: «Rainer hat am Abend immer wie ein Pudel auf mich gewartet!» Und was kann für einen Mann wie Rainer eine grössere Beleidigung bedeuten, als mit einem Pudel verglichen zu werden – er, der in Berlin zwei Windhunde hat ...

27. November

Gegen 10 Uhr ruft M. an, er müsse sofort vorbeikommen und von St. Gallen erzählen: «Das ist ein Massenandrang gewesen, das St. Galler Stadttheater ist aus allen Nähten geplatzt, die Besucher haben sich sogar in den Korridoren aufgehalten!»

Wie M. vor mir steht, will er es sofort haben, für mich wird es immer problematischer. M. fordert mich auf: «Dann sag mir doch, wie du es willst.» Ich weise das ab, finde es skandalös, dass ein Mann mit 50 Jahren nicht weiss, wie man eine Frau befriedigt. Eine Wut habe ich auch auf mich selbst, darauf, dass ich mich sexuell so lange auf M. eingelassen habe.
Ich könnte Tag und Nacht zu Gott beten und ihm danken, dass er mir Rainer geschickt hat. Durchrasten möchte ich mit Rainer – abrasten – ins Vergessen rasen. Ins Nirwana. Innerlich fange ich an, M. zu töten.

Er ist der Meinung, es sei besser, dass ich nicht nach St. Gallen gekommen sei, so etwas sei gar nichts für mich. Der Stefan Keller und Marianne Fehr seien dagewesen, und das hätte nämlich gefährlich werden können, wenn diese Frau und ich uns das Gesicht zerkratzt hätten ... Ich überlege: M. hat «schöne» Vorstellungen ... Ich sehe überhaupt keinen Grund, dieser kleinen, blonden, zarten Frau auch nur ein Haar zu krümmen!

M. beschwert sich dann: «Diese anonyme Aktion ist unwahrscheinlich, dieser Aufruhr wegen mir», und er berichtet von dieser Postkarten-Aktion gegen ihn, die ich schon in den «*St. Galler Nachrichten*» vom 22. November las, mit der Überschrift:

«Protest mit Postkarten.» Karikatur von Alibert zum St. Galler Literaturpreis an M. mit Anklängen an den St. Galler «Fass-Brunnen.» (Abdruck mit Genehmigung des KAK.) Also dieses «Kulturelle Aktions-Komitee» stellt nicht in Abrede, dass M. ein weitherum anerkannter Literat mit ausgezeichnetem Stil und schriftstellerischen Fähigkeiten ist. Findet aber der St.-Galler-Preis sei deplaziert, weil M. nicht nur einzelne St. Galler namentlich, sondern auch die St. Galler in globo als doppelmoralische, heuchlerische und kleinkarierte Spiessbürger abqualifiziert. Und weiter meint es: «Glaubt der Stadtrat, dass allein schon die stilistisch zugegebenermassen brillante Aufarbeitung eines pubertären Traumas einen Kulturförderungspreis rechtfertigt oder dürfen wir die Verleihung des Preises an M. dahingehend verstehen, dass der Stadtrat die Meinung M.s über uns St. Gallerinnen und St. Galler teilt?» –
Wie dem auch immer sei, er meint, der eine Mann, der ihn gelobt hätte, sei Edgar Bonjour gewesen, der über M. sagte, *M. gelte ihm als wichtiger Vertreter der «histoire totale» und einer Geschichtsschreibung im Dienst der Schwachen, der Opfer der Geschichte.* – Und mir scheint, dass ist für M. sehr wichtig, das ist für ihn schlussendlich ausschlaggebend, dass der *Doyen der Schweizer Geschichtsschreibung* ihn öffentlich lobt. Jener, der sich als *«einfacher Bürger» «in die Höhle des Löwen vorgewagt hat»*, sagt: *«Als einen von der grossen Mehrheit der Abwesenden»*, sei ein Zahnarzt und in M.s Augen nicht ganz so ein einfacher Bürger ... dieser Zahnarzt meint also, in M.s Preissumme sei auch ein kleiner Teil von ihm enthalten, und das stört ihn.

Nachher verlässt er den Saal und der Stadtammann dankt ihm, da er solche mutigen Worte dem anonymen Wirken im Hintergrund vorziehe.

Eine unheimliche Sache, findet M. die ganze Angelegenheit mit St. Gallen. (Seine Mutter war bei der Preisverleihung nicht anwesend.) – Ich bin nur halb Ohr: Ich denke an mein Treffen um halb ein Uhr mit R. vor der «Kontiki»-Bar. Provokanterweise lasse ich Rainers Mitteilung genau da auf dem Fernseher, wo M. jeweils seine Turnschuhe auszieht – ich bin jetzt bereit, M. so weit zu treiben, bis er mir seine Eifersucht zeigen würde. Ich möchte seine Eifersucht kennenlernen. Ich kündige ihm an, ich würde jetzt für etwa ein halbes Jahr nach Berlin gehen, sei aber noch nicht ganz sicher! Ich schwärme davon, endlich diesen holzigen Boden verlassen zu können. Deprimierend empfände ich die Schwerfälligkeit der Schweizer Menschen, erdrückend geradezu. Ich bin der Ansicht: «Die unwichtigen Dinge muss man schnell erledigen, um Zeit für die wirklich wichtigen Dinge im Leben zu gewinnen ...» – Da habe ich M.s Zustimmung.

Wir unterhalten uns über Erich Kubys Beitrag in der «WoZ»: *«Denkmal aus Schaumgummi»*, zu Ernst Jünger und seinem Biographen Martin Meyer. Wir finden den Artikel nicht besonders gelungen, da einzelne Gedanken über Jünger nicht zu Ende gedacht wurden. (Zuviel Gedanken-Material angezettelt und Jünger nicht systematisch «erledigt».) – Verglichen mit M.s Artikel im «Spiegel» eher langweilig, wobei es mir erscheint, die Sehweise von Jünger, der politische Blickwinkel, seine geradezu erneut gefährliche Wirkung auf eine Leserschaft, könne nicht genügend untersucht werden! – Interessant hingegen finde ich Kubys Biografie, der den Zweiten Weltkrieg als Landser und Kriegsgefangener erlebte und der Tagebuchschreiber vom ersten Kriegstag an war. Er wurde dieses Jahr 80 Jahre alt, lebt in Venedig und prägte die deutsche Presse der Nachkriegszeit als Redaktor der «*Süddeutschen Zeitung*», des «*Stern*», des «*Spiegels*» und durch seine freien publizistischen Arbeiten. – Das Tragische an der heutigen Zeit ist, dass Kriegs-Vergötterer-Intellektuelle erneut eine Renaissance feiern, da nützt es auch nichts, wenn Thomas Mann verlauten liess: «*Mit allem ins Feuer, was unter der NS-Diktatur geschrieben wurde.*» – Jünger ist 96 geworden – «NZZ»-Redaktor Martin Meyer meint, das Beste wäre für ihn gewesen, «*den Tod in der Schlacht zu finden*» ... Am 29. November 1944 erfährt Jünger, dass sein 18jähriger Sohn in Italien gefallen ist, und meint dazu folgendes: «*Der gute Junge. Von Kind auf war es sein Bestreben, es dem Vater nachzutun. Nun hat er es gleich beim ersten Mal besser gemacht, ging so unendlich über ihn hinaus.*»

Wir erörtern Cottis Vortrag, den er am letzten Samstag anlässlich des Symposiums «*Tessin – Schweiz – Europa*» in Lugano hielt. – *Die Schweiz wandle sich von einem Land unerschütterlicher Gewissheiten zu einem Land ständiger Zweifler. Die zur Selbstzerfleischung eingesetzten Kräfte würden jedoch für die Bewältigung der Probleme im Zusammenhang mit dem Aufbau Europas benötigt* ...

M. lässt verlauten, er wolle in nächster Zeit einen Psychiater konsultieren, aber zuerst müsse er sich jetzt von diesem Schock von St. Gallen erholen. Er resümiert: «Mein Schreibverbot im ‹Tagi› ist von Direktionspräsident Heinrich Hächler aufgehoben worden. Sie haben mir vorgeschlagen, einmal wöchentlich kolumnenmässig etwas zu schreiben», aber er wisse nicht so recht, ob er da einwilligen soll. Er telefoniert dann dem «*Tagi*», verlangt den Schaub, der ist jedoch nicht zu sprechen. Unterhält sich dann mit einem anderen, dem er sagt, wegen diesem (Schaub?) sei ihm die Sache nicht geheuer. Wie er dann abhängt, befürchtet er, diese andern Schreiberlinge wären viel zu eifersüchtig auf ihn, da hätte er eine delikate Position. Ich ermuntere ihn: «Du solltest da wieder schreiben, da können die andern höchstens etwas von dir lernen», und verbiete ihm, sich darüber Gedanken zu machen, was die andern wohl über ihn denken mögen ...

Ob er Livia gesehen hätte? M. weicht aus, er sehe sie selten: «Die hat sehr viel zu tun mit ihrem Studium, überhaupt muss man aufpassen, die vereinnahmt einem sonst ganz – da muss man zur rechten Zeit den Riegel schieben ...» – Ich finde diese Redensart typisch für ihn, Angst, es könnte ihm jemand aus Sympathie und Leidenschaft zu nahe kommen, und am Schluss müsste er sogar noch Verantwortung übernehmen!

30. November

Es ist ein Treffen mit R. an der Anwandstrasse in Andreas Honeggers Wohnung vorgesehen, der für filmische Angelegenheiten nach Tel Aviv abgereist ist. –

6. Dezember

R. und ich haben für die letzte Nacht unseres delirischen Nirwana-Trips den Saatlenzelg gewählt. Rainer, der mir alles bedeutet, der mir zu verstehen gibt, was sich zwischen Frau und Mann abspielen kann, wenn es harmoniert und funktioniert und die «Chemie» stimmt ... Rainer, der aus mir das längst verborgene Mädchen wieder herauslockt, der mich bis an die Grenze der Totalität verwöhnt, erhebt, mich in paradiesische Zustände entführt ... da macht sich das Telefon bemerkbar. Wer anders als M. könnte das wohl sein? Rainer und ich erleben meinen – ich weiss nicht wievielten – Orgasmus. Total erschüttert bin ich, göttlich berührt, von den Zehen bis an die Haarwurzeln benommen von soviel Feingefühl, Zärtlichkeit und Kunst des Gebens einer männlichen Person. Mein momentanes Ist-Bewusstsein bedeutet Rainer, der magische Zauberer über mein Geschlecht, er erweckt es zu nie gekannten Höhepunkten der göttlichsten Lust, die es gibt. Warum gibt es auf diesem Planeten keine Denkmäler für Männer, die es verstehen, die weibliche Biologie zu entfesseln?

Eine atemlose Wut und Ranküne-Gefühle gegen M. überwältigen mich.

8. Dezember

M. telefoniert, vermerkt sogleich: «Da war letztes Mal ‹une voix d'homme› am Telefon.» Er sagt es verblüffend herausfordernd. Sogleich wimmle ich das ab.

Wie er auftaucht, treiben wir das sexuelle Spiel sofort. Eine Katastrophe mit ihm, wird mir immer deutlicher bewusst. Wieder fordert M. mich auf, ihn zu instruieren. – Meinen Unterleib spüre ich praktisch nicht mehr! Und er stellt die immer gleiche Frage: «Hast du ihn gut gespürt?»

Eine Wut spüre ich in mir: Losschreien, losheulen könnte ich.

Von St. Gallen hätte er sich richtiggehend erholen müssen.

Dann folgt ein langer Monolog auf R. Ich vergesse auch nicht, Zettelchen von R. gut sichtlich auf dem Fernseher zu deponieren. Ich zeige M. das Buch von Rainer Maria Rilke, *«Briefe aus den Jahren 1914 bis 1921»*, das Rainer mit der Widmung *«Für Aline Adeline, Zürich, Nov. 90»* – und seinem stygischen Zeichen – versehen hat. Rilke schrieb unter anderem an eine Gräfin Aline Dietrichstein, redet sie an mit *«Meine liebe Gräfin Aline»* – und beendet den Brief mit *«Ihr immer ganz zugetaner und ergebener Rilke».* – Ich erzähle M., Rainer würde in Berlin mit einer Schwedin zusammenleben, fahre einen dunkelgrünen Jaguar (älteres Modell), das Steuer auf derselben Seite wie bei den englischen Modellen. – M. brummt: «Das sind die schönsten Autos, die es gibt.» Ich rede mich in ein Feuer hinein; immer nur von R. Eigenartigerweise hört sich M. alles an; ich habe den Eindruck, er würde seiner verliebten Tochter zuhören. Er ist verdächtig ruhig, spricht wenig.

In meiner unaussprechlichen Euphorie zeige ich ihm meine zwei neuen Gedichte *«Two times through the lungs»* und *«Martinique»*. Vor allem das letztere hat es M. angetan, rilkehaft sei das – bei *«Two times through the lungs»* ist er über den Absatz *«I must have HEROIN at any price»* schockiert und will wissen, ob ich wirklich Heroin genommen hätte.

Plötzlich hat er es eilig wegzukommen – er müsse den Film-Cutter Georg Janett treffen. Ob er ihm einen Gruss von mir ausrichten soll? Ich sage harsch: «Den kenne ich nicht persönlich.»

13. Dezember

M. ruft an und sagt gehässig: «Wer hat wohl vor Villiger gewarnt? Jetzt die Geheimarmee P 26 und so weiter. Dieses Bubi-Gesicht hat Knecht entlassen.»

Wenn er den Wagen aus dem Schnee gebuddelt hätte, würde er bei mir vorbeikommen. Ich frage: «Warum rufst du nicht bei deiner Mutter an?» Er sagt schnell: «In zehn Minuten bin ich bei meiner Mutter.» – Er befiehlt mir, das weisse Kleid anzuziehen, ich wisse schon welches, darin sähe ich wie ein Christkindchen aus. Ich entgegne: «Deine Mutter hat bestimmt schönere Kleider als ich.» M. ereifert sich: «Die hat nie so elegante Kleider, viel einfachere» ...

Mit Wut erinnere ich mich an sein ironisches *«Blick»*-Interview, in welchem er seine Mutter auf eine peinliche Art und Weise verherrlicht. Ich möchte mehr über das ödipale Phänomen erfahren – jetzt, da ich selber Opfer seiner Deformation bin. Ich nehme mir vor, nur noch in den höchsten Tönen über meinen Vater zu sprechen.

Wie M. hereinkommt, lese ich ihm gleich vor, was Pasternak über Lenin sagte: «*Lenin war mit Herz und Sinnen eine dieser so seltenen Ausnahmen, war Gesicht und Stimme des grossen russischen Sturms, einzigartig und aussergewöhnlich. Mit dem Feuer des Genies nahm er ohne Schwanken die Verantwortung für Blut und Zerstörung, wie die Welt sie noch nie erlebt hatte, auf sich, er fürchtete sich nicht, das Volk aufzurufen, an seine geheimsten, sehnlichsten Hoffnungen zu appellieren, er liess das Meer toben, segnete den Orkan.*»

M. strömt eine depressive Aura aus. Genau spürt er, dass ich eine Spannung auszutragen habe, und fragt: «Wann gehst du nun nach Berlin?» Ich erläutere ihm: «Ich weiss im Prinzip gar nichts.»
Er legt sich dann hin, wie wenn er schlafen möchte, reagiert melancholisch: «Morgen um neun Uhr muss ich den Magen spiegeln lassen, seit längerem plagt mich ein komisches Aufstossen.» – Wir wenden uns nochmals Pasternak zu, und M. ist auch der Meinung, das sei vor allem seelisch ein wunderbarer Mensch.

M. geht dann: «Mach es gut.» –

14. Dezember

In der heutigen «*WoZ*» steht sehr gut vermerkt: «*Irrende IV. – Roger Schawinski hat mit der neusten Nummer seines unbeschreiblich relevanten Züri-Heftlis ‹Bonus› wieder einmal bombigen Gesprächsstoff produziert, indem er die ‹50 mächtigsten ZürcherInnen› mit Namen und Heldentaten auflistet. Doch, man höre: Schon auf Platz 10 und auf Platz 22 rangieren unsere Mitarbeiter M. bzw. Jürg Frischknecht: Gell, da staunt man. In unserer unbändigen Freude über diese neuerliche Ernstnahme und Ehrung des Schaffens unserer Mitarbeiter offerieren wir stehenden Fusses einen Apéro für Rang 1 bis 23: Rang 24 ist Roger Schawinski.*»

Stadträtin Ursula Koch rangiert an erster Stelle, was ich auch richtig finde. Ein aussergewöhnliches Charisma hat diese Frau: «*Die erklärte Nicht-Autofahrerin bewegt sich aber auch als Stadträtin nicht im Gesellschaftsfilz und pflegt weiterhin ihren einfachen Lebensstil. Deshalb ist sie niemandem etwas schuldig und kann – anders als ihre männlichen Vorgänger – unbelastet und kompromisslos gegenüber der mächtigen Bau- und Immobilien-Lobby auftreten. Und da sie ihren Kampfgeist mit Kompetenz paart und auch das erforderliche Showtalent entwickelt hat, weiss die ganze Stadt, dass sie selbst die grössten Löwen in ihrem Vorzimmer warten lässt. Das hat den Wählern Eindruck gemacht. Und deshalb ist Ursula Koch, die noch vor fünf Jahren ganze 1900 Franken im Monat verdiente, heute die Mächtigste in einer Stadt, in der sonst nur das Geld regiert.*» – M. figuriert eben an zehnter Stelle, da steht: «*Weil er sich über einen Fürsten lustig machte, darf er schon länger nicht mehr im ‹Tagi› schreiben, als ein Mörder seine Strafe im Zuchthaus absitzen muss. Das macht den ehemaligen Klosterschüler zum Märtyrer der Linken. Mit seiner gefürchteten Recherchierkunst und Schreibgewalt bringt er die Mächtigen zum Zittern. Und manchmal kratzt der verkannte Historiker M. auch erfolgreich an den Mythen der jüngeren Schweizer Geschichte. ‹WoZ›-Guru M. ist der Elder Statesman des literarischen Journalismus.*» – Peinlich, solche Mächtigen-Ranglisten zu veröffentlichen. Wer hat hier überhaupt bestimmt, wer auf welchem Platz zu sein hat? Eine geistige Verarmung und Impertinenz, den Max Frisch auf Platz 47 zu plazieren (was immer der auch mit den Frauen verbrochen hat ...), also nach einem Karl Lüönd und einem Ruedi Aeschbacher (dessen Verkehrsberuhigungs-Massnahmen ich jedoch nicht a priori schlecht finde). Den Andreas Honegger, Redaktor «NZZ» und Kantonsrat (FDP) an vierzigster Stelle: «*Honegger spielt eine Doppelrolle: Er trägt seine linientreu freisinnige Meinung nicht nur im Kantonsrat, sondern gleich auch auf den Lokal-Seiten der ‹NZZ› vor.*» Der grösste Skandal jedoch, Wolfram Knorr, ‹Weltwoche›-Kulturchef – auf Platz 43: «*Wolfram Knorr entscheidet mit seiner brillant-radikalen Schreibe in der ‹Weltwoche› über Aufstieg oder Fall von Künstlern und ihren Werken.*»

Alles in allem recht viele Männer-Gesichter; auffallend wenig Weibliches. Mit dieser Rangliste wird denn auch transparent, nach was für maroden, ungeistigen Prinzipien in dieser Stadt Lorbeeren verteilt werden.

16. Dezember

Eben hat der Fotograf Stauber angerufen und teilt mir mit, im heutigen *«Sonntags-Blick»* sei eine starke Fotografie von M. und Dürrenmatt, der vor drei Tagen gestorben ist.

Gegen halb acht Uhr ruft M. an; ganz ungewöhnlich für einen Sonntagabend. Er käme eben von Berikon AG: «Ich habe da Leute besucht, die ich von früher kenne.» Ich frage ihn, ob er mit dem Fahrrad dahingefahren sei? Für diesen Dezember hat es einen ungewöhnlich grossen Schneefall gegeben, überall auf der Strasse türmen sich an den Seiten die Schneeberge. M. meint: «Ich bin mit dem Pferd unterwegs, bin jetzt in einer Telefonkabine, habe das Pferd draussen angezäumt, friere.» – Das reizt mich unwillkürlich zu einem Grinsen, obwohl ich eben mit Eintragungen über ihn beschäftigt bin – und daher nicht in allerbester Stimmung – ein mittlerer Schwelbrand, seitdem ich Rainer kennenlernte. Ein Wortspiel ergibt wieder einmal das andere: Ich meine zynisch, diese Pferde müsse man anbinden wie die Männer! Er erwähnt irgend etwas von Berlin, dieses Stichwort reicht mir schon, dass ich die Geduld verliere und ihn belehr: «Dieser Mann ist wenigstens gut im Bett.» – M. schwenkt dann ab, meint, in einer halben Stunde sei er bei mir, ich solle das weisse Kleid anziehen. (Wie langweilig, denke ich.)

Wie M. auf meinem Bett liegt, behauptet er: «Wenn du einen Penis hättest, würde ich dir das auch so mit dem Mund machen.» – Ob diesem Ausspruch bin ich geschockt, paralysiert – ich kann nichts darauf erwidern. Er fordert mich erneut auf, ihm mitzuteilen, wie man das bei mir machen müsse, dass ich einen Orgasmus bekäme. Natürlich will er es jetzt wissen, da ich ihm anvertraute: «Bei Rainer habe ich pro Mal sogar vier Orgasmen.» Ich weiss jetzt endgültig: Die sexuelle Angelegenheit mit M. ist eine völlig hoffnungslose Situation. Ich will wissen: «Könntest du R. als meinen Liebhaber akzeptieren?» Er antwortet: «Wenn der R. ein guter Typ ist, wenn der was wert ist, dann schon.» Und eigentlich könne er das ja verstehen, wenn sich ein Mann für mich interessiere – und wenn der Rainer das «gut erledige», sei ihm das auch recht ... Ich mache ihm dann sogar den Vorschlag, er hätte vor R. die Priorität – was ja eigentlich einfach ist, da die geographische Situation keine Vorzugsstellung von R. erlaubt. Ich finde, diese zwei so verschiedenen Männer ergäben eine aufregende Polarität: M. Stier und Rainer Waage. Wobei bei M. das Machtprinzip die Gefühlsbefriedigung ist und bei Rainer die ausgleichende Umwelt. Bei M. der Fehler die Treulosigkeit und bei R. die eitle Äusserlichkeit. Bei M. herrscht der Gefühlsmensch als Persönlichkeit vor, bei Rainer der Kulturmensch. Das Endziel heisst bei M.: Liebende, bei Rainer: Königin. Prinzipiell hat er also nichts gegen R. einzuwenden. Vielleicht überlegt er sich sogar dasselbe wie ich: Kennt man seine Nebenspielerin, ist alles viel einfacher. Da ihn auch das Befriedigen einer Frau nicht interessiert, ist es für ihn bequem, dies R. zu überlassen, da er mich dann physisch ruhiggestellt weiss.

Ich frage M., ob er mir helfen könne, die zwei Gedichte «Martinique» und *«Two times through the lungs»* zu publizieren? Zum heutigen Zeitpunkt lehnt er sogar das ab: «Willst du, dass ich dich protektioniere?» Ich antworte: «Ja.» Er meint, er sei nicht einverstanden, ein literarisches Produkt müsse sich aus sich heraus behaupten können. Ich halte ihm entgegen, er sei auch von M. Frisch gefördert worden. Er stellt dies in Abrede: «Erst nachdem ich schon Erfolg hatte.»

Diese ganze unfruchtbare Diskussion lässt mich missmutig werden: ich fühle mich zutiefst frustriert. – Wir treiben es dann nochmals ... beginnen plötzlich viel zu reden. Und dann bricht alles aus mir heraus: «Was ist denn eigentlich so abnorm an mir, dass du dich nicht öffentlich mit mir blicken lässt, im Gegensatz zu andern Frauen?» Ich bleibe hartnäckig, ich wolle das jetzt sofort wissen. M. überlegt sichtlich, dann sagt er doch tatsächlich: «Zwischen uns besteht ein Klassenunterschied.» Wie er das von sich gibt, weiss ich nicht, sollte ich lachen oder ihn für geisteskrank halten oder sein Statement überhaupt für nichtig erklären. So grotesk, dass es mir für einen kurzen Moment die Sprache verschlägt.

Ich interveniere: «Ich kann mir diese Idiotie nicht anhören. Um mit mir all die Jahre ins Bett zu gehen, war der Klassenunterschied wohl nicht zu gross?» Warum angelt er sich nicht eine Schwester von der *«WoZ»*, oder eine mit proletarischer Herkunft?
Er meint dann auch prompt, er wäre jetzt öfters mit der Marianne Fehr von der *«WoZ»* zusammen, gehe aber nicht mit ihr ins Bett. Ich meine herablassend, das hätte ich von ihm auch nicht erwartet. Nun verstehe ich jedoch seine Äusserung anlässlich seiner Feier in St. Gallen: «Ihr hättet euch sonst noch das Gesicht zerkratzt.» Er lässt dann verlauten: «Ich sehe jeden Tag so und so viele Frauen, die mir gefallen, aber ich mache nichts.» Ich sage leichthin: «Warum denn nicht?» M.: «Das ist eine Frage der Energie. Und an mich heften sich meistens Esoterikerinnen, die einseitig und sektiererisch wirken und keine Verbindung zum täglichen Leben herstellen können.»

Um mich von diesem heiklen Thema abzulenken, zeigt er mir einen Brief von Vinzens (Landesverrat, Hinrichtung ...), der an Villiger gerichtet ist. Ich bin jedoch weiterhin unruhig und komme wieder auf seine vorherige läppische Bemerkung wegen des Klassenunterschieds zurück. Da erhebt sich M. plötzlich, sagt, er gehe: «Ich lasse mir das von dir nicht gefallen, ich komme mir vor wie in einem Verhör.» Nein, er ist nicht belangbar, gibt keine schlüssige Auskunft, will sich nicht auseinandersetzen. Wenn es zu diesen zentralen Fragen kommt, ergreift er die Flucht. – Übrigens hätte er auch wieder so eine verflixte, unerwünschte Postpaket-Sendung erhalten: Weinbücher für dreihundert Franken – die seien so schwer, die müsste er nun alle wieder auf die Post bringen: «Dieses Land ist schon grauenvoll, ich muss hier wieder raus.» Ich meine, er solle nichts darüber in der «WoZ» schreiben, sonst fühle sich der Täter nur animiert, weitere Sendungen an ihn zu verschicken – mehr noch, der würde sich an seiner Veröffentlichmachung der Weinbuch-Sendung ergötzen. M. versichert: «Ich werde nichts darüber schreiben.»

Er beginnt sich anzuziehen. Ich gerate ausser mir, verliere die Nerven, beginne ihn wild anzuschreien: «Du kannst jetzt gehen, du hast deinen Orgasmus gehabt, dort ist der Ausgang.» Und ich verbiete ihm ein für alle Male, mich mit «Hexe» anzusprechen. (Seitdem jedoch eine Freundin von mir das gut findet, habe ich nochmals darüber nachgedacht und finde es auch nicht mehr so übel ...) – Er steht also auf, richtet sich im Türrahmen des Zimmers auf und bekommt plötzlich eine nie zuvor gesehene Gesichts-Veränderung – unvorstellbar brutal. M. fängt auch an zu schreien, meint: «Ich habe dir nie Vorhaltungen gemacht wegen all deinen Männern, auch nicht wegen dem Araber in Bombay, und für all die neuen Fotos auf dem Kühlschrank hast du dich auch nie rechtfertigen müssen. Wir sind einander überhaupt nichts schuldig. Überhaupt nichts! Nie habe ich dich mit all diesen Geschichten belangt.» – Einen kurzen Moment drückt er mich hart zurück – ich verlange, dass er mich aussprechen lasse, und überhaupt: «In dieser Wohnung wird nicht geschrien.» Wie wir einander hasserfüllt gegenüberstehen, schlage ich vor: «Schlag mich doch, das muss sicher eine Befriedigung für dich sein, da du sowieso stärker bist.» – Wie ich das sage, lässt er plötzlich von mir ab, er schreie auch nicht mehr, er rede jetzt normal: «Ich bin auch mit dir draussen gewesen und auch im ‹Rössli›» – («Tankstellen»-Restaurant), da wo ihn alle Leute kennen würden – sogar eine Töff-

Tour nach Glattfelden hätte er mit mir gemacht. Ich halte ihm vor: «Das mit der Töff-Tour brauchte aber viele Anläufe – erinnerst du dich noch, wie die Helme meiner Freundin hier wochenlang herumstanden – und als wir endlich gingen, hatte meine Freundin die Helme längst wieder gebraucht.» Und das übelste sei ja noch, dass er mich vor der Eveline Hasler verleugnet hätte, als sie, die Hasler, bei einem persönlichen Besuch von M. bei ihr an der Lehnhaldenstrasse, mich erwähnt hätte. Das streitet er dann plötzlich ab, ich hätte das falsch verstanden – sie hätten junge weibliche Schriftstellerinnen erwähnt, unter anderen die Mariella Mehr. – Er fragt frech: «Warum fördert dich denn eigentlich die Hasler nicht?» Ich informier' ihn: «Seitdem sie mit ‹Ibicaba› immer grösseren Erfolg hatte, habe ich mich zurückgezogen, weil ich das Gefühl hatte, sie hätte nicht mehr soviel Zeit – und überhaupt interessieren mich Leute nicht, weil sie berühmt sind – das ist zu bürgerlich.»

Er kehrt sich dann gegen die Ausgangstüre zu – bekommt auch wieder einen friedlicheren Gesichtsausdruck. Ich erahne: Zwei Seelen kämpfen in seiner Brust. Er lässt verlauten: «Meine Gefühle zu dir sind wie ein Kaleidoskop, verschieden, aber vorherrschend doch positiv. Wir werden uns jetzt eine Zeitlang nicht mehr sehen!» – Hat er ein halbes Jahr vorgeschlagen? – Das sei besser und ausserdem auch gesund so – während er das sagt, schaut er auf meine Beine – ich trage das Kleid, das ich bei der «Festivität» mit Livia trug. Ich warne M.: «Pass auf, dass du die Geschichten nicht verdrehst, mit allen meinen Freunden halte ich mich nicht nur in diesen paar verdammten Quadratmetern auf – das hat sich jetzt jahrelang nur mit dir ereignet. Ganz bestimmt liegt es nicht in meinem Charakter, dich auf den Knien darum zu bitten, dass wir öfters rausgehen.» Aber es ist wirklich sinnlos, dass ich erneut in dieses Thema hineingestochen habe! – Er führt nämlich wieder den Klassenunterschied ins Feld. Ich fauche ihn an: «Geh mal in dich hinein und überleg dir, was für eine Beziehung du mit mir unterhältst!»

M. verabschiedet sich dann.

Die ganze Nacht kann ich keinen Schlaf finden, ich bin zu erregt ob diesem hasserfüllten Zerwürfnis. Kann man für diese ganzen Jahre, seitdem ich seine Bekanntschaft gemacht hatte, ein anderes Attribut als seelische Grausamkeit finden? So etwas sollte man vor Gericht geltend machen dürfen! – Alles kreist mir ruhelos im Kopf herum, an Schlaf zu denken ist ein Wunschtraum.

17. Dezember

Gepeinigt höre ich um sieben Uhr den Wecker klingeln – zerfurcht, wuterfüllt, gedemütigt – ich muss M. umbringen, zerstören ...

Ich beschliesse, ihn heute anzurufen, ihm mitzuteilen, er solle es nicht wagen, mich noch ein einziges Mal anzurufen! – Ich erreiche niemanden.

Ich mache mich auf in die Englisch-Stunde nach Witikon. Mein ganzes Desaster erzähle ich meiner Englisch-Lehrerin, die schon länger von dieser schwierigen Beziehung weiss. Aber auch sie sieht schlecht aus, hat eine schlaflose Nacht hinter sich. – Um zehn vor zehn Uhr wieder am Klusplatz angelangt, verschwinde ich in der Telefon-Kabine. M. meldet sich – hektisch schnell. Und da flirrt es mir sekundenschnell durch den Kopf, dass er gestern betonte, er sei nicht normal ... Ich will ihm endgültig den letzten Schlag versetzen, nachdem ich die ganze Nacht nicht schlafen konnte. Es kommt mir in den Sinn, ich könnte ihm sagen, ich würde die Eveline Hasler treffen und ihr all diese Jahre mit ihm schildern – und dass er nicht mit dem Gottesmann Abraham a Santa Clara zu vergleichen sei. – Ich eröffne ihm also nochmals, wie frech er sich gestern verhalten hätte: «Die nächsten Tage habe ich ein Rendezvous mit Eveline Hasler, und ich werde ihr dann berichten, wie du mich diese sechs Jahre lang behandelt hast.» Am Anfang brummt M. nur, wie ich jedoch die Schriftstellerin in St. Gallen erwähne, meint er sofort: «Ich erzähle ihr dann auch alles über dich.» – Ich fühle mich Jahre zurückversetzt, Kindergarten-ähnlich. Zugleich realisiere ich erschreckt, dass ich einfach nicht von ihm ablassen kann, obwohl ich keinen dringlicheren Wunsch verspüre als den, aus diesem Drama auszusteigen.

Manchmal denke ich nach Australien auszuwandern zu meiner Freundin Margaret Ellerman.

27. Dezember

Einen Brief aus Berlin. R., der mir schreibt: *«Ich habe oft an dich gedacht, an die schöne, freie Zeit, die Gespräche und deine Stimme.»* Hier in diesem Brief, datiert 20. Dezember, hat R. das erste Mal die Schallmauer unseres konstruierten «Sie» durchbrochen. Bewusst oder unbewusst? Zu seiner schwedischen Freundin in Berlin hege ich freundschaftliche Gefühle, so weiss ich wenigstens, dass er gut aufgehoben ist. Eigenartigerweise quält mich das nicht mit dieser Wohnungsbewohnerin; ich mache mir höchstens Überlegungen der Art wie: Da ist die fremde Geliebte im fremden Land, in der fremden Stadt, an einer fremden Adresse ... Wenn der Magnetismus zwischen uns nicht dermassen stark wäre, würde ich das Ganze abbrechen.

Einen Mann in Berlin – weit weg.
Aber M. bewegt sich immer mehr weg von mir; sobald er hier am Saatlenzelg 25 jeweils die Wohnungstüre hinter sich zuschliesst. – Weit weg, sehr weit weg. – Und immer diese Angst im Nacken, wenn ich in dieser Stadt umhergehe: Ein Mann, der mich wöchentlich besucht, den ich jedoch, je nach Situation, öffentlich auf der Strasse nicht kennen darf! Mit diesem Bewusstsein, sich in einer Kleinstadt wie Zürich

zu bewegen, habe ich mir zu Anfang nicht so schwierig vorgestellt – und nun hat sich dieser Wahn wie ein Stachel in meinem Blut festgesetzt. Sich eingebohrt: Ich werde zum erlösenden Schrei ansetzen, sobald das vermaledeite Ding rausgezogen wird.

Aber warum akzeptiere ich, dass dieser R. auch kommt und geht? Weil, wenn er bei mir ist, er mir die ungeteilte Aufmerksamkeit schenkt! Es wird sich weisen, ob mit R. auch Ermüdungserscheinungen auftreten. (Bestimmt lässt die Spannung in jeder Beziehung mit der Zeit nach.) Bestimmend ist, denkt man am Schluss über eine Beziehung nach: Unter was für Spiel-Regeln wurde sie durchgeführt? Dementsprechend gestalten sich die Rache-Gedanken. – Stil ist alles – Jener Mann, der Stil hat, hat es nicht gelernt: Stil kann man nicht lernen ...

29. Dezember

Auch wenn es streckenweise eine fast unmenschliche Überwindung von mir verlangt. In der Nacht kann ich am besten arbeiten, da ist es ruhig, niemand ruft an, muss nur das schlechte bürgerliche Gewissen abbauen, wenn ich bis in den Nachmittag hinein schlafe. Da klingelt also 10 vor 2 Uhr das Telefon, und M. meldet sich, meint: «Tu es encore fâchée?» Ich benehme mich, wie wenn ich nicht verstanden hätte – er doppelt nach, ob ich immer noch «faschiert» sei. – Es erstaunt mich, dass M. am Draht ist, obwohl ich es mir herbeigewünscht habe, dass er wieder anruft. (Welche Süchtige verlangt nicht wieder nach ihrer Droge?) Ich meine kurz und klar: «Nein.» Gleich berichtet er, der «Blick» hätte etwas ganz Blödes über ihn geschrieben, weil er seinen Wagen einen Moment in der Strasse stehen gelassen hätte – und da angeblich den Verkehr blockierte. Zur selben Zeit hätte er einen Leserbrief an den *Blick* geschrieben, worin er sich mokierte, der «Blick» verabreiche am 24. Dezember eine schöne Weihnachtsbescherung. Nämlich zwei krasse Fehlinformationen über Max Frisch. Der würde laut *«Bild»*-Zeitung sein Appartement seit Monaten nicht mehr verlassen. M. sagt entrüstet: «Das trifft überhaupt nicht zu.» Es sei überhaupt eine Frechheit, so über Frisch zu schreiben, sobald dieser grosse Mann krank sei.

Und dass dieser Max Heinicke (Gold-Bijouterie-Laden) aus Zürich einen erbosten, kleinlichen Brief an den *«Blick»* sandte, nur weil M. auf der Höhe Kirchgasse den Verkehr blockierte, weil er in ein Buchverlagshaus musste, ist wohl sehr ungeschickt und provinziell von diesem Bürger: *«Am 4. Dezember, nachmittags, zu Fuss unterwegs am Limmatquai in Zürich, sehe ich auf der Höhe Kirchgasse einen dunklen Golf GTI mitten im schmalen Strässchen stehen. Pannenblinker leuchten, der Verkehr ist blockiert. Erboste Automobilisten, die nicht weiterfahren können, versuchen vergeblich, den offenen Wagen zur Seite zu schieben. Wer rauscht nach längerer Zeit cool aus einem Buchverlagshaus heraus, setzt sich in seinen Wagen und braust davon? Der unbequeme Schweizer M. ...»* – Dass M. sich überhaupt an *«Blick»*-Umfragen beteiligt, ist sein Fehler, weil da Heinicke noch meint: *«Seine vor Intelligenz strotzenden Antworten im kürzlichen ‹Blick›-Interview kommen mir in den Sinn: «Geld – Dreck; Auto – Schmutz; Sex – StrEichel, Beiss, Stöhn ...»* und weiter: *«Ob seine bisherigen Leistungen genügen, um ihm das Attribut ‹unbequemer Schweizer› zu verleihen, mag ich nicht beurteilen. Dass er sich mit seiner Vorstellung als höchst unanständiger Schweizer qualifiziert hat, steht jedoch ausser Zweifel.»*

Ich ziehe alte Jeans und ein sexy Oberteil an. M. fährt ein, grüsst mit «Bonjour» – und schon kleben wir wieder aneinander und ineinander ... Wir küssen uns heftiger als jemals zuvor – ziehen uns gegenseitig aus.

Alles wie gehabt!

Das Magazin der «*Süddeutschen*» liegt herum, der Journalist wundert sich, dass die ein Magazin hätten. Wie er darin den Schauspieler Müller-Stahl sieht, beginnt er in den höchsten Tönen von ihm zu schwärmen – und will wissen, ob ich mich nun entschlossen hätte, nach Berlin zu gehen. Ich bin heute relativ ruhig, beschliesse, kein Wort mehr über R. oder Berlin zu verlieren – gefasst meine ich: «Was meinst du mit Berlin, willst du dahin gehen?» – (Ich sagte ihm letztes Mal, ich sehe diesen Mann nicht mehr – genauso wie er vorgibt, seine Polin nicht mehr zu sehen.)

M. lässt sich aufs Bett sinken und beginnt von Tante Margrit in Dübendorf zu erzählen. Eine zwanzig Jahre jüngere Schwester seines Vaters. Vier Kinder seien das gewesen. Diese Tante Margrit hätte er nie besonders gemocht. Trotzdem hätte er sie kürzlich besucht, die sei jetzt über achtzig. Und dann hätte er sie zufälligerweise wieder gesehen – sei aber «wahnsinnig zusammengefallen», so wie das bei älteren Menschen manchmal passiere. Sie hätte ihm dann gesagt, er solle doch am Samstag wieder kommen; Samstag sei eben für diese Leute das einpendelnde Wochenende.

M. erklärt: «Gegen vier Uhr bekommt man da Tee und so weiter, ihr Mann ist Heizkissen-Vertreter gewesen» – wobei M. das Wort «Heizkissen» gereizt betont. Da gibt es nur noch intellektuelle Klassenunterschiede in seinem Hirn! Sein Sohn sei Jurist und der ganze Stolz der Familie gewesen ... Er will von mir wissen, ob ich das o.k. fände, wenn er diese Tante Margrit besuchen würde – die sei ja trotzdem noch enorm vital, plane sogar Reisen in andere Länder. Ich ermuntere ihn, diesen Besuch unbedingt zu machen, ansonsten würde er sich Gewissensbisse machen, wenn sie sterben würde. – M. sagt: «Ich fühle das auch so.» Und er finde auch richtig, dass er sich nach ihren Zeiten richte, wenn sie sage Samstag vier Uhr oder so. Und die wisse eben auch noch sehr viel von ihrem Vater zu erzählen.

Für sein neues Buch, sein «Familien»-Projekt, hätte er die ganze Nacht gearbeitet; er erwarte sich noch viele Tips und Inspirationen von eben dieser Tante Margrit: «Die gibt mir Einsicht in frühere Zustände.»

Bevor wir uns verabschieden, meint M.: «Ich habe einmal etwas in ‹Der Zeit› wegen dem Waffenhändler Puchert gelesen, der dann in Frankfurt erschossen wurde – du hast mir doch diese Geschichte erzählt, wie du von Tanger zurückkehrtest.» Und schön sei es, dass ich eine Reisebekanntschaft auf dem Schiff von Algeciras nach Tanger gemacht hätte, das gäbe es heute so selten: «Und dass dir Nadja Ganzelevitch heute noch schreibt. Aber Tanger als exotischer, schriftstellerischer Ort ist nichts für dich.» – Und ob ich Mitte Januar anwesend sei?

30. Dezember

Was man den Leuten für das Jahr 1991 alles wünscht, will eine Prominenten-Umfrage in der «SonntagsZeitung» eruieren. M., dazu befragt, gibt als Auskunft, er könne nicht überall seinen Senf dazugeben, sonst käme er sich vor wie ein Papagei ...
Schön destruktiv, so etwas überhaupt zu veröffentlichen – wobei ich seinen Widerwillen, auf eine so banale Frage Antwort zu geben, wiederum gesund finde.

Kapitel VIII

1991

7. Januar

Vom Klusplatz aus rufe ich M. an. Ich möchte ihn noch sehen, bevor R. von Berlin kommt, der sich auf den 8. Januar angekündigt hat.

Oder bin ich nur unheimlich überdreht?

Ich wünsche ihm ein gutes neues Jahr. Er wünscht mir dasselbe. M. ist nervös, er müsse grad mit der «*Weltwoche*» wegen seines Leitartikels reden – sei auf dem Sprung ... Er fragt, wo ich sei? Ich meine: «Auf dem Klusplatz im Café – ich mache da ein Interview – und nachher gehe ich nach Basel und bin nicht um acht Uhr zu Hause.»

8. Januar

Heute abend, wie ich nach Hause komme, liegt der göttliche Prinz im Bett.

Ich habe mir überlegt, dass ich mich gegenüber der Schwedin nicht als Nebenfrau, sondern als Hauptfrau sehe. Hauptfrau deshalb: Wenn man mit der Sorte Mann wie Rainer unter demselben Dach wohnt, es unweigerlich zu ärgsten Schwierigkeiten kommt, möchte man sich weiterhin als selbstbewusste, starke Frau fühlen.

Im «*Bonus 24*» vom Oktober 1989 lese ich unter dem Titel «*Ich bin eine Zweitfrau*» folgendes: «*Sie sind der Seitensprung, der sich unversehens zur Beziehung auswuchs, die Eindringlinge in die ach so glücklichen Zweierkiste, das Haar an seinem Pullover, der Lippenstiftfleck am Hemd, die Überstunde nach Arbeitsschluss. Sie sind die zweite Garnitur, Allesschlucker und heimliche Göttinnen.*

Die Zweitfrauen.»

Die Schwedin tut mir leid, wenn ich mir vorstelle, dass sie erst 26 Jahre jung ist. Und komischerweise kann ich mit M. noch weniger brechen, seitdem ich in dieser Zweier-Konstellation stehe.

Der eine Mann bedingt jetzt den anderen.

Dann gegen zwei Uhr morgens das Telefon. M. am Apparat. R. teilt ihm mit: «Sie hat sich eben wieder aufgemacht, ist losgegangen, kann ich etwas ausrichten?» Rainer und M. sind jetzt äusserst höflich miteinander am Telefon.

Die Welt um mich herum versinkt; alles versinkt in der Gegenwart von R. Ich weiss immer noch nicht, wie ich Gott für diesen Menschen danken soll. –

9. Januar

Das Telefon hupt, R. geht ran – auf der andern Seite wird aufgehängt: R. sagt, da hätte jemand schwer wie ein Seehund geschnauft – geatmet.

Wir lachen wie kleine Kinder! –

10. Januar

M. telefoniert und fragt: «Kann ich bei dir Fernsehen schauen, ich muss etwas wegen Cotti in bezug auf die CH-91-Feierlichkeiten sehen, und hast du das im *«Tages-Anzeiger»* gelesen; Solari contra M.»?: «*Also: Dass wir angesichts dieses Deutschlands, das ich als bedrohlich empfinde, erst recht in der EG – dass wir mit den Vorteilen, die wir als Kleinstaat haben, ernst machen. Das bedeutet, dass die Landessprachen gefördert werden – übers Kreuz; dass der Einfluss Deutschschweizer zugunsten des Romanischen abtempiert wird; dass das Tessin eine eigene Universität erhält; dass Schweizer Texte sogleich in alle Landessprachen übersetzt werden. Die Schweiz von heute driftet nämlich vollkommen auseinander, und ich halte das für eine Katastrophe.*»

Man kann von diesem Interview halten, was man will, auf jeden Fall ist es bezeichnend, wie Solari und M. nebeneinander und aneinander vorbeirudern (so wahnsinnig unsympathisch finde ich den Solari nicht mehr). –

Auf jeden Fall beklagt sich M., wie oft er mich angerufen hätte, und da sei wieder eine Männerstimme gewesen. Um jede längere Diskussion um diesen deutschen Mann zu verhindern, sage ich resolut: «Du wärst vielleicht auch froh um eine Unterkunft, wenn du dich in einer fremden Stadt aufhältst.» Auf sozialistische Art und Weise versuche ich diesen Punkt zu umschiffen. – Ich sage, er hätte doch selber einen Fernseher, M. entgegnet: «Ich habe ihn nicht mehr.» Er fragt nochmals, ob ich Besuch hätte? – Ich bin um elf Uhr mit R. und Z. verabredet, und da wir sowieso in Betschwanden übernachten wollen, denke ich: Eigentlich kann er ruhig hier fernsehen, der Kühlschrank ist voll, Wein ist auch hier – ich überlasse ihm also die Wohnung und sage ihm, ich müsste nach Urdorf zu meiner Schwester.

Wie M. die Wohnung betritt, spürt er, dass ich nichts, aber auch gar nichts von ihm will. Er wird aggressiv – in einer Art, in der ich ihn nie erlebt habe – und knallt mich aufs Bett, will mich gefügig machen! Ich wehre mich energisch: «Das sollst du auf jeden Fall unterlassen, ich halte dich jeweils auch nicht auf, wenn du deine Interviews hast.» – Zum Glück lässt er dann von mir ab.

Aus dem Steinbruch bekomme ich heute einen Text von Ruedi zugesandt, den er am liebsten ins Englische übersetzen lassen würde, um ihn an Mr. the President zu schicken:

«*ES WAR EINMAL EIN DIKTATOR:*

Dieser Diktator besass viel Öl. Der Diktator, ein Araber, verkaufte sein Öl dem mächtigen Westen. Dafür kaufte er Waffen, denn der mächtige Westen besitzt kein Öl, dafür aber Waffen, mehr Waffen, als ein Araber je wird kaufen können. Je mehr Öl der Westen beim Diktator kaufte, desto mehr Waffen kaufte jener beim Westen. Mit der Zeit besitzt der Diktator eine mächtige Armee mit viel Waffen und allem was dazu gehört.

Eines Tages überfällt der Diktator mit seiner mächtigen Armee ein kleines, reiches, wehrloses Nachbarland. Dieses Nachbarland besitzt ebenfalls Öl, sehr viel Öl, weshalb es auch so reich geworden ist. Dem mächtigen Westen aber gefällt dieser Überfall gar nicht, denn erstens findet er den Überfall auf das kleine, reiche, wehrlose Land empörend, zweitens könnte der Diktator noch weitere Ölländer überfallen, und drittens gehört das Öl auch dem mächtigen Westen; wird er doch auch in Zukunft sehr viel von dem Öl benötigen.

Was also tut der mächtige Westen: Er schart beinahe die ganze Welt um und hinter sich, stellt mächtige Armeen gegen den Diktator auf und droht diesem, dass sein Land in Schutt und Asche gelegt würde, falls er sich nicht schleunigst aus dem überfallenen Land zurückziehe. Der Diktator zeigt sich ob solchen Drohungen ungerührt, droht seinerseits, im Falle eines Angriffs seine Ölfelder anzuzünden und einen Weltenbrand zu entfachen. Ein so grosses Feuer, das weiss der Diktator ganz genau, würde zwar der Untergang seines Volkes bedeuten, dem mächtigen Westen aber ebenfalls sehr grossen Schaden zufügen.

Der mächtige Westen ist siegesgewiss. Für ihn steht nicht der Untergang auf dem Spiel, sondern bloss ein Krieg. Der Westen wird den Krieg gegen den Diktator so oder so gewinnen, schliesslich gehören ihm die meisten Waffen dieser Welt und alles was dazu gehört. Der mächtige Westen ist sehr aufgebracht: Warum ist der Diktator so halsstarrig und zieht sich nicht endlich aus dem besetzten Land zurück? Sieht er denn nicht ein, dass man ihm das Genick brechen wird? Die ganze Welt hat er gegen sich, dieser Diktator; glaubt er allen Ernstes, dieser Übermacht gewachsen zu sein? Aber der Araber zieht sich nicht zurück! Was soll ihm denn über seine Ehre gehen? Vielleicht sein Leben? Weiss denn der Westen nicht, dass der Araber kein Ungläubiger ist! Der Araber verachtet die Ehrlosen, welche um ihr Leben fürchten. Er gibt sein Leben für seinen Glauben. Da soll der Westen alle Waffen der Welt gegen ihn auffahren, das Land eines Arabers in Brand stecken; es wird ihm nie gelingen, alle Muslime auszurotten, denn die Muslim sind die grösste Glaubensgemeinschaft dieser Erde. Mag wohl sein, dass es dem Westen gelingen wird, den Diktator mitsamt seinem Volk auszuradieren, doch die Rache der Muslim bedenkt er nicht. Dem Diktator gilt nur eines: seine Ehre. Der Westen aber wird danach mit der Rache der Araber, mit der Rache aller Muslim leben müssen. Und diese Rache wird ihm das Leben verleiden!»

Am Schluss des Briefes schreibt Ruedi, ich soll ihn anrufen, falls ich einen passablen Lösungs-Vorschlag des Konflikts hätte, denn: «*Einmal mehr lässt sich die Intelligenz von den Ereignissen glatt überrollen, wie eh und je in diesem Jahrhundert. Jetzt ist vermutlich jedes Handeln bereits zu spät. Sehendes Auge unter Blinden, gehen wir sehend in den Untergang!*»

13. Januar

Energisch ruft M. beständig an. – R. ist wieder nach Berlin gefahren. Gestern morgen hatten wir ein schreckliches Zerwürfnis – er stellte psychische Ansprüche; fühlte sich von Z. und mir in Betschwanden ausgespielt. Unglaublich, wenn man bedenkt, dass wir als Trio starteten ...

M. macht wieder einmal einen Versuch – meine österreichische Freundin nimmt das Telefon ab: «Sie ist in der Sauna und taucht erst um Mitternacht wieder auf!»

Als gelogen empfinde ich das nicht, denn psychisch befinde ich mich tatsächlich in der Sauna, wenn ich mir überlege, wie mein göttlicher Prinz mich zerzaust; ich sei nicht zuverlässig, nachdem ich in Betschwanden vergass, seinen «Kulturbeutel» einzupacken. Es wird mir klar: Das Dilemma in R.s Charakter ist, dass er sofort tödlich beleidigt sein kann, wenn ihm etwas nicht in den Kram passt. Das wirkt sich gegen mich derart strafend und vernichtend aus, dass ich mich tagelang wie gelähmt fühle. Natürlich bringt auch er sich mit diesen Aktionen an den Rand! Immerhin denke ich: Einem Menschen, der einen auf derartige Höhen hinaufkatapultiert, muss man auch verzeihen können! Nur weiss ich nicht: Wie häufig ist man fähig, zu verzeihen?

Wie meine Freundin gegen zehn Uhr meine Wohnung verlässt, rufe ich gegen halb elf Uhr M. an – nichtsdestotrotz. Er mokiert sich: «Ich habe bei dir angerufen, und da nahm eine Frau ab, wer ist diese Frau – ich komme in zehn Minuten vorbei.»

Wie er meine Wohnung betritt, habe ich den Eindruck, er sieht ziemlich «fertig» aus. Dummerweise läuft *CNN International* – wir sehen Saddam Hussein. M. lässt verlauten: «Für so etwas ist ein Fernseher trotzdem gut – wie friedlich Saddam aussieht, nicht das, was man sich normalerweise unter einem Diktator vorstellt.»

Eine Foto von Rainer liegt auf dem Büchergestell; M. schweigt sich aus, nimmt sie aber mehrere Male in die Hand und sieht sich seinen Widersacher genau an. Ich weiss, ein anderer Mann würde mich zur Rede stellen und sich nicht mit lapidaren Erklärungen abspeisen lassen. Aber M. ist zu müde, um dieser Sache auf die Spur zu kommen – aber ein flau-ungutes Gefühl hat er – am Freitagmorgen hätte er in meiner Wohnung bis um drei Uhr gewartet. – Er isst dann Salami, trinkt Wein und meint plötzlich: «Es ist mir schlecht.» Ich gebe ihm Spasmo-Canulase – er fragt: «Ist es nicht Zyankali?» –

Dann kommt die Rede kurz auf seinen «*Weltwoche*»-Artikel vom 10. Januar: «*Rettet die Schweiz – coûte que coûte! – Manifest wider die Bundesabschaffer und für ein lateinamerikanisches Landesbewusstsein.*» – Dieser Artikel sei sehr beachtet worden! Und den Hitler könne man nun einmal nicht anders denn als eine «Kanalratte» benennen. M. erzählt: «Der Cotti hat mich am Fernsehen als Patrioten bezeichnet.» – Ich erwidere: «Das ist typisch kleinstaatlerisch, sobald ein Oppositioneller in deinem Format irgend etwas Positives, Staats-unterstützendes von sich gibt, werden sie nicht müde, es bei jeder Gelegenheit immer wieder zu betonen ...»

Wie M. gegangen ist, stelle ich den Romanen-Sender ein; ein Gremium von Leuten bespricht sich anlässlich der CH-91-Feierlichkeiten mit Solari. Der betont wieder M. («c'est un écrivain brillant»), der es dem Bucerius von der «*Zeit*» auch gegeben hätte von wegen «Staatssplitter». – Ich telefoniere ihm: «Ich habe da eben Solari dich loben gehört.» – Er interessiert sich, was für eine Sendung das sei und betont, er sei kein «Aussenseiter» – aber es sei nett, dass ich ihn anrufe. – Ausserdem sei er sehr besorgt wegen der Golf-Krise.

14. Januar

In der «*Schweizer Illustrierten*» von heute liest man: «*Er boykottiert die 700-Jahr-Feier, gilt wegen seiner Kritik an den heiligen Kühen Helvetiens als Nestbeschmutzer. Jetzt muss die Schweiz zur Kenntnis nehmen, dass der Historiker und Schriftsteller M. ein Patriot ist. In der ‹Weltwoche› distanzierte sich M. letzte Woche von den ‹Schnörrenwagnern› und ‹Plaudertäschchen›, die sich dem Slogan ‹700 Jahre sind genug› verschrieben haben. M. fordert dazu auf, die Vielsprachigkeit der Schweiz zu nutzen, das lateinische Element unseres Landes stärker zu betonen. Motto: ‹Rettet die Schweiz – coûte que coûte!› Es war ein überzeugendes Plädoyer für dieses Land. Grund genug, Patriot M. die Rose der Woche zu überreichen.»*

19. Januar

War in the Gulf!
Schon den ganzen Abend schaue ich mir diesen spannenden Krimi an – ausgestrahlt vom *CNN International*. Ein ziemlich perverses Gefühl! – Wie jedoch vom Pentagon gemeldet wird, dass von den Iraki acht «war heads» auf Israel abgeschossen wurden, halte ich es fast nicht mehr aus: Da sieht man nur noch Bilder von Menschen, die Gasmasken tragen! Das israelische Fernsehen spricht zu der Bevölkerung, sie sollen die Fenster schliessen – man ist in Jerusalem noch nicht sicher, ob es «chemical weapon» sind.
Es ist so grauenvoll!

Nach zwei Uhr morgens rufe ich M. an. Dieser ist hellwach, wie er den Hörer abnimmt. Ich rufe: «‹Chemical weapon› sind auf Israel abgeschossen worden – man ist allerdings noch nicht ganz sicher!» Ich bin fast überzeugt, dass sich Saddam Hussein mit einem «chemischen Einsatz» wichtig machen will. M. entgegnet, das sei nicht möglich – in zehn Minuten sei er auf jeden Fall bei mir: «Ich möchte mir das am Fernsehen ansehen.»

Von einer bodenlosen Verzweiflung geschüttelt, liege ich im Bett, wie M. reinkommt. Auf eine liebe Art gibt er mir die Hand, als er das Bett passiert. Er selbst pflanzt sich auf den Boden. – Meine Gedanken wandern zu Arnold Künzli, der mit dem Titel *«Arme an die Front!»* in der *«Helvetischen Typographie»* vom 16. Januar folgendes schreibt:
«In einem Zeitungsartikel schrieb Galbraith (weltweit angesehener Wissenschaftler der Harvard-Universität): «Am Golf stehen fast nur

Amerikas sozial Benachteiligte. Die jungen Männer und Frauen, die in der Wüste Saudi-Arabiens stationiert seien und dort ihrem möglichen Tod ins Auge schauten, kämen hauptsächlich aus den ärmeren Familien der USA: ‹Wir nehmen es hin, dass unsere Streitkräfte – wenn auch mit vielen Ausnahmen – hauptsächlich Menschen anziehen, die aus ärmlichen Familienverhältnissen kommen, überhaupt keine Familie haben oder unter dem Handicap leiden, einer Minderheit anzugehören.› Ähnlich wie schon im amerikanischen Bürgerkrieg – im 19. Jahrhundert – heuere man auch jetzt Menschen aus dem Armenhaus Amerikas zum Militärdienst ‹mit seinen möglicherweise schwerwiegenden Konsequenzen› an. – In der Hauptstadt Washington sowie in Detroit und Baltimore sei sie höher als in Jamaica und Costa Rica (Kindersterblichkeit). Andere Zeitungen berichteten, männliche Jugendliche in Harlem (dem Schwarzenviertel New Yorks) hätten wegen der dort herrschenden Kriminalität geringere Aussichten, 40 Jahre alt zu werden als ihre Altersgenossen in Bangladesh.» Und weiter schreibt Künzli sehr treffend: «Was die USA Saddam Hussein – an sich durchaus mit Recht – vorwerfen, nämlich die völkerrechtswidrige militärische Intervention in einem anderen Land, praktizieren sie selbst in Lateinamerika frisch-fröhlich seit Jahr und Tag. Alles im Namen der Demokratie natürlich, sowohl am Golf wie in Lateinamerika. Und weil die Israelis so tugendhafte Freunde der Araber sind, unternimmt man 20 Jahre lang nichts, um eine gegen deren Annektion der besetzten Palästinensergebiete gerichtete Resolution der UNO zu unterstützen, um dann aber zur Unterstützung einer gegen Saddam Husseins Annektion Kuwaits gerichtete UNO-Resolution die halbe Welt zu mobilisieren. – Und eben in erster Linie die eigenen Armen.» – Arnold Künzli beschreibt hier das, was mir wie ein dunkler Schatten auf der Seele liegt. Ich bin gegen diese Intervention der Amerikaner im Golf – aber ich bin auch entschieden gegen Saddam!

M.: «Das ist wie ein Fussballspiel. Ich habe den ganzen Abend mit Walter Renschler verbracht – in einem Lokal ist der *CNN* gelaufen.» Beide sitzen wir mit Brillen vor dem Apparat – er schaut mich manchmal eigentümlich an. Er sagt dann resolut: «Ich gehe.»

24. Januar

Immer noch *War in the Gulf!*

Die Radio- und Fernsehgesellschaft hat am Montag, 21. Januar, zum Podiumsgespräch ins Hotel «International» geladen; es geht um *«die Medienfreiheit in der Schweiz: Ist die journalistische Freiheit gewährleistet?»* – M. hätte sich mit Karl Luönd streiten sollen. Der letztere erscheint nicht. Ein Artikel in seiner Zeitung und ein Leserbrief M.s sind schuld. So ist Ersatz-Wunschkandidat FDP-Nationalrat Ernst Mühlemann in die Arena gestiegen. M. erzürnt sich masslos im Hotel «International», da er lange für den Vortrag gearbeitet und Fakten recherchiert hat, der Mühlemann jedoch die von M. zitierte Villiger-Sendung nicht gehört und trotzdem eine Meinung darüber abgibt. Im weiteren beklagt M. die *«Nichtbenutzung der Freiheit»* durch die Journalistinnen und Journalisten wegen Mangel an Leidenschaft, Mittelmässigkeit und Bravheit. – M. ist der Meinung, die journalistische Freiheit in der Schweiz sei sehr gross – allerdings tue es der SRG nicht gut, dass sie keine Konkurrenz habe. Ansonsten bringt er kaum Kritik an der SRG vor. Das Bundesgerichts-Urteil gegen die Sendung *«Grell-Pastell»* habe ihn dazu gebracht, sich für eine liberalere Konzeption der Beschwerdeinstanz für Radio und Fernsehen einzusetzen. Den Peter Studer benennt M. mit *«Steter Puder»*, bezeichnet ihn und andere *«Stümper an der Spitze der Fernseh-Hierarchie»* als *«Greenhörner, Lahmsieder und Langeweiler»*, die sich von den *«Geldsäcken und Goldmünzen»* und der *«alten, griesgrämigen und sauertöpfischen Tante von der Falkenstrasse»* *(NZZ)* dirigieren liessen. – Abschliessend ist in der *«Vorstadt»* Nr. acht, Seite fünf, vom Donnerstag, 24. Januar, zu lesen, *«dass der ‹Nestbeschmutzer› seinem Etikett Rechnung getragen hätte und sein scharfzüngiger Rundumschlag für einiges Gelächter gesorgt hätte, aber auch Empörung unter dem Publikum. Die Diskussion auf einen Nenner gebracht: Die journalistische Freiheit ist zwar in unserem Land gewährleistet, nur wissen viele Medienschaffende wenig bis gar nichts damit anzufangen.»*

28. Februar

Waffenstillstand am Golf!

2. März

M. wählt meine Nummer, nachdem ich schon die wildesten Gerüchte über ihn vernehme: Er würde sich in den Bergen verstecken (Klein-Rushdie), werde wegen gewisser Artikel, die er über den Golf-Krieg schreibe, bedroht.

Zwischen Berlin und Zürich nehme ich das halbwegs wahr.
Mit R. erlebe ich eine Dimension der Liebe, die an die Schmerzgrenze stösst. Ein unvorstellbar schöner Mensch! Ertrage ich M. langfristig besser, in connection mit R.?

M. will wissen, wie es gehe, und bedankt sich für die Karte aus Berlin (!). Dann fragt er: «Kommst du nach Wil, wir werden da in einem Hotel übernachten – ich komme vom Thurgau und habe in Wil Station gemacht, weil das in der Mitte liegt.» In fünf Minuten würde er mich nochmals anrufen – er suche mir einen Zug heraus. Wie er nochmals meine Nummer wählt, meint er, um 21.07 Uhr starte ein Zug in Zürich, der sei um 21.51 Uhr in Wil. Mit denen von der «*WoZ*» hätte er gebrochen, ich hätte schon recht gehabt, die hätten immer über ihn geredet. Diese Nachrichten kommen völlig unvorbereitet für mich.

Ich nehme also den Zug, komme in Wil an und sehe eben noch, wie M. sich von einer andern Person löst, wie er mich sieht. Er trägt einen Orson-Welles-Mantel. – M. küsst mich; öffentlich! Aber es ist schon ziemlich dunkel, kein Grund, diverse Tarnkappen überzuziehen. Er sagt aufgeräumt, er hätte einen neuen Wagen, den müsse ich gleich sehen ... Da stehen wir vor einem topgestylten roten Wagen. Ich meine:

«Das ist wie jemand, der bei einer Versicherung angestellt ist.» Er erläutert: «Ich bin neuerdings auch bei einer Versicherung, ganz sicher ...» M. berichtet: «Ich war in Paris und nachher in den Bergen, in Disentis bei den Mönchen. Aber auch in Hotels.»

M. hält dann vor dem Hotel «Freihof» an, gutes Mittelklass-Hotel im Stadtzentrum. (Nicht schlecht gewählt.) Er fragt, ob ich etwas essen oder mich duschen wolle? Ob wir das Essen aufs Zimmer bestellen sollten? – Wir essen dann unten. M. einen Wurstsalat und ich einen gemischten. Er unterhält sich mit der Servier-Frau, beim Wein-Probieren fordert er mich auf, ihn zuerst zu probieren. Ich traue meinen Augen und Ohren kaum, ich habe das Gefühl, innerhalb eines guten Monats fand eine totale Veränderung seiner Person statt. Die Servier-Frau lädt er ein, ein Glas mit uns zu trinken.

Er zieht plötzlich den Brief hervor, den er an die *«WoZ»* schrieb. Da erfahre ich Ungeheuerlichkeiten. Sie, Simmen und Keller, statteten ihm in seiner Wohnung einen Besuch ab und forderten ihn auf, sein Privatleben offenzulegen. M. erklärt: «Das mache ich nur bei meinen privaten Freunden.» Und der Keller, das sei ein Schwuler ohne «coming out», das sei das Schlimmste! Und bei den Bündnern, dem Simmen, sei das immer schwierig: «Die haben emotionale Blockaden.» Ich staune nicht schlecht, wie ich lese, was die ihm alles vorwerfen; er sei paranoid etc. Auch wenn das alles stimmen würde, bin ich nicht der Meinung, dass diese, genau diese Leute von der *«WoZ»* das Recht haben, über ihn in pathologischen Ausdrücken zu urteilen. Ich freue mich mit ihm, dass er sich von diesen Typen befreien will. Er legt dann los: «Die Marianne Fehr hat einen geistigen Minderwertigkeitskomplex, das sind alles Blut-und-Boden-Feministinnen – muss ich mich denn von denen anpflaumen lassen?»

Wir dislozieren in den oberen Stock. Die Fetzen fliegen furchtbar, er zerreisst mir das 200fränkige seidene Body-Stocking lustvoll, wild entbrannt. Crazy. –

Mit Max Frisch hätte er sich in seiner Wohnung überworfen: «Man muss wie Dürrenmatt sterben, der hat bis zuletzt gearbeitet.»

Ich bin vollkommen rüber.

3. März

Ich wasche mich, ziehe mich an. M. sagt, er würde unten beim Wagen warten. Er sagt, wie ich hinten Platz nehme: «Ich erlaube es dir ohne Protest, die Prinzessin wird jetzt vom Chauffeur chauffiert.»
Wir fahren also mit seinem roten BMW, den er in einer St. Galler Garage gekauft hat, über Land. Er lobt das Auto ausführlich, vor allem die Bremsvorrichtung: «So einen Wagen brauche ich jetzt, damit ich vor meinen Verfolgern rasch starten kann. Es hat alles nichts genützt, obwohl ich noch per Depesche vor der Eskalation des Golfkrieges eindringlich gewarnt habe.» – Jetzt ist er so süss, so kindlich ... Das flackert einen Moment zwischen Realität, Imagination und Irrsinn – ich bin nicht mehr sicher, wo genau die Trennlinie auszumachen ist! Auf jeden Fall hätte er massive Drohungen bekommen!
Wir fahren über Land nach St. Gallen, M. flippt fast aus, wie er die Miststöcke lobt und wie das Holz, gespalten, schön vor diesen Bauernhäusern aufgeschichtet liegt. Er erörtert: «Beim Autobahn-Fahren sieht man nichts mehr – diese Landschaft ist so schön. Die Franzosen sagen typischerweise ‹épouser›, wenn die Strasse sich mit der Umgebung wie hier verbindet. Diese Strecke habe ich früher oft mit dem Velo befahren.» M. erklärt mir diverse Sachen dieser Gegend von dazumal. Auch von einem Dorf, wo ein Freund

von ihm, ein Pfarrer, wohnen würde. Mir fallen die spitzen Kirchtürme ins Auge, M. weiss, da seien früher Zwiebeltürme gewesen – er findet das auch schöner. Ich empfinde die extrem spitzen enorm zwinglianisch.

Vor einer Tankstelle kurz vor St. Gallen machen wir einen Halt, M. kauft sich ein Kägi Fret, ordnet an, ich solle es ihm auftun. Das schlabbert er so schnell wie ein Bär in sich hinein, nicht wie ein Mensch, natürlich kaut er auch nicht richtig. Eines Tages würden wir mit einem ganz luxuriösen Wagen nach Zürich fahren. Bhagvan-like! (Vor die «*WoZ*»?) Und natürlich exorbitant auffällig indische Hüte auf dem Kopf! M. ist voll von Ranküne gegen die «*WoZ*»-Gesellschaft! So sind ihm alle skurrilen Vorschläge von mir willkommen. Lustigerweise hat er ein Hosenbein in den Schuhen drin und das andere draussen. Wie ich ihn darauf aufmerksam mache, meint M., das müsse so sein. Er trägt ausnahmsweise keine Turnschuhe. Dafür seine grauen Stoffhosen. Er würde wahrscheinlich nach Fribourg ziehen: «Zürich, das halte ich nicht mehr aus. Und jetzt müssen sie mich aus dem Impressum streichen, wie ich es ihnen im Brief befehle. Dann gibt es bestimmt diverse Abbestellungen dieses Organs. Die haben von mir profitiert.» Wie er so grimmig vor sich hinredet, habe ich den Eindruck, es falle eine riesengrosse Last von seinen Schultern, ein richtiger Albdruck!

M. schlägt mir während der Fahrt vor, ich könnte in Zukunft seine Sekretariatsarbeiten erledigen, er würde mich gut dafür bezahlen: «Die von der ADIA ist nicht gut gewesen, die hat für einen Brief einen ganzen Tag gebraucht!» Aber Livia erledige die Arbeiten auch sehr gut. «Und nächste Woche rufe ich dich an, ich lasse dir alle meine Publikationen während der Golfkriegs-Zeit zukommen, die du nicht gelesen hast.» Momenthaft ist M. jetzt so aufgeräumt wie noch nie!

7. März

Ich lese in der «Weltwoche» auf der Kultur-Seite den Bericht von Christian Seiler mit dem Titel *«Ich wollte es schon längst wegschmeissen»*:

«Das neue Schweizerische Literaturarchiv: Wie Otto F. Walter seinen Nachlass unterbrachte.»

«Bundesrat Flavio Cotti und Dürrenmatt waren am 27. Juni 1989 handelseinig geworden. Der Kulturminister und der Schriftsteller unterzeichneten im Berner Von-Wattenwyl-Haus den Erbvertrag, in dem Dürrenmatt seinen literarischen Nachlass der Schweiz vermachte. Seine Bedingung für die Schenkung von Skizzen, Stoffen, Notizen, Korrespondenz, seiner Bibliothek und Material zu Film- und Theaterarbeit: angemessene und sachkundige Verwaltung in einem neu zu gründenden Schweizerischen Literaturarchiv. Dürrenmatts Intention: eine Zentralisierung der über Kantons- und Universitätsbibliotheken verstreuten Nachlässe Schweizerischer Literaten, ganz im Sinne übrigens von Otto F. Walter, der bereits 1987 ein Papier vorgelegt hatte, in dem er ‹analog etwa zum Verkehrshaus der Schweiz› ein ‹Schweizer Literaturhaus› forderte. Walter bezog sich in seiner ‹Ideenskizze› übrigens auf das Deutsche Literaturarchiv Marbach, jene Einrichtung, die laut Dürrenmatts Anwalt Peter Nobel bereit gewesen wäre, eine Million Mark für den Dürrenmatt-Nachlass zu zahlen. Frage an Otto F. Walter: ‹Wie fühlt man sich als lebender Schriftsteller, wenn man den eigenen Nachlass bereits zu Lebzeiten an ein Archiv verkauft?› Walter: ‹Ach wissen Sie, ich bin glücklich, dass meine Zweizimmerwohnung endlich ein bisschen entlastet ist. Ich hab' mir schon längst überlegt, die Kartons, die jetzt in Bern stehen, wegzuschmeissen.› Frage: ‹Wie bitte?› Walter: ‹Mich interessiert mein Nachlass nicht.› Walters schriftliche Begründung für die Notwendigkeit eines ‹Schweizerischen Literaturhauses› (zitiert in einer Rede von Literaturarchiv-Chef Thomas Feitknecht vom 22. August 1990): ‹Das Literaturarchiv sollte so Einblick in kreative Prozesse, in Wechselwirkungen zwischen Traditionen und Gegenwart, zwischen persönlichen Entwicklungen und intellektuellen Strö-

mungen der verschiedenen Stile und Epochen verschaffen. In Walters Vitrine, der zweiten links auf dem langen Ausstellungsgang der Landesbibliothek, liegen ein Brief von Heinrich Böll an Otto F., ein Schulaufsatzheft aus der vierten Klasse, ein Foto von Otto F. mit Dürrenmatt, eines mit Max Frisch, ein Brief von Peter Bichsel. Über den Autor gibt ein locker beschriebenes Informationsblatt Auskunft: ‹Otto F. Walter. Geboren am 5.6.1928 in Rickenbach bei Olten (...) 1956–66 Aufbau eines vielbeachteten Programms moderner Literatur im väterlichen Verlag in Olten. (...) 1967–73 Leiter des literarischen Programms beim Luchterhand Verlag in Darmstadt/ Berlin. (...) Lebt in Solothurn. (...) Ausgeprägte Sozialkritik, Suche nach neuen Lebensformen (...).› Dann folgt ein Schreiben von M., der Otti zeigen will, ‹wo de Bartli de Moscht hätt›.»

(Der im ersten Absatz dieser Geschichte übrigens der Fragesteller an «Deep Throat» Marius Michaud war, den für französischsprachige Literatur zuständigen Mann des Schweizerischen Literaturarchivs.)

Also M. an Otto F. Walter, gerafft: «Lieber Otto F., du lebst im Wohlstand, du hast eine Villa in Frankreich, es gibt bedürftigere Schriftsteller als dich, wirst du nicht rot, wenn du für deinen Nachlass 300 000 Franken kriegst, spürst du nicht eine soziale Verantwortung? Kopien dieses Briefs nach Bedarf.» *Frage an Otto F. Walter:* «Was empfinden Sie bei diesem Brief von M.?» *Walter:* «Der Brief ist eine Zumutung, eine Moralisierung.» *Frage:* «Und die soziale Verantwortung?» *Walter:* «Kein Kommentar.» *Pause. Walter:* «Es ist eine völlig idiotische Lage, in die mich der M. da bringt. Es sieht so aus, als wolle ich mich rechtfertigen, wenn ich sage, dass ich Präsident der Fürsorgestiftung der ‹Pro Litteris› bin und mich um die Altersfürsorge von Schriftstellerinnen kümmere. Dass wir ein Rentenwerk aufbauen.» *Pause.* «Aber vergessen wir das gleich wieder.» *Dr. Thomas Feitknecht, anlässlich der Verleihung der Literaturpreise der Stadt Bern 1990, unter dem Titel «Was ist, was will das Schweizerische Literaturarchiv?», Abschnitt «Sammeln und erhalten»:*

«Literarische Nachlässe sind in den vergangenen Jahren in den Sog der Spekulation auf dem Kunstmarkt geraten (...). Das Schweizerische Literaturarchiv will diese Preisentwicklung nicht noch zusätzlich anheizen.»

18. März

Er schreitet gegen zehn Uhr in meine Wohnung: mit seinem schwarzen Hut und seinen aufgestülpten Stiefeln. Frage ihn: «Warum bringst du mir nicht dein neustes Buch ‹Weh unser guter Kaspar ist tot› mit?» –

Markus Schär schreibt am 5. März im «*Tages-Anzeiger*» folgende Zeilen: «*Richtig deshalb, dass die Sammlung von Plädoyers und dgl. noch ausführlicher als frühere Werke die Folgen einzelner Artikel dokumentiert, und schade, dass M. diese Praxis nur selektiv pflegt: So fehlen beispielsweise die Leserstimmen, die nach dem brünstigen Bach-Trompeten an seiner geistigen und genitalen Gesundheit zweifelten. Vertretbar auch, dass M. die Beispiele jener Kunstform zweitverwertet, die er zur Meisterschaft entwickelt hat: das Journal der fortlaufenden Alltäglichkeiten. So hält er nicht nur auf vergänglichem Zeitungspapier, sondern auch zwischen Buchdeckeln für die Nachwelt fest, wie er dank einem unbekannten Verehrer von der Leistungsfähigkeit des Versandhandels erfährt, auf einen gefälschten Brief eine Antwort von alt Bundesrätin Elisabeth Kopp bekommt oder vom ehemaligen Schatz die Liebesbriefe zwecks Verkauf ans Literaturarchiv zurückfordert (und plaziert im selben Satz eine giftige und folgenreiche Provokation mit der Information über die 300 000 Franken, die Otto F. Walter angeblich für seinen Nachlass bekam). Und wer sich schliesslich sogar den Artikel über den tragischen Sturz vom Töff samt Ellbogenoperatiönchen, so flach und länglich wie die Autobahn, nochmals zumutet, der kann feststellen: M.-on-the-Rocks macht süchtig.*» –

Er berichtet, die «*WoZ*» hätte das von ihm nicht abgedruckt, die würden sich weigern. Aber aus dem Impressum hätten sie ihn jetzt wenigstens gestrichen. In der Hausmitteilung der «*WoZ*» vom 15. März steht, dass M. in Zukunft nicht mehr für die «*WoZ*» schreiben will, und die 15 Punkte umfassende Erklärung zu diesem Entschluss wolle das «*WoZ*»-Kollektiv (mittels Plenums-Entscheid) nicht abdrukken. Sie stellen klar: «*Eine Mehrzahl dieser Punkte betrifft*

Interna, und fast jeder Punkt müsste bei einer Publikation von uns dementiert oder ausführlich erklärt werden; eine Aussprache darüber lehnte M. ab.» Am Schluss schreiben sie: *«Wir bedauern den Entscheid von M., nach einer zehnjährigen Zusammenarbeit nicht mehr für die «WoZ» arbeiten zu wollen. Wir sind jederzeit zum Gespräch und zu einer Wiederaufnahme der Zusammenarbeit bereit.» (Das «WoZ»-Kollektiv)*

M. sagt resolut: «Ich lasse das nun in einer anderen Zeitung publizieren, vielleicht in der *«Weltwoche»*.
M. lässt verlauten: «In Amriswil haben sie schon eine Stierplastik zugunsten von mir aufgestellt.»

Wie ich ihm vorhalte, dass er schon gehe, ruft er: «Ich habe nicht früher kommen können, eine Kuh hat Junge bekommen, das ist doch viel wichtiger als das Erscheinen der ‹WoZ›.» Ich frage ihn, ob ich ihn einmal in seinem Thurgauer Dorf besuchen könne. Er antwortet: «Schon, aber du musst gutes Schuhwerk anziehen, da ist viel Dreck.» Der *«Sonntags-Zeitung»* vom 17. März, dem René Ammann, teilt er mit, wenn er das Thurgauer Domizil nicht gehabt hätte, er in einem Sanatorium oder in einer psychiatrischen Klinik gelandet wäre, es sei soviel auf ihn zugekommen, und dass er am Morgen zwei Stunden lang ausgeritten sei, und er die Sinnlichkeit und diese archaische Gesellschaft im Thurgauer Dorf brauche! Besonders gekränkt und verärgert hätte ihn, dass ihn die besten Freunde nach der Verfolgungsjagd-Geschichte als paranoid bezeichnet hätten: *«Das ist das einzige, was mich kaputtmacht. Dann musst du Abstand nehmen.»*

26. März

M. ruft an. Zum Auftakt wird gestritten. Er behauptet, er hätte gestern angerufen. Ich mach' ihm klar: «Ich war mehr oder weniger den ganzen Tag da, was meinst du eigentlich, kannst du dir mit mir alles erlauben? Du rufst mir wohl an, weil du deine anderen Frauen nicht erreichen kannst?» Er interveniert: «Dem ist nicht so; ich muss dir etwas Wichtiges sagen, in Paris machen wir das dann indisch», und säuselt weiter etwas von raffinierten, delikaten Dessous, die er in Paris im Hotel bereithalte. Ich meine wieder: «Nimm dir doch eine Französin.» M. antwortet: «Ich habe mich an deinen schönen Körper und an dein spezielles Reden gewöhnt.» (Auf so und so viele Kilometer gesteht er das erste Mal seine Abhängigkeit von mir!)

Paris braucht es dazu – es braucht Berlin, dass er nun langsam begreift, dass R. und ich uns frenetisch lieben. Obwohl: M. und Rainer verschwinden ineinander, ich kann sie nicht mehr exakt voneinander unterscheiden.

Ich erkläre, ich wisse noch nicht, was ich machen wolle, wahrscheinlich würde ich wieder einmal auf den Montmartre zu «meinen Freunden» gehen. Er reagiert gelassen: «Das ist einmal etwas anderes, nichts machen!» –

Ich überlege blitzschnell: Wie werde ich diese Nächte in Paris mit M. überstehen? Wenigstens hat er sich das Schnarchen abgewöhnt. Ich warne ihn: «Es darf keine Ausfälle geben!» Er ist auch einverstanden, wenn ich meine Bücher für die bevorstehende Prüfung mitbringe. Er gibt mir die Hoteladresse bekannt: 22, rue Sainte Croix de la Bretonnerie, im vierten Bezirk, Hotel «De la Bretonnerie». M. sagt noch: «Du kommst im Gare de l'Ouest an.»

Gegen Mitternacht komme ich in Paris an. M. ist vollgepumpt mit Codein, es geht ihm übel. In der Nacht darf ich in diesem zweistöckigen Hotelzimmer (unten Schreibmaschine und oben das Bett – Hochbett) absolut nichts reden, trotzdem sage ich noch ganz leise: «Cumbersome» heisst «überladen». – Manchmal umarmt er mich in einer fiebrigen, hektischen Art. Und lässt mich wieder los.

27. März

M. erhebt sich früh, er liest Journale und geht ins Café.

Die Geschichte mit der «*WoZ*» geht ihm viel näher, als ich dachte. Wie ich mich anziehe, ruft er Keller vom «*Alltag*» an, indem er ihm die Eindimensionalität der «*WoZ*»-Leute beschreibt und beklagt: «Es geht mir nicht darum, dass man meine Texte redigiert, wenn es wirklich etwas zu redigieren gibt. Aber wenn man nicht weiss, dass der Plural von ‹mouse› ‹mice› heisst, und sie mir dann ‹mices› ‹verbessern›! Wegen meines ‹*Weltwoche*›-Leitartikels über die Schweiz wurde ich von diesen Leuten angedonnert. Und Havel, Charta 77, wollten sie nicht abdrucken; die DDR ist doch für die ‹*WoZ*›-Leute immer der bessere Teil von Deutschland gewesen. Und die wollen mich psychiatrisieren!» – Er hält den Keller an, ihn in Hagenwil zu besuchen, und «in Paris geht es mir immer gut!» (Nur dieses Mal völlig daneben ...) – Wie er aufhängt, poltert er weiter: «Die von der ‹*WoZ*› denken wohl über mich, das ist noch ein ‹lustiger Chaib›. Ausser dem arabischen Palästinenser-Problem (Intifada) haben sie nichts verstanden ...»

Also wie ich dasitz' und warte, beginne ich die eingesteckten Postkarten von M. zu begutachten. Da ist folgendes zu sehen: «*Schloss Hagenwil Amriswil, Besitzer: A. Angehrn.*» «*Madame De Gaulle, Photo prise peu de temps avant son hospitalisation, juin 1979*», «*Der heilige Gallus und der Bär*», von der Stiftsbibliothek St. Gallen, und dann die Karte «*L'entrée de De Gaulle à Paris*». Zufälligerweise kehre ich diese Karte um, da steht ein handgeschriebener Text von M.: «*19.3.91. Paris – Krank und matt, läute ich an (wirklich sehr, sehr erkältet); wärst Du krank würde ich Dich pflegen. Es gelingt Dir, in kürzester Zeit zwei giftige imperialistische Bemerkungen zu plazieren. ‹Ich muss Dir noch beibringen, wie Du mich sehen musst.› Ohne die verdammten Millionen und die grässliche family wärst Du eine gute Frau. So aber: Kein Hagenwil mehr, kein Marokko, Schluss mit M.*

(Lass Dir nicht einfallen, mir zu schreiben.) Für mich war's am Wochenende sehr schön. Du siehst nur die Schönheitsfehler. Va te faire foutre (leicht durchgestrichen). P. S. Wo war eigentlich Dein Beitrag gegen den Golfkrieg?» – Diese Karte beweist mir, dass es da noch eine deutschsprachige Frau (Flüglistaller?) in Paris gibt, mit der sich M. zerstritten hat. Ich habe mir schon gedacht, es sei ungewöhnlich, dass er mich nach Paris gerufen hat. Sollte ich bald zur Hauptfrau avancieren? Ich empfinde es zuerst als einen Eingriff in seine Intimsphäre, dass ich das zu lesen bekomme. Ich lege dann das schlechte Gewissen ad acta – das hat sich beim ungeahnten Karten-Betrachten wirklich so ergeben ...

11. April

Seit Paris kann ich mich nur noch mit grösster Mühe an den Schreibtisch bewegen.

Gleich nach der Max-Frisch-Beerdigung ruft M. an, «angekotzt» hätte ihn diese Prominenten-Beerdigung in der St.-Peter-Kirche: «Jene, die nie etwas riskiert haben, verehren ihn jetzt!» Wenn Max Frisch noch mitbekommen hätte, wie M. sich in seinen letzten Tagen über ihn geäussert hat, hätte er wohl den Max-Frisch-Preis nicht erhalten! – Seinen Bart hat er sich abrasieren lassen, wie ich auf einer *«Tages-Anzeiger»*-Foto schaudernd bemerkte – nackt-brutal, aber sehr realistisch. Er kommt mir jetzt vor wie mein ganz persönlicher Schlächter!

Ausserdem bin ich unterdessen in ein ganz anderes Gefängnis eingetreten: die Berliner Folter. Auf Gedeih und Verderb sind wir uns ausgeliefert, Rainer formuliert das wie Polanski: *«Die Beziehung von zwei Menschen geht durch alle Etappen der Leidenschaft, von der wilden Liebe zur Langeweile, von der Perversion zum Hass – das Problem der Leidenschaft ist, dass sie sich verliert und immer tragisch endet.»*

R. sagt ganz klar: «Trennen kann uns nur der Tod – einer von uns beiden müsste sterben.»

13. Juni

Elaborat im Schlingpflanzenbereich: Eigentlich ist mein Leben alles andere denn abgeschlossen. Der Aufbruch findet erst statt. Meine Befreiung von M. ist das Grösste für mein Ich, wenn überhaupt etwas wichtig ist. Der bedeutendste Punkt in meinem Dasein.

14. Juni

Irgendwann in diesem Sommer teilt mir M. mit, er sei in Grasse gewesen, hätte fürs «du» schreiben müssen. Über Parfüm. Er hätte dann Durchfall bekommen und sei nicht mehr in der Lage gewesen, etwas zu schreiben. So sei er zum Honegger gegangen (Maler).

3. September

Lähmungserscheinungen, Ekel, den Gefühlen schriftlich Ausdruck zu verleihen, halten seit Paris immer noch an. – Dies ist ein Tod auf Raten: Je mehr ich von M. erfahre, desto mehr schaudert es mich innerlich ... Seine kürzliche Offenlegung am 28. August: «Ich bin nicht fähig zu lieben, ich habe noch nie geliebt. Aber ich hoffe, dass ich meiner Frau noch begegnen werde.»
Er redet dann noch etwas für mich Unverständliches von schwuler Lebensweise, bemerkt: «Wenn man nur gegen aussen nicht so erscheinen möchte.»

Er erscheint heute mit seinem Motorradhelm auf dem Kopf, genauso wie früher – aber ausser diesem Requisit erscheint mir nichts mehr wie früher. Ich muss mir zuerst die Zähne putzen. Er schiebt meinen Bettüberzug schon auf die Seite (!), gleich will er das, was er immer wünscht! Ich interveniere: «Zuerst widmen wir uns einem ‹sujet›, bring du Vorschläge. Zum Beispiel die Wechselbeziehung von Religion und Sexualität.» Es wird dann ein wenig herumgefakkelt – und nichtsdestotrotz aufs Wesentliche losgesteuert ...

Er ist der Meinung, er sehe intellektueller aus wie R.
Diese Nacht kommt Rainer, ich bin unruhig ... M. weist auf seinem Oberarm Knutschflecken auf (hellgrün auf seiner Engerlingshaut!). Ich mache ihm klar: «Ich finde das schlimm, dass du neben mir noch andere Frauen besuchst.» Er streitet das ab, lamentiert: «Das kommt vom Baden, und wie du von Berlin gekommen bist, hat es auch so ausgesehen!»

Nachher rege ich mich auf: «Wann gehen wir jetzt endlich an den Schluchsee oder an den Bodensee, von dem du doch im Februar so geschwärmt hast?» Er wendet ein: «Du hast ja Angst.» Ich entgegne: «Selbstverständlich fährst du vorne als mein Chauffeur. Morgen gehen wir an den Bodensee!» Er erklärt: «Da findet die Tinguely-Abdankung statt ...»

Zum Glück existiert Herr B. Zum Glück kommt er heute nacht.

30. September

M. hält im Zürcher Kunsthaus die Laudatio vor 300 geladenen Gästen auf den Zürcher Künstler Gottfried Honegger («Widerstand aus Verantwortung»), der in diesem Jahr 75 Jahre alt wird: *«Für wen arbeitet der Sozialist Honegger? So nennt er sich immer noch. Für Herrn Minister Jolles, z.B., den Unsozialisten, und ähnliche reiche Sammler, und für die Galerien, welche die Hälfte der Verkaufssumme einsacken. Die lassen seine*

Bilder und Skulpturen zum privaten Genuss in ihren Häusern verschwinden. Das stört den Maler, prinzipiell, aber die Sammler nicht, und die beim Verkauf erzielte Summe stört den Maler akzidentell auch nicht. Lieber stellt Honegger deshalb seine Arbeiten in den öffentlichen Raum, er hat immer noch etwas gegen Banken, welche die schönste Kunst in die Direktionszimmer hängen, und da kann er beruhigt sein, der Schnorrer Mühlemann von der SBG hat noch gar nichts von ihm gekauft. In Frankreich kommt er schon längst öffentlich zum Zug, in Lille, La Rochelle, Nancy, Dijon, Rennes kann jedermann seine grossen Skulpuren betrachten, eine Renault-Fabrik südlich von Porto hat er farblich gestaltet, in jahrelanger Mühsal, in Nevers die Fenster der Kathedrale, und man möchte dort in Frankreich auch seine Theorien über die Kunst im öffentlichen Raum kennenlernen, kürzlich im Palais du Luxembourg hätte er vor sämtlichen Députés und Senatoren zu diesem Thema sprechen sollen. Man stelle sich vor: Die Vereinigte Bundesversammlung lädt Honegger für einen derartigen Vortrag ins Bundeshaus ein!»

Kapitel IX

1992

Freitag, 11. September, 0 Uhr 15 beim Bahnhof Oerlikon:

«*Er kommt von St. Gallen von seiner 91jährigen Mutter, wo er sich vier Stunden mit ihr unterhalten hat.*
Zehn Meter vor seinem Haus hört er rasche, schnelle Schritte hinter sich. Eine Hand schlägt ihm kräftig auf die Schultern, er dreht sich um, erblickt zwei junge Männer mit dunklem Teint. Ausländische Freunde, denkt er noch …!! Wie er wieder bei Bewusstsein ist, liegt er auf dem Bauch. Ringsum bleibt alles ruhig. In der Gesässtasche fehlen 150 Franken. Nichts dagegen fehlt in der Innentasche, der Windjacke, nur mit Klebeverschluss zu öffnen, die am Boden liegt.
Von zwei Uhr nachts bis morgens um acht liegt er am Tropf. Sein Rachen ist ausgedörrt. M. kann nicht schlafen. Wie im Film sieht er die Szene immer wieder vor sich abrollen. Als schnelle Tiere kommen ihm die Schläger vor. Er überlegt, was er anders hätte machen sollen. Es fällt ihm nichts ein.
Am nächsten Tag mag er nicht in seine Wohnung zurück, wo alles geschah.
Erstmals in seinem Leben sehnt er sich nach der Wärme einer Familie. Er zieht zu seinen Neffen. Die nehmen die Sache locker. Das tut ihm gut.» («Die Weltwoche», 17. September)

Er ruft mich an, er sei im Spital gewesen, zwei Männer hätten ihn vor der Wohnung traktiert, so dass er in das Spital eingeliefert werden musste. Zuerst verstehe ich das nicht … ich habe auch keine Zeit, ich muss nach Basel in eine Galerie. Und so hänge ich wieder auf.

Zu Ruedi sage ich dann im Zug: «M. hat telefoniert und mir etwas Komisches erzählt, das ihm angeblich passiert ist. Ich habe es nicht richtig erfassen können, da ich eben auf dem Sprung an den Hauptbahnhof war.»

November

Seine Mutter stirbt. – Eine Zeitlang kommt er mich mit schwarzen Hosen besuchen. M. sagt bedrohlich: «Hoffentlich kommt sie nicht zurück, sie hat gedroht, sie komme wieder zurück!»

Er schreibt über sie: «*1901–1992. Ein Matriarchat.*
Ja, sie war eine Intellektuelle, aber religiös grundiert. Keine Akademikerin, eine Intellektuelle, also eine Wahrheitssucherin. Sie hätte ums Leben gern studiert, das lag aber nicht drin. Also wurde sie eine Autodidaktin, zeitlebens, hat sich unablässig weitergebildet, gelesen und auch geschrieben, was das Zeug hielt. Ich schätze ihre Produktion auf einige tausend Briefe, meist mit der Schreibmaschine getippt, Zweifingersystem, aber sehr tifig. Bis zuletzt hat sie geschrieben, stilistisch immer interessant, und wenn sie Zeit und die entsprechende Ausbildung gehabt hätte, wäre sie vielleicht Schriftstellerin geworden.»

Ich gewinne den Eindruck, er ist einerseits erleichtert, dass sie nicht mehr da ist, anderseits ist niemand da, der dieses Vakuum der Mutter ersetzen kann. Jetzt ist er vehement am Verdrängen, nimmt fast mehr öffentliche Auftritte wahr wie sonst!

8. Dezember

M. ruft aus irgendeiner Lokalität an, in zwanzig Minuten sei er bei mir ...

Wie er in meine Wohnung stapft, bemerkt er: «Je t'ai apporté un cadeau» (Schokolade-Alkohol-Stängeli). Ich will sofort wissen, von wem er die bekommen hätte? Er gibt zu: «De mon frère, die sind sehr gut.» Ich sage: «Wenn das dein Bruder wüsste.» M. erwidert energisch: «Ja gerade darum, das geht doch meinen Bruder nichts an!» – Er komme grad vom Hotel «Ramadan» und hätte jetzt dann bald genug von «diesem huere Medie-Züg: Dieses verdammte Gschnorr.» Eine öffentliche Veranstaltung anlässlich der negativen EWR-Abstimmung sei das gewesen: «Etwa sechshundert Leute waren da versammelt!» Das «Ramadan» sei ein ganz stinkvornehmes Hotel.

Er informiert mich, *«Die Erschiessung des Landesverräters Ernst S.»* sei jetzt auf französisch rausgekommen, mit einem neuen, guten Nachwort: «Willst du es wirklich auf französisch lesen, es ist sehr kompliziert?» Ich meine, das käme mir eben entgegen, ich würde im Moment Französischstudien betreiben. – Seine Lyrik komme erst im Januar raus ... Er bietet mir eine Davidoff-Zigarre an und erklärt: «Das ist die beste, die es gibt, weisst du wieviel die kostet?»

Der Moritz Leuenberger sei heute abend auch anwesend gewesen: «Der hat noch gute Sachen gesagt.» Ebenso der Kleine mit der Glatze, der Beat Kappeler, Ex-Gewerkschafts-Funktionär, der jetzt bei der *«Weltwoche»* sei. Ich antworte: «Ja, der hat eine hohe intelligente Stirne – ich stellte mir immer vor, der sei gross ...» Auch den Mühlemann von der Bankgesellschaft hätte er gesehen. – M. wirft dann ein: «Kennst du Tettamanti? Der ist mit dem Flieger von Monte Carlo eingeflogen.» Ich antworte: «Das ist ja klar, der ist sehr reich!» Der hätte also verlauten lassen: «Heute abend sind der M. und ich die einzigen, die nicht zum Establishment gehören.» – Wir lachen in den schrillsten Tönen! – M. kommentiert: «Die Leute haben zum Teil auch gelacht! Man muss sich das einmal vorstellen. Er hätte damit sagen wollen, er gehöre nicht zum politischen Establishment! Aber es würde ja alles sagen, wenn so einer im Steuerparadies Monte Carlo wohnt. Ich zische: «Ein Witzbold ist so einer! Schau mal, wie viele Läden im Tessin mit Tettamanti beschriftet sind.» M. doppelt nach: «Alle!»

Ich will von M. wissen: «Wie hast du gestimmt?» Er hätte JA gestimmt.

Er fragt mich: «Weisst du, wen ich gestern bei der Preisübergabe an Nizon im Schauspielhaus gesehen habe? – Stefanie, die schätzt dich sehr; sie hat zu mir gesagt, du seist ein Schatz. Und sie würde gerne mal bei sich zu Hause ein Essen machen. Ich habe ihr gesagt, das würde ich gut finden, wenn sie mal was arrangieren würde ...» Er glaube, die sei leicht lesbisch, die «fahre so auf mich ab», hätte ganz glänzende Augen bekommen: «Aber im Gesicht ist die so hart geworden, man merkt, dass sie Karriere gemacht hat. Früher ist sie viel zugänglicher gewesen! Ich kenne andere Frauen in diesem Alter, die nicht so alt wirken.» Ich spüre, dass ich diese Frau vor M. in Schutz nehmen muss. – M. lässt nicht nach, meint erneut, wie hart die gewirkt habe! – Ich finde: «Der Nizon sieht alt aus!» M. antwortet: «Was mich an diesem Mann stört: Dass er immer noch total auf die Huren fixiert ist; der meint doch tatsächlich, die Huren hätten bei ihm einen Orgasmus, in Paris habe ich oft mit ihm darüber gestritten und ihm versucht klarzumachen, die würden das nur vorspielen ...» Ich sage heftig: «Wahrscheinlich versteht er überhaupt nichts im Bett, und dass seine jetzige Frau, die auch ein Kind von ihm hat, seine Fremd-Geherei akzeptiert, finde ich grässlich!» – M. will sich dann mehr aufs Literarische verlegen, bemerkt böse: «Der Dieter Bachmann hat die Laudatio gehalten und ihn mit Giacometti verglichen! Das hat mich geärgert, mit solchen Vergleichen muss man aufpassen, der Giacomettti ist doch ein ganz anderes Kaliber. Also das ist total übertrieben.» – Ich trällere: «Späte Ehrung für Nizon!» Ja, und der Nizon sei schon abgetakelt vom Saufen! Ob ich ihn kennen würde? Ich sag': «Mit der Sara und dem Stiller habe ich ihn einmal in Lieli erlebt. Da wurde er eifersüchtig, weil wir dazwischenkamen und Sara ziemlich stark mit ihren Sprüchen drauf war ... er hat gedacht, nur sein Clan sei eingeladen worden, und plötzlich sind da noch andere Leute aufgetaucht. Der Gruber und seine Frau waren zu dieser Zeit Fans von ihm.» M. sinniert: «Der war aber nicht im Schauspielhaus zu sehen.» Ich lache: «Vielleicht haben sie sich verkracht.» M. meint, der Gruber hätte immer ein Buch schreiben wollen, sehe jetzt aber völlig kaputt aus. Der Förstersohn vom Nizon, das sei ein Netter, der sei auch an der Feier gewesen.

Am Schluss bemerkt er: «Ich bin todmüde, ich muss meine Verpflichtungen zurückstecken, damit ich mehr lesen kann. Dauernd werde ich vom Telefon gestört.»

Abgeschlafft zieht M. davon.

Kapitel X

1993

21. Februar

Vorübergehend ziehe ich nach Wollishofen in die Wohnung von Herrn Franz Kübel, der nach Amerika zu seinem Bruder verreist ist.

6. März

Vom Unionsverlag/Limmat Verlag bekomme ich eine Sendung: «*Mit einem Gruss des Autoren*». M. liess mir seinen Lyrikband «*Geschichte der Liebe und des Liebäugelns*» zukommen. – Wenn er es schon nicht versteht, mir einen Orgasmus zu besorgen, gibt er sich wenigstens schreibend diesem Thema hin:

«ORGASM

In Frankreich nennt man ihn
la petite mort.
Die Zeit ist aufgehoben
wie im Tod

Die Zeit steht still
Wir heben sie auf
sie flieht nicht mehr
Sie frisst nicht mehr
Nunc stans. Stehend ruht sie

gestundet steht sie
Und fliesst und ruht

Hier hat ein US-Fan
gespritzt mit der Dose
zu Ehren von Notre-Däm
Der mystischen Rose

Es war nicht der bouquiniste
Sondern ein US-Tourist
Seither verkauft der bouquiniste
nur noch was ihm lieb und teuer ist
Fragments d'un discours amoureux
La chatte la bite et le zizi heureux
Conrad Ferdinand Fürchtegott Meyer
und seine zwei unglücklichen Eier
Mirely ou le petit trou pas cher
Don Alfaroubeira et ses quatre dromadaires
S'il y a Euphrosine Walter
und ihr metaphysischer Schalter
Les cent mille verges sur les berges
Les ululements d'une chaste vierge
Mémoires d'une femme de chambre
Aventures de ma concombre
Sade Loyola Fourier viel Apollinaire
Bataille Barthes il pleut il pleut bergère»

15. März

M. besucht mich in Wollishofen. – Mit Herrn B. habe ich eben wieder eine entsetzlich ungute Auseinandersetzung hinter mir. Neuerdings vergeht er sich in Berlin auch an schwarzen Frauen ... Ich fühle mich am Boden zerstört.

Der Samichlaus sitzt also in einem dieser Ledersofas, beobachtet mich in einer eigentümlichen Manier. Irgend etwas ist heute ganz anders mit ihm ... Er drängt nicht darauf, etwas von mir zu wollen. Es überkommt mich eine Ahnung, er hat eine neue Frauenbekanntschaft im Hintergrund.

M. bleibt nicht lange, verabschiedet sich geschäftig.

19. März

M. ruft spät in der Nacht an. Der Gedichtband *«DIE GESTUNDETE ZEIT»* von Ingeborg Bachmann liegt auf dem Nachttisch. Und M. schletzt sich aufs Bett von Herrn Kübel, äussert sich grossspurig: «Die Bachmann ist mit diesen Gedichten überschätzt worden, die sind nicht besonders.» Ich verfalle in heftigen Protest, ja ich fühle mich sogar persönlich angegriffen. Ich bin heute auch nicht dazu aufgelegt, M. die Aufmerksamkeit zu schenken, die er immer so dringend benötigt.

Ich bin froh, wie er sich wieder verzieht.

7. April

Einer untrüglichen Eingebung zufolge weiss ich, dass M. nicht mehr lange leben wird. Ich kann es nicht erklären, ich weiss nur, dass der Überfall vor seiner Wohnung nur der Auftakt zu etwas viel Unheimlicherem gewesen ist.

Am späten Abend meldet er sich. Ich weiss nicht, warum ich ihm immer noch gestatte, mich zu so unchristlicher Zeit zu belangen.

Auch bin ich heute nicht gewillt, ihm meinen Körper von hinten zu geben. Ich meine: «Wenn überhaupt, dann von vorne.» M. wird brutal – mit einer ungeahnt blitzschnellen Aktion dreht er mich auf den Bauch – ich schreie: «Ich habe einen Knacks im Rücken bekommen!» – Er lässt von mir ab, ist im nachhinein über sich selbst erschrocken. M. zieht sich an – fragt nochmals: «Wo genau im Rücken schmerzt es dich?» Ich sehe mich genötigt weiterzuspielen: «Ich stehe in Massagebehandlung!» Mit grösster Beherrschung versuche ich, nicht zu weinen, ziehe mich in mein Rückenleiden zurück.

Wie er wieder an der Eisfeldstrasse ist, rufe ich M. an und schreie: «In Zukunft kannst du für dieses Geschäft Geld ausgeben und die dafür vorgesehenen Berufsfrauen konsultieren.» Ich beschimpfe ihn dann weiter in meiner masslosen Wut: «Ruf mich nie mehr an!»

Ich hänge ein. M. ruft zurück!
Es klingelt und klingelt und klingelt und klingelt ins Leere der Wohnung!

8. April

Aus einer Telefonkabine in Bassersdorf rufe ich M. an: «Ich habe es nicht so ernst gemeint gestern, ich war einfach in Rage!» – Er sagt ganz ruhig: «Es ist schon gut, ich habe es schon wieder vergessen!»
Ich stehe im Moment im Clinch mit Berlin und habe daher zu wenig Energie, um mit beiden auf Kriegsfuss zu leben ...

7. Mai

Spät abends nach dem Lektorieren fahre ich mit dem Taxi ins Rheintal. Mein Vater liegt mit einer einseitigen Lähmung im Spitalbett; seit einer Woche kann er nicht mehr sprechen. Ich habe das Gefühl, ich werde irre, ich will nicht, dass er mich verlässt! Seit seiner Hospitalisierung stehe ich unter

Tranquilizern. Ich will aber auch nicht, dass er in diesem Zustand länger leiden muss.

Und nach dieser zermürbenden Nacht wünsche ich für ihn, dass er «gehen» darf ...

8. Mai

Mein Vater stirbt am Nachmittag nach drei Uhr im Spital in Altstätten SG.

Herr B. kommt am Mittag von Berlin angefahren: Vor der Wohnungstüre falle ich ihm bis auf die Knochen abgemagert in die Arme. – Herr Stauber bringt mir formvollendet weisse Blumen.

M. telefoniert, will wissen: «Was waren das für familiäre Gründe, dass du am Essen von Frau St. nicht hast teilnehmen können?» Ich sage ihm: «Mein Vater ist gestorben.» Ich müsste nun einen Psychiater aufsuchen: «Das geht nicht mehr weiter so! Ich will zu Herrn H. gehen.» – M. rät mir dringend davon ab: «O nein, das ist ein Zionist! Geh zu Guido Gmür, der ist gut, da bin ich auch gewesen.»

Ich denke: Und jetzt erst recht den Psychiater H.! Ich möchte gerne einen Zionisten kennenlernen ... nein, ich weiss sogar haargenau, entweder den Psychiater H. oder dann keinen!

28. Mai

Glücklicherweise bekomme ich heute den ersten Termin bei Herrn Dr. H.

8. Juni

M. telefoniert – ich muss das Gespräch unterbrechen, da ich wieder einen Heulanfall habe. M. zeigt sich besorgt, meint: «Du musst heulen, das geht schon wieder vorbei.»
Das ohnmächtige untrügliche Gefühl, im Moment von niemandem verstanden zu werden!

6. Juli

M. am Telefon: «Ich bin vier Stunden in Südfrankreich, in Toulouse, im Militärspital im Koma gelegen. – Die haben eine schlechte sanitäre Infrastruktur. Ich wollte am Morgen Weggli holen gehen, da ist ein roter Wagen mit mir zusammengestossen.»

Ich wusste, es kann nicht ruhig werden um ihn. Es gibt Menschen (Mächte), die ihn nicht mehr wollen ... Nein, sie wollen ihn nicht! Spätestens nach dem Zwischenfall vor seiner Wohnung letzten September braute sich der Himmel unheilvoll über ihm zusammen. – Komischerweise berührt es mich nicht, wie ich mit dem Taxi bei ihm vorfahre und wir es dann auf der Matratze praktizieren. M. kann nicht lange; seine Knie schmerzen ihn zu sehr. Er schlägt mir vor, ins «Tankstellen»-Restaurant zu gehen. – Wie ein flügellahmes altes Tier schleppt er sich da hin. –

M. will, dass ich wieder arbeite, nachdem ich ihm auseinandergesetzt habe, dass ich seit Ende Juni gekündigt sei. Er würde beim Diogenes Verlag anfragen, ob ich da lektorieren könne. – M. kann nicht verstehen, dass meine Wolken sich auch fatal über mir zusammengebraut haben, und ich vorerst nur Ruhe haben will ... Von meiner kürzlichen Flucht am Bistensee in Schleswig-Holstein kann ich nichts erzählen; ich nahm Reissaus nach Renzburg, da ich Herrn B. nicht mehr ertrug.

Er sagt dann, er gehe jetzt zu seiner Schwester in den Aargau. – Er bedankt sich, dass ich gekommen bin. Er bedankt sich! Hat er begriffen, was er für eine Zumutung ist?

Nach diesem Unfall ruft er gehäuft an. Ich halte mich jetzt des öfteren im Thurgau bei Lola auf und versuche, mir die Zeit mit Ablenkung zu erleichtern ... In der Zwischenzeit habe ich mir einen Telefonbeantworter zugetan. Ich gebe M. nicht mehr statt, das heisst, ich reagiere nicht mehr auf seine Anrufe. Mit gebrochener, abgrundtief depressiver Stimme fleht er mich an, ihn doch anzurufen ...

19. September

Ich komme von einem Aufenthalt in Salou, Nordspanien, zurück.
M. wird zurückangerufen, indem ich frage: «Warum willst du mich sehen?» Er sagt, er müsse mich unbedingt sehen; mir etwas Wichtiges mitteilen. Ich antworte: «Das kannst du mir auch am Telefon sagen.» Er entgegnet: «Das geht nicht, mein Telefon wird abgehört!» Er benimmt sich dermassen insistent, ich muss ihm versprechen, mich morgen, Montag, telefonisch bei ihm zu melden. – Selbstverständlich melde ich mich nicht zurück. Durch die Therapie fühle ich mich gestärkt, diese «folie à deux» endgültig zu beenden.

20. September

Auf heute abend erwarte ich Herrn B.

23. September

Ich befinde mich mit Herrn B. im Nachtzug nach Berlin. Wir sind nicht im regulären Nachtabteil. So stossen wir die rotüberzogenen Plüschsitze zusammen. Ich verstehe nicht, warum die Deutschen Bundesbahnen Ende September so stark heizen. Es ist wie in der Sauna! Ich bitte Herrn B., diese tropischen Temperaturen runterzuschalten.

Beunruhigende Traumsequenzen auf dieser Zugfahrt. Zerknittert kommen wir am Morgen in Berlin-Zoo an. – Den ganzen Tag kann ich mich der Traumfetzen, die entfernt etwas mit M.s «*Heimsuchungen*» zu tun haben, nicht entledigen.

7. Oktober

Zurückgekehrt aus Berlin, höre ich den Telefonbeantworter ab. Der erste, der mir mitteilt, dass M. sich umgebracht hat, ist der Buchhändler Franz Küttel, der mir folgendes aufs Band spricht: «Auf meinem Balkon beginne ich das neuste Buch von M., ‹Zunder›, zu lesen. Im selben Moment höre ich die Radiomeldung, M. sei tot am Freitagmorgen in seiner Wohnung aufgefunden worden.» –

Einen kurzen Moment bin ich geschockt, paralysiert. Aber schon im nächsten Moment erleichtert, befreit.

Ich fahre in die Praxis von Dr. H., der mir schildert, wie M. an der Eisfeldstrasse vorgefunden worden ist ...

Niklaus Meienberg, 14. Oktober 1976.

Das dreistöckige Haus der M.s an der Bedastrasse/Grossackerstrasse 8 in St. Gallen. M. wohnte hier, bis er 15 war.

Im Garten der M.s in St. Gallen: Bildstöckli der Muttergottes mit Jesuskind – im Vordergrund ein Taufbecken, das sein Vater, der ein leidenschaftlicher Sammler war, aus dem Ausland mitbrachte.

Im Garten der M.s in St. Gallen: Bildstöckli der Muttergottes mit Jesuskind.

«O du weisse Arche am Rand des Gebirges!» («Heimsuchungen», Seite 26) – Hier in der Klosterschule in Disentis verbrachte M. seine Gymnasialzeit (Typus A).

Die Kirche der benediktinischen Klosterschule in Disentis. M. suchte während des Golfkrieges auch hier Zuflucht. Lange sass er jeweils meditierend auf der linken Seite des Schiffes.

Rue Ferdinand-Duval Nr. 7, Paris 4e. In diesem Gebäude aus dem 17. Jahrhundert bezog M. 1969 im 5. Stock eine karge Wohnung.

Paris 4e – M.s Anschrift beim Eingang im Parterre.

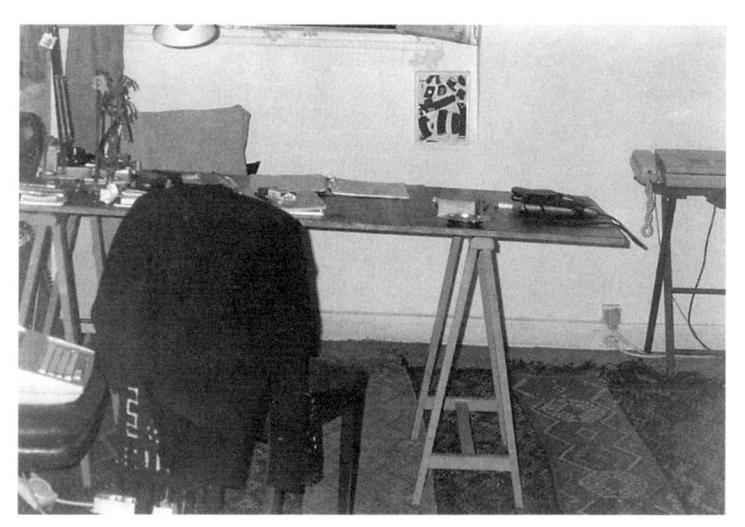

Der Arbeitstisch von M. an seiner Pariser Adresse.

Rue Ferdinand-Duval: «Rue des Juifs, 120 Schritte Weltgeschichte, 8 Schritte Psychodrama, Weltgeschichte im Hochkonzentrat, grosse Politik im Reflektor.» («Heimsuchungen», Seite 53.)

M.s Lizentiatsarbeit: «De Gaulle et les Américains de 1940–1942.» – Denkmal-Inschrifts-Platte für General de Gaulle in Colombey-les-Deux-Églises (Haute-Marne).

Das Denkmal für General de Gaulle in Colombey-les-Deux-Églises (Croix de Lorraine). Am 18. Juni 1972 wurde es durch den Präsidenten der Republik, Georges Pompidou, eingeweiht – in Anwesenheit der Familie von General de Gaulle und von Henri Duvillard, Minister der Kriegsveteranen und Präsident der Kommission des Instituts für das Denkmal. Dieses Monument ist das Werk der Architekten Marc Nebinger und Michel Mosser.

Charles de Gaulles Anwesen «La Boisserie» in Colombey-les-Deux-Églises, wohin M.s geistiger Übervater sich jeweils von Paris zum Denken zurückzog.

M. bewohnte in Zürich an der Eisfeldstrasse 6 in Oerlikon (einem Vorort von Zürich) die oberste Wohnung.

Hauseingang des Zürcher Domizils von M. an der Eisfeldstrasse 6.

Das «Tankstellen»-Restaurant («Rössli») an der Friesstrasse 24 in Zürich-Oerlikon (M.s Stammkneipe).

Hier in Zürich an der Rämistrasse/Schönberggasse wohnte General Ulrich Wille von 1884–1886 (Oberbefehlshaber der Schweizerischen Armee von 1914–1918).

Saatlenzelg (Zürich-Oerlikon): Nähe Kehrichtverbrennungsanlage Hagenholz und gut frequentierter SBB-Zugslinie direkt neben dem Haus.

Vorderansicht des Wohnkomplexes am Saatlenzelg 25 in Zürich-Oerlikon.

Wohnungseingang meiner «Prärie»-Wohnung am Saatlenzelg 25, wo ich 1987 einzog.

Das Gasthaus Schloss Hagenwil (16. Jahrhundert) in der Nähe von Amriswil. In dieses Wasserschloss verzog sich M. während des Golfkriegs 1991.

Ruedi und Regula Angehrn Meierhans: das Wasserschloss-Ehepaar, das M. während seiner hektischen Golfkriegszeit 1991 freundschaftlich aufnahm.

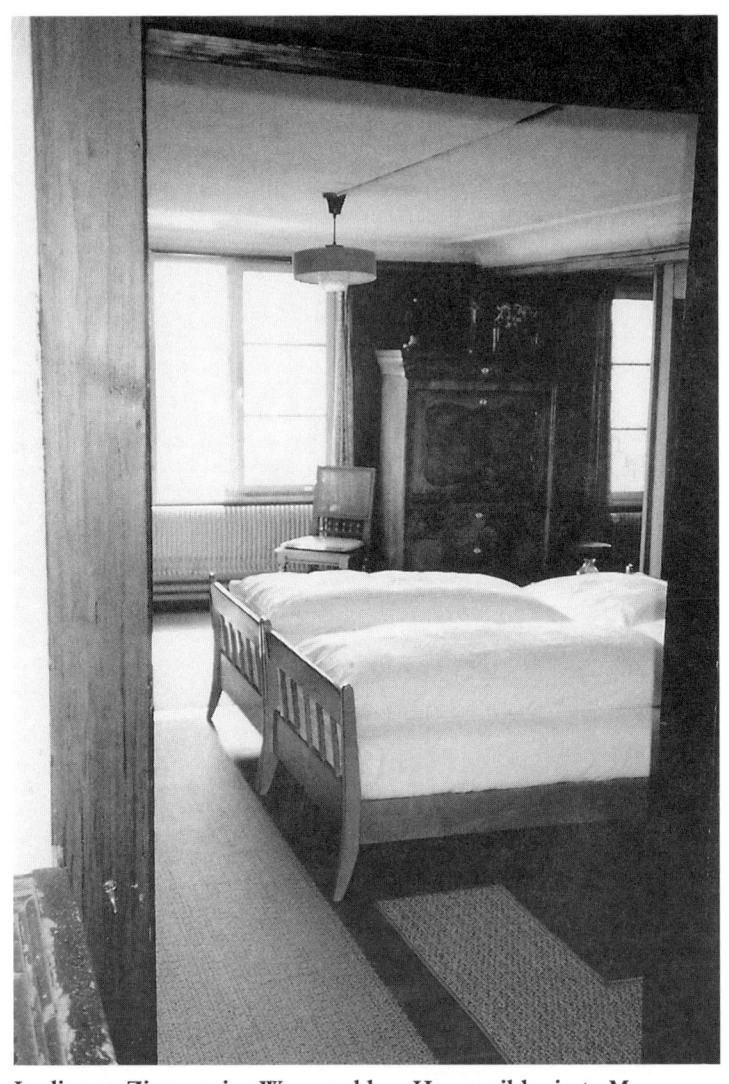

In diesem Zimmer im Wasserschloss Hagenwil logierte M.

Die barocke St.-Michaels-Kapelle im Wasserschloss Hagenwil (Innenausstattung 18. Jahrhundert). Hier sang M. mit Familienmitgliedern unter anderem Gregorianische Choräle.

Fotonachweis und Copyright:

Umschlagfoto und Autorinnenfoto: Niklaus Stauss, Fotograf SVJ
Seite 405 oben: Hans M. Eichenlaub, Journalist BR
Seite 405 unten und Seiten 406 bis 421: Aline Graf, Autorin